PSICANÁLISE IV

OBRAS COMPLETAS
PSICANÁLISE IV

Sándor Ferenczi

Tradução
ÁLVARO CABRAL

Revisão técnica e da tradução
CLAUDIA BERLINER

Título original:
BAUSTEINE ZUR PSYCHOANALYSE
Copyright © vols. I-IV segundo as edições Payot.
Publicados por acordo com Patterson Marsh Ltd e Judith Dupont
Copyright © 1992 e 2011, Livraria Martins Fontes Editora Ltda.,
São Paulo, para a presente edição.

1ª edição 1992
2ª edição 2011
4ª tiragem 2022

Tradução
ÁLVARO CABRAL

Revisão técnica e da tradução
Claudia Berliner
Revisões
Ivani Aparecida Martins Lazarim
Ana Maria de O. M. Barbosa
Produção gráfica
Geraldo Alves
Paginação
Studio 3 Desenvolvimento Editorial
Capa
Katia Harumi Terasaka

Dados Internacionais de Catalogação na Publicação (CIP)
(Câmara Brasileira do Livro, SP, Brasil)

Ferenczi, Sándor, 1873-1933.
  Psicanálise IV / Sándor Ferenczi ; [tradução Álvaro Cabral ; revisão técnica e da tradução Claudia Berliner]. – 2ª ed. – São Paulo : Editora WMF Martins Fontes, 2011. – (Obras completas / Sándor Ferenczi ; v. 4)

  Bausteine Zur Psychoanalyse.
  Bibliografia.
  ISBN 978-85-7827-272-2

  1. Psicanálise I. Título. II. Série.

	CDD-616.8917
10-03386	NLM-WM 460

Índices para catálogo sistemático:
1. Psicanálise : Medicina   616.8917

Todos os direitos desta edição reservados à
Editora WMF Martins Fontes Ltda.
Rua Prof. Laerte Ramos de Carvalho, 133 01325-030 São Paulo SP Brasil
Tel. (11) 3293.8150 e-mail: info@wmfmartinsfontes.com.br
http://www.wmfmartinsfontes.com.br

Sumário

Prefácio: *Vizir secreto e cabeça de turco* VII
Introdução: *As experiências técnicas de Sándor Ferenczi: perspectivas para uma evolução futura* XVII
Nota dos tradutores franceses XXVII

1928

I. A adaptação da família à criança 1
II. O problema do fim da análise 17
III. Elasticidade da técnica psicanalítica 29

1929

IV. Masculino e feminino 43
V. A criança mal acolhida e sua pulsão de morte 55

1930

VI. Princípio de relaxamento e neocatarse 61

1931

VII. Análises de crianças com adultos 79

1933

VIII. Influência de Freud sobre a medicina 97
IX. Confusão de língua entre os adultos e a criança 111

Artigos póstumos

X. Reflexões sobre o trauma 136
XI. Apresentação sumária da psicanálise 137
XII. Novas observações sobre a homossexualidade (c. 1909) 189
XIII. Da interpretação das melodias que nos acodem ao espírito (c. 1909) 195
XIV. Riso (c. 1913) 197
XV. Matemática (c. 1920) 203
XVI. Paranoia (c. 1922) 215
XVII. Psicanálise e criminologia (c. 1928) 219
XVIII. O processo da formação psicanalítica 237
XIX. O tratamento psicanalítico do caráter 245
XX. A metapsicologia de Freud 253
XXI. Notas e fragmentos 267

Bibliografia 325

Prefácio

Vizir secreto e cabeça de turco

As novas traduções a partir da língua alemã dos grandes textos de Ferenczi, impossíveis de achar há muito tempo, estão aqui associadas a Fragmentos e projetos de textos póstumos, Notas cotidianas dos últimos anos de sua vida, cujo espírito parece comparável ao do seu Diário. Este, escrito durante o ano de 1932, virá revelar toda a sua consistência de documento numa publicação futura, em complemento da correspondência com Freud e das cartas circulares do Comitê Secreto[1].

O interdito de publicação que atinge essas cartas demonstra à saciedade que a luz que elas projetariam sobre as origens da psicanálise é ainda muito mais violenta do que se poderia supor. De momento, mais de 45 anos após sua morte, este volume IV aparece como um contrapeso aos efeitos hipnóticos das teorizações e, mais ainda do que os três volumes precedentes, como um contrapeso necessário aos mitos de nascimento de que a psicanálise se envolve. Desejamos que ele assuma um valor de antídoto para todos os seus leitores que não forem alérgicos às correntes de ar da história.

Com efeito, embora Ferenczi nunca seja esquecido na literatura analítica – *référence oblige* –, permanece habitualmente não reconhecido e com frequência *denegado* como em seu país natal, a Hungria, onde, para o centésimo aniversário de seu nascimento, em 1973, é reconhecido como fundador mas com uma ambivalência in-

---

1. O *Diário clínico* de Ferenczi está publicado pela Martins Fontes em edição de 1990 e em tradução também nossa. (N. do T.)

discutível (ver Judith Dupont, *Coq Héron*, n.º 54). Quanto ao último período de sua vida (1927-33), do qual os presentes textos são testemunho, este já acarretou mais de um diagnóstico fantasista em reforço das opiniões de Ernest Jones. Este insistia, com efeito, numa pretensa "hipocondria", ironizava sobre os "demônios ocultos" que teriam se apossado de sua saúde, sem apreciar em seu justo valor a influência da enfermidade de que sofria havia vários anos: síndrome neuroanêmica de um mal de Biermer (afecção muito dolorosa e virtualmente incurável antes da descoberta da vitamina B12), de que viria a falecer em 24 de maio de 1933 em virtude de uma complicação chamada mielite ascendente.

Somente psicanalistas como Hermann, Balint e Granoff souberam, a seu tempo, retificar essa interpretação tendenciosa de Jones e dar a Ferenczi o lugar de fundador que lhe compete ao lado de Freud, em todos os domínios delicados onde a psicanálise ainda hoje é questionada.

Nessa virada dos anos 30, após múltiplas divergências e desvios, a psicanálise continuava numa relação muito conflitante com o teórico, mas que, para Ferenczi, vinha DEPOIS das questões de ordem prática. Seus textos dão pleno testemunho disso, tanto mais que ele era analista também de psicóticos: isso evidencia-se da própria leitura do seu *Diário clínico*, assim como de vários textos apresentados neste volume, onde se pode constatar que os pacientes que Ferenczi analisa estão, com frequência, nos limites da dissociação e da paranoia, muito mais doentes do que as clássicas "boas indicações" para tratamento, e de quem ele não receava ocupar-se.

Esse é um dos pontos sensíveis para avaliar a malevolência do movimento psicanalítico internacional a seu respeito, movimento no seio do qual Ferenczi foi designado por Jones como o bobo de Freud. Após ter sido o íntimo "paladino" de Freud e seu "grão-vizir" demasiado "secreto" durante vinte anos, tornou-se, a despeito de si mesmo, vítima de sua criatividade e de seu estilo, a cabeça de turco de todos os conformismos pós-freudianos.

É bem verdade que, por seu entusiasmo, Ferenczi não hesitava em recorrer a subterfúgios a fim de contradizer ou de argumentar com Freud, que muitas vezes, aliás, lhe pedia segredo sobre assuntos delicados; também sabia pôr em seu devido lugar sua própria aluna, Melanie Klein, quando esta lhe perguntava: "Como ensinar o simbolismo às crianças?" – "É você quem tem de aprender tudo delas" ... respondia.

No plano da prática, os textos apresentados neste volume são de uma grande riqueza para apreender um certo número de suas elaborações técnicas; por exemplo:

– que o relaxamento é um princípio da análise e não uma manipulação;

– que a técnica ativa está orientada para as neuroses de caráter e não constitui um desvio de supostas regras universais;

– que a análise em estado de transe permite um trabalho em certos momentos regressivos, o que é indispensável em análises difíceis;

– que a insistência do analista num "jogo de perguntas e respostas" permite uma melhor abordagem de algumas verdades insuspeitadas, para quem não separa as técnicas de análise de adulto e de análise de criança;

– enfim, Ferenczi gostava de trabalhar com os componentes próprios de sua personalidade: disponibilidade, flexibilidade, autocrítica; elabora, inclusive, seu valor terapêutico como "elasticidade técnica" e como tato.

Uma mesma profusão de ideias vai ser encontrada nas criações teóricas de Ferenczi, graças a noções muito simples, portanto, muito preciosas, que hoje nos parecem surpreendentemente modernas.

1) *A criança não desejada*, mal acolhida por seu meio natural, ou excessivamente bem acolhida e depois abandonada (*das unwillkommene Kind*), que vai ser para Ferenczi a ocasião de destacar a noção de "neurose de frustração" pelo efeito de uma majoração das pulsões de morte da criança. Nesse caso, a criança, em sua mais tenra idade, torna-se o lugar de passagem preferido do sadismo inconsciente de seus pais, e suas pulsões de morte vão variar em quantidade segundo a insistência do desejo do outro.

Com essa noção, que data de 1929, Ferenczi antecipa a concepção do "desejo como desejo do outro", que seria desenvolvida por Lacan, e a do "esforço para tornar o outro louco", de Harold Searles.

2) *A confusão das línguas* entre adultos e crianças (*Sprachverwirrung*), título de um dos seus grandes artigos onde ele vai jogar toda a sua reputação ao sustentar que a ternura e a sensualidade da criança chocam-se, por vezes, com as respostas do adulto, feitas de

movimentos passionais e de erotismo sedutor, ou perverso. Aí desenvolve, entre outras noções, as de "identificação com o agressor" e a de "introjeção do sentimento de culpa do adulto", ambas cruciais para se entender o fenômeno traumático quando a criança, "já clivada, simultaneamente inocente e culpada, perdeu a confiança no testemunho de seus sentidos".

3) *A fragmentação* da personalidade (*Zersplitterung*), da qual a clivagem é apenas um caso particular, consequência também do ódio e do "terrorismo do sofrimento", conceito que já anuncia os desenvolvimentos de Winnicott sobre a "capacidade de estar só", assim como os trabalhos de Pankow sobre a imagem do corpo nas psicoses.

4) Enfim, a noção de *função traumatolítica do sonho*, tão útil para compreender os sonhos repetitivos, na origem uma ideia de Freud, desenvolvida por Ferenczi e retomada por Freud em 1931, na primeira de suas *Novas conferências*; é o lugar privilegiado das repetições de traumas "até então ignorados dos próprios pacientes", que Ferenczi vincula à culpa incorporada deles; noção esclarecida na França por Nicolas Abraham e Maria Torok.

Assim, com o conceito de *introjeção*, promovido graças a ele na teoria mais clássica, Ferenczi centra a sua reflexão em torno dos efeitos patogênicos do que ele chama a *comoção psíquica*. Será essa a linha condutora de sua investigação, incompreendida pelo próprio Freud, mas adiantada em relação à sua época "em pelo menos quinze a vinte e cinco anos", como escreveu Michael Balint.

Para um leitor de hoje, curioso sobre as origens e os impasses da psicanálise, esse edifício teórico-clínico organiza-se em torno da *sedução* e de seus efeitos patogênicos.

Mas todo um mal-entendido persiste a esse respeito.

Para tentar esclarecê-lo, assim como a questão da desavença entre Freud e Ferenczi que lhe está ligada, seria útil retomar certos momentos de equívocos teóricos; por exemplo, nos *Três ensaios*, texto freudiano tantas vezes remodelado, salvo em sua conclusão, que permanece inalterada, pode-se ler que "as influências exteriores da sedução podem interromper ou suprimir a fase de latência e que a pulsão sexual da criança revela-se *então*[2] perversa polimorfa".

Por outro lado, em certas cartas a Fliess, censuradas pela descendência oficial de Freud, Max Schur revelou detalhes que ajudam

---

2. Creio útil sublinhar.

a avaliar a amplitude do conflito de Freud a esse respeito. Ao contrário de seus sucessores, Freud nunca se decidiu pró ou contra uma teoria da sedução por meio de opiniões definitivas. Esse radicalismo é um efeito de óptica ligado a certos *momentos polêmicos nos escritos de Freud*. Eis sua origem:

Antes de 1897, Freud tinha construído um instrumento teórico muito sutil, a "fórmula etiológica das neuroses", com três níveis de causalidade: a hereditariedade, as causas concorrentes e as causas específicas, ou seja, as *seduções ativas* por um adulto na infância, com efeito *a posteriori* da lembrança, constitutivo do trauma em dois tempos. Com essa nova concepção, ele superava Charcot, o qual, como se sabe, sustentara posições muito dogmáticas. Exemplo citado por Ferenczi em francês, a propósito de uma criança:

– *A mãe*: "Tudo isso provém de que se lhe meteu medo..."
– *Charcot*: "Não lhe perguntei isso; é sempre a mesma coisa. Parece existir sempre nos pais um instinto que os impele a atribuir esses fatos singulares a uma causa fortuita, subtraindo-se à ideia de fatalidade hereditária"...

Para sair dessa "fatalidade" e desse curioso "instinto", Freud experimenta toda uma série de hipóteses. Mas a questão permanece: como tal conduta perversa de um adulto vai acarretar, por um despertar sexual prematuro da criança, tal psiconeurose de defesa? E Ferenczi não elimina as respostas, mesmo que elas constituam *atentados à moral tradicional* e, pelo contrário, insiste especificamente nelas por seu trabalho sobre os traumatismos precoces *esquecidos*.

Para compreender as consequências desse conflito, é necessário reverter por um instante ao que estava em jogo nesse conceito de sedução, tal como foi debatido primeiro entre Freud e Fliess, depois entre Freud e Ferenczi. Para esses autores de língua alemã, é sempre o sentido etimológico, portanto, o *sentido ativo* da palavra *Verführung* que é utilizado, ou seja: sedução como inflexão, desvio, na ocorrência desvio do desejo da criança pelo adulto, e não sedução tomada no sentido passivo, como é o caso em francês, *séduction* como atrativo, como charme ou atributo da pessoa que visa ser o objeto de desejo de outrem, nem sedução como fantasia (originária ou não) e ainda menos "sedução como destino" (Baudrillard, 1979).

Para edificar com Fliess a "psicologia do futuro" e construir a "coordenação psicofisiológica" tão desejada, Freud só dispunha das elaborações científicas ou como tal supostas de seu "estimado bruxo", de seu "*único* público", como lhe escreveu um dia: "para instalar a minha coluna sobre o teu soclo, mas tenho a impressão de não dever escrever nada nele"...

Essa grande ilusão de Freud irá até a última tentativa de fazer coincidir as datas de sedução dos pacientes com as famosas datas periódicas de que Fliess se servia para tudo explicar pela "infalibilidade dos números"...

Mas, com a publicação do livro de Fliess (1897), nada mais funciona, demasiadas revelações são inaceitáveis para Freud, por exemplo, esta:

"Não poderia o sexo da criança ser determinado pela mãe no sentido de que dependeria do tipo de período masculino ou feminino que atingiria, *após fecundação*[3], o ovo fecundado?"...

Isso foi demais para o rigor de pensamento de Freud. Antes de se decidir pela sua investigação solitária, precisava renunciar a essa investigação mútua doravante impossível, que ele só então designa com este curioso nome latino: "Não creio mais na minha *neurótica...*" Portanto, trata-se muito menos do seu abandono da teoria da sedução do que de se ver abandonado por Fliess e depois atacado por ele sobre uma questão de prioridade a propósito da ideia de bissexualidade.

Freud sacrifica o seu grande projeto de colaboração, renega em parte suas constatações precedentes, conservando ainda por muito tempo a imagem de um Fliess-Ideal, incapaz, por exemplo, de cometer uma falta profissional, apesar da evidência em contrário como foi por Max Schur exposto em "O caso Emma".

Esse grande trabalho psíquico de Freud, duplo luto, pois que é o ano da morte de seu pai, sucesso de Freud onde o paranoico Fliess fracassou, vai permitir-lhe resolver o episódio depressivo que vive nesse momento e que relata a Ferenczi nos seguintes termos em 1913:

"Fiquei muito emocionado com a sua carta melancólica, em primeiro lugar porque ela me recordou o meu quadragésimo aniversário, depois do qual mudei de pele diversas vezes, o que acontece todos os sete anos como sabemos.

Nesse momento, 1896, eu me encontrava no auge do abandono, perdera todos os meus antigos amigos e ainda não adquirira

---

3. Sublinhado por nós.

novos; ninguém se preocupava comigo e só era sustentado por minha obstinação e pelo começo de *A interpretação de sonhos*. Ora, quando reflito a seu respeito, não posso impedir-me de considerá-lo mais feliz sob muitos aspectos, ainda que as palavras obsequiosas não sejam as mais retumbantes. Você se encontra firmemente estabelecido, tem o caminho livre à sua frente, é altamente apreciado num círculo particularmente seleto de amigos, do qual está destinado a tornar-se o líder..."

Para além desse azedume de Freud à lembrança de sua quarentena, quando estava no "auge do abandono", podemos compreender melhor as consequências, para o futuro da teoria, desse abandono por Fliess da causa de Freud.

As justificações que ele dá a Fliess de sua mudança de óptica a propósito das seduções pelos pais iniciam o fim do Freud sob influência, mas também começam a série de rompimentos sucessivos com os seus amigos mais íntimos: Jung precisamente em 1913, depois Ferenczi em 1931-32, quando Freud desenvolvia a sua crítica em que considera Ferenczi o padrinho (*godfather*)[4] dos transbordamentos de afeto maternal que poderiam levar os jovens analistas para um caminho criticável...

É, pois, em aparência, no plano da técnica que Freud se afasta de Ferenczi mas, visto mais de perto, parece tratar-se antes, de fato, da excepcional qualidade de assistência que Ferenczi dispensava aos seus pacientes, e que Freud nem sempre estava em condições de sustentar.

É a questão crucial da transferência materna para o analista que Ferenczi não podia nem queria mais desconhecer, lugar de contradições muito nítidas em Freud, aparência de clivagens teóricas, que são antes oscilações segundo os momentos de seu trabalho:

– por vezes, a verdade histórica afunda, como em seu grande trabalho sobre a paranoia, onde Freud se interessa mais pelo mecanismo do que pela causa, e deixa na sombra a perseguição sádica e *sedutora* do pai do presidente Schreber, o temido dr. Daniel Gottlieb (ver Niederland, *Schreber Pére et Fils*).

– em outros momentos, Freud reencontra a evidência de suas constatações clínicas, como em 1924, por exemplo, quando confir-

---

4. Palavra inglesa no texto alemão de Freud, traduzida em francês pelo absurdo "Deus o Pai" (Jones, vol. III, p. 188).

ma que: "A sedução conservou uma certa importância etiológica, e ainda hoje considero válido um certo número de desenvolvimentos aqui apresentados..."

Não se trata nesse texto ("Outras observações sobre as psiconeuroses de defesa") da sedução como fantasia nem da sedução como mascarada; trata-se, pelo contrário, da *sedução como ato de desvio*, ato concreto, trivial, entre um adulto e uma criança. Foi aí que Ferenczi insistiu tanto sobre essas seduções que constituem estupros ou seus equivalentes, cujo efeito certo de iniciação sexual encobre muito mal as desestruturações psíquicas subjacentes.

Vamos reencontrar o mesmo tema desenvolvido por Anna Freud em seu livro *Normality and Pathology in Childhoord*[5], e que Freud então cauciona amplamente; donde se poderia deduzir que é *a transferência materna enquanto sustentada por um homem* que Freud tinha dificuldade em suportar. Fala sobre isso com sua aluna Hilda Doolittle, dois meses antes da morte de Ferenczi:

"Não gosto nada de ser a mãe numa transferência, isso sempre me surpreende e me choca um pouco, sinto-me tão masculino..."

Assim, toda a decepção de Ferenczi em face da surdez de Freud apresenta-se hoje como o exemplo ilustre do conflito, desde então frequentemente repetido, entre o psicanalista que trata e o psicanalista que governa.

Freud preferiu, pois, separar-se de seus amigos a abdicar de suas ideias, sobretudo quando alguns dentre eles rejeitavam sua autoridade, como Jung, não ouviam seus conselhos, como Rank, ou permitiam-se uma independência de pensamento, como Ferenczi.

Foi Ferenczi, entretanto, quem soube descrever com maior nitidez essa *dupla linguagem* na qual uma infância pode ser aprisionada: linguagem da ternura, linguagem da paixão, isto é, do arrebatamento passional dos adultos.

Foi aí que ele soube localizar os *traumatismos precoces* ligados a atos genitais perversos, resultados da "hipnose por intimidação", denominada por Ferenczi "hipnose paterna", onde se pode constatar que o complexo de Édipo da criança não exclui as violências homo ou heterossexuais frequentemente intrafamiliares.

---

5. Título da edição brasileira: *Infância normal e patológica*, em tradução nossa para Zahar Editores (1971). (N. do T.)

Ele também localizou os traumatismos que devem ser compreendidos como *desvios da libido da criança* e referem-se à sua alimentação, à sua defecação, ou a toda e qualquer outra aprendizagem: *dupla coerção* sutilmente mantida pela mãe, resultado da "hipnose por insinuação" a que Ferenczi chamou "hipnose materna", onde se pode ver com frequência que a importância do Édipo na criança não exclui as perversões efetivas da função materna.

Isso reflete a importância da confusão das leis entre adulto e criança, ocasião tão frequente de lacres na boca de um sujeito ou de chancelas em seu corpo, onde a autopunição se repete em suas condutas e em sua transferência, toda a memória *desintegrada* há muito tempo, sem lembrança encobridora, sem lembrança recalcada.

Os traumatismos mais frequentemente ocorridos em atos e em imagens, ou seja, em alucinações, do que verbalizados; a fantasia inconsciente – muitas vezes persecutória – conservando todo o seu valor de diretriz, de ser *cicatrização* do trauma: a palavra é de Freud: *Narbenbildung,* numa carta inédita a Ferenczi em 1930.

Ferenczi chega à seguinte afirmação, cujo conhecimento me parece fundamental:

"A NEGAÇÃO PELA MÃE DO QUE TENHA PODIDO ACONTECER TORNA O TRAUMATISMO PATOGÊNICO."

Poderíamos assim propor a formulação seguinte, na esteira dos múltiplos desenvolvimentos de Ferenczi a esse respeito:

A NEGAÇÃO PELA MÃE COMO DISFUNÇÃO DA FALA É AGENTE TRAUMÁTICO EM REDOBRAMENTO DAS INICIAÇÕES PRECOCES, QUE SÃO DISFUNÇÕES DA LIBIDO DA CRIANÇA.

Tudo isso se apoia numa prática da análise onde se encontram:

– ameaças de morte frequentemente incestuosas com chantagem do adulto sobre a criança e propostas eróticas inequívocas, onde se concretiza a dupla coerção desses "professores de sexualidade" da primeira idade.

– feridas simbólicas por privação do amor, substituto moderno do infanticídio ou consequência de um aborto frustrado.

Essas noções são tão frequentes na clínica psicanalítica que o sentido do trabalho de Ferenczi adquire em nossos dias um valor crescente. Foi recentemente dedicado ao "bebê sábio", tão caro o Ferenczi, um *Manual para uso das crianças que têm pais difíceis,* o qual dá seguimento à interrogação de Ferenczi sobre "a adaptação da família à criança".

Outros textos de Ferenczi compilados neste volume aparecem no âmago da atualidade:
"A formação do psicanalista",
"A terapia do caráter",
"O fim da análise".

Assim como, aliás, outros trabalhos muito curtos mas bastante precisos em domínios sempre pouco frequentados:
"A técnica do silêncio",
"A disciplina da ioga" ou
"A iniciativa dos pacientes".

Mas no centro das preocupações de Ferenczi, conforme vimos, estão os traumas psíquicos que retornam com insistência. O que ele chama "a hipocrisia analítica" vem, por vezes, redobrar o trauma infantil, confirmando tal sujeito na culpabilidade que o habita, como uma hipnose suplementar que se poderia designar como hipnose psicanalítica, que fragmenta sua imagem do corpo e obstrui sua capacidade de escolha.

A leitura dos trabalhos que se seguem, para além do prazer de descobrir essa escrita tão penetrante e atenta, deveria permitir reequilibrar os fundamentos elementares da prática e não cair no culto da morte da análise.

Enfim, nos limites das possibilidades de escuta, aquilo a que, no seu *Diário clínico*, Ferenczi chama "análise mútua", está certamente a tentativa mais franca que jamais foi transcrita para que a confissão feita ao paciente da sensibilidade do analista ainda seja um *ato de fala* (*acte de parole*), testemunho das resistências do analista, de seus limites, até de sua falibilidade. Possamos nós avaliar-lhe as dimensões, graças ao seu humor e à sua clarividência, para nos redimir do que torna a psicanálise intrinsecamente enferma, sem falsa vergonha em relação à verdade da história, reinventando teoria e prática, como Ferenczi nos demonstra que, em seu tempo, era ainda possível.

Pierre Sabourin

Introdução

As experiências técnicas de Sándor Ferenczi: perspectivas para uma evolução futura[1]

Esse período iniciou-se por volta de 1927 e durou até a morte de Ferenczi em 1933. Foi precedido por uma queda na produção escrita de Ferenczi, o que indicava uma crise. Em 1925, publicou apenas dois artigos; 1926 foi um ano quase normal, seguido em 1927 por uma total ausência de artigos. O primeiro artigo desse período, "A adaptação da família à criança", foi publicado em 1928. A partir daí, o estilo das publicações de Ferenczi mudou radicalmente; entretanto, essa mudança já estava esboçada nos últimos anos do período precedente. Muito poucos artigos foram publicados em cada ano, alguns anos apenas um ou dois, mas todos eles marcavam um avanço considerável nas ideias de Ferenczi. Os artigos clínicos curtos onde descrevia, sob uma forma admiravelmente concisa, tal ou qual observação marcante realizada na situação analítica, desapareceram por completo; o último tinha sido publicado em 1923.

Durante esses anos, publicou apenas sete artigos principais, mas um grande número de notas e de fragmentos extremamente importantes, escritos por seu próprio punho, foi reencontrado entre

---

1. Este texto constitui a terceira parte e o pós-escrito de um artigo redigido por Michael Balint em 1967 para uma obra coletiva intitulada *Psychoanalytic Techniques*, Basic Books. Corresponde ao que Michael Balint teria podido desejar de melhor como introdução para este volume. Suprimimos as passagens relativas às dificuldades apresentadas pela tradução em inglês de certos textos. (Nota dos Tradutores Franceses, doravante NTF)

seus artigos dos anos de 1930 a 1933, fornecendo a prova de que Ferenczi continuava sendo, como antes, um observador e um clínico perfeitos. Mas decidira não publicar mais suas observações, como fizera nos anos precedentes, talvez porque não estivesse muito certo da acolhida que receberiam no meio psicanalítico. Um outro sinal de mal-estar e de distanciamento entre Ferenczi e seus colegas é a ausência de tradução em língua inglesa de bom número de seus principais artigos desse período; esses artigos só foram publicados em 1955, no volume *Final Contributions*, mais de 20 anos após sua morte.

Não surpreende, por conseguinte, que esse período, no decorrer do qual tiveram lugar as experiências técnicas de Ferenczi, sem dúvida as mais importantes, seja o menos conhecido, sobretudo por seus leitores ingleses.

Como dissemos, Ferenczi tinha uma certa repugnância em abandonar a técnica ativa que fornecia material clínico revelador de grande riqueza, conduzia a deduções teóricas das mais promissoras e também a um bom número de êxitos terapêuticos inegáveis. Por certo, a existência de um bom número de fracassos era igualmente inegável, mas estes constituíam para Ferenczi uma provocação irresistível, porquanto ele tinha por axioma que, enquanto um paciente quer prosseguir em seu tratamento, cabe ao analista encontrar as técnicas necessárias para ajudá-lo, sejam quais forem as dificuldades dessa tarefa. Pouco a pouco, Ferenczi deu-se conta de que o recrudescimento intencional da tensão do paciente mediante uma intervenção ativa não acarretava necessariamente o aumento da intensidade da frustração ou da privação; alguns pacientes que, aparentemente, sofriam com esse recrudescimento de tensão, aceitavam-no, não obstante, com serenidade e até voltavam a pedi-lo. Isso redundava num impasse do tratamento e colocava Ferenczi diante de um problema perturbador.

Como dissemos, Freud tinha feito as mesmas constatações e decidira, aparentemente, não dar prosseguimento às suas investigações nessa direção. Ferenczi, porém, estava tão profundamente impressionado pela natureza primitiva das reações de seus pacientes nesse estágio, que decidiu continuar. Suas experiências anteriores, sobretudo as tentativas de compreensão dos elementos formais do comportamento do paciente na situação analítica, tinham-lhe ensinado que todo acontecimento nessa situação deve ser compreendido como uma interação entre a transferência do paciente, isto é, sua compulsão à repetição, e a contratransferência do analista, ou seja, sua técnica. A primeira devia ser aceita como um fator constante e quase inalterável (pelo menos, de momento); por isso, para sair do impasse, era necessário aceitar a modificação do outro fator: a técnica. Em primeiro lugar, ele tentou atenuar a força de sua intervenção ativa: em vez de ordens e interditos, adotou os conselhos ou as sugestões. Depois, deu mais um passo, abandonando mesmo a mais suave forma de intervenção ativa para concentrar sua atenção no que o paciente parecia esperar do seu analista e tornar sua técnica suficientemente flexível para não frustrar inutilmente essa expectativa. Isso assinala o início do seu exame crítico do princípio técnico de abstinência e frustração. Atingiu esse ponto em 1927-28 e publicou os seus resultados nos três artigos que são "A adaptação da família à criança", já mencionado, "O problema do fim da análise" e "Elasticidade da técnica psicanalítica"[2].

O problema seguinte que Ferenczi teve que enfrentar era o de apurar até onde essa elasticidade devia ir. Suas experiências precedentes tinham-no familiarizado com dois modelos: um era o da técnica clássica, com sua passividade objetiva e benevolente, sua paciência aparentemente imperturbável e ilimitada; o outro era o da técnica ativa, com suas intervenções bem dirigidas, fundamentadas na observação atenta e na empatia. Agora, ele entrevia por que a técnica ativa tinha fracassado. Sem dúvida, ela conduzia a uma reativação das experiências traumáticas da infância na situação analítica, mas, em certos casos, essa reativação não era acompanhada de uma resolução da compulsão à repetição porque as condições predominantes na situação analítica não eram, ao que tudo indica, suficientemente favoráveis. A intervenção ativa que tinha levado à reativação parecia, numa enorme quantidade de casos, aumentar a tensão na situação analítica até atingir um grau desfavorável à resolução, e provocava em seu lugar uma repetição do traumatismo original. Se esse raciocínio era correto, o passo seguinte devia ser, em boa lógica, a modificação experimental da única variável sobre a qual o analista exerce um certo controle, a saber, a tensão reinante na situação analítica. Conforme indicamos, esse procedimento já se apresentava no artigo "Contraindicações da técnica ativa"[3], no qual

---

2. Esses três artigos fazem parte deste volume.
3. Ver *Psicanálise III*.

recomendava o uso do relaxamento em certos casos. Esse relaxamento, que reduzia a tensão efetiva na qual o paciente devia trabalhar, incluía – muito naturalmente – os aspectos psíquicos e físicos da personalidade. A necessidade de obter o relaxamento acarretou uma outra modificação da técnica de Ferenczi. No ponto culminante da técnica ativa, o seu princípio diretor tinha sido enunciar ordens e interditos, o que foi desde logo transformado em conselhos e sugestões, depois tornou-se flexibilidade e, por fim, paciência e até indulgência. A técnica utilizada durante esse período e os resultados obtidos foram tema de três artigos: "A criança mal acolhida e sua pulsão de morte" (1929), "Princípio de relaxamento e neocatarse" (1930) e "Análise de crianças com adultos" (1931)[4]. Como indica o título do último artigo, Ferenczi estabelece os limites da tolerância e da indulgência em relação aos seus pacientes, aproximadamente no nível do que uma criança pode esperar da parte de um adulto afetuoso.

Não posso estudar aqui todas as implicações teóricas nem os numerosos problemas suscitados por essa última modificação técnica. Posso apenas sublinhar certos pontos que se encontram no centro da rede formada por esses problemas: "repetição", "regressão" e "*acting out*"; quanto ao resto, permito-me remeter o leitor para as publicações originais. Insisto, porém, em assinalar um resultado particularmente importante. Ao utilizar essa técnica, Ferenczi descobriu que os traumatismos infantis patogênicos, quando são reativados pelo tratamento analítico, parecem ter uma estrutura bifásica. Na primeira fase, parece que o bebê ou a criança foram submetidos a uma hiper ou uma hipoestimulação por parte de seu meio, ou seja, por parte de um ou outro de seus objetos adultos mais importantes. Quando, na segunda fase, a criança tentava obter reparação, reconforto ou simplesmente compreensão por parte desses mesmos adultos, estes – sob a pressão de seus próprios sentimentos de culpa conscientes ou inconscientes – eram levados a negar toda participação na fase precedente e a manifestar por suas falas e por seu comportamento que não sabiam verdadeiramente qual o sentido de toda essa agitação ou, para usar a nossa terminologia, ao serem extremamente objetivos e benevolentes, manifestavam com clareza não sentir-se implicados. Em numerosas ocasiões, Ferenczi

---

4. Os três artigos fazem parte deste volume.

teve que admitir diante de seus pacientes que, desde trazer os eventos traumáticos de volta à consciência até a sua repetição e sua observação com o benevolente desprendimento clássico, tudo isso era um processo muito semelhante, em sua estrutura, ao traumatismo original. Ferenczi chegou à conclusão de que mesmo a técnica analítica clássica podia, em certos casos, produzir estados semelhantes, na medida em que levava o paciente a rememorar ou a repetir o traumatismo original enquanto o analista mantinha sua passividade benevolente e objetiva.

O que fazer para evitar esse desfecho indesejável? Para Ferenczi, não havia nenhuma dúvida de que, sendo inevitável a regressão, sobretudo nos pacientes gravemente doentes, a primeira tarefa do analista era favorecer ou, pelo menos, não impedir a regressão do paciente, ou seja, a repetição dos eventos traumáticos na situação analítica. O analista devia suportar o processo e cuidar atentamente de descobrir a tensão máxima que o paciente é capaz de suportar e de utilizar para o seu trabalho; e cuidar também de que a tensão jamais ultrapasse esse nível. Ele pensava que isso podia ser realizado se o analista desse uma resposta positiva às aspirações, aos desejos e às necessidades do paciente em estado de regressão. Assim se afastava, de forma resoluta, da regra de abstinência preconizada por Freud: estudarei mais adiante as consequências dessa medida.

Um outro fator importante que pode aumentar desmedidamente a tensão na situação analítica é a falta de sinceridade do analista, que repete a falta de sinceridade dos adultos em torno da criança traumatizada. O reconhecimento desse perigo levou Ferenczi a escrever o seu último artigo publicado, uma conferência proferida no congresso de Wiesbaden em 1932: "Confusão de línguas entre os adultos e a criança", com o subtítulo "A linguagem da ternura e a da paixão"[5]. Para mostrar o estado de espírito de Ferenczi, cumpre assinalar que o título original do artigo, tal como figurava no programa, era o seguinte: "As paixões dos adultos e sua influência sobre o desenvolvimento sexual e caracterial das crianças". Entre os numerosos problemas interessantes ventilados nesse artigo, quero sublinhar um em particular, por causa de sua importância desde o ponto de vista técnico. Trata-se do que Ferenczi chamou "a hipocrisia profissional" do analista, que repete, por assim dizer, a hipocrisia

---

5. Publicado no presente volume.

profissional dos educadores, ou seja, dos pais e outros adultos do meio da criança. Para citar um exemplo: pode acontecer um dia que o analista esteja um pouco cansado e tenha realmente necessidade de repouso; mas é possível que não se sinta no direito de cancelar a sessão com o paciente seguinte e que o receba como de hábito. O paciente sentirá inevitavelmente haver alguma coisa que não vai bem, mas o comportamento irrepreensível do analista impedi-lo-á de tomar consciência disso, e mesmo que o analista procure, com maior ou menor empenho, ter completo controle sobre os seus sentimentos, há muitas chances de que suas tentativas sejam interpretadas como uma crítica, uma projeção, ou seja, algo que lhe pertence. É essa a boa técnica ou deveria o analista admitir o seu cansaço? Se começa por essa confissão, ou seja, por uma interpretação de sua contratransferência, corre o risco de ver adensar-se uma espiral sem fim na direção da análise estéril do analista.

É bastante difícil propor uma resposta maduramente refletida a esse gênero de problemas, se só se levar em conta as implicações conscientes. Entretanto, como Ferenczi mostrou muito bem, a criança dependente, e o paciente dependente, despertam no adulto toda espécie de reações afetivas, sobre as quais este último exerce apenas um controle pontual e parcial. Algumas dessas emoções podem ser suficientemente intensas para merecer a qualificação de paixões. Ferenczi foi o primeiro dos analistas a reconhecer a importância crucial dessas interações, não só no domínio da educação mas também no da técnica analítica. Deu até um passo adiante quando pôs em evidência que a conformidade sistemática e conscienciosa ao papel clássico de passividade analítica pode, eventualmente, não ser mais do que uma tênue capa a dissimular a agitação das paixões e, entre estas, a crueldade em primeiro lugar.

Seu último artigo sobre a "confusão das línguas" e as suas "notas e fragmentos" dos anos de 1930 a 1932[6] fornecem um testemunho eloquente da importância que o problema das emoções do analista adquiriu para Ferenczi em seus últimos anos de vida. Todo o mundo estará de acordo, em princípio, com a sua resposta, segundo a qual o analista deve ser absolutamente sincero e honesto em suas reações, e que estas devem ser expressas de maneira tão natural e tão simples que o paciente não possa ter nenhuma dúvida quanto

---

6. Publicados neste volume.

ao seu sentido. Entretanto, surgem problemas muito graves quando tentamos traduzir esse princípio na prática. Suponhamos um paciente extremamente perturbado, sob a pressão de emoções intensas, ou num estado de regressão profunda, dispondo apenas de uma exígua força do ego: que palavras da linguagem adulta convencional conservarão nesse caso seu sentido corrente, permitindo utilizá-las com toda a confiança para veicular a sinceridade da análise ao paciente? Ou será preferível, em tais casos, recorrer a gestos simples, por exemplo, segurar na mão do paciente? Quando é legítimo o uso das interpretações de contratransferência, e quando isso equivale a sobrecarregar um paciente sem defesa com os problemas subjetivos do analista? Penso que todo analista admitirá existir um grau de tensão ótimo, mais ou menos característico de cada paciente, ou seja, que se tem a impressão de que é mantendo essa tensão na situação analítica que se obtém o melhor progresso do tratamento. Deve-se agir exclusivamente através das interpretações, ou podem ser autorizados outros meios quando parecer que não podemos assegurar por interpretações o restabelecimento da tensão ótima?

Com base em suas experiências, Ferenczi, no seu último período, chegou à conclusão de que um recurso honesto à afeição e à gentileza sinceras podia ser autorizado nos casos em que suas interpretações mostraram ser ineficazes e inúteis. Tinha plena consciência dos graves perigos a que ele próprio se expunha, e a que expunha seus pacientes, ao aprofundar suas investigações nessa direção, mas pensava que talvez se pudesse, com toda a segurança, deixar andar as coisas mais ou menos tão longe quanto uma criança pode esperar da parte de um adulto que sente afeição por ela. Em que medida isso era uma experiência legítima e em que medida seria somente um sintoma do imenso desejo de amor e de afeição que Ferenczi carregava consigo? É impossível decidir, já que ele morreu antes de ter concluído suas investigações. Conhecendo o seu caráter, a resposta mais provável seria que se tratava das duas coisas ao mesmo tempo, e se tivesse vivido mais é quase certo que teria sido levado a escrever um artigo no gênero de "Contraindicações da técnica de relaxamento e de indulgência em psicanálise". Seja como for, a verdade é que os problemas evidenciados por Ferenczi no final dos anos 20 e começo da década de 30 continuam ainda hoje no centro da pesquisa psicanalítica.

Em 1926, no mesmo ano de "Contraindicações da técnica ativa"[7], Ferenczi publicava um artigo intitulado "O problema da afirmação do desprazer"[8], tendo por subtítulo "Progresso no conhecimento do sentido de realidade".

O impulso para escrever esse artigo proviera de um artigo de Freud sobre a "negação", publicado em 1925, menos de um ano antes. Freud apresentava aí um novo conceito, a negação, como sendo um estágio intermediário entre o recalcamento e a aceitação de uma parte desagradável ou penosa da realidade. Quando o recalcamento não pode continuar a ser mantido, a existência de objetos frustradores, ou seja, do desprazer, é admitida na consciência em princípio, mas sua existência de fato é denegada. Em seu artigo, Ferenczi apresenta a questão da possibilidade para o indivíduo, ou para o seu ego, de dar o passo seguinte, isto é, aceitar o sofrimento e o desprazer e viver com eles, em vez de fugir deles e recalcá-los. Naturalmente, a compreensão intelectual da situação, em seu todo, pode ajudar de modo considerável nessa tarefa, mas nos casos de desprazer extremo o seu poder é insuficiente.

O problema de saber como aceitar o desprazer é o ponto essencial da adaptação, ao qual Ferenczi retornava periodicamente em seus escritos. Não só é um problema cardeal de toda teoria da adaptação, mas encontra-se também em posição central na teoria da educação e na teoria da técnica analítica[9].

Uma vez mais, devo renunciar a expor todas as implicações teóricas e metapsicológicas, numerosas e interessantes, e limitar o meu estudo ao problema técnico que consiste em indagar por que certas pessoas podem realizar essa tarefa por si mesmas, outras com a ajuda do tratamento psicanalítico, enquanto ainda outras têm as maiores dificuldades em enfrentá-la, mesmo com uma ajuda analítica de excelente qualidade, ou são até incapazes disso.

Em "O problema da afirmação do desprazer", Ferenczi dá apenas uma resposta geral a essa questão. Sustenta que, na situação

---

7. Ver *Psicanálise III*.
8. Ver *Psicanálise III*.
9. Os principais artigos de Ferenczi tratando desse problema são: "Transferência e introjeção" (1909), *Psicanálise I*; "O desenvolvimento do sentido de realidade e seus estágios" (1913), *Psicanálise II*; e o capítulo 3, "O desenvolvimento do sentido de realidade erótica e seus estágios", do livro *Thalassa: ensaio sobre a teoria da genitalidade*.

analítica, é o amor de transferência que capacita o paciente para aceitar os fatos penosos, e que no fim do tratamento o paciente deve poder renunciar ao seu amor de transferência, o que só é possível se a análise lhe permitiu encontrar uma compensação na sua relação com objetos da realidade. Além disso, sabemos que dois outros fatores desempenham um papel importante na faculdade de suportar o desprazer. Um é a capacidade inata do indivíduo para suportar a tensão e o sofrimento, modificada por um outro fator: o seu desenvolvimento pessoal, o qual determina a estrutura do seu ego e, por conseguinte, a quantidade de sofrimento e de desprazer que pode suportar sem grandes transtornos. Os dois fatores apresentam uma grande variabilidade de um indivíduo a outro. O grande problema que ocupou Ferenczi praticamente ao longo de toda a sua vida profissional foi apurar como o analista devia modificar a sua técnica a fim de permitir a seu paciente desenvolver a boa espécie e a boa quantidade de amor de transferência, que o ajudariam a realizar a adaptação necessária no decorrer de seu tratamento psicanalítico. Ferenczi fazia parte daqueles para quem o grau de aptidões que possuem é apenas um ponto de partida aceitável e que não podem impedir-se de sentir todo problema que exige deles ainda mais aptidões como uma obrigação irresistível. As experiências técnicas rapidamente passadas em revista nesse artigo deixam bem claro o que essa obrigação significava para Ferenczi.

No primeiro período, que chamei "Contribuições para a técnica clássica", a sua resposta consistia em se impor a exigência de dilatar consideravelmente o seu campo de observação, em observar com maior precisão e dar provas de maior compreensão e melhor conhecimento do inconsciente humano. No segundo período, o da "técnica ativa", ele obrigava-se a realizar observações ainda mais precisas e a adquirir ainda mais conhecimentos, a fim de melhorar a sua compreensão dos pacientes e de desenvolver uma empatia segura, permitindo-lhe assim intervir no tratamento no bom momento e da maneira correta. Quando se deu conta de que esse método não culminava nos resultados esperados, sua reação foi, uma vez mais, uma exigência de observações ainda mais precisas, conduzindo a um saber mais bem fundamentado. Essa base mais segura implicava, além de tudo o que Ferenczi tinha aprendido no decurso dos períodos anteriores, tudo o que tinha compreendido de novo ao cuidar de seus pacientes com o objetivo de assegurar-se de que a tensão e o desprazer na situação analítica jamais ultrapassariam o nível que o paciente – com a sua estrutura do ego do momento, todos os seus conflitos neuróticos e todas as suas cicatrizes traumáticas – poderia suportar em total segurança. Pensava Ferenczi que poderia aí chegar com uma certa dose de paciência, de delicadeza, até de indulgência. Em seu último artigo publicado, descreveu dois entre os numerosos fatores que caracterizam esse gênero de paciência e de indulgência como sendo a honestidade e a sinceridade absolutas; menciona outros fatores, de modo alusivo, em suas "notas e fragmentos" póstumos.

Mais de 30 anos passaram desde que Ferenczi morreu de anemia perniciosa, sem ter concluído suas últimas experiências, e os problemas técnicos que ele suscitou ainda não receberam resposta definitiva. Durante alguns anos, pareceu que a psicanálise tinha rejeitado definitivamente suas ideias. Contudo, nestes dez últimos anos, os problemas suscitados por Ferenczi têm despertado um interesse cada vez maior. O julgamento definitivo pertence ao futuro.

Dr. MICHAËL BALINT

Nota dos tradutores franceses

Este volume IV é o último das *Obras completas* de Sándor Ferenczi. Com efeito, o seu *Diário clínico*, mantido ao longo do ano de 1932, merece um lugar à parte.

A tradução destes quatro volumes exigiu um tempo considerável: 14 anos! Sucederam-se três equipes de tradução, com um único membro permanente para servir de ligação entre elas. Não surpreende, portanto, que a técnica de tradução tenha evoluído no decorrer desse período. Cada tradutor contribuiu com seus princípios e seus talentos, zelando pelo que lhe parecia mais importante. Assim, um dentre nós dedicou-se mais particularmente a respeitar o espírito geral da obra, sobretudo quando se tratava de passagens mais obscuras. Um outro preocupou-se com a fidelidade ao texto, tomando em consideração não apenas o sentido mas também a escolha das palavras, as quais deviam estar o mais próximo possível dos termos alemães, quanto ao sentido, à etimologia, à ressonância afetiva, até mesmo ao seu lugar na frase. Isso nem sempre foi conseguido sem grande dificuldade, considerada a profunda diferença de espírito entre as duas línguas. Palavras muito correntes necessitam em francês de aproximações e de perífrases que, ademais, variam segundo o contexto e o uso tradicional nas obras psicanalíticas. Um outro membro da equipe cuidou de que o esforço de fidelidade não nos arraste para incorreções no uso do francês.

No conjunto, poderíamos dizer que, depois das sensíveis hesitações técnicas na tradução do volume I, evoluímos nos volumes II e III para um texto mais "fluente", mas no volume IV retornamos a uma fidelidade mais minuciosa: sendo a equipe de tradução do Coq-Héron constituída por analistas que fazem parte de sociedades, grupos e escolas analíticas de orientação diferente, discutimos – por vezes longamente – os méritos e inconvenientes de certos vocábulos e de certos estilos de frase. Foi a primeira vez, parece-nos, que o pensamento de um analista foi estudado desse modo, traduzido por um *coletivo de analistas* que aceitou, frase por frase, confrontar (e respeitar) suas diferenças a partir de um texto que eles querem compreender juntos e da melhor maneira possível.

I

A adaptação da família à criança[1]

O título que dei a esta exposição é um tanto incomum, pois em geral ocupamo-nos unicamente da adaptação da criança à família, *não da família à criança*. Mas justamente as nossas investigações psicanalíticas mostraram-nos que o primeiro passo no sentido da adaptação devia partir de nós, e damos sem dúvida nenhuma esse primeiro passo quando compreendemos a criança. Censura-se com frequência à psicanálise o fato de ocupar-se demais de material primitivo e patológico; isso é verdade, mas o estudo dos anormais ajuda-nos a adquirir conhecimentos que podemos aplicar com grande proveito às pessoas normais. Da mesma forma, não teríamos progredido tanto no conhecimento da fisiologia do cérebro sem o estudo dos processos em causa nos casos de distúrbios funcionais. Pelo estudo de neuróticos e psicóticos, a psicanálise mostra como diferentes zonas, ou estratos, ou modos de funcionamento, dissimulam-se sob a superfície normal. Observando os primitivos e as crianças, descortinamos traços que se tornaram invisíveis nos homens de uma civilização mais evoluída. Da fato, devemos às crianças a luz que nos permitiram projetar sobre a psicologia, e a maneira mais consequente de pagar essa dívida (tanto no interesse delas quanto no nosso) é esforçarmo-nos por compreendê-las melhor através dos nossos estudos psicanalíticos.

Devo reconhecer que ainda não estamos em condições de fixar com exatidão o valor educativo da psicanálise, e tampouco de ofe-

---

1. Exposição feita em Londres, em 13 de junho de 1927, na sessão comum das seções de medicina e de pedagogia da Sociedade Britânica de Psicologia.

recer diretrizes práticas no tocante à educação. Pois a psicanálise, que só dá conselhos com grande prudência, ocupa-se na grande maioria das vezes de fenômenos de que a pedagogia jamais se ocupou ou, quando o fez, foi de modo errôneo. Portanto, estamos bem mais perto de lhes dizer como não devem educar os seus filhos do que como o devem fazer. É uma questão muito mais complicada, mas esperamos que ela possa receber um dia uma resposta satisfatória. É por isso que as minhas considerações devem manter-se num nível de generalidade maior do que eu teria desejado. A adaptação da família à criança só pode iniciar-se se os pais começam a *compreender-se melhor eles próprios* e assim chegam a adquirir uma certa representação da vida psíquica dos adultos. Até o presente, parecia considerar-se um fato estabelecido que os pais sabiam por natureza como criar seus próprios filhos; existe um provérbio alemão que diz, porém, o contrário: "*tornar-se* pai é mais fácil do que *sê-lo*"[2]. Assim, o primeiro erro dos pais é o esquecimento de sua própria infância. Verificamos, mesmo no homem considerado mais normal, uma surpreendente falta de lembrança dos cinco primeiros anos e em casos patológicos essa amnésia é ainda mais extensa. Trata-se, contudo, de anos durante os quais a criança já adquiriu efetivamente a maior parte das faculdades mentais do adulto. No entanto, elas caem no esquecimento. Essa falta de apreensão de sua própria infância é o obstáculo maior que impede os pais de compreender as questões essenciais da educação.

Antes de me ocupar do meu tema propriamente dito, a educação, permitam-me algumas observações sobre a *adaptação* e seu papel na vida psíquica em geral. A palavra "adaptação" é, como se sabe, um termo de biologia, e isso nos leva a dirigir a atenção para algumas questões preliminares de ordem biológica. Essa noção possui três sentidos diferentes: o sentido de Darwin, o de Lamarck e um terceiro que poderíamos qualificar de psicológico. O primeiro concebe a seleção natural como uma explicação estatística da adaptação e envolve, desse ponto de vista, o problema geral da conservação da espécie; a girafa, por exemplo, que veio ao mundo por acaso com um pescoço muito longo, pode procurar alimento em lugares que outros animais de pescoço mais curto não alcançam, tendo assim, portanto, mais chances de manter-se viva e de perpetuar a

---

2. *Vater werden ist leichter, denn Vater sein.*

espécie. Admite-se que esse fator opera em todos os seres vivos. Na perspectiva de Lamarck, o indivíduo fortalece-se pelo exercício de uma função determinada, e esse aumento de capacidade transmite-se também aos seus descendentes. Essa seria a "explicação fisiológica" da adaptação. Mas existe ainda uma terceira maneira para o indivíduo adaptar-se ao seu meio; poderíamos qualificá-la de psicológica. Não é inverossímil que uma modificação na distribuição da energia psíquica e nervosa pudesse provocar a informação ou a degenerescência de um órgão. Recordo-o porque está em moda, nos Estados Unidos, negar a existência da psicologia como ciência; cada palavra iniciada por "psi" ostenta o estigma da não cientificidade, comportando, por assim dizer, um elemento místico. O dr. Watson pediu-me um dia para lhe explicar em termos precisos o que era a psicanálise. Tive que reconhecer que ela era menos científica do que o behaviorismo se a cientificidade fosse exclusivamente uma questão de pesos e medidas. A fisiologia exige que toda e qualquer mudança seja mensurável por um instrumento. Mas a psicanálise não está em condições de tratar desse modo as emoções[3]; é verdade que tímidas tentativas para atingir esse fim foram efetuadas, mas, até o momento, estão longe de ser satisfatórias. Entretanto, quando falta uma explicação, não é proibido experimentar outras; Freud propôs precisamente uma. Ele descobriu que, pelo reagrupamento científico dos resultados da introspecção, podíamos chegar a uma nova compreensão, de um modo tão seguro quanto pela exploração dos resultados precisos da percepção externa, no caso da observação e da experimentação. É certo que não se pode medir esses fatos da introspecção, mas nem por isso deixam de ser fatos e como tais temos todo o direito de explorá-los e de procurar caminhos com vistas à aquisição de algo novo. Freud, ao considerar o material da introspecção de um novo ponto de vista, postulou um sistema psíquico. Este comporta, por certo, hipóteses, mas também as encontramos nas ciências da natureza. A noção de inconsciente desempenha um grande papel entre essas hipóteses e, graças a elas, chegamos a várias conclusões que as hipóteses da fisiologia e da anatomia do cérebro não permitiam alcançar. Quando os progressos da química e da microscopia tornarem supérfluas as hipóteses de Freud, estaremos dispostos a abandonar a nossa pretensão à

---

3. *Gemütsbewegungen:* movimentos da alma.

cientificidade, mas não antes! O dr. Watson acredita compreender a criança sem a ajuda da psicologia; ele crê que os movimentos reflexos são uma explicação suficiente do comportamento do indivíduo. Tive que responder-lhe que o esquema fisiológico bastava, no máximo, para entender o comportamento de ratos e de coelhos, mas não de seres humanos. Aliás, mesmo a respeito de animais, ele utiliza continuamente a psicologia, sem o reconhecer, é um psicanalista que se ignora[4]! Por exemplo, quando fala do reflexo de medo nos ratos, serve-se da expressão psicológica de "medo". Ele emprega a palavra de um modo inteiramente pertinente, mas só por introspecção é que Watson sabe o que é o medo; de outro modo, ele não teria nenhuma representação do que a fuga significa para o rato. Temos, entretanto, que voltar à questão da *adaptação*. As observações que precedem pretendiam apenas ressaltar o bem fundado do ponto de vista psicológico no que concerne ao problema da adaptação. Devemos à psicanálise o ordenamento de uma nova série de fatos até agora negligenciados pelas ciências naturais. *Ela nos mostra o papel ativo de fatos internos, que só a introspecção permite descobrir.*

Vou procurar agora tratar os problemas *práticos* ligados à adaptação dos pais às crianças. A natureza é muito descuidada, ocupa-se pouco do indivíduo, mas nós, os homens, pensamos de modo diferente, queremos conservar vivos todos os descendentes e poupar-lhes sofrimentos inúteis. Sejamos, pois, particularmente atentos aos estágios do desenvolvimento no decurso dos quais a criança deve enfrentar dificuldades, e não haverá poucas. Freud nos ensinou que os sintomas de angústia estão relacionados com as modificações fisiológicas particulares, ocasionadas pela passagem do ventre materno para o mundo exterior. Um de seus antigos alunos[5] fez recentemente dessa concepção o ponto de partida de uma teoria, na qual, afastando-se das ideias psicanalíticas, procura simplesmente explicar todas as neuroses e psicoses por esse primeiro grande trauma; deu-lhe o nome de trauma do nascimento. Eu próprio me ocupei dessa questão de maneira muito profunda, mas quanto mais eu avançava em minhas observações, mais se me tornava evidente que não havia nenhuma mudança nem evolução, na vida, para as quais precisamente o indivíduo estivesse mais bem preparado do que para

---

4. *Ein unbewusster Psychoanalytiker:* um psicanalista inconsciente.
5. Otto Rank. (NTF)

o nascimento. A previdência fisiológica e o instinto dos pais tornam essa transição tão suave quanto possível. Seria efetivamente um traumatismo se os pulmões e o coração não estivessem tão bem formados; mas, nessas condições, o nascimento é um verdadeiro *triunfo*, exemplar para toda a vida. Consideremos os fatos em detalhe: a sufocação ameaçadora tem imediatamente fim, pois os pulmões estão a postos e começam a funcionar desde o instante em que cessa a circulação umbilical; o ventrículo esquerdo, inativo até então, entra em função de forma enérgica. A essa ajuda fisiológica cumpre adicionar o instinto dos pais, que os impele a tornar a situação do recém-nascido tão agradável quanto possível; o bebê é deitado no quente, protegido ao máximo das excitações ópticas e acústicas incômodas; eles fazem a criança esquecer efetivamente o que se passou, como se nada tivesse acontecido. É duvidoso que um transtorno, eliminado de forma tão rápida e radical, pudesse ter o valor de "trauma". Outros traumatismos reais têm efeitos mais difíceis de eliminar: não são de ordem fisiológica, mas dizem respeito ao ingresso da criança na sociedade de seus semelhantes e, quanto a isso, o instinto dos pais parece com muita frequência falhar. Quero referir-me ao trauma do desmame, do treinamento de asseio pessoal, da supressão dos "maus hábitos" e, finalmente, o mais importante de todos, a passagem da criança à vida adulta. Esses são os traumas mais graves da infância e quanto a eles, até o presente momento, nem os pais em especial nem a civilização em geral foram bastante previdentes.

O *desmame* sempre foi e continua sendo uma preocupação importante da medicina. É a passagem de um modo primitivo de nutrição a uma mastigação ativa; representa não só uma mudança de ordem fisiológica mas é também uma importante mudança psicológica. Um desmame malfeito pode influenciar desfavoravelmente a relação da criança com os objetos, e sua maneira de obter prazer deles, o que pode assim tornar muito sombria uma grande parte de sua vida. A bem dizer, não sabemos da psicologia da criança, mas, pouco a pouco, chegamos a ter alguma ideia das impressões profundas que o desmame pode deixar. Num dos estágios precoces do desenvolvimento embrionário, uma simples picada de alfinete, um leve ferimento, pode impedir a formação de toda uma parte do corpo. Um outro exemplo: num quarto onde existe uma única vela, a mão colocada perto da fonte luminosa pode obscurecer a metade do quarto. O mesmo ocorre com a criança se, no começo de sua vida, lhe for infligido um dano, ainda que mínimo: isso pode projetar uma sombra sobre toda a sua vida. É muito importante entender a que ponto as crianças são sensíveis; mas os pais não o creem; não podem imaginar a extrema sensibilidade de seus filhos e comportam-se, na presença deles, como se as crianças nada sentissem diante das cenas excitantes a que assistem. Se a criança em seu primeiro ou segundo ano observa relações sexuais entre seus pais, num momento em que já pode ficar excitada sem dispor de válvula de escape intelectual para essa excitação, isso pode acarretar uma neurose infantil que ameaçará enfraquecer definitivamente sua vida afetiva. As fobias infantis e as manifestações histéricas de angústia são frequentes nos primeiros anos do desenvolvimento. Desaparecem habitualmente sem perturbar o curso ulterior da vida, mas também deixam muitas vezes traços profundos na vida psíquica e no caráter da criança.

A aprendizagem do *asseio pessoal* é uma das fases mais difíceis do desenvolvimento da criança. Pode tornar-se muito perigosa mas nem sempre. De fato, há crianças que apresentam uma constituição tão robusta que suportam da parte de seus pais as medidas mais absurdas; mas são exceções e observamos amiúde que, mesmo quando superam bem essa educação insensata, deixam escapar uma parte da felicidade que a vida teria podido propiciar-lhes. Isso deveria incitar os pais e educadores a prestar muito mais atenção às reações da criança para assim saber avaliar suas dificuldades. Observações relativas à evolução afetiva da criança, durante a fase de adaptação ao código de asseio do adulto, levaram Freud a realizar uma importante descoberta, a saber, que o caráter da criança forma-se, em grande parte, durante esse processo. Em outras palavras, a maneira como o indivíduo, nos cinco primeiros anos de sua vida, adapta suas necessidades primitivas às exigências da civilização determinará também a maneira como enfrentará na vida todas as dificuldades ulteriores. Para a psicanálise, o "caráter" é, por assim dizer, a mecanização de um certo modo de reação que se assemelha bastante ao sintoma obsessivo. Esperamos de um indivíduo que ele saiba adaptar-se a uma dada situação até em seus mínimos detalhes, mas considerem como isso é pouco compatível com o que o caráter faz do homem! Se conhecermos o "caráter" de um homem, podemos levá-lo, se assim quisermos, a realizar tal ou qual ação, porque ele funciona como uma máquina. Basta pronunciar certa palavra diante dele e com certeza abanará a cabeça; dá essa resposta automática à nossa palavra, cuidadosamente escolhida, porque "está no seu caráter".

Quando eu era estudante, dava-se um peso exagerado nos meios médicos aos caracteres hereditários; os médicos acreditavam que éramos o produto de nossa constituição. Charcot, um dos melhores professores de medicina de Paris, proferia conferências inteiras sobre o tema. Gostaria, a propósito, de contar uma anedota típica que esclarece muito bem tudo isso. Um dia, uma mãe procurou-o, numa de suas "aulas de terça-feira", para lhe falar de seu filho neurótico. Como sempre, Charcot fez perguntas sobre o avô da criança, suas doenças, de que é que ele morrera, depois sobre a avó, sobre o outro avô, sobre a outra avó, e todos os demais parentes. A mãe tentou interrompê-lo para contar-lhe alguma coisa que acontecera à criança uma semana ou um ano antes. Charcot irritou-se e nada quis ouvir; punha todo o seu empenho em averiguar os traços hereditários e nada mais contava. Nós, psicanalistas, não negamos, em absoluto, a sua importância; muito pelo contrário, consideramo-los fatores de peso na etiologia das neuroses e psicoses, mas não os únicos. Pode haver uma predisposição desde o nascimento, mas, sem sombra de dúvida, sua influência pode ser modificada por experiências vividas, após o nascimento ou durante a educação. É preciso ter em conta tanto a hereditariedade quanto as causas individuais. O asseio, por exemplo, nada tem de inato, não é um traço hereditário e deve ser aprendido. Não quero dizer que as crianças sejam insensíveis a essa aprendizagem, mas creio que sem esta jamais se tornariam asseadas.

A tendência natural da criança pequena é para amar-se a si mesma, assim como a tudo o que considera como fazendo parte dela; seus excrementos são, efetivamente, uma parte de si mesma, algo de intermediário[6] entre o sujeito e o objeto. A criança ainda tem um certo interesse em seus excrementos, mas, a bem dizer, também há adultos que apresentam traços desse comportamento. Às vezes, analiso pessoas que são tidas por normais e, sobre esse ponto, não encontrei diferença essencial entre elas e os neuróticos, a não ser

---

6. *Zwischending*, literalmente, uma coisa de permeio entre sujeito e objeto. (N. do T.)

porque estes últimos revelam um pouco mais de interesse inconsciente pela imundície. E, assim como, segundo Freud, a histeria é o negativo da perversão, também o asseio do homem normal está alicerçado em seu interesse pelos dejetos. Não temos por que nos afligir demais com isso, pois são precisamente essas tendências primitivas as que nos fornecem a energia necessária às grandes realizações da civilização. Em contrapartida, se ignorarmos isso e nos entregarmos a terríveis acessos de cólera, diante da criança que se debate em suas dificuldades, estaremos desviando suas energias para um falso caminho, provocando assim o recalcamento. A reação será diferente segundo a constituição do indivíduo; um se tornará neurótico, o outro psicótico, um terceiro, enfim, criminoso. Mas se soubermos ao que nos ater sobre isso, e tratarmos as crianças com prudência, permitindo-lhes que ajam até um certo ponto de acordo com seus impulsos, oferecendo-lhes, por outro lado, a possibilidade de sublimá-los, então o caminho será para eles muito mais suave, e aprenderão a orientar suas necessidades primitivas no rumo da utilidade. Mas os educadores tentam, com frequência, extirpar prematuramente essas necessidades primitivas (embora sejam importantes fontes de energia), como se elas fossem em si mesmas algo de maligno.

Na adaptação da família à criança, o que se revela ser traumático produz-se, portanto, quando da passagem da primeira infância primitiva à civilização; o asseio não é a única coisa a estar em causa, somando-se-lhe a *sexualidade*. Ouve-se muitas vezes dizer que Freud atribui tudo à sexualidade, o que não é inteiramente exato. Ele fala de um *conflito* entre as tendências egoístas e as tendências sexuais, considerando até as primeiras como as mais fortes. De fato, os psicanalistas consagram a maior parte de seu tempo à análise dos fatores de recalcamento no indivíduo em questão.

A sexualidade não começa com a puberdade, mas com os "*maus hábitos*" das crianças. Esses "maus hábitos", como se lhes chama erradamente, são manifestações do *autoerotismo*, expressão primitiva do instinto sexual. Não se assustem com esse termo! A palavra *masturbação* suscita habitualmente uma desmedida indignação. Quando o médico é consultado a respeito da atividade autoerótica da criança, ele deveria aconselhar os pais a não levar isso para o lado trágico. Entretanto, por causa de sua própria angústia excessiva, os pais devem ser abordados com extremo tato. O curioso de tudo isso é que o que escapa precisamente aos pais é o que para as crianças é o óbvio; e o que as crianças não percebem é claro como o dia para os pais. Deixarei para mais tarde a solução desse enigma; ele contém o segredo de toda essa confusão que reina nas relações entre os pais e a criança.

Deixo provisoriamente esse paradoxo para abordar a importante questão de como se deve tratar uma *criança neurótica*. Só existe um caminho: *descobrir os motivos que estão escondidos no inconsciente dela mas que nem por isso são menos ativos*. Já foram realizadas algumas tentativas nesse sentido. Melanie Klein, uma antiga aluna do dr. Karl Abraham e minha, empreendeu corajosamente a análise de crianças como se fossem adultos, e pôde obter e relatar êxitos consequentes. Uma segunda tentativa, baseada em princípios diferentes – mais conservadores – foi feita por Anna Freud, a filha do prof. Freud. Os dois métodos são muito diferentes, e veremos se a difícil questão de combinar análise e educação pode ser resolvida; seja como for, os começos são promissores.

Tive recentemente a ocasião, durante a minha visita aos Estados Unidos, de travar conhecimento com os métodos utilizados numa escola dirigida por professores de formação psicanalítica e cuja maioria foi analisada: é a Walden-School.

Os professores tentam ocupar-se das crianças em grupos, visto que, por falta de tempo, está fora de cogitação uma análise individual para cada criança, o que seria muito melhor. Procuram educar as crianças de modo que uma análise em regra não seja necessária. Diante de uma criança neurótica, estudam-na de modo especial, fazendo-a beneficiar-se de uma análise individual e consagrando-lhe toda a atenção de que necessita. Eu estava particularmente curioso quanto à maneira como eles procediam no capítulo da educação sexual. Nas entrevistas com os pais, a escola insiste na necessidade de se responder com simplicidade e naturalidade às perguntas das crianças a propósito da sexualidade. Utilizam para isso o "método botânico", ou seja, por analogia com as plantas, a fim de explicar a reprodução dos humanos.

Tenho uma objeção contra esse método: é pedagógico demais e psicológico de menos. Talvez seja um bom começo mas não dá suficiente atenção às necessidades e aspirações interiores da criança. A criança que faz perguntas sobre a origem dos bebês nem mesmo fica satisfeita com uma explicação fisiológica exata, e reage frequentemente com uma total incredulidade a essa explicação fornecida por seus pais. Mesmo que não o expresse com clareza, contestará: "Você me conta isso mas não acredito." *De fato, a criança tem necessidade do reconhecimento do valor erótico (sensual) dos órgãos genitais.* Com efeito, a criança não é um cientista que queira averiguar donde provêm as crianças; interessa-se, sem dúvida, por essas questões como se interessa pela astronomia. Mas deseja de um modo muito mais premente, por parte dos pais e dos educadores, ouvir a confissão de que o órgão genital tem uma função libidinal. Enquanto os pais não confessarem isso, suas explicações não satisfazem a criança. Esta formula indagações como: qual é a frequência das relações sexuais? E tenta harmonizar sua resposta com o número de filhos existentes na família. Depois talvez diga: "Deve ser difícil, sem dúvida, fabricar uma criança, pois que isso dura tanto tempo." Desconfia vagamente de que o ato sexual é repetido com mais frequência e que proporciona prazer aos pais. Por afinidade, diríamos, ela tem sensações eróticas, em seus próprios órgãos genitais, que certas atividades podem apaziguar, e é suficientemente inteligente para compreender e sentir que o órgão genital tem uma função libidinal. Sente-se culpada (por ter sensações libidinais na sua idade) e pensa: "Que criatura imunda eu sou por ter sensações voluptuosas no meu sexo, quando meus pais, a quem venero, só utilizam esses órgãos para ter filhos." Enquanto a função erótica, ou voluptuosa, não é reconhecida, existirá sempre um abismo entre os pais e seu filho pequeno, e aos olhos deste eles continuarão sendo um ideal inacessível; foi o que eu quis dizer quando falei de paradoxo. Os pais não podem crer que a criança experimente sem seu sexo sensações análogas às deles. Quanto à criança, sente-se reprovada[7] por causa de suas sensações e acredita que os adultos são, a esse respeito, puros e imaculados. Um abismo persiste entre marido e mulher, o que está longe de ser raro, porque as meninas foram artificialmente mantidas nessa etapa infantil; nada tem de surpreendente que os esposos tornem-se estranhos um ao outro. Em virtude dessa cegueira que dificulta a nossa compreensão de tudo o que está ligado à atividade sexual da criança (a culpa disso é a nossa amnésia infantil), esperamos das crianças uma confiança cega e o desprezo por suas próprias experiências físicas e psíquicas. Uma das maiores dificul-

---

7. *Verworfen.*

dades encontradas pela criança surge mais tarde, quando se apercebe de que todo o seu elevado idealismo não corresponde à realidade; foi ludibriada e não acredita mais em autoridade nenhuma. É inútil tirar à criança a sua fé na autoridade, a sua fé na verdade das coisas de que lhe falam seus pais e outros adultos; mas, naturalmente, não se deve coagi-la a aceitar tudo em confiança. Em outras palavras: é uma infelicidade para a criança ser iludida ou enganada demais. Desse ponto de vista, a *Walden School* faz um bom trabalho, mas é apenas um começo. Seu método, que consiste em agir sobre a vida psíquica da criança graças à compreensão de seus pais, é por vezes excelente e pode até revelar-se satisfatório no início das dificuldades neuróticas. Recordemos que o prof. Freud fez a primeira análise de criança de maneira análoga (o Pequeno Hans). Ele interrogava o pai do menino sistematicamente, e as explicações eram em seguida dadas à criança pelo pai.

As dificuldades de adaptação, *na idade em que a criança torna-se independente de sua família*, estão intimamente ligadas ao desenvolvimento sexual. É a idade em que se desenrola o chamado "conflito edipiano". Se atentarmos para o modo como as crianças se exprimem, em dados momentos, durante esse período, não veremos nisso nada de trágico. A criança diz espontaneamente a seu pai: "Quando você morrer, casarei com a mamãe." Ninguém leva isso muito a sério e provoca até sorrisos, porque ela está numa época anterior ao conflito edipiano, na época em que a criança tem o direito de fazer e pensar tudo sem ser punida, sobretudo porque os pais não veem o fundamento sexual em tais declarações. Mas, a partir de certa idade, essas coisas passam a ser levadas muito a sério e são motivo de punição. Nessas condições, a pobre criança reage de maneira muito particular. Para torná-lo compreensível, farei um desenho simplificado do esquema da personalidade, segundo Freud.

O id (as pulsões) constitui a parte central da personalidade, o "ego" a parte periférica, suscetível de adaptação, parte que, sob todos os pontos de vista, deve adequar-se ao seu meio. Se seres humanos constituem uma parte desse meio ambiente, diferem, contudo, de todos os outros objetos, por sua importância e também por um traço fundamental: todos os objetos, exceto o homem, têm qualidades iguais e constantes, pode-se confiar nisso. A única parte do meio ambiente com que não se pode contar é a constituída pelos outros seres humanos, a começar pelos pais. Quando colocamos uma coisa

Fig. I   Fig. II   Fig. III   Fig. IV

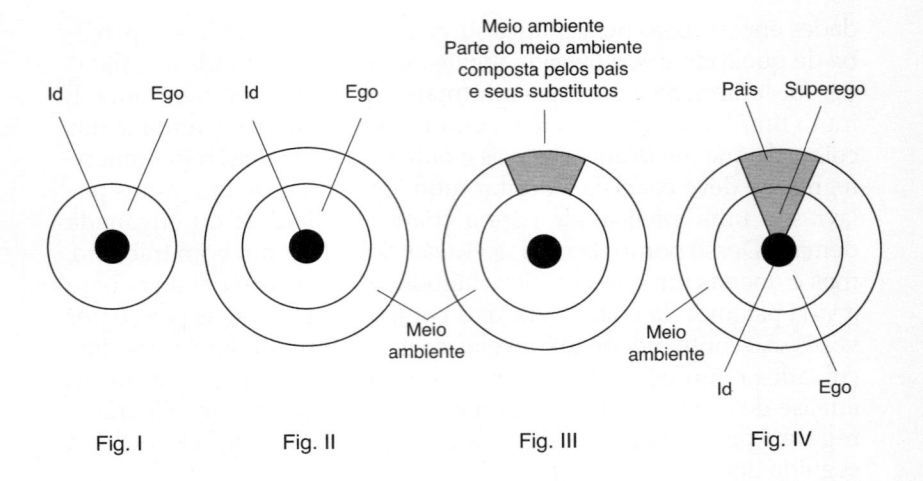

Diagrama: Id, Ego / Id, Ego, Meio ambiente / Id, Ego, Meio ambiente, Parte do meio ambiente composta pelos pais e seus substitutos / Id, Ego, Meio ambiente, Pais, Superego

em algum lugar, nós a reencontramos no mesmo lugar. Os próprios animais não mudam essencialmente: não mentem; se os conhecermos, podemos confiar neles. O homem é o único ser vivo que mente. Eis o que torna difícil para a criança a adaptação a essa parte do seu meio ambiente. Mesmo os pais tão venerados não dizem sempre a verdade, mentem deliberadamente e, segundo eles, no interesse único e exclusivo da criança. Mas, uma vez que a criança tenha tido essa experiência, torna-se desconfiada. Eis uma das dificuldades. A outra reside na dependência da criança em relação ao seu meio circundante. As ideias e os ideais à sua volta obrigam também a criança a mentir. Os pais preparam-lhe uma espécie de armadilha. As primeiras opiniões da criança são, é claro, as suas: os doces são bons, as troças são más. A criança defronta-se então com toda uma série de opiniões diferentes, profundamente enraizadas no espírito de seus pais: os doces são ruins, ser educado é bom. Assim, a sua vivência pessoal efetiva, agradável ou desagradável, opõe-se aos dizeres das pessoas encarregadas de sua educação, pessoas a quem ama profundamente, apesar de suas opiniões manifestamente errôneas, e das quais depende também no plano físico. Por amor a essas pessoas, deve adaptar-se a esse novo e difícil código. Consegue-o de um modo particular que ilustrarei num caso. Um dos meus pacientes lembrava-se muito bem de sua infância. Não era uma criança bem-comportada. Pelo contrário, tinha um comportamento insuportável e recebia corretivos todas as semanas, às vezes até por antecipação. Enquanto lhe batiam, pensava de um modo inteiramente consciente: "Como será bom quando eu for pai e tiver que corrigir meu filho." Em imaginação, ele já tinha, nesse momento, o papel futuro do pai. Tal identificação significa uma mudança em parte da personalidade. O ego se enriqueceu a partir do mundo circundante, aquisição esta que não é hereditária. Também é assim que nos tornamos conscienciosos. No princípio, teme-se a punição, depois identifica-se com a autoridade que pune. Pai e mãe reais podem então perder a importância que tinham para a criança, já que ela estabeleceu em si mesma uma espécie de pai e mãe interiores. Assim se constitui o que Freud chamou de SUPEREGO.

O superego é, portanto, o resultado de uma interação do ego com uma parte do meio ambiente. A severidade excessiva pode acarretar prejuízos para a criança por toda a vida, dotando-a de um superego demasiado rígido. Na verdade, creio que seria necessário escrever um dia um livro, não só, como é costume, sobre a importância e a utilidade dos ideais para a criança, mas também sobre a nocividade de exigências ideais excessivas. Nos Estados Unidos, as crianças ficam muito decepcionadas quando ouvem contar que Washington jamais mentiu em toda a sua vida. Senti o mesmo acabrunhamento quando, na escola, já lá vão tantos anos, me ensinaram que Epaminondas nunca mentia, nem de brincadeira: *Nec joco quidem mentiretur*[8].

Tenho pouco a acrescentar. A questão das atividades mistas, cuja incidência pude observar nos Estados Unidos, lembra-me a época em que, com o meu amigo, o dr. Jones, e alguns outros psicanalistas, assistia à primeira conferência de Freud. Encontramos o dr. Stanley Hall, o grande psicólogo americano, que nos disse gracejando: "Vejam esses garotos e essas garotas, vivem juntos durante semanas e semanas, e *infelizmente* jamais existe o menor risco." Na verdade, é mais do que um gracejo. O recalcamento sobre o qual repousa a "boa conduta" da juventude é inevitável, mas, se for excessivo, corre o risco de provocar mais tarde graves dificuldades. Se se pensa que a educação mista é necessária, cumpre encontrar uma melhor maneira de reunir os sexos, pois o método atual que consiste em encerrá-los juntos, o que os obriga a recalcar ainda mais o

---

8. "Não se mente jamais por gracejo."

que sentem, ameaça favorecer a formação de neuroses. Ainda uma palavra sobre as punições na escola. É evidente que a psicanálise esforçou-se por suprimir todo caráter de vingança nas punições, se é que se considera indispensável punir.

Minha intenção não era dizer coisas definitivas sobre a relação entre psicanálise e educação, mas apenas estimular o interesse e incitar ao trabalho. Freud chamava à psicanálise uma espécie de *pós--educação* do indivíduo, mas as coisas tornaram-se de tal natureza que não tardará muito para que a educação tenha muito mais a aprender da psicanálise do que o inverso. A psicanálise ensinará aos pedagogos e aos pais a tratar suas crianças de modo a tornar supérflua qualquer pós-educação.

Participavam na discussão: dr. Ernest Jones, Melanie Klein, dr. Menon, Susan Isaacs, M. Money-Kyrle, Barbara Low e dr. David Forsyth.

O dr. Ferenczi respondeu o seguinte:
Em resposta à objeção do dr. Jones, lamento que as minhas considerações tenham podido dar a impressão de que considero um método como científico unicamente se ele for capaz de referir tudo ao mensurável. Só admito essa posição em termos de *"Posito, sed non concesso"* [Exponho mas não admito]. Tenho em grande estima a matemática, mas estou convencido de que o melhor método de medição não pode substituir a psicologia. Mesmo que dispuséssemos de uma máquina que projetasse numa tela os mais sutis processos do cérebro e registrasse com precisão todas as modificações do pensamento e do sentimento, restaria sempre a experiência interna e seria necessário ligar ambas as experiências. O único meio de resolver essa dificuldade consiste em reconhecer as duas vias da experiência – a física e a psíquica.

À sra. Klein responderei apenas que a total liberdade de fantasiar poderia ser um alívio extraordinário, ao longo da vida. Se se consentisse isso às crianças, elas estariam mais à vontade nas mudanças exigidas pela passagem da atividade autística para a vida em coletividade. Seria preciso, naturalmente, que os pais reconhecessem ter também o mesmo gênero de fantasia, o que não os dispensa de ensinar à criança a diferença entre fantasia e ação irreversível. A criança tem, portanto, o direito de imaginar-se onipotente.

É natural que procure em seguida tirar vantagem dessa situação, e chegará o momento em que será necessário recorrer ao uso da autoridade; a psicanálise só interdita a autoridade quando esta é injustificada.

Lembro-me de um incidente com um dos meus sobrinhos pequenos, a quem tratava com toda a suavidade que, em meu entender, convém a um psicanalista. Aproveitou para começar a atormentar-me; por fim, passou a agredir-me. A psicanálise não me ensinou que deveria deixar-me agredir *ad infinitum*. Portanto, tomei-o em meus braços e, segurando-o com firmeza para impedi-lo de se mexer, disse-lhe: "Bata em mim agora se conseguir." Ele tentou, mas, não o conseguindo, pôs-se a injuriar-me, dizendo que me detestava. Respondi-lhe: "Muito bem, continue, tudo isso você pode pensar e dizer, mas não tem o direito de me bater." Finalmente, reconheceu a minha superioridade e o seu direito de me agredir unicamente em imaginação. Após o que nos separamos como bons amigos. Tal maneira de aprender a controlar-se nada tem a ver, evidentemente, com o recalcamento, nem é, por certo, nociva.

Quanto a saber como traduzir os símbolos para as crianças, direi que, em geral, as crianças têm mais a nos ensinar nesse domínio do que o inverso. Os símbolos são a própria língua das crianças, não temos que ensinar-lhes como se servirem dela.

Creio ter-lhes dito tudo por hoje e espero que esta discussão venha a suscitar outros trabalhos.

II

O problema do fim da análise[1]

Senhoras e Senhores,

Permitam-me começar citando um caso que me ocupou intensamente há algum tempo. Trata-se de um paciente para o qual, além de diversos distúrbios neuróticos, a análise tinha por principal objeto anomalias e singularidades de caráter; fiquei sabendo de súbito (após mais de oito meses de análise, notem bem) que durante todo esse tempo ele me induzira em erro a respeito de um dado importante de natureza financeira. No início, o fato me colocou numa situação embaraçosa. A regra fundamental da análise, aquela que alicerça toda a nossa técnica, exige que se diga sem reservas e o mais perto da verdade tudo o que acode à mente (*Einfall*). O que fazer, pois, num caso em que a patologia consiste precisamente na necessidade de mentir? Deve-se recusar de imediato a competência da análise nos distúrbios de caráter desse tipo? Eu não tinha a menor vontade de assinar semelhante atestado de indigência, a propósito da nossa ciência e da nossa técnica. Prossegui, portanto, com o trabalho, e foi somente a exploração dessa necessidade de mentir que me forneceu a ocasião de compreender certos sintomas do paciente. Com efeito, aconteceu no decorrer da análise que, um dia, antes da descoberta da mentira, o paciente tinha faltado à sua ses-

---

1. Exposição feita durante o X Congresso Internacional de Psicanálise em Innsbruck, a 3 de setembro de 1927.

são, sem mesmo mencionar no dia seguinte essa omissão. Indagado, afirmou, imperturbável, que tinha vindo à sua sessão. Como eu estava absolutamente certo de não ser vítima de um distúrbio de minha própria memória, obriguei-o em tom enérgico a constatar o estado de fato. Não tardamos ambos em adquirir a convicção de que não só tinha esquecido a falta ao nosso encontro, mas todos os demais acontecimentos do dia em questão. Só pouco a pouco foi possível preencher parcialmente essa lacuna da memória, em parte pelo interrogatório de testemunhas oculares. Não quero entrar nos detalhes desse incidente interessante em si mesmo; limitar-me-ei a assinalar que o paciente tinha passado o dia esquecido meio ébrio, em diferentes bares, de dia e de noite, na companhia de homens e mulheres da mais baixa espécie, a quem nem mesmo conhecia.

Apurou-se então que tais distúrbios de memória já lhe tinham acontecido. Portanto, no próprio momento em que eu obtinha a prova irrefutável de sua tendência consciente para a mentira, adquiri a convicção de que o sintoma de clivagem da personalidade, pelo menos nele, era apenas o sinal neurótico dessa tendência de caráter. Assim, nesse caso, o surgimento de provas de uma mentira tornou-se um evento que favoreceu a compreensão analítica[2].

Entretanto, logo me ocorreu que o problema da simulação e o fato de mentir no decorrer da análise já tinham sido objeto de reflexões por diversas vezes. Num trabalho anterior, eu formulara a hipótese de que, nos primeiros anos da infância, todos os sintomas histéricos produzidos pelo sujeito ainda possuíam o caráter de um malabarismo consciente; também me lembro da observação feita por Freud na ocasião: do ponto de vista do prognóstico, era um sinal favorável, o presságio de uma cura próxima, quando o paciente exprimia de súbito a convicção de que, durante toda a sua doença, não fizera mais do que simular; pois à luz de sua compreensão analítica recém-adquirida a respeito dos mecanismos (*Getrieb*) do in-

---

2. Não hesito em generalizar esta única observação e em apresentar todos os casos da chamada "clivagem da personalidade" como sintomas de uma insinceridade parcialmente consciente que coage certas pessoas a manifestar alternadamente apenas partes de suas personalidades. No vocabulário da metapsicologia, poderíamos dizer que essas pessoas têm *vários superegos*, cuja unificação não foi bem-sucedida. Do mesmo modo, os cientistas que não afastam *a priori* a possibilidade de "várias verdades" a respeito de um mesmo assunto poderiam ser pessoas cuja moral científica não atingiu o estágio da unidade.

consciente ele não pode mais, com efeito, repor-se no estado de espírito em que deixava esses sintomas constituírem-se automaticamente, sem a menor intervenção do seu saber consciente. Abandonar verdadeiramente a tendência para mentir apresenta-se, pois, como sendo no mínimo um dos sinais do fim próximo de análise.

Já encontramos antes um mesmo estado de coisas mas sob um outro nome. Aquilo a que, segundo os princípios da moral e da realidade, chamamos mentira, na criança e na patologia tem o nome de fantasia. A nossa principal tarefa no tratamento de um caso de histeria é essencialmente a exploração da estrutura fantasística, automática e inconscientemente produzida. Uma grande parte dos sintomas desaparece, de fato, por esse procedimento. Isso nos levou a pensar que o desvendamento da fantasia – que podia ser considerada uma realidade de espécie particular (Freud chamava-a uma realidade psíquica) – era suficiente para produzir a cura; ora, saber em que medida esse conteúdo fantasístico também representa uma realidade efetiva, quer dizer, física, ou a lembrança de tal realidade, era considerado de importância secundária para o tratamento e seu êxito. Minha experiência ensinou-me, porém, outra coisa. Adquiri a convicção de que nenhum caso de histeria pode ser considerado definitivamente solucionado enquanto a reconstrução, no sentido de uma separação rigorosa do real e da pura fantasia, não estiver consumada. Aquele que admite a verossimilhança das interpretações analíticas, sem estar convencido de sua realidade efetiva, reserva-se assim o direito de escapar a certas experiências desagradáveis, mediante a fuga para a doença, ou seja, para o mundo da fantasia; sua análise não pode, portanto, considerar-se terminada, se por fim da análise entendemos também a cura, no sentido profilático. Poderíamos generalizar, por conseguinte, dizendo que o neurótico não pode ser considerado curado enquanto não renunciar ao prazer do fantasiar inconsciente, ou seja, à mentira inconsciente. Não é um mau caminho para detectar esses ninhos de fantasias surpreender o doente em flagrante delito de deformação dos fatos – ainda que seja mínima – como acontece com tanta frequência no decorrer da análise. A preocupação em não expor a própria vaidade, o temor de perder a disposição amistosa do analista desvendando certos fatos ou sentimentos, induzem todos os pacientes, sem nenhuma exceção, a reprimir ou deformar ocasionalmente os fatos. As observações desse gênero convenceram-me de que a exigência de associação livre, a realizar, plenamente, exigência que apresentamos de imediato ao paciente, é uma exigência ideal que, por assim dizer, só é preenchida uma vez terminada a análise. Associações que têm sua fonte nessas pequenas deformações atuais conduzem, com muita frequência, a eventos infantis análogos mas muito mais importantes, por conseguinte, a períodos em que o logro, automático no presente, ainda era consciente e deliberado.

Podemos com segurança caracterizar qualquer mentira de criança como mentira por necessidade; a tendência para a mentira, posterior, relacionada com essas primeiras, talvez seja algo imposto pela necessidade. Isso seria, aliás, perfeitamente lógico. É certamente mais confortável ser franco e sincero do que mentir. Portanto, pode-se ser forçado a mentir pela ameaça de um desprazer ainda maior. O que designamos por nomes de bela sonoridade, como ideal, ideal do ego, superego, deve seu aparecimento a uma repressão deliberada de moções pulsionais reais, que cumpre, pois, desmentir, ao passo que os preceitos e os sentimentos morais, impostos pela educação, são enfatizados com uma insistência exagerada. Mesmo que os professores de ética e os teólogos da moral fiquem desolados, não podemos nos impedir de afirmar que mentira e moral têm algo a ver uma com a outra. Na origem, para a criança, tudo o que tem gosto bom é bom. Deve então aprender a considerar e a sentir que muitas coisas que têm gosto bom são ruins, e a descobrir que a obediência a preceitos que implicam renúncias difíceis transforma-se em fonte de felicidade e satisfação extremas. Era *a priori* provável, mas as nossas análises confirmam-no com toda a certeza, que os dois estágios da amoralidade original e da moral adquirida estão separados por um período de transição, mais ou menos extenso, em que cada renúncia pulsional e cada afirmação de desprazer ainda estão nitidamente ligadas ao sentimento de não verdade, ou seja, de hipocrisia.

Desse ponto de vista, se a análise deve ser uma verdadeira reeducação do humano, deve-se, com efeito, remontar na análise a toda a formação do caráter do ser humano, o qual, quando do recalcamento pulsional, constituiu-se como automatismo protetor, retrocedendo até os seus fundamentos pulsionais. É necessário que tudo volte a ser fluido, por assim dizer, para que em seguida, a partir desse caos passageiro, uma nova personalidade mais bem adaptada possa constituir-se em condições mais favoráveis. Em outras palavras, isso significaria que, teoricamente, nenhuma análise sintomática pode ser dada por concluída se não for, simultaneamente ou em seguida, uma análise de caráter. Sabe-se muito bem que, na prática, pode-se curar pela análise um grande número de sintomas, sem que se produzam mudanças tão profundas. Certas almas primitivas, ignorantes da aspiração que o homem cultiva, apesar de si mesmo, no sentido da harmonia e da estabilidade, ficarão com medo, naturalmente, e perguntarão o que sucederá a um homem que perde seu caráter na análise. Podemos prometer que estamos em condições de fornecer um novo caráter sob medida, à maneira de uma roupa nova, para substituir aquele que se perdeu? Não poderia acontecer que o paciente, uma vez despojado do seu antigo caráter, decida fugir e se nos escape, nu, sem caráter, antes que o novo invólucro estivesse pronto? Freud já nos mostrou a que ponto essas dúvidas eram injustificadas e como à psicanálise sucedia automaticamente a síntese. De fato, a dissolução da estrutura cristalizada de um caráter é apenas, a bem dizer, uma transição para uma nova estrutura certamente mais adequada, em outros termos, uma *recristalização*. Sem dúvida, é impossível descrever em detalhe o aspecto dessa nova vestimenta, com a única exceção, talvez, de que será com certeza mais bem ajustada, ou seja, mais adaptada ao seu objetivo.

Entretanto, é possível indicar alguns traços comuns das pessoas que levaram uma análise até o fim. A separação muito mais nítida do mundo da fantasia e do mundo da realidade, obtida pela análise, permite adquirir uma liberdade interior quase ilimitada, logo, simultaneamente, um melhor domínio dos atos e decisões; em outras palavras, um controle mais econômico e mais eficaz.

Nos casos raros em que estive próximo desse objetivo ideal, vi-me na obrigação de atribuir também importância a certos aspectos exteriores da apresentação e do comportamento do doente, quase sempre negligenciados até aí. Quando tentei compreender as particularidades narcísicas e os maneirismos de pacientes portadores de tiques, já assinalei com que frequência acontece que neuróticos, embora quase curados, não sejam afetados pela análise no que se refere a esse sintoma. Naturalmente, uma análise mais profunda da personalidade não pode deter-se diante de tais singularidades; portanto, devemos finalmente apresentar, por assim dizer, um espelho aos pacientes para que adquiram consciência, pela primeira vez, das particularidades do seu comportamento, inclusive do seu aspecto físico. Só aquele que, como eu, teve a experiência de ver inclusive pessoas curadas pela análise continuarem apresentando mímicas, atitudes corporais, cacoetes, movimentos ineptos de que todo mundo ri pelas costas, sem que elas mesmas tenham a menor desconfiança de suas singularidades, considerará que uma análise radical tem por dever, cruel mas inevitável, fazer com que aqueles a quem isso mais interessa adquiram plena consciência desses segredos, por assim dizer públicos[3].

Sabe-se que o analista deve dar sempre provas de tato, mas é na gestão dessa parte do autoconhecimento que ele deve demonstrá-las ao máximo. Sempre adotei por princípio jamais comentar essas coisas diretamente com os pacientes; na sequência da análise, mais cedo ou mais tarde, eles devem acabar por adquirir consciência dessas coisas por si mesmos, com a nossa ajuda.

Esse "mais cedo ou mais tarde" contém uma alusão à importância do fator tempo, para que uma análise possa ser inteiramente terminada. Isso só é possível se a análise dispuser de um tempo por assim dizer infinito. Estou de acordo, portanto, com aqueles que pretendem que um tratamento tem muito mais chances de terminar rapidamente se o tempo de que dispomos for ilimitado. Trata-se menos do tempo físico de que o paciente dispõe do que da sua determinação interior de permanecer verdadeiramente em tratamento por quanto tempo for necessário, sem levar em conta a sua duração absoluta. Não quero dizer com isso que não haja casos em que os pacientes abusam largamente dessa intemporalidade ou ausência de prazo.

Durante esse tempo posto à nossa disposição, não só todo o material psíquico inconsciente deve ser revivido, sob a forma de lembranças e de repetições, mas o terceiro recurso técnico da análise deve ser igualmente empregado. Quero falar do fator da translaboração[4] analítica, ao qual Freud atribui uma importância idêntica

---

3. É nesse ponto que a psicanálise aborda pela primeira vez, na prática, problemas de fisionomia e de constituição física em geral (assim como em seus derivados, tais como a mímica, as características grafológicas, etc.).

4. *Durcharbeiten. Durch* quer dizer: através de. Em latim, a preposição *"trans"*, através de, para além de, não corresponde à preposição *"per"* que significa também "entre, em, sobre, diante de, por meio de". O *Vocabulário da psicanálise* de Laplanche e Pontalis utiliza "perlaboração"; nós traduzimos aqui por "translaboração", mas, no seio da nossa equipe de tradução, a discussão está longe de ser esgotada. Cada leitor pode utilizar, à sua vontade, *per-* ou *trans- laboração*. (NTF)

mas que não foi, até o presente, apreciado em seu justo valor. Devemos relacionar essa translaboração, ou seja, o trabalho psíquico a que o paciente se entrega com a ajuda do analista, com a relação de forças entre o recalcado e a resistência: portanto, com um fator puramente quantitativo. A elucidação da causa patogênica, e das condições da formação de sintomas, é, por assim dizer, uma análise qualitativa. É muito possível que essa análise esteja quase consumada sem que, por isso, a esperada modificação terapêutica tenha sido provocada. Entretanto, acontece às vezes que, após repetições eventualmente inúmeras dos mesmos mecanismos de transferência e resistência, vividos na análise, se produza de modo imprevisto um progresso importante que só se poderá explicar pelo efeito do fator de translaboração que finalmente obteve resultado. Com frequência, porém, é o inverso que se produz: após um longo período de translaboração, bruscamente, o caminho fica aberto para um novo material mnêmico que pode anunciar o fim da análise.

Uma tarefa certamente difícil mas interessante que, em minha opinião, deve ser realizada em cada caso particular é a eliminação progressiva daquelas resistências que consistem numa dúvida, mais ou menos consciente, sobre a confiabilidade do analista. Deve-se entender por confiabilidade que o analista tem que ser digno de confiança, em todas as circunstâncias, em especial que deve mostrar uma benevolência inabalável em relação ao paciente, por mais incorretas que possam ser a conduta e as falas deste último. De fato, poder-se-ia falar de uma tentativa inconsciente do paciente de testar a solidez da paciência do analista a seu respeito, de maneira metódica e variada ao extremo, e isso não uma mas inúmeras vezes. Os pacientes submetem assim a uma observação extremamente perspicaz o modo de reação do médico, quer este se manifeste pela fala, pelo gesto ou pelo silêncio. Analisam-no frequentemente com muita habilidade. Descobrem os menores sinais de moções inconscientes no analista, que deve suportar essas tentativas de análise com uma paciência inabalável; é uma performance quase sobre-humana mas que, em todos os casos, vale a pena. Pois se o paciente não pôde surpreender o analista em flagrante delito de não dizer a verdade, ou de deformá-la, se o paciente chega, pouco a pouco, a reconhecer que é efetivamente possível permanecer objetivo, mesmo diante da criança mais insuportável, se não pôde descobrir por esse meio nenhuma tendência para a enfatuação no médico, apesar de todos os esforços feitos para provocar nele tais indícios, se o paciente é obrigado a admitir que o médico reconhece também de bom grado seus próprios erros e despropósitos, que ocasionalmente cometa, então não é raro que se possa colher, à guisa de recompensa pelo considerável esforço despendido, uma mudança mais ou menos rápida no comportamento do paciente. Parece-me muito provável que os pacientes procurem repetir, por essas tentativas, situações de sua infância em que educadores e pais incompreensivos reagiram às chamadas "maldades" da criança por meio de manifestações afetivas intensas, levando assim a criança a adotar uma atitude de recusa.

A firmeza diante dessa ofensiva geral do paciente impõe como condição preliminar que o analista tenha terminado por completo a sua própria análise. Faço esta observação porque, com frequência, considera-se suficiente que o candidato a psicanalista trave conhecimento, durante um ano, por exemplo, com os principais mecanismos: uma análise supostamente didática. A sua evolução posterior é entregue às possibilidades de aprendizagem oferecidas pelo autodidatismo. Assinalei amiúde, no passado, que não via nenhuma diferença de princípio entre análise terapêutica e análise didática. Gostaria de completar essa proposição no sentido de que nem sempre é necessário, na prática clínica, aprofundar o tratamento até o ponto que chamamos de término completo da análise; em contrapartida, o analista, de quem depende o destino de tantos seres, deve conhecer e controlar até as fraquezas mais escondidas de sua própria personalidade, o que é impossível sem uma análise inteiramente terminada.

Naturalmente, as análises mostram que, afinal de contas, as tendências libidinais e não apenas as simples tendências de autoafirmação ou de vingança, é que constituíam os verdadeiros motivos da formação do caráter, e das resistências que aparecem frequentemente disfarçadas de modo grotesco. Após ter feito detonar todos os seus petardos, o moleque birrento revela suas exigências disfarçadas de ternura e de amor, com uma franqueza ingênua. Nenhuma análise está terminada enquanto a maior parte das atividades de prazer preliminar e de prazer final da sexualidade, em suas manifestações tanto normais quanto anormais, não tiver sido vivida no nível emocional, na fantasia consciente; todo paciente masculino deve chegar a um sentimento de igualdade de direitos em face do médico, indicando assim que superou a angústia de castração; todo doente do sexo feminino, para que se possa considerar que venceu a sua neurose, deve ter vencido o seu complexo de virilidade e ter se abandonado sem o menor ressentimento às potencialidades de pensamento do papel feminino. Esse objetivo da análise corresponde, mais ou menos, à exigência que Groddeck faz aos seus pacientes de reavivar a ingenuidade paradisíaca. A diferença entre mim e ele é que Groddeck esforça-se por atingir diretamente esse objetivo, a partir do sintoma, ao passo que eu tento alcançar idêntica meta pela técnica analítica "ortodoxa", mesmo que o ritmo seja mais lento. Usando a necessária paciência, esse mesmo resultado nos espera, sem pressão particular de nossa parte.

Renunciar a fazer pressão não significa renunciar aos meios técnicos que propus outrora sob o nome de atividade. O que afirmei no nosso Congresso de Hombourg, mantenho-o ainda hoje. Nenhuma análise pode seguramente terminar antes que o paciente se resolva, de acordo com as nossas indicações – despojadas de todo caráter de ordem a consentir também, a par da associação livre, em mudanças que ajudem a descobrir e a dominar certos ninhos de recalcamentos que, sem isso, ficariam escondidos e inacessíveis. Empurrar o paciente para fora da análise, significando-lhe sua alta, pode dar resultados em certos casos, mas em princípio é um método a rejeitar. Se a pressão exercida por uma circunstância exterior fortuita acelera, por vezes, a análise, a pressão do analista prolonga-a com frequência, inutilmente. A análise está verdadeiramente terminada quando não há dispensa por parte do médico nem por parte do paciente; a análise deve, por assim dizer, morrer de esgotamento, devendo o médico ser sempre o mais desconfiado dos dois e suspeitar de que o paciente quer salvar alguma coisa da sua neurose, quando exprime a vontade de partir. Um paciente verdadeiramente curado desliga-se da análise, lenta mas seguramente; por conseguinte, enquanto o paciente quiser vir, terá ainda um lugar na análise. Também se poderia caracterizar esse processo de desligamento da seguinte maneira: o paciente está, enfim, perfeitamente convencido de que a análise é para ele um novo meio de satisfação mas sempre fantasístico, que nada lhe fornece no plano da realidade. Quando ele, pouco a pouco, superou o luto relacionado com essa descoberta (*Einsicht*), volta-se inevitavelmente para outras possibilidades de satisfação mais reais. À luz da análise, Freud sabia-o havia muito tempo, todo o período neurótico de sua vida apresenta-se então, verdadeiramente, como um luto patológico que o paciente também procurava deslocar para a situação transferencial, mas cuja verdadeira natureza é desmascarada, o que põe então fim à tendência para a repetição no futuro. A renúncia analítica corresponde, portanto, à resolução atual de situações de frustrações infantis que estavam na base das formações sintomáticas[5].

Uma experiência, igualmente importante no plano teórico, no caso de análises levadas até seu verdadeiro termo, consiste no aparecimento quase constante de uma *transformação de sintomas* antes do final da análise. Sabemos muito bem, graças a Freud, que a sintomatologia das neuroses é quase sempre o resultado de uma evolução psíquica. O doente obsessivo, por exemplo, só muda pouco a pouco suas emoções em atos e pensamentos obsessivos. O histérico pode lutar, durante bastante tempo, contra toda espécie de representações incômodas, antes de chegar a converter seus conflitos em sintomas corporais. Aquele que, mais tarde, virá a ser esquizofrênico ou paranoico, inicia sua carreira patológica um pouco como o paciente com histeria de angústia: muitas vezes, após um árduo trabalho, ele consegue encontrar uma espécie de autocura patológica num exacerbado narcisismo. Não deve, pois, ser motivo de espanto que, no obsessivo, uma vez suficientemente relaxado e minado o seu sistema de pensamento obsessivo, sintomas histéricos façam sua aparição, e que o doente com histeria de conversão, tão descuidado e indiferente antes, quando seus sintomas físicos se tornaram insuficientes, sob o efeito da análise, comece a produzir pensamentos e lembranças, ao passo que antes apresentava movimentos de expressão sem conteúdo consciente. Por conseguinte, é um bom sinal quando o obsessivo, em vez de pensamentos desprovidos de afeto, começa a manifestar uma emotividade histérica, e quando o pensamento do histérico se converte numa obsessão passageira. É desagradável, sem dúvida, quando, no decorrer dessas transformações de sintomas, surgem traços psicóticos. Mas seria um

---

5. Ferenczi opõe os termos *Entsagung* [renúncia] e *Versagung* [frustração]. Não pudemos, na tradução francesa, respeitar a raiz comum [*sagen*] porque, no primeiro caso, é o sujeito quem renuncia, enquanto no segundo caso a renúncia é-lhe imposta. Para exprimir essas duas ideias, o francês não dispõe de termos com uma raiz comum. (NTF)

erro alarmar-se exageradamente com isso. Já vi casos em que não era possível nenhum caminho para a cura definitiva, exceto aquele que passava por uma psicose transitória.

Submeti-lhes hoje todas estas observações em apoio da minha convicção de que a análise não é um processo sem fim, mas que pode ser conduzida a um término natural se o analista possui os conhecimentos e a paciência suficientes. Se me perguntarem se posso citar um grande número de análises concluídas assim, devo responder-lhes: não. Mas a soma de minhas experiências leva-me às conclusões enunciadas nesta exposição. Estou firmemente convencido de que, quando se tiver suficientemente aprendido sobre seus modos de atuar e seus erros, e se tiver aprendido pouco a pouco a contar com os pontos fracos de sua própria personalidade, irá crescendo o número de casos analisados até o fim.

III

Elasticidade da técnica psicanalítica[1]

Os esforços para tornar acessível a outros a técnica que utilizo habitualmente nas minhas psicanálises reconduziram-me com frequência ao tema da compreensão psicológica em geral. Seria verdade o que tantas pessoas afirmam, ou seja, que a compreensão dos processos que se desenrolam na vida psíquica de outrem depende de uma aptidão particular a que se dá o nome de conhecimento dos homens, aptidão que, como tal, seria inexplicável e, portanto, intransmissível: assim, todo esforço para ensinar aos outros alguma coisa dessa técnica estaria de antemão condenado. Felizmente, não é nada disso. Depois que Freud publicou seus "Conselhos sobre a técnica psicanalítica", possuímos os primeiros elementos de uma investigação metódica sobre o psiquismo. Todos aqueles que não temem o esforço de seguir as instruções do mestre estarão em condições, mesmo que não sejam gênios da psicologia, de ganhar acesso às profundezas insuspeitadas da vida psíquica de outrem, seja ela saudável ou doente. A análise dos atos falhos da vida cotidiana, dos sonhos e, sobretudo, das associações livres, colocá-los-á em situação de aprender, de seu semelhante, muitas coisas que, antes, somente seres de exceção eram capazes de captar. A predileção dos homens pelo maravilhoso fá-los-á acompanhar com desprazer essa transformação da arte do conhecimento dos homens numa espécie

---

1. Conferência proferida na Sociedade Húngara de Psicanálise (Ciclo de 1927-28).

de profissão. Os artistas e os escritores em particular parecem ver nisso uma espécie de intrusão nos domínios deles e, após terem manifestado um início de interesse pela psicanálise, acabaram contraindo o hábito de repudiá-la como um método de trabalho mecânico e pouco sedutor. Essa antipatia em nada nos surpreende: a ciência é, com efeito, um desapontamento progressivo: no lugar do que é místico e singular, ela coloca sempre e por toda parte essa legalidade inflexível que, por sua uniformidade, provoca facilmente o tédio e, por seu curso coercivo, o desprazer. Para apaziguar um pouco os espíritos, acrescentemos, com efeito, que nesta como em qualquer outra profissão, haverá sempre os artistas de exceção, de quem esperamos os progressos e as novas perspectivas.

Do ponto de vista prático, é um progresso, entretanto, que a análise tenha, pouco a pouco, colocado nas mãos do médico e do cientista medianamente dotado um instrumento de exploração mais diferençada do homem. É como em cirurgia: antes da descoberta da anestesia e da assepsia, apenas alguns tinham o privilégio de exercer a "arte de curar" cirúrgica e podiam trabalhar, "*cito, tuto et jucunde*"[2]. É certo que ainda hoje existem artistas da técnica cirúrgica, mas os progressos permitiram a milhares de médicos medianos exercer sua atividade útil, salvando frequentemente vidas.

Sem dúvida falava-se também de técnica psicológica fora da análise do psiquismo; entendia-se por tal os métodos de medição utilizados nos laboratórios de psicologia. Essa espécie de "psicotécnica" ainda hoje está em moda e pode, inclusive, ser suficiente para certas tarefas práticas e simples. Na análise, porém, trata-se de algo muito mais elevado: apreender a tópica, a dinâmica e a economia do funcionamento psíquico, e isso sem a impressionante aparelhagem dos laboratórios mas com uma pretensão de certeza sempre crescente e, sobretudo, uma capacidade de rendimento incomparavelmente superior.

Entretanto, houve e ainda há no interior da técnica psicanalítica muitas coisas que davam a impressão de tratar-se de algo individual, pouco definível com palavras; em primeiro lugar, o fato de que, neste trabalho, a importância que parecia ser atribuída à "equação pessoal" era muito maior da que deveríamos, por outro lado, aceitar na ciência. O próprio Freud, em suas primeiras comunicações sobre

---

2. "Rapidamente, na segurança e alegria."

a técnica, deixava o campo livre para outros métodos de trabalho em psicanálise, a par do seu. É verdade que essa declaração data de antes da época em que se cristalizou *a segunda regra fundamental da psicanálise*, isto é, que *quem quer analisar os outros deve, em primeiro lugar, ser ele próprio analisado*. Após a adoção dessa regra, a importância da nota pessoal do analista dissipou-se cada vez mais. Toda pessoa que foi analisada a fundo, que aprendeu a conhecer completamente e a controlar suas inevitáveis fraquezas e particularidades de caráter, chegará necessariamente nas mesmas constatações objetivas, no decorrer do exame e do tratamento do mesmo objeto de investigação psíquica e, por via de consequência, adotará as mesmas medidas táticas e técnicas. De fato, tenho a impressão de que, após a introdução da segunda regra fundamental, as diferenças de técnica analítica estão prestes a desaparecer.

Se tentarmos hoje analisar esse remanescente ainda não resolvido da equação pessoal, e se estivermos em posição de ver muitos alunos e pacientes já analisados por outros, mas, em especial, se todos tiverem que se deparar, tão frequentemente quanto eu, com as consequências de seus próprios erros antes cometidos, então ser-nos-á concedido o direito de formular um juízo de conjunto sobre a maioria dessas diferenças e desses erros. Adquiri a convicção de que se trata, antes de tudo, de uma questão de *tato* psicológico, de saber quando e como se comunica alguma coisa ao analisando, quando se pode declarar que o material fornecido é suficiente para extrair dele certas conclusões; em que forma a comunicação deve ser, em cada caso, apresentada; como se pode reagir a uma reação inesperada ou desconcertante do paciente; quando se deve calar e aguardar outras associações; e em que momento o silêncio é uma tortura inútil para o paciente, etc. Como se vê, com a palavra "tato" somente consegui exprimir a indeterminação numa fórmula simples e agradável. Mas o que é o tato? A resposta a esta pergunta não nos é difícil. O *tato é a faculdade de "sentir com"* (Einfühlung). Se, *com a ajuda do nosso saber*, inferido da dissecação de numerosos psiquismos humanos, mas sobretudo da dissecação do nosso próprio eu, conseguirmos tornar presentes as associações possíveis ou prováveis do paciente, que ele ainda não percebe, poderemos – não tendo, como ele, de lutar com resistências – adivinhar não só seus pensamentos retidos, mas também as tendências que lhe são inconscientes. Permanecendo ao mesmo tempo e a todo momento atentos à força da resistência, não nos será difícil decidir sobre a oportunidade de uma comunicação e a forma de que deve revestir-se. Esse sentimento nos impedirá de estimular a resistência do paciente, de maneira inútil ou intempestiva; por certo não é dado à psicanálise poupar o paciente de todo o sofrimento; com efeito, aprender a suportar um sofrimento constitui um dos resultados principais da psicanálise. Entretanto, uma pressão a esse respeito, se for desprovida de tato, fornecerá apenas ao paciente a oportunidade, ardentemente desejada pelo inconsciente, de subtrair-se à nossa influência.

Em seu conjunto, todas essas medidas de precaução geram sobre o analisando uma impressão de *bondade*, mesmo se as razões dessa sensibilidade provêm puramente de raízes intelectuais. Todavia, no que se segue, deverei justificar num certo sentido essa impressão do paciente. Não existe nenhuma diferença de natureza entre o tato que se exige de nós e a exigência moral de não fazer a outrem o que, em circunstâncias análogas, não gostaríamos que outros nos fizessem.

Apresso-me a acrescentar, desde já, que a capacidade de exercer essa espécie de "bondade" significa apenas um aspecto da compreensão analítica. Antes que o médico se decida a fazer uma comunicação, deve primeiramente retirar por um momento sua libido do paciente e avaliar a situação com frieza: em nenhum caso deverá deixar-se guiar só pelos seus sentimentos.

Nas frases que vão seguir-se, apresentarei num resumo aforístico alguns exemplos que ilustram estas considerações gerais.

Convém conceber a análise como um processo evolutivo que se desenrola sob os nossos olhos, e não como o trabalho de um arquiteto que procura realizar um plano preconcebido. Que não nos deixemos levar, em circunstância nenhuma, a prometer ao analisando mais do que isto: se ele se submeter ao processo analítico, acabará sabendo muitíssimo mais sobre si mesmo; e se perseverar até o fim, poderá adaptar-se melhor às dificuldades inevitáveis da vida, e com uma distribuição mais justa de energia. A rigor, também lhe podemos dizer que não conhecemos tratamento dos distúrbios psiconeuróticos e do caráter que seja melhor e, sem dúvida, mais radical. Não lhe dissimularemos, em absoluto, a existência também de outros métodos que prometem esperanças de cura muito mais rápida e segura, e, no fundo de nós mesmos, rejubilamos quando ouvimos os pacientes dizerem que já seguiram, durante anos, tratamentos por métodos de sugestão, ergoterapia ou outros métodos de reforço da vontade; quando não, deixamos ao paciente a opção de experimentar um desses tratamentos tão promissores, antes de se entregar aos nossos cuidados. Mas não podemos deixar passar sem resposta a objeção habitualmente levantada pelos pacientes, a saber, que não acreditam no nosso método ou na nossa teoria. Explicamos desde o início que a nossa técnica renuncia por completo ao presente imerecido de tal confiança antecipada; o paciente só tem que acreditar em nós se as experiências do tratamento o justificarem. Mas não podemos anular uma outra objeção que consiste em dizer que remetemos assim *a priori* a responsabilidade de um eventual fracasso de tratamento à impaciência do doente e devemos deixar que ele decida se quer ou não, nessas condições difíceis, assumir o risco do tratamento. Se estas questões parciais não ficarem precisamente esclarecidas, desde o começo e nesse sentido, oferece-se à resistência do paciente as mais temíveis armas, que ele não deixará, cedo ou tarde, de utilizar contra os objetivos do tratamento e contra nós. Que não consintamos em nenhum desvio dessa base por qualquer questão, por mais assustadora que seja. "O tratamento tanto pode, portanto, durar dois, três, cinco, dez anos?", perguntarão muitos pacientes com uma hostilidade visível. "Tudo isso é possível", será a nossa resposta. "Mas, naturalmente, uma análise de dez anos equivale em termos práticos a um fracasso. Uma vez que nunca se pode apreciar de antemão a importância das dificuldades a superar, tampouco se pode prometer um resultado certo, e contentamo-nos em invocar o fato de que em muitos casos são suficientes períodos muito mais curtos. Mas como você vive na crença, segundo parece, de que os médicos adoram fazer prognósticos favoráveis e, além disso, como já certamente ouviu muitas opiniões desfavoráveis sobre a teoria e a técnica da psicanálise, ou como as escutará daqui a pouco, é preferível que, do seu ponto de vista, considere esse tratamento uma experiência ousada que lhe custará muito esforço, tempo e dinheiro; se, apesar de tudo isso, quer tentar essa experiência conosco, deve fazê-lo depender, portanto, do grau do seu sofrimento. Em todo caso, reflita bem antes de começar: começar sem a intenção séria de perseverar, apesar de agravamentos inevitáveis, só acrescentará uma nova decepção àquelas que já sofreu."

Creio que esta preparação excessivamente pessimista, por certo, está, no entanto, mais bem adaptada ao objetivo; em todo caso, ela corresponde às exigências da regra de "sentir com". Pois a fé entusiástica do paciente, muitas vezes proclamada de maneira excessivamente ruidosa, esconde quase sempre uma boa dose de desconfiança, cuja voz o doente procura abafar mediante promessas de cura impetuosamente exigidas de nós. Eis uma questão característica que nos é amiúde endereçada, mesmo depois de nos esforçarmos durante quase toda uma sessão em persuadir o paciente de que, no seu caso, consideramos sua análise o tratamento indicado: "O senhor acredita mesmo, doutor, que o seu tratamento me ajudará efetivamente?" Seria um erro responder a essa pergunta com um simples "sim". É preferível dizer ao paciente que nada esperamos de uma garantia constantemente renovada. Mesmo o elogio inúmeras vezes repetido do tratamento não pode, na realidade, fazer desaparecer a suspeita secreta do paciente de que o médico é um homem de negócios que quer a todo custo vender o seu método, ou seja, a sua mercadoria. A incredulidade escondida é ainda mais transparente quando o paciente pergunta, por exemplo: "E o senhor não pensa, doutor, que o seu método também poderia prejudicar-me?" Respondo em geral devolvendo-lhe a seguinte pergunta: "Qual é a sua profissão?" Se a resposta for, por exemplo, "Sou arquiteto", prossigo: "Então, no seu caso, o que é que *você* responderia a alguém que lhe perguntasse, depois de ver as plantas de um novo edifício projetado por você, se a construção não desmoronaria?" De um modo geral, as exigências para obter outras garantias param por aí, sendo esse o sinal de que o paciente se deu conta de que, para todo e qualquer trabalho, é imprescindível dar um certo crédito de confiança ao homem do ramo, não estando excluídas, é claro, as decepções.

Recrimina-se com frequência a psicanálise de ocupar-se realmente muito de questões financeiras. Penso que ainda não se ocupa o bastante. Mesmo o homem mais abastado faz cara feia quando tem que dar dinheiro ao médico; algo em nós parece considerar a assistência médica – de fato, fornecida primeiro na infância pelas pessoas encarregadas de cuidar da criança – como algo evidente e incontestável; no final de cada mês, quando os pacientes recebem sua nota de honorários médicos, a resistência do doente só esmorece quando tudo o que está escondido, todo o ódio despertado inconscientemente, toda a desconfiança ou suspeita, são de novo expressos. O exemplo mais característico da distância entre o consentimento consciente para o sacrifício e o desprazer escondido foi dado por um paciente que, no início da entrevista com o médico, declarou: "Doutor, se me ajudar dou-lhe de presente toda a minha fortuna." O médico respondeu: "Me contentarei com as 30 coroas por sessão." "Não acha um pouco salgado?", foi o comentário inesperado do paciente.

No decorrer da análise, é bom ficar sempre de olho aberto para as manifestações encobertas ou inconscientes que revelam a incredulidade ou a recusa, e discuti-las em seguida sem rodeios. Com efeito, é compreensível, desde o início, que a resistência do paciente não perca nenhuma oportunidade que se lhe ofereça. Todo paciente, sem exceção, registra as menores particularidades do comportamento, da aparência exterior, da maneira de falar do médico, mas nenhum se resolve, sem um encorajamento prévio, a dizê-lo face a face, mesmo que falte assim gravemente à regra fundamental da análise; portanto, não nos resta outra coisa senão adivinharmos nós mesmos, de cada vez, com base no contexto associativo do momento, quando, ao espirrarmos ou ao assoar-mo-nos com demasiado estrépito, ofendemos eventualmente o paciente em seus sentimentos estéticos, quando foi chocado pelo formato do nosso rosto, ou quando resolveu comparar a nossa estatura à de outras pessoas, muito mais imponentes. – Em numerosas ocasiões já tentei mostrar como o analista no tratamento deve prestar-se, às vezes durante semanas, ao papel de "joão-teimoso" [*Watschermann*], em quem o paciente exercita seus afetos de desprazer. Se não só não nos protegermos, mas, em todas as ocasiões, encorajarmos também o paciente, já bastante tímido, colheremos mais cedo ou mais tarde a recompensa bem merecida de nossa paciência, sob a forma de uma nascente transferência positiva. Todo indício de despeito, ou de sentimento de afronta por parte do médico, prolonga a duração do período de resistência; mas se o médico não se defende, o paciente cansa-se pouco a pouco do combate unilateral; quando já provocou o bastante, não pode impedir-se de reconhecer, ainda que com reticências, os sentimentos amistosos escondidos por trás da defesa ruidosa, o que permitirá eventualmente penetrar mais a fundo no material latente, sobretudo naquelas situações infantis onde a base de certos traços de caráter malicioso[3] foi formada (em geral, por educadores incompreensivos[4]).

Nada de mais nocivo em análise do que uma atitude de professor ou mesmo de médico autoritário. Todas as nossas interpretações devem ter mais o caráter de uma proposição do que de uma asserção indiscutível, e isso não só para não irritar o paciente mas também porque podemos efetivamente estar enganados. O tão antigo costume dos comerciantes que consiste em acrescentar ao fim de cada fatura a marca "S.E.", ou seja, "salvo erro", também deveria ser adotado a propósito de cada interpretação analítica. Do mesmo modo, a confiança em nossas teorias deve ser apenas uma confiança condicional, pois num dado caso talvez se trate da famosa exceção à regra, ou mesmo da necessidade de modificar alguma coisa na teoria em vigor até então. Já me aconteceu que um paciente sem cultura, simplório na aparência, tenha apresentado, contra as minhas explicações, objeções que eu estava disposto a rejeitar de imediato; um melhor exame, no entanto, mostrou-me que não era eu, mas o paciente, quem tinha razão, e que suas objeções tinham-me até ajudado a apreender muito melhor o problema, de um modo geral. *A modéstia do analista não é, portanto, uma atitude aprendida, mas a expressão da aceitação dos limites do nosso saber.* Assinale-se, aliás, que talvez seja esse o ponto onde, com a ajuda da alavanca psicanalítica, começa a realizar-se a mudança na anterior atitude do médico. Compare-se a nossa regra de "sentir com" à presunção com que o médico onisciente e onipotente tinha até agora o hábito de enfrentar o paciente.

É evidente que não penso que o analista deva ser mais do que modesto; ele tem todo o direito de esperar que a interpretação apoiada na experiência se confirme mais cedo ou mais tarde, na grande maioria dos casos, e que o paciente ceda à acumulação de provas. Mas, em todo caso, é preciso aguardar pacientemente que o doente tome a decisão; toda a impaciência por parte do médico custa ao doente tempo e dinheiro, e ao médico uma quantidade de trabalho que teria perfeitamente podido evitar.

Aceito fazer minha a expressão "elasticidade da técnica analítica" forjada por um paciente. É necessário, como uma tira elástica,

---

3. *Maliziös* em alemão, o que seria preferível traduzir por "maldoso". (NTF)
4. Ver também a esse propósito a comunicação do Congresso de Innsbruck, "O problema do fim da análise" (neste mesmo volume, p. 17).

ceder às tendências do paciente mas sem abandonar a tração na direção de suas próprias opiniões, enquanto a falta de consistência de uma ou outra dessas posições não estiver plenamente provada.

Em nenhum caso se deve sentir vergonha de reconhecer, sem restrições, erros cometidos no passado. Nunca se esqueça que a análise não é um procedimento sugestivo, em que o prestígio do médico e sua infalibilidade têm que ser preservados acima de tudo. A única pretensão alimentada pela análise é a da confiança na franqueza e na sinceridade do médico, não lhe fazendo mal algum o franco reconhecimento de um erro.

A posição analítica não exige apenas do médico o rigoroso controle do seu próprio narcisismo, mas também a vigilância aguda das diversas reações afetivas. Se, outrora, se achava geralmente que um grau excessivo de "antipatia" podia constituir uma contraindicação para a condução de um tratamento psicanalítico, devemos hoje, após ter-se obtido uma melhor compreensão das circunstâncias, excluir *a priori* uma tal contraindicação, e esperar da parte de um analista analisado que o autoconhecimento e o autocontrole sejam bastante fortes para não ceder diante das idiossincrasias. Com efeito, esses "traços antipáticos" são apenas, na maioria dos casos, fachadas que dissimulam traços de caráter muito diferentes. Se o psicanalista anui, é como se ele se deixasse dominar pelo paciente; fazer-se expulsar é frequentemente o objetivo inconsciente de uma conduta intolerável. O saber permite-nos, com todo o conhecimento de causa, considerar a pessoa mais desagradável do mundo como um paciente que precisa curar-se e, como tal, não se lhe pode recusar a nossa simpatia. Aprender essa humildade mais do que cristã faz parte das tarefas mais difíceis da prática psicanalítica. Se a realizamos, então a correção poderia ser coroada de êxito mesmo em casos desesperadores. Devo sublinhar uma vez mais que só uma verdadeira posição de "sentir com" pode ajudar-nos; os pacientes perspicazes não tardam em desmascarar toda pose fabricada.

Pouco a pouco, vai-se percebendo até que ponto o trabalho psíquico desenvolvido pelo analista é, na verdade, complicado. Deixam-se agir sobre si as associações livres do paciente e, ao mesmo tempo, deixa-se a sua própria imaginação brincar com esse material associativo; nesse meio-tempo, comparam-se as novas conexões com os resultados anteriores da análise, sem negligenciar, por um instante sequer, o exame e a crítica de suas próprias tendências.

De fato, quase poderíamos falar de uma oscilação perpétua entre "sentir com", auto-observação e atividade de julgamento. Esta última anuncia-se, de tempos em tempos, de um modo inteiramente espontâneo, sob a forma de sinal que, naturalmente, só se avalia primeiro como tal; é somente com base num material justificativo suplementar que se pode, enfim, decidir uma interpretação.

Ser parcimonioso nas interpretações, em geral, nada dizer de supérfluo, é uma das regras mais importantes da análise; o fanatismo da interpretação faz parte das doenças de infância do analista. Quando se resolve as resistências do paciente pela análise, chega-se algumas vezes, na análise, a estágios em que o paciente realiza todo o trabalho de interpretação quase sozinho, ou apenas com uma ajuda mínima.

Retornemos, uma vez mais, à minha "atividade" tão louvada e tão vituperada[5]. Creio estar, enfim, em condições de dar a indicação precisa, exigida por muitos com toda a razão, quanto ao momento dessa medida técnica. Talvez saibam que, no início, eu estava propenso a prescrever, ao lado da associação livre, certas regras de comportamento, desde que a resistência admitisse tal carga. Mais tarde, a experiência ensinou-me que jamais devíamos dar ordens ou formular interditos, mas, no máximo, aconselhar certas modificações da maneira de comportar-se, permanecendo sempre pronto a retirá-las se se verificasse que eram um obstáculo ou que provocavam resistências. A opinião que sustentei, desde o começo, a saber, que era sempre o paciente, e jamais o médico, quem podia ser "ativo", levou-me finalmente à constatação de que nos devemos contentar em interpretar as tendências para agir, escondidas do paciente, a fim de apoiar as débeis tentativas de superar as inibições neuróticas que ainda subsistem, *sem* insistir inicialmente na aplicação de medidas coercitivas, *nem mesmo sob a forma de conselhos*. Se formos suficientemente pacientes, o próprio doente acabará, cedo ou tarde, por perguntar se pode arriscar tal ou qual tentativa (por exemplo, ultrapassar uma construção fóbica); evidentemente, não lhe recusaremos nesse caso o nosso acordo, nem os nossos encorajamentos, e obteremos dessa maneira todos os progressos esperados da atividade, sem irritar o paciente e sem adulterar as coisas entre ele e nós. Em outras palavras: cabe ao paciente determinar ou, pelo me-

---

5. Ver os trabalhos sobre a técnica nos volumes III a IV das *Obras completas*.

nos, indicar sem mal-entendido possível, o momento da atividade. Mas está sempre bem estabelecido que tais tentativas provocam variações de tensão nos sistemas psíquicos e que demonstram plenamente ser assim um instrumento da técnica analítica, a par das associações.

Num outro trabalho técnico[6], já chamei a atenção para a importância da translaboração; no entanto, falei dela num sentido um pouco unilateral, como de um fator puramente quantitativo. Penso, contudo, que a translaboração também tem um lado qualitativo, e que a reconstrução paciente do mecanismo da formação do sintoma e do caráter tem que ser repetida a cada novo progresso da análise. *Cada nova compreensão das significações exige a revisão de todo o material precedente*, o que poderia muito bem derrubar as partes essenciais do edifício que já se supunha terminado. A tarefa de uma dinâmica da técnica, entrando em todos os detalhes, será a de constatar as relações mais finas entre essa translaboração qualitativa e o fator quantitativo (descarga de afeto).

Uma forma especial do trabalho de revisão parece reaparecer em cada caso. Penso na *revisão das experiências vividas durante o próprio tratamento analítico*. Pouco a pouco, a própria análise torna-se um fragmento da história do paciente, que ele passa uma vez mais em revista antes de se separar de nós. Durante essa revisão, ele vê com uma certa distância e maior objetividade as experiências do começo de seu encontro conosco, as peripécias consecutivas de resistência e de transferência que lhe pareciam, em dado momento, tão atuais e tão vitais, e desvia em seguida o seu olhar da análise a fim de dirigi-lo para as tarefas reais da vida.

Finalmente, gostaria de arriscar alguns comentários a respeito da metapsicologia da técnica[7]. Em vários dos meus artigos, chamei a atenção para o fato de o processo de cura consistir, em grande parte, em o paciente colocar o analista (o novo pai) no lugar do verdadeiro pai, que ocupa tanto espaço no superego e que continua

---

6. "O problema do fim da análise", neste volume.

7. Entende-se por "metapsicologia", como todos sabem, a soma de representações que nos podemos fazer a respeito da estrutura e da energética do aparelho psíquico, com base na experiência psicanalítica. Ver os trabalhos metapsicológicos de Freud no volume V das *Gesammelte Werke* (em francês: *Métapsychologie*, Editions Gallimard).

doravante convivendo com esse superego analítico. Não nego que esse processo tenha efetivamente lugar em todos os casos, admito até que essa substituição possa acarretar êxitos terapêuticos importantes, mas gostaria de acrescentar que uma verdadeira análise de caráter deve pôr de lado, pelo menos passageiramente, toda espécie de superego, inclusive o do analista. Pois o paciente deve, em última instância, estar livre de todo vínculo emocional, na medida em que o vínculo transcende a razão e suas tendências libidinais próprias. Somente essa espécie de desconstrução do superego pode levar a uma cura radical; os resultados que consistirem apenas na substituição de um superego por outro devem ser ainda designados como transferenciais; não correspondem certamente a um objetivo final do tratamento: desembaraçar-se igualmente da transferência.

Mencionarei agora um problema que nunca foi suscitado até o presente momento, ou seja, uma eventual metapsicologia dos processos psíquicos do analista durante a análise. Seus investimentos oscilam entre identificação (amor objetal analítico), por um lado, e autocontrole ou atividade intelectual, por outro. No decorrer de sua longa jornada de trabalho, jamais pode abandonar-se ao prazer de dar livre curso ao seu narcisismo e ao seu egoísmo, na realidade, e somente na fantasia, por breves momentos. Não duvido de que tal sobrecarga – que, por outra parte, quase nunca se encontra na vida – exigirá cedo ou tarde a elaboração de uma higiene particular do analista.

É fácil reconhecer os analistas não analisados (selvagens) e os pacientes incompletamente curados, pois sofrem de uma espécie de "compulsão para analisar"; a motilidade livre da libido, após uma análise terminada, permite, em compensação, deixar governar, se necessário, o autoconhecimento e o autocontrole analíticos, mas sem ser impedido por outro lado, de maneira nenhuma, de desfrutar simplesmente a vida. O resultado ideal de uma análise terminada é, pois, precisamente, essa elasticidade que a técnica exige também do psiquiatra. Um argumento a mais em favor da necessidade absoluta da "segunda regra fundamental da psicanálise".

Dada a grande importância, em minha opinião, de qualquer conselho técnico, não pude decidir-me a publicar este artigo sem o ter submetido antes à crítica de um colega.

"O título (Elasticidade) é excelente", declarou esse crítico, "e mereceria receber uma aplicação mais ampla, pois os conselhos técnicos de Freud eram essencialmente negativos. O que lhe parecia ser o mais importante era ressaltar o que não se devia fazer, assinalar as tentações que surgiam na contracorrente da análise. Quase tudo o que se deve fazer de positivo, ele relegou ao tato que você mencionou. Mas o resultado assim obtido foi que os sujeitos obedientes não perceberam a elasticidade dessas convenções e se submeteram a elas como se fossem leis-tabus. Era preciso que isso viesse a ser revisto um dia, sem anular, evidentemente, as obrigações.

"Justamente porque o que você diz a respeito do 'tato' é verdade, parece-me perigoso aceitar isso sob essa forma. Todos os que não possuem tato verão aí uma justificação do arbitrário, ou seja, do fator subjetivo (influência dos indomados complexos próprios). Na realidade, tentamos avaliar, num nível que continua sendo essencialmente pré-consciente, as diferentes reações que esperamos para as nossas intervenções; o que conta, antes de tudo, é a avaliação quantitativa dos fatores dinâmicos na situação. Naturalmente, não se pode dar regras para essas medidas. A experiência e a normalidade do analista terão que decidi-lo. Mas deveria retirar-se assim ao tato o seu caráter místico."

Compartilho inteiramente da opinião do meu crítico, ou seja, que essa indicação técnica conduzirá, como todas as precedentes e apesar da maior prudência em sua formulação, a falsas interpretações e a abusos. Sem dúvida alguma, serão numerosos aqueles – não só entre os principiantes mas também entre todos os que têm uma tendência para o exagero – que se aproveitarão de minhas proposições acerca da importância do "sentir com" para enfatizar, no tratamento, o fator subjetivo, isto é, a intuição, e subestimar o outro fator que sublinhei como sendo decisivo, a apreciação *consciente* da situação dinâmica. Mesmo as repetidas advertências ficarão provavelmente sem efeito contra tais abusos. Vi mesmo alguns analistas usarem as minhas tentativas de atividade – prudentes, e que cada vez o são mais – para dar livre curso às suas propensões para a aplicação de medidas de coerção, inteiramente não analíticas e até, por vezes, impregnadas de sadismo. Não me surpreenderia, portanto, ouvir daqui a algum tempo que fulano ou sicrano adotou as minhas considerações sobre a indispensável paciência e tolerância do analista como base para uma técnica masoquista. E, no entanto, o procedimento que aplico e recomendo, a elasticidade, não equivale, em absoluto, a ceder sem resistência. Procuramos, é certo, colocar-nos no diapasão do doente, sentir com ele todos os seus caprichos, todos os seus humores, mas também nos atemos com firmeza, até o fim, à nossa posição ditada pela experiência analítica.

Privar o "tato" do seu lado místico era justamente o motivo principal que me levava a escrever este artigo; mas admito ter simplesmente abordado o problema, sem tê-lo resolvido. No tocante à possibilidade de formular também conselhos positivos para a avaliação de certas relações dinâmicas típicas, eu seria talvez um pouco mais otimista do que o meu crítico. Aliás, sua exigência no que se refere à experiência e à normalidade do analista é virtualmente equivalente à minha, a saber, que a única base confiável para uma boa técnica analítica é a análise terminada do analista. É evidente que num analista bem analisado, os processos de "sentir com" e de avaliação, exigidos por mim, não se desenrolarão no inconsciente, mas no nível pré-consciente.

As advertências prodigalizadas acima também me obrigam, manifestamente, a precisar um outro ponto de vista já exposto neste artigo. Trata-se da passagem onde é dito que uma análise de caráter, suficientemente profunda, deve desembaraçar-se de toda espécie de superego. Um espírito cioso de rigor poderia interpretar isso dizendo que a minha técnica quer privar as pessoas de seus ideais. Na realidade, o meu combate só se volta contra a parte do superego que se tornou inconsciente e, desse modo, ininfluenciável; naturalmente, nada tenho a objetar a que um homem normal continue conservando no seu *pré-consciente* uma quantidade de modelos positivos e negativos. É verdade, porém, que não terá de obedecer como um escravo a esse *superego pré-consciente*, como obedecia antes à imago parental inconsciente.

IV

Masculino e feminino

(Considerações psicanalíticas sobre a "teoria genital" e sobre as diferenças sexuais secundárias e terciárias.)

Sinto-me hoje relativamente precavido contra uma recriminação que temos ouvido vezes demais. Diz-se da psicanálise (e é um exagero incontestável dos fatos) que ela pretende explicar tudo pela *sexualidade*. Minha intenção é falar hoje das *diferenças sexuais entre homem e mulher*; portanto, não será atrevido demais, nesse contexto, falar também da sexualidade, já que ninguém porá em dúvida o fato de que o aspecto exterior e as características psíquicas pertinentes à masculinidade e à feminilidade são consequências longínquas da função dos órgãos sexuais. Aliás, os *biólogos* fizeram essa constatação muito antes de nós. A experimentação animal demonstrou de maneira irrefutável que se pode abolir, ou mesmo inverter, as características sexuais, por implantação ou ablação das gônadas. Até mesmo a influência de elementos puramente psíquicos sobre os caracteres sexuais nada tem de muito novo para a biologia. Basta mencionar um só exemplo: um rato macho, que apresentava uma degenerescência sexual total e fora mantido desde sempre num meio ambiente macho, foi subitamente colocado na proximidade de uma gaiola que só continha ratas. Num ápice, o animal transformou-se interior e exteriormente, o seu comportamento também, no sentido da masculinidade, e isso, com toda a certeza, unicamente pela influência da vista e do odor das fêmeas (Steinbach). Pode-se falar aqui, sem grande exagero, de uma transformação dos caracteres sexuais sob uma influência psíquica; só aqueles que não aceitam a ideia de que os animais possam ter qualidades psíquicas, e até uma alma, poderiam objetar alguma coisa a essa afirmação.

Sem dúvida, a psicanálise vai, se a ocasião favorável se apresenta, mais longe do que os defensores da biologia atual. Já lhes contei, em outras circunstâncias, que Freud, graças unicamente à experiência psicanalítica, tinha fornecido alguns esclarecimentos para o capítulo mais obscuro da biologia, a teoria das pulsões. Suas análises de neuroses permitiram-lhe reconstituir os primórdios da pulsão sexual no ser humano, estabelecer a existência de uma "sexualidade infantil", de uma dupla partida do desenvolvimento sexual, separado por um período de latência, teorias essas que só mais tarde viriam a ser confirmadas pela fisiologia. Forneceu-se a prova anatômica de que, na espécie humana, as gônadas estão proporcionalmente muito desenvolvidas no final da vida fetal e no início da vida extrauterina, depois o seu crescimento sofre um relativo atraso para conhecer posteriormente, no período pré-puberdade, um considerável aumento de volume. Aquilo a que chamamos puberdade não é, portanto, o primeiro, mas o segundo período de florescimento da genitalidade. Do primeiro não se suspeitava sequer da existência antes das descobertas de *Freud*.

Esse êxito, que não foi o único, encorajou-me então a dar um passo a mais e a tirar proveito da experiência adquirida pela psicanálise e do apoio fornecido pela teoria da libido para explicar o próprio ato da copulação. A primeira hipótese de trabalho, que gostaria de lhes expor, na qual me apoiei e que utilizei para esse fim, é a que designo como "*anfimixia*" *dos erotismos*. Penso que aquilo a que chamamos genitalidade é a soma das pulsões parciais e das excitações de zonas erógenas. Na criança, todo órgão e toda função de órgão estão, em grande medida, a serviço das tendências para satisfação do prazer. A boca, os orifícios de excreção, a superfície da pele, a atividade dos olhos e dos músculos, etc., são utilizados pela criança como meios de autossatisfação, que durante muito tempo não recebem nenhuma "organização" tangível, sendo os autoerotismos ainda anárquicos. Mais tarde, as tendências para o prazer agrupam-se em torno de certos focos; é pela chamada organização oral e sádico-anal que o desenvolvimento começa a sair de sua anterior anarquia. Tentei então um estudo mais aprofundado do período em que essa unificação chega à maturidade: a genitalidade.

Cheguei à convicção de que é uma espécie de modelo orgânico do recalcamento que permite aos órgãos do corpo colocarem-se progressivamente a serviço da autoconservação; daí resulta, a esse respeito, uma considerável melhoria das capacidades funcionais. As tendências libidinais recalcadas e, no começo, livremente flutuantes, entremisturam-se (daí o termo "anfimixia" = mistura) e acabam por concentrar-se num reservatório especial de prazer, o aparelho genital, para aí serem periodicamente descarregadas.

A zoologia, essencialmente dominada até o presente por uma concepção *teleológica da espécie*, quanto à função sexual e às outras funções, e totalmente afastada dos pontos de vista da psicologia individual, não podia, naturalmente, acomodar essa ideia, a que me conduziram as minhas investigações psicanalíticas envolvendo pessoas estudadas individualmente, a saber, que a função genital é, acima de tudo, um processo de descarga, onde a expulsão de produtos suscita uma tensão, ou então, para empregar um vocabulário puramente psicológico, onde a repetição periódica de uma atividade suscita prazer, atividade que não desempenha necessariamente um papel na conservação da espécie.

Chega-se então a formular a questão de saber por que é precisamente essa espécie de atividade que se repete invariavelmente, através de uma grande parte do reino animal, sob a forma de cópula. Para responder a essa questão, ainda que seja apenas sob a forma de hipótese, precisamos ir um pouco mais longe.

Talvez se recordem de que fui levado a descrever o primeiro sono do recém-nascido como uma reprodução muito bem-sucedida do estado de quietude de antes do nascimento. E acrescentava que esse estado, como aliás todo sono posterior, podia interpretar-se como satisfação *alucinatória* do desejo de não ter nascido. Em estado vígil, na criança, foi a satisfação no modo oral (mamar, chupar) e, mais tarde, no modo sádico-anal (prazer da excreção e do controle), que serviu de substituto real para a sensação de beatitude intrauterina. A própria genitalidade é, segundo todas as aparências, o regresso a essa tendência originária e à sua realização plena, a qual tem lugar, desta vez, *simultaneamente sob a forma alucinatória, simbólica e na realidade*. Na verdade, só as células germinais participam de novo da beatitude de não ter ainda nascido; quanto ao órgão genital, por seu modo de atividade, limita-se a indicar essa tendência no plano simbólico; ao passo que o resto do indivíduo participa nessa beatitude somente no modo alucinatório, como no sono. Considero, pois, o orgasmo um estado emocional que acompanha essa alucinação inconsciente, semelhante à que pode sentir o recém-nascido em seu primeiro sono, ou quando sua fome é apaziguada.

Ao passo que, até aqui, a concepção biológica só via em ação, na função genital, a tendência para manutenção da vida, mesmo após a morte do indivíduo, portanto a tendência progressiva para a reprodução, eu acreditei, por minha parte, dever admitir que, ao mesmo tempo, era necessário levar em conta uma aspiração *regressiva*, mais importante, talvez, do ponto de vista da subjetividade do indivíduo, que visa à restauração de um estado de repouso anterior.

O apetite chega comendo. Concluído esse primeiro fragmento de uma teoria da genitalidade, não pude resistir à tentação de prosseguir com sua elaboração. Mas sei muito bem que só com a maior prudência alguém pode permitir-se acumular assim hipótese sobre hipótese. Portanto, se consideram, e têm esse direito, que o que acabo de expor é uma teoria frágil, peço-lhes que, provisoriamente, vejam apenas como um esboço fantasmagórico essa superestrutura que se edificou sobre tais alicerces. É por isso que, na verdade, desejaria expor-lhes sob a forma de um conto de fadas a minha teoria filogenética (ou seja, relacionada com a história da evolução da espécie).

Imagine-se a superfície da terra ainda recoberta de água. Toda vida vegetal e animal se desenrola ainda num meio aquático. Mas condições atmosféricas e geológicas fazem com que certas partes do solo marinho se elevem acima da superfície do mar. Os animais e as plantas, que se encontram assim depositados em terreno seco, devem ou perecer ou então adaptar-se à vida terrestre e atmosférica: antes de tudo, devem acostumar-se a tirar do ar, e não mais da água, como antes, os elementos gasosos necessários à sua sobrevivência (o oxigênio e o gás carbônico). Limitemo-nos, de momento, aos animais mais desenvolvidos que vivem na água, os nossos mais longínquos ancestrais na série dos vertebrados, os peixes. É inteiramente concebível, os nossos biólogos estão certos disso, que determinados peixes tiveram a chance de não ser depositados em terreno completamente seco mas puderam sobreviver em charcos de água pouco profunda, onde as condições lhes permitiram adaptar-se à respiração aérea, ou seja, substituir as guelras, que já não lhes eram de utilidade nenhuma, por pulmões.

Ora, numa outra oportunidade, já expus que, em minha opinião, não são somente as variações devidas ao acaso, ou a um uso contínuo, que participam na formação de órgãos novos ou mais bem adaptados, mas também um poderoso desejo. A necessidade de utilizar meios de locomoção para a busca de alimento levou, com efeito, ao desenvolvimento de órgãos motores próprios: patas e pés. E eis que assim teríamos, portanto, um peixe saltitando no solo e respirando pelos pulmões, em outras palavras, um batráquio.

Ora, dispomos de provas vivas de que essa descrição não é um conto de fadas puro e simples. O desenvolvimento da rã, como se quisesse demonstrar-nos a correção da teoria da evolução, desenrola-se em duas etapas, rigorosamente distintas. Do ovo fecundado da rã sai primeiro um girino que, à maneira dos peixes, nada alegremente na água e respira por guelras. Os pulmões formam-se mais tarde e o girino pode viver em terra. Torna-se anfíbio.

Quanto às especulações que irão se seguir, assumo sozinho a total responsabilidade por elas. Um fato muito conhecido ocupava incessantemente o meu pensamento: na grande maioria dos animais aquáticos, os processos de fecundação desenrolam-se na água e não no abrigo protetor do corpo materno. Não existe uma copulação propriamente dita nem instrumento sexual externo: a fêmea depõe seus óvulos na água. Na maioria dos casos, não se produz entre o macho e a fêmea nenhum contato direto. Uma vez em terra, e convertido em anfíbio, o macho desenvolve calosidades do polegar para segurar a fêmea; depois, mais tarde, já réptil, os órgãos sexuais masculinos, específicos, têm por missão garantir com toda a segurança a passagem dos ovos fecundados para o ventre da mãe, onde poderão desenvolver-se. A partir dos répteis, todos os vertebrados terrestres têm um desenvolvimento embrionário intrauterino. Os mamíferos distinguem-se de seus ancestrais pelo fato de que *seus ovos* são particularmente moles e cheios de água, de sorte que, durante o processo de nascimento, eclodem para que a mãe alimente os recém-nascidos com as seivas de seu corpo.

Eu poderia prosseguir a exposição desta teoria em suas relações com a experiência da biologia, mas vou ser franco e confessar-lhes que, neste ponto, foi a experiência analítica que me fez dar um passo a mais. Coisa estranha, foi *A interpretação dos sonhos*, de Freud, que estimulou a minha investigação. Na análise de sonhos que, segundo toda a aparência, estão em relação com o nascimento, por vezes também nos sonhos de mulheres grávidas, é raríssimo encontrar alguma explicação possível para a imagem ou a vivência onírica de *um salvamento das águas*, a não ser como equivalente simbólico do nascimento. Nos sonhos de pessoas que estão muito aflitas ou que sofrem de uma neurose de angústia, o salvamento e resgate das águas também pode apresentar-se como uma libertação, a realização de um desejo. Se se lembrarem do que lhes disse antes sobre os ensinamentos que recebemos de Freud a respeito das relações entre os sintomas de angústia e a primeira grande angústia, o nascimento, talvez se mostrem inclinados, como eu mesmo, a conceber o sonho típico de resgate do afogamento como a representação simbólica da feliz libertação desse perigo.

Foi então que me ocorreu a interpretação psicanalítica dos processos da vida. Acudiu-me a ideia de que, assim como a relação sexual poderia, em nível alucinatório, simbólico e real, adquirir também, de uma certa maneira, o sentido da regressão, pelo menos em sua forma de expressão, aos períodos natal e pré-natal, do mesmo modo o nascimento e a existência anterior, no próprio líquido amniótico, poderia ser um símbolo orgânico da lembrança dessa grande catástrofe geológica e das lutas pela adaptação que os nossos ancestrais, na linhagem animal, tiveram que enfrentar para adequar-se à vida terrestre e aérea. Na relação sexual estão, pois, esboçados os traços mnêmicos dessa catástrofe sofrida pelo indivíduo e pela espécie.

Tenho consciência do fato de que, ao estabelecer esta hipótese, estou em contradição total com as concepções científicas em vigor até agora. Procedi à transferência direta de conceitos puramente psicológicos, como recalcamento e formação de símbolos, para processos orgânicos. Mas penso que ainda não está inteiramente provado que esse salto arbitrário, do psíquico para o orgânico, seja realmente uma pura aberração, ou uma daquelas boas invencionices a que se tem o costume de chamar uma "descoberta". Inclino-me mais para a segunda proposição e sou propenso a ver nessas ideias as premissas de uma nova direção da pesquisa. Em todo caso, apressei-me em dar um nome a esse método de investigação; chamei-o *bioanálise*.

No presente caso, a minha concepção bioanalítica permitiu-me interpretar o sonho do salvamento das águas, e o sentimento aferente de angústia e libertação, não só como traço mnêmico, hereditário e inconsciente do processo de nascimento, mas também dessa catástrofe de secagem e de adaptação.

Coloca-se agora a questão de saber como os dois sexos devem ter reagido ao trauma geológico? É ainda a psicanálise que me permite encontrar resposta para essa interrogação. Devo, aliás, para me fazer compreender, estender-me um pouco mais sobre o desenvolvimento da vida amorosa dos dois sexos.

É fora de dúvida que se, no começo, *meninas e rapazes* se entregam com a mesma intensidade aos prazeres do autoerotismo, e da mesma maneira, sob a forma de sucção, de prazeres sádico-anais, e mesmo de masturbação, vê-se aparecer muito cedo nas meninas indícios do medo da luta com os rapazes. Sabemos que o ser humano está dotado de *bissexualidade,* tanto orgânica quanto psíquica, que o rapaz herdou glândulas mamárias rudimentares e a menina um minúsculo membro viril. Esse membro, denominado em anatomia *clitóris,* relativamente muito desenvolvido no início, vê o seu desenvolvimento ulterior sofrer um considerável atraso. A psicanálise das mulheres mostra que, nelas, a zona erógena desloca-se para as profundezas de seu corpo, enquanto no rapaz o falo[1] cresce e passa a ser a zona diretora da sexualidade. Observações com animais mostram, entretanto, que a vida amorosa propriamente dita, cada ato de amor, é precedida de um combate entre os dois sexos, que termina geralmente, após uma fuga pudica, por uma capitulação diante da violência do macho. Também no ser humano, "fazer a corte" comporta uma fase de combate, por certo muito atenuada no mundo civilizado. O primeiro ato genital ainda é, nos seres humanos, uma ofensiva sangrenta a que a mulher se opõe instintivamente, embora acabe por acomodar-se e até encontrar prazer e felicidade.

Adepto da "lei fundamental de biogenética" de Haeckel, segundo a qual o processo de desenvolvimento do indivíduo é uma repetição abreviada da história da espécie, as relações sexuais quando da adaptação à vida terrestre afiguravam-se-me da seguinte maneira:

Certamente despertou nos dois sexos a tendência para abrigar as *células germinais* no interior de um organismo que proporcionasse alimento e umidade, à maneira de substituto para *a perda da existência em ambiente marinho,* e também, por certo, o desejo nostálgico de *desfrutar,* pelo menos em nível *simbólico e alucinatório, a felici-*

---

1. Em alemão *Phallus* – seria mais judicioso dizer "o pênis", o órgão anatômico, sendo o falo apenas a representação do pênis erétil.

dade das células germinais. Foi por isso que os dois sexos desenvolveram um órgão sexual masculino, e talvez as coisas redundaram num gigantesco combate cujo desfecho deveria decidir a que sexo incumbiriam os sofrimentos, os deveres da maternidade e a submissão passiva à genitalidade. Nesse combate, o sexo feminino foi vencido, mas ressarciu-se da derrota sabendo, a partir das dores e dos padecimentos, forjar a felicidade de ser mulher e mãe. Voltarei em seguida à importância dessa proeza e às suas consequências psicológicas, mas registrarei desde já que esse processo – caso se confirme – permite não só explicar *a maior complexidade fisiológica e psicológica da mulher*, mas ainda ter *dela* a revelação, pelo menos no sentido orgânico, de um ser *mais finamente diferenciado*, ou seja, adaptado às condições mais complexas. O macho, tendo imposto a sua vontade à fêmea, e feito assim a economia do trabalho de adaptação, permaneceu mais primitivo; a *fêmea*, em contrapartida, soube adaptar-se não só *às dificuldades do meio ambiente,* mas também à *brutalidade do macho.*

Porém a humilhação tampouco foi poupada ao sexo masculino, e de novo uma catástrofe geológica deve ter sido, pelo menos em minha opinião, o ponto de impulso de fora para dentro. Penso na época mais recente em que grandes porções da superfície terrestre foram submergidas pelos gelos e as águas: a era glacial. Um certo número de seres vivos, fustigados pelo flagelo, tentaram uma adaptação "autoplástica", ou seja, elaboraram envoltórios para conservar o calor, etc.; outros, sobretudo os ancestrais animais do homem, ou mesmo o homem primitivo, tentaram sair de apuros mediante um desenvolvimento mais acurado de seu órgão do pensamento e a criação de uma civilização que assegurasse a conservação, mesmo em condições difíceis.

Cumpre aqui mencionar, ainda que só alusivamente, uma grande descoberta a que Freud, apoiando-se em hipóteses anteriores de Darwin e de Robertson Smith, chegou a partir de pontos de vista psicanalíticos. Já assinalei a importância do chamado complexo de Édipo no desenvolvimento de todo indivíduo, para a orientação dos traços de caráter nos sujeitos sãos e dos sintomas mórbidos naqueles que se encaminham para a neurose. A revolta temerária dos filhos contra os pais, a fim de se apossarem da mãe e das mulheres, saldou-se por um grande fiasco; nenhum dos filhos era suficientemente forte para impor sua vontade a toda a tribo, como fizera outrora o pai, e a má consciência obrigou-os a deplorar a ausência da autoridade do pai e do respeito pela mãe, e a restabelecê-los. Na vida individual esse combate repete-se e conhece o mesmo desfecho; à puberdade da primeira infância segue-se um longo período de latência que, em minha opinião, pode ser também uma repetição, na vida individual, dessas lutas pela adaptação na época glacial e, na ocasião, de seu desfecho na criação da civilização humana.

Por conseguinte, apresenta-se a questão de saber se a observação do comportamento dos animais e dos homens fornece também argumentos que deem credibilidade a essas hipóteses de aparência fantástica. A psicanálise fala do *"caráter de modelo da sexualidade"*. Afirma que o modo e a orientação da sexualidade são determinantes para numerosos traços da personalidade global. O ser humano, livre em sua sexualidade, mostra-se também audacioso em seus outros empreendimentos; não é por nada que a lenda descreve Dom Juan não apenas como um personagem galante que só conhece êxitos junto das mulheres, mas também como um espadachim ousado e hábil que tem muito sangue pesando em sua consciência. Mas essa *agressividade*, certamente *enfraquecida pela humilhação sofrida quando do conflito edipiano com o pai* (angústia de castração), é uma característica do psiquismo masculino em geral; à mulher, entretanto, só lhe resta como meio de combate a beleza, sendo suas outras características a bondade e o pudor. Esses traços de caráter psíquicos, e outros semelhantes, poderiam ser considerados como *caracteres sexuais terciários*, e aproximados dos caracteres sexuais secundários, isto é, dos caracteres sexuais orgânicos. Entre estes últimos citarei, no homem, além da posse de órgãos sexuais agressivos, sua força física superior e um desenvolvimento relativamente mais importante do cérebro. Posso, portanto, recorrer, num plano geral, à história da diferenciação sexual na vida individual para sustentar a teoria de uma fase de combate.

Bem entendido, surgirá aí, no espírito de muitos, essa velha questão *da superioridade ou da inferioridade de um dos dois sexos*. Penso que um psicanalista não pode resolver sem equívoco esse problema. Já afirmei que considero o organismo feminino mais finamente diferenciado; poderia acrescentar: mais altamente evoluído. A mulher é, de maneira inata, mais atilada e melhor do que o homem; este deve conter sua brutalidade por um desenvolvimento mais vigoroso da inteligência e do superego moral. A mulher tem mais delicadeza em seus sentimentos (morais) e mais sensibilidade (estética), e mais "bom senso" – mas o homem criou, talvez a título de medida de proteção contra o maior primitivismo que lhe é próprio, as leis severas da lógica, da ética e da estética, das quais a mulher faz pouco-caso, confiante em seu valor íntimo. Porém penso que a adaptação orgânica da mulher não merece menos admiração do que a adaptação psicológica do homem.

Esta descrição não exclui, em absoluto, a existência de casos em que a inteligência da mulher supera largamente os desempenhos médios do homem num domínio análogo. Entretanto, a tendência de numerosas mulheres para o exercício de atividades "masculinas" revela, com frequência, estar condicionada por uma neurose. O chamado *complexo de virilidade* é, segundo recentes pesquisas de Freud, o complexo nuclear da maioria das neuroses nas mulheres e a causa principal da frigidez. Eu acrescentaria a isso que ele indica a regressão à fase de combate da diferenciação sexual, tanto na infância como quando da catástrofe de secagem. Numerosas mulheres neuróticas não podem renunciar a seus sintomas enquanto não aceitarem o fato de não terem nascido homens (inveja do pênis); do mesmo modo, o homem neurótico deve retomar na análise, em edição remodelada, a liquidação insuficiente da situação edipiana.

Já lhes falei da minha concepção da sugestão e da hipnose. Considero que o *temor* e a *sedução* constituem os dois meios para tornar dócil uma outra pessoa. Chamei-lhes, respectivamente, hipnose paterna e materna. Pode-se descrever o estado amoroso como uma hipnotização recíproca, no decorrer da qual cada sexo exibe seus próprios meios de combate: o homem, sobretudo, sua força corporal, intelectual e moral, graças à qual se impõe; a mulher, sua beleza e suas outras vantagens, que lhe permitem reinar sobre o suposto sexo forte. No estado de consciência, próximo do sono, para onde o orgasmo transporta, esse combate apazigua-se provisoriamente, e tanto o homem quanto a mulher desfrutam por um momento a felicidade do estado da primeira infância, que não conhece desejos nem lutas.

Numa idade avançada, as diferenças sexuais esfumam-se um pouco. Consequência manifesta da regressão funcional das gônadas, a voz da mulher torna-se um pouco mais rouca, desponta por vezes um começo de bigode. Mas o homem também perde muito de sua aparência viril e de seu caráter; pode-se dizer, portanto, que é na infância e na velhice que o caráter bissexual do ser humano manifesta-se com maior clareza nos dois sexos.

Está na natureza das coisas que a mulher, para quem a maternidade significa muito mais do que a paternidade para o homem, seja menos propensa à poligamia. A classificação, cara a muitos, das mulheres em dois tipos, um tipo maternal e um tipo que se entrega sobretudo ao amor, nada mais é – segundo a experiência da psicanálise – de que o sinal de uma separação muito nítida, imposta pela cultura, entre *ternura* e *sensualidade*. Essa exigência, se for aplicada com excessivo rigor, *não facilita*, tampouco para o homem, *a realização, no âmbito do casamento*, da união normal dessas duas tendências.

No intuito de dar a esses pensamentos maior unidade, devo chamar a atenção para certos resultados da etnologia psicanalítica. Quase todos os povos primitivos entregam-se a certos costumes que não é possível explicar de outro modo senão considerando-os vestígios de um rito de castração, em uso numa certa época. O último vestígio desse rito, ainda hoje prevalecente, é a circuncisão. É mais do que admissível que essa punição, mais exatamente a ameaça de punição, foi na época primitiva a arma principal dos pais contra os filhos. A submissão do filho à violência punitiva do pai, e a renúncia parcial à brutalidade sexual, são a consequência do que se chama o complexo de castração. Se levarem em conta o que lhes disse antes sobre a significação do órgão genital como reservatório de prazer, talvez não lhes pareça impossível acreditar que *o complexo de virilidade e de castração desempenham um papel tão preponderante* no desenvolvimento dos caracteres sexuais, e que o fato de se permanecer fixado em algum estágio primário, na resolução desses complexos, ou o retorno a tais estágios, estão na base de todas as neuroses.

À luz das reflexões que brevemente aqui expus, parece que o membro viril, e sua função, constituem o *símbolo orgânico* do restabelecimento, mesmo parcial, da união fetal-infantil com a mãe e, simultaneamente, com o que é o seu modelo geológico, a existência em meio marinho.

V

A criança mal acolhida[1] *e sua pulsão de morte*

Num pequeno artigo sobre "Frio, doença e nascimento", Ernest Jones – referindo-se às minhas reflexões contidas no artigo "O desenvolvimento do sentido de realidade e seus estágios"[2], bem como a ideias de Trotter, Stärcke, Alexander e Rank sobre o mesmo assunto – atribuiu parcialmente a tendência de tantas pessoas a resfriar-se às impressões traumáticas da primeira infância, sobretudo aos sentimentos de desprazer que a criança deve experimentar quando é arrancada ao calor do ambiente materno, sentimento esse que, mais tarde, em virtude da lei da compulsão à repetição, ela deve reviver incessantemente. Jones baseava sobretudo as suas conclusões em considerações fisiopatológicas, mas, também em parte, em considerações analíticas. Nesta breve comunicação, gostaria de expor uma reflexão semelhante, mas envolvendo um domínio um pouco mais extenso.

Depois do trabalho revolucionário de Freud sobre as bases pulsionais de tudo o que é orgânico, bases que não podem ser analisadas mais profundamente (em "Para além do princípio de prazer"), habituamo-nos a considerar todos os fenômenos vitais, mesmo os da vida psíquica, em última instância como um emaranhado de formas de manifestação de duas pulsões básicas: a pulsão de vida e a

---

1. Em alemão, *"das unwillkommene Kind"*. É a criança "não bem-vinda". Fala-se muitas vezes da criança "não desejada", mas não é isso o que Ferenczi quer dizer aqui.
2. Ver o vol. I das *Obras completas*.

pulsão de morte. Certa vez, também ouvimos Freud atribuir um fenômeno patológico à separação quase perfeita das duas pulsões principais; segundo a sua hipótese, na sintomatologia da *epilepsia* exprime-se o desencadeamento de uma tendência para a autodestruição, quase isenta das inibições da vontade de viver. Depois, as minhas investigações psicanalíticas reforçaram em mim a convicção quanto à plausibilidade dessa concepção. Tenho conhecimento de casos em que a crise epiléptica seguia-se a experiências de desprazer, as quais davam ao paciente a impressão de que a vida não valia a pena ser vivida. (Naturalmente, nada quero dizer de definitivo quanto à própria natureza do ataque.)

Quando eu era médico-chefe num hospital militar, durante a guerra, uma das minhas tarefas consistia em pronunciar-me sobre a aptidão para o serviço de numerosos epilépticos. Uma vez excluídos os casos – não raros – de simulação e de ataques histéricos, restava uma série de casos que apresentavam fenômenos epilépticos típicos, permitindo-me estudar mais a fundo as manifestações da pulsão de morte. A fase de rigidez tônica e de convulsões clônicas era quase sempre seguida – com persistência do coma profundo e da dilatação pupilar – de um completo relaxamento da musculatura e de uma respiração estertorosa das mais insuficientes, extremamente penosa, provocados de maneira clara pela atonia dos músculos da língua e da laringe. Nessa fase, uma curta barragem dos órgãos respiratórios ainda disponíveis podiam com frequência cortar o ataque. Em outros casos, essa tentativa teve que ser interrompida por causa da ameaça de perigo de sufocação. Daí era apenas um passo para supor, por trás dessa diferença quanto à profundidade do coma, uma diferença a respeito da integralidade do destrinçamento das pulsões. Lamentavelmente, circunstâncias exteriores impediram-me de levar mais adiante o estudo analítico desses casos. Foi a análise de certos distúrbios circulatórios e respiratórios, de origem nervosa, em particular a *asma brônquica*, mas também casos de inapetência total e de emagrecimento, anatomicamente inexplicáveis, que me permitiram examinar mais a fundo a gênese das tendências inconscientes de autodestruição. Todos esses sintomas condiziam bem, na ocasião, com a tendência psíquica geral dos pacientes que tinham de lutar muito contra tendências suicidas. No decorrer da análise retrospectiva de alguns casos de *espasmo da glote* infantil, também pude interpretar dois desses casos como tentativas de suicídio por autoestrangulamento. Foi a análise destes últimos casos que me levou à suposição que quero aqui expor, na esperança de que observadores mais numerosos (penso em especial nos pediatras) venham a fornecer um material suplementar em seu apoio.

Quando vieram ao mundo, os dois pacientes foram *hóspedes não bem-vindos na família*. Um, por ser o décimo filho de uma mãe obviamente sobrecarregada de trabalho, o outro porque descendente de um pai vítima de uma doença mortal e que, efetivamente, morreria pouco depois. Todos os indícios confirmam que essas crianças registraram bem os sinais conscientes e inconscientes de aversão ou de impaciência da mãe, e que sua vontade de viver viu-se desde então quebrada. Os menores acontecimentos, no decorrer da vida posterior, eram bastantes para suscitar nelas a vontade de morrer, mesmo que fosse compensada por uma forte tensão da vontade. Pessimismo moral e filosófico, ceticismo e desconfiança, tornaram-se os traços de caráter mais salientes desses indivíduos. Podia-se falar também de nostalgia, apenas velada, da ternura (passiva), inapetência para o trabalho, incapacidade para sustentar um esforço prolongado, portanto, um certo grau de infantilismo emocional, naturalmente, não sem algumas tentativas de consolidação forçada do caráter. Um caso de alcoolismo, numa mulher ainda jovem, revelou ser um caso particularmente grave de aversão à vida, presente desde a infância; a paciente servia-se também, repetidamente, de dificuldades que surgiam na situação analítica para fazer surgir impulsos suicidas difíceis de controlar. Ela pôde lembrar-se, sendo o fato confirmado também por membros de sua família, de que – terceira filha de uma família sem rapazes – tinha sido acolhida de maneira muito pouco amorosa. Naturalmente, sentia-se inocente e tentava, por uma meditação precoce, explicar o ódio e a impaciência da mãe. Conservou durante toda a vida um pendor para a especulação cosmológica, com uma ponta de pessimismo. Do mesmo modo, suas ruminações sobre a origem de tudo o que é vivo eram apenas um prolongamento da questão que estava sem resposta: Mas por que foi, então, que me trouxeram ao mundo, se não estavam dispostos a acolher-me carinhosamente? Neste caso, como em todos os outros, o conflito edipiano constituía, naturalmente, uma prova de força; ela não estava à altura para enfrentá-lo, assim como tampouco estava à altura dos problemas de adaptação à vida conjugal que, por acaso, mostraram ser de uma dificuldade pouco comum; a paciente permaneceu frígida; do mesmo modo, os rapazes "não bem-vindos" que pude observar sofriam de distúrbios mais ou menos graves de potência. Nos casos desse gênero, verificava-se com frequência a disposição para os resfriados postulada por Jones; num caso especial, tratava-se até de uma pronunciada queda noturna de temperatura, verdadeiramente extraordinária e difícil de explicar no plano orgânico, como temperaturas subnormais.

Não pode incumbir-me, evidentemente, a tarefa de esgotar, nem que fosse apenas pela metade, o problema semiótico desse tipo de doença, considerado aqui tão só no plano etiológico; como já assinalamos, a experiência de um só não é suficiente. Eu queria apenas indicar a probabilidade do fato de que crianças acolhidas com rudeza e sem carinho morrem facilmente e de bom grado. Ou utilizam um dos numerosos meios orgânicos para desaparecer rapidamente ou, se escapam a esse destino, conservarão um certo pessimismo e aversão à vida.

Essa suposição etiológica apoia-se numa das diferentes concepções teóricas correntes, a respeito da eficácia das pulsões de vida e de morte em diferentes etapas da vida. Fascinados pelo impressionante impulso de crescimento, no começo da vida, tendia-se a pensar que nos indivíduos que acabam de ser postos no mundo as pulsões de vida seriam largamente preponderantes; em geral, tendia-se a representar as pulsões de morte e de vida como simples séries complementares, em que o máximo de vida devia corresponder ao começo da vida e o ponto zero da pulsão de vida à fase de idade avançada. Parece, porém, que as coisas não se passam exatamente assim. De qualquer modo, no início da vida, intra e extrauterina, os órgãos e suas funções desenvolvem-se com uma abundância e uma rapidez surpreendentes – mas só em condições particularmente favoráveis de proteção do embrião e da criança. A criança deve ser levada, por um prodigioso dispêndio de amor, de ternura e de cuidados, a perdoar aos pais por terem-na posto no mundo sem lhe perguntar qual era a sua intenção, pois, caso contrário, as pulsões de destruição logo entram em ação. E, no fundo, não há motivos de espanto, uma vez que o bebê, ao contrário do adulto, ainda se encontra muito mais perto do não ser individual, do qual não foi afastado pela experiência da vida. Deslizar de novo para esse não ser poderia, portanto, nas crianças, acontecer de um modo muito mais fácil. A "força vital" que resiste às dificuldades da vida não é, portanto, muito forte no nascimento; segundo parece, ela só se reforça após a imunização progressiva contra os atentados físicos e psíquicos, por meio de um tratamento e de uma educação conduzidos com tato. De acordo com o declínio da curva de morbidez e de mortalidade na meia-idade, a pulsão de vida poderia, na maturidade contrabalançar as tendências para a autodestruição.

Se quisermos classificar os casos dependentes dessa etiologia entre os "tipos de doença" de que Freud nos deu uma definição tão precoce e, no entanto, tão completa, será necessário situá-los, aproximadamente, no ponto de transição entre as neuroses puramente endógenas e as neuroses exógenas, ou seja, as neuroses de frustração. Aqueles que perdem tão precocemente o gosto pela vida apresentam-se como seres que possuem uma capacidade insuficiente de adaptação, semelhantes àqueles que, segundo a classificação de Freud, sofrem de uma fraqueza congênita de sua capacidade para viver, com a diferença, porém, de que nos nossos casos o caráter congênito da tendência mórbida é simulado, em virtude da precocidade do trauma. Naturalmente, uma tarefa resta por resolver, a saber, a constatação das diferenças mais sutis entre a sintomatologia neurótica das crianças maltratadas desde o começo e a daquelas que são, no início, tratadas com entusiasmo, até mesmo com amor apaixonado, mas que depois foram "postas de lado".

Apresenta-se neste ponto a questão de saber se também tenho alguma coisa a dizer quanto ao tratamento específico dessa categoria mórbida. De acordo com as minhas tentativas de "elasticidade" da técnica analítica[3], relatadas em outro artigo, nesses casos de diminuição do prazer de viver, vi-me pouco a pouco na obrigação de reduzir cada vez mais as exigências quanto à capacidade de trabalho dos pacientes. Finalmente, impôs-se uma situação que só pode ser assim descrita: deve-se deixar, durante algum tempo, o paciente agir como uma criança, o que não deixa de assemelhar-se à "preparação para o tratamento" que Anna Freud considera necessária numa análise de criança. Por esse *laisser-faire* permite-se a tais pacientes desfrutar pela primeira vez a irresponsabilidade da infância, o que equivale a introduzir impulsos *positivos* de vida e razões para se continuar existindo. Somente mais tarde é que se pode abordar, com prudência, essas exigências de frustração, que, por outro lado,

---

3. Ver "Elasticidade da técnica psicanalítica", neste volume.

caracterizam as nossas análises. Mas essa análise, como toda e qualquer outra análise, também deve terminar pela eliminação das resistências que inevitavelmente desperta, e pela adaptação à realidade rica em frustrações, mas completada também – devemo-lo esperar – pela faculdade de desfrutar a felicidade onde ela realmente for oferecida.

Uma senhora, unilateralmente influenciada pela psicologia do ego, por sinal muito inteligente, como eu lhe falasse da importância de introduzir "impulsões de vida positivas", ou seja, demonstrações de ternura, em relação às crianças, fez-me de imediato esta objeção: como é que isso pode conciliar-se com a importância que a psicanálise atribui à sexualidade, na gênese das neuroses? A resposta não foi difícil; na minha "teoria da genitalidade"[4] fui levado a sustentar que as manifestações vitais das crianças muito jovens são quase exclusivamente libidinais (eróticas), mas que esse erotismo, *justamente por causa de sua ubiquidade*, passa despercebido. Somente após a formação de um órgão específico do erotismo é que a sexualidade se torna reconhecível e inegável. Esta resposta vale também para todos aqueles que seriam levados, por ocasião desta comunicação, a atacar a teoria das neuroses segundo Freud, baseada na teoria da libido. Aliás, já assinalei que, com frequência, são somente os combates do conflito edipiano e as exigências da genitalidade que permitem deixar manifestar-se as consequências da aversão à vida precocemente adquirida.

---

4. Ver *Thalassa: ensaio sobre a teoria da genitalidade* (Martins Fontes, 1990).

VI

Princípio de relaxamento e neocatarse[1]

Após terem ouvido a minha exposição, alguns de vocês terão muito provavelmente a impressão de que era inteiramente injustificado intitulá-la "Progressos da técnica", e que seu conteúdo mereceria, pelo contrário, ser qualificado de passo atrás ou de retrocesso. Mas essa impressão se dissipará rapidamente, espero, quando se pensar que o retorno a uma tradição mais antiga, injustamente negligenciada, pode igualmente favorecer a verdade; e penso francamente não ser paradoxal, em tais casos, apresentar como progresso científico o fato de enfatizar o que é antigo. As investigações psicanalíticas de Freud abrangem um domínio imenso que compreende não só a vida psíquica individual, mas também a psicologia das massas e a história das civilizações humanas; recentemente, essas investigações ampliaram-se às *representações extremas* a respeito da vida e da morte.

À medida que transformava um modesto método de trabalho psicoterapêutico numa psicologia e numa visão do mundo completas, o inventor da psicanálise devia centrar sua investigação ora num,

---

1. Relatório apresentado ao XI Congresso Internacional de Psicanálise em Oxford, em agosto de 1929, sob o título "Progresso da técnica psicanalítica". Título do texto publicado: "Relaxationsprinzip und Neokatharsis", em *Intern. Zeitschrift für Psycho-Analyse*, 1930, vol. XVI. É evidente que em 1929 a palavra alemã *"relaxation"* não designava essa técnica de "distensão neuromuscular" depois descrita por diversos autores (Schultz, Jacobson, etc.).

ora no outro campo de pesquisa, e afastar provisoriamente todo o resto. Essa negligência de certos pontos já elucidados não significa em absoluto, bem entendido, um abandono ou uma retratação. Mas nós, seus alunos, somos propensos a seguir muito mais ao pé da letra as falas mais recentes do mestre, a proclamar como única verdade a última *descoberta* e assim cair, por vezes, no erro. A minha posição pessoal no movimento psicanalítico fez da *minha pessoa uma coisa* intermediária entre aluno e professor, e esta dupla posição autoriza-me e habilita-me, talvez, a sublinhar esse gênero de perspectivas unilaterais e, sem renunciar ao que há de bom na novidade, defender uma justa apreciação do que foi confirmado pela experiência.

Considerando-se o estreito e quase indissolúvel vínculo entre o método técnico e o conjunto do saber psicanalítico, compreenderão que eu não possa limitar a minha comunicação ao domínio da técnica e que seja igualmente levado a rever uma parte do conteúdo desse saber. Na pré-história da psicanálise, da qual apresentarei agora um resumo muito breve, ainda não está em causa uma separação desse gênero. E mesmo no período seguinte, a distinção teoria-técnica era puramente artificial e respondia a considerações de natureza didática.

I

O tratamento catártico da histeria, precursor da psicanálise, foi a descoberta comum de uma doente genial e de um médico de espírito aberto. A paciente tinha experimentado em si mesma que alguns dos seus sintomas desapareciam quando conseguia relacionar fragmentos de suas falas ou gestos, expressos em estados de exceção, com impressões esquecidas de sua vida anterior. O extraordinário mérito de Breuer foi ter seguido as indicações metódicas de sua paciente e ter também acreditado na *realidade* das lembranças que surgiam, sem descartá-las de imediato, como era o habitual, como invenção fantasística de uma doente mental. Sem dúvida, a credulidade de Breuer tinha limites estreitos. Ele só pôde acompanhar sua paciente na medida em que as declarações e o comportamento dela evoluíam no quadro do decoro. A partir das primeiras manifestações de vida pulsional não inibida, Breuer abandonou não só a paciente, mas todo o método. Do mesmo modo, suas deduções teóricas, por outro lado extremamente penetrantes, limitam-se, na medida do possível, ao aspecto puramente intelectual, ou então prendem-se diretamente ao físico, deixando de lado todo o domínio psíquico e emocional.

Iria surgir um homem mais forte do que ele, que não recuaria diante do que existe de instintivo e de animal na organização psíquica do homem civilizado. Penso ser desnecessário dizer-lhes de quem se trata. As experiências de Freud acabaram por impor a hipótese de que todas as neuroses têm por condição *sine qua non* traumas sexuais infantis. Mas, como em alguns casos as asserções dos pacientes revelavam-se incertas, ele também devia lutar contra a tentação de declarar pouco seguro o material fornecido pelos pacientes e, por conseguinte, indigno de consideração científica. Felizmente, a perspicácia de Freud salvou a psicanálise do perigo iminente de ser enterrada de novo. Ainda que certas alegações de pacientes fossem mentirosas e irreais, *a realidade psíquica da própria mentira* subsistia como fato irrefutável. É difícil imaginar o que foi precedido de coragem, de força, de obstinação e também de superação de si mesmo para tratar friamente como fantasia histérica a tendência falaciosa dos pacientes para a mentira, e para considerá-la digna, a título de realidade psíquica, de ser objeto de atenção e de investigação.

Esses progressos não deixaram de influenciar a técnica psicanalítica. A relação intensamente emocional, de tipo hipnótico-sugestiva, que existia entre o médico e seu paciente, esfriou progressivamente para converter-se numa espécie de experiência infinita de associações, logo, um processo essencialmente intelectual. Médico e paciente uniam suas forças e seus esforços para tentar, de algum modo, reconstituir as causas recalcadas da doença a partir de fragmentos disparatados do material associativo, do mesmo modo que se procede para os espaços em branco de palavras cruzadas muito complicadas. Mas Freud foi coagido por alguns fracassos terapêuticos decepcionantes, que teriam certamente desencorajado outros menos fortes do que ele, a restabelecer a afetividade na relação analista-analisando, que tinha sido manifesta e erroneamente negligenciada durante um certo tempo. Entretanto, isso já não era mais feito sob a forma da influência por hipnose ou sugestão, mal conhecida em sua natureza e muito difícil de dosar, mas conferindo mais atenção e valor aos sinais de *transferência dos afetos* e *de resistência afetiva* que se manifestavam na relação analítica.

Tal era, em linhas gerais, o estado da técnica e da teoria psicanalítica na época em que, no início curiosamente estimulado pelas experiências de associação de Jung, tornei-me um adepto entusiasta da nova doutrina. Permitam-me apresentar agora a evolução da técnica, do ponto de vista subjetivo do indivíduo. A lei biogenética fundamental parece ser igualmente válida para o desenvolvimento intelectual do indivíduo; talvez não exista nenhum saber validamente fundado que não repita por sua própria conta os estágios da iluminação exageradamente otimista, da decepção que inevitavelmente se segue e da reconciliação final dos dois afetos. Na verdade, não sei se devo invejar nos meus colegas mais jovens a facilidade que têm para entrar na posse de tudo aquilo que a geração precedente conquistou ao preço de duros esforços. Às vezes, parece-me que não é a mesma coisa receber uma tradição já feita e acabada, por válida que seja, ou estabelecer uma por si mesmo.

Tenho uma lembrança muito viva de minhas primeiras experiências no início da minha carreira psicanalítica. Recordo-me, por exemplo, do meu primeiro caso. Tratava-se de um jovem colega a quem tinha encontrado na rua: extremamente pálido, lutando contra uma visível e penosa dispneia, apanhou-me por um braço e suplicou-me que o ajudasse. Sofria, disse-me ele entre duas sufocações, de asma nervosa. Já experimentara de tudo, mas sem qualquer êxito até o momento. Decidi-me rapidamente e conduzi o meu infeliz colega ao meu consultório. Lá incitei-o a comunicar-me suas reações ao esquema de associação proposto e mergulhei em seguida na análise do seu passado com a ajuda desse material associativo rapidamente semeado e colhido; e, como previsto, as imagens mnêmicas não tardaram em reagrupar-se em torno de um traumatismo sofrido na primeira infância. Tratava-se da operação de um hidrocele[2]; ele viu, e reviveu, com uma viva sensação de realidade, como tinha sido agarrado à força pelos enfermeiros, como lhe tinham aplicado à força a máscara de clorofórmio sobre o rosto, e como tinha querido escapar, com todas as suas forças, ao poder asfixiante do gás anestésico; repetiu as contrações musculares, o suor

---

2. Tumor do escroto, da túnica vaginal do testículo e do cordão espermático. (NTF)

de angústia e o distúrbio respiratório que tivera no momento do evento traumático. Depois abriu os olhos, como se saísse de um sonho, passeou um olhar espantado à sua volta e apertou-me em seus braços, declarando jubilosamente que se sentia livre por completo de sua crise.

Muitos outros êxitos "catárticos" que pude registrar na época eram do mesmo gênero. Mas não tardei em descobrir que quase todas essas curas de sintomas só produziam resultados provisórios, e senti-me, eu, o médico, progressivamente curado do meu excessivo otimismo. Por um estudo mais aprofundado das obras de Freud e por conselhos pessoais que tive o privilégio de receber dele, esforcei-me por fazer minha a técnica da associação, da resistência e da transferência, seguindo o mais exatamente possível os conselhos técnicos que Freud ia publicando nesse meio-tempo. Creio já ter dito em outro texto que se, graças à observação dessas regras técnicas, os meus conhecimentos psicológicos iam se aprofundando, os resultados rápidos e espetaculares faziam-se, em contrapartida, cada vez mais raros. O antigo tratamento catártico transformava-se, pouco a pouco, numa espécie de reeducação analítica dos pacientes que exigia cada vez mais tempo. Em meu zelo, ainda juvenil, por certo, esforcei-me por encontrar os meios de abreviar esse tempo e de provocar resultados terapêuticos melhores. Generalizando e acentuando ainda mais o princípio de frustração, de que o próprio Freud se reconhecera partidário no Congresso de Budapeste (1918), e recorrendo igualmente a um crescimento artificial da tensão ("Terapêutica ativa"), procurei favorecer a repetição de eventos traumáticos anteriores e uma melhor resolução destes pela análise. Por certo não ignoram que, por vezes, deixamo-nos arrastar, eu próprio e alguns outros que me seguiram, para excessos no domínio da atividade. O mais grave desses excessos consistia em *fixar um prazo para o tratamento*, medida proposta por Rank e por mim adotada na época. Tive suficiente discernimento para me aperceber a tempo desses exageros, e mergulhei com ardor na análise do ego e dos desenvolvimentos do caráter que Freud, nesse meio-tempo, tinha abordado com tanto êxito. A análise do ego, algo simplista, em que a libido (outrora concebida como onipotente) não era tida em grande conta, transformou o tratamento, sob muitos aspectos, num processo destinado a permitir-nos, acompanhando com extrema precisão a distribuição da energia entre o id, o ego e o superego do paciente, compreender o mais completamente possível a tópica, a dinâmica e a economia da formação dos sintomas. Entretanto, eu tinha cada vez mais a impressão, ao aplicar essas concepções na análise, de que a relação entre médico e paciente começava a se assemelhar um pouco demais a uma relação de professor com aluno. Adquiri igualmente a convicção de que os meus pacientes estavam profundamente descontentes comigo mas não se atreviam a revoltar-se abertamente contra o dogmatismo e o pedantismo de que dávamos prova. Num dos meus trabalhos consagrados à liberdade convidei, portanto, os meus colegas a doutrinar seus pacientes num maior uso da liberdade, a ensinar-lhes como abandonarem-se mais livremente à sua agressividade para com o médico; ao mesmo tempo, exortei-os a dar provas de um pouco mais de humildade a respeito de seus pacientes, a admitir as faltas eventuais que eles tenham podido cometer; e preconizei maior elasticidade, eventualmente mesmo às custas das nossas teorias (que não são, por certo, imutáveis, ainda que constituam instrumentos provisoriamente utilizáveis). Por fim, pude afirmar que não se causava nenhum dano à análise concedendo maior liberdade ao paciente; que, pelo contrário, o esgotamento de todas as agressões possíveis permitia, em seguida, uma transferência positiva e resultados mais tangíveis.

Não fiquem, pois, surpreendidos demais se estou sendo hoje levado a expor-lhes novos avanços nesse caminho ou, se preferirem, recuos. Estou consciente de que o que tenho a dizer-lhes tem muitas chances de desagradar e, mais particularmente, àqueles que frequentam o seu círculo. Mas devo igualmente expressar o receio de ver as minhas palavras valerem-me uma popularidade das mais indesejáveis nos círculos dos reacionários autênticos. Entretanto, não esqueçam o que lhes disse no começo a respeito de avanço e recuo; o retorno ao que existe de bom no passado não significa para mim, em absoluto, o abandono do que os mais recentes desenvolvimentos da nossa ciência comportam de bom e de válido. Aliás, seria presunçoso imaginar que um qualquer dentre nós possa dizer a última palavra sobre as possibilidades de desenvolvimento oferecidas pela técnica ou pela teoria da análise. No que me diz respeito, pelo menos, as múltiplas hesitações que acabo de expor-lhes em resumo tornaram-me mais modesto; por isso não gostaria de lhes apresentar o que tenho a dizer como algo definitivo, porquanto não excluo a possibilidade de ter que submeter uma parte mais ou menos importante destas reflexões a diversas reservas.

II

No decorrer da minha longa prática analítica, vi-me constantemente na situação de transgredir ora um ora outro dos "Conselhos técnicos" de Freud. A *fidelidade ao princípio* segundo o qual o paciente deve estar deitado no divã foi ocasionalmente *traída* pelo impulso incontrolável do paciente para levantar-se de um salto, ficar deambulando pelo gabinete ou falar comigo de olhos nos olhos. Circunstâncias difíceis da realidade mas também, com frequência, a maquinação inconsciente do doente, colocaram-me muitas vezes diante da alternativa ou de interromper a análise, ou de transgredir a regra habitual e prosseguir com a análise sem contrapartida financeira; não hesitei em optar por esta última solução e, em geral, não me dei mal. O princípio segundo o qual a análise deve desenrolar-se no meio habitual e o paciente prosseguir em suas atividades profissionais é muitas vezes impraticável; em alguns casos difíceis, vi-me até obrigado a permitir aos pacientes que ficassem de cama durante dias, até semanas, dispensando-os inclusive do esforço de ir ver-me no consultório. O efeito do choque da interrupção brutal da sessão de análise obrigou-me, por mais de uma vez, a prolongar a sessão até esgotar-se a reação emotiva, a ponto de dedicar ao mesmo paciente duas sessões por dia ou mais. Frequentemente, quando eu não queria ou não podia fazê-lo, a minha rigidez provocava um aumento supérfluo da resistência e uma repetição demasiado literal de acontecimentos traumáticos da pré-história infantil, e custava muito tempo para superar metade dos efeitos nefastos dessa identificação inconsciente no paciente. Quanto a um princípio essencial da análise, o da frustração, que alguns dos meus colegas e tempos atrás eu próprio aplicamos com desmedido rigor, foi rapidamente descoberto por um grande número de obsessivos que nele encontraram um manancial de revelações, quase inesgotável, de situações de resistência, até que o médico se decidisse finalmente, para retomar o domínio da situação, a retirar essa arma das mãos deles.

Eu tinha os maiores escrúpulos de consciência por causa de todas essas infrações a uma regra fundamental – e a muitas outras que não posso enumerar aqui – até que recebi palavras tranquilizadoras de pessoas investidas de autoridade: os conselhos de Freud não pretendiam ser, de fato, mais do que recomendações para principiantes, que deveriam protegê-los das inépcias e dos fracassos mais grosseiros, não continham quase nenhuma indicação de natureza positiva e, por conseguinte, grande liberdade era deixada a esse respeito à avaliação pessoal do analista, na medida em que pudesse explicar a si mesmo as consequências metapsicológicas de sua conduta.

Entretanto, a acumulação de casos de exceção leva-me a formular um princípio até então não postulado, embora tacitamente admitido, o princípio de *laisser-faire*[3] que cumpre admitir, com frequência, a par do princípio de frustração. Uma reflexão posterior conduziu-me, é verdade, à convicção de que, já ao explicar o modo de ação da técnica ativa, era relativamente exagerado atribuir tudo o que se passou à frustração, ou seja, a um "aumento da tensão". Quando ordenava a uma paciente manter afastadas as pernas até então cruzadas, eu criava, de fato, uma situação de frustração libidinal que encorajava o aumento de tensão e a mobilização de conteúdos psíquicos até então recalcados. Mas quando sugeria à mesma paciente que abandonasse a posição surpreendentemente rígida de toda a sua musculatura e se permitisse maior liberdade e mobilidade, era injustificado, de fato, falar unicamente de aumento de tensão, só porque esse abandono da rigidez da paciente criava dificuldades. Seria muito mais honesto confessar que se tratava aí de uma medida de natureza muito diferente, e que se poderia tranquilamente denominá-la, em oposição ao aumento de tensão, *relaxamento*. Cumpre admitir, pois, que a psicanálise trabalha, de fato, com dois meios que se opõem mutuamente: produz um aumento de tensão pela frustração e um relaxamento ao autorizar certas liberdades.

Mas, como ocorre com toda novidade, também nesse caso se descobre bem depressa que se trata de algo muito antigo, eu diria mesmo muito banal. Esses dois princípios não estariam já operando na associação livre? Um obriga o paciente a confessar verdades desagradáveis, ao passo que o outro autoriza-o a uma liberdade na fala e na expressão de sentimentos de que, aliás, não se dispõe na vida corrente. Mas, muito antes que a psicanálise existisse, a educação das crianças e das massas já consistia em conceder ternura e amor, e em exigir renúncias dolorosas para adaptar-se a uma realidade repleta de desprazer.

---

3. *Prinzip der Gewährung* – realização. (NTF)

Se a Sociedade Internacional de Psicanálise não fosse uma organização tão altamente civilizada e habituada à autodisciplina, eu seria, sem dúvida, interrompido neste ponto da minha exposição por um tumulto geral e exclamações, como é costume acontecer até na Câmara dos Comuns britânica, por outro lado tão distinta, quando tem que ouvir um discurso particularmente irritante. "Na verdade, o que é que você está querendo?", me gritariam alguns. "Quando começávamos a ficar um pouco familiarizados com o princípio de frustração, que você mesmo levou ao extremo com a sua técnica ativa, eis que vem agora perturbar-nos a consciência científica, apaziguada a duras penas, lançando um novo e desconcertante princípio cuja aplicação nos reserva os maiores embaraços." – "Você fala dos perigos que há em exagerar as frustrações", clamaria uma outra voz não menos estridente, "e o que nos diz de afagar e amimar os pacientes? E, de um modo geral, pode indicar-nos com precisão quando e como aplicar um ou outro desses princípios?"

Vamos com calma, senhoras e senhores! Não estamos suficientemente longe para nos entregarmos a detalhes desse gênero. De momento, o meu objetivo era apenas constatar que, de maneira inconfessada, já trabalhamos desde agora com esses dois princípios. Mas talvez me falte ainda responder, nesta exposição, a certas objeções que, naturalmente, tenho posto para mim próprio. Sem dúvida, serei obrigado a negligenciar o fato de perturbar o conforto intelectual dos analistas ao apresentar-lhes novos problemas.

Para acalmar os espíritos, sublinharei, aliás, que a atitude de observação, objetiva e reservada, do médico, tal como Freud a recomenda, continua sendo a mais segura e a única que se justifica no início de uma análise, e que, em última instância, jamais se deve fazer intervir fatores afetivos, mas somente a sábia reflexão na decisão de recorrer a tal ou qual medida apropriada. Os meus modestos esforços visam somente formular o que até agora se definia pela expressão pouco clara de "atmosfera psicológica". Com efeito, não se pode negar que a fria objetividade do médico pode adotar formas que colocam o paciente em confronto com dificuldades inúteis e evitáveis; devem existir meios de tornar perceptível ao paciente a nossa atitude amistosamente benevolente (*freundlich wohlwollende*) durante a análise, sem abandonar por isso a análise do material transferencial nem, é claro, cair no erro daqueles que tratam o neurótico com uma severidade ou um amor fingidos, e não de acordo com o modo analítico, ou seja, com uma total sinceridade.

III

Em vez de abordar de imediato as suas indagações e objeções prováveis e, devo admitir, em parte muito pouco confortáveis, gostaria de apresentar-lhes o argumento principal que justifica, na minha opinião, a ênfase que ponho sobre o *relaxamento* ao lado da frustração e da objetividade evidente. A validade de uma teoria, ou de uma hipótese, mede-se por sua utilidade teórica e prática, ou seja, pelo seu valor heurístico, e tive a experiência de que a adoção do princípio de relaxamento também produz bons resultados segundo esses dois pontos de vista. Comecemos pelo ponto de vista prático. Em toda uma série de casos, em que a análise fracassou diante de resistências aparentemente insolúveis dos pacientes, uma modificação da tática de frustração, antes rigorosa demais, acarretou, quando de uma nova tentativa de análise, resultados que são muito mais profundos. E isso não só em casos não curados por outros analistas, casos que me fizeram a oferenda dessa virada, favorável a mim, o analista novato (talvez em parte simplesmente por vingança); refiro-me também a pacientes com os quais eu mesmo não fazia progressos trabalhando apenas com a técnica unilateral da frustração; mas numa nova tentativa em que permitia maior relaxamento, tive que lutar por muito menos tempo contra as manifestações de resistências pessoais, até então intermináveis, o que permitia ao paciente e ao médico unirem suas forças de trabalho para elaborar, com menos choques, o que eu chamaria as "resistências objetivas" produzidas pelo material recalcado. Ao comparar a atitude inicialmente obstinada e fixa do paciente com a flexibilidade que resultava do relaxamento, pode-se constatar nesses casos que o paciente vê a reserva severa e fria do analista como a continuação da luta infantil contra a autoridade dos adultos, e que repete agora as reações caracteriais e sintomáticas que estiveram na base de sua neurose propriamente dita. Até aqui, no que se refere ao fim do tratamento, eu era mais propenso a pensar que não se devia temer essas resistências do paciente, e até que se tinha o direito de provocá-las artificialmente; esperava, mais ou menos com razão, que se todos os caminhos da resistência se tornassem progressivamente impraticáveis, graças à compreensão analítica, o paciente seria finalmente posto contra a parede e, portanto, levado a enveredar pelo único caminho que lhe continuava aberto, o da cura. Dito isso, não se trata de negar que é impossível evitar o sofrimento ao neurótico em análise e, de um ponto de vista teórico, é evidente que o paciente deve aprender, na análise, a suportar o sofrimento que acarretou o recalcamento. Pode-se apenas perguntar se, por vezes, não se inflige ao paciente mais sofrimento do que é absolutamente necessário. Eu escolheria a expressão "economia do sofrimento" para fazer compreender e ensinar, sem equívocos demais, assim espero, como trabalhar com o princípio de frustração e com o princípio de *laisser-faire*.

Todos sabem que nós, analistas, não temos o hábito de atribuir muito valor científico aos resultados terapêuticos, no sentido de um maior bem-estar do paciente. Temos o direito de falar de um verdadeiro progresso em relação aos métodos de tratamento mais antigos somente no caso deste método, além das melhoras, permitir uma melhor apreensão do mecanismo do processo terapêutico. Ora, foi deveras surpreendente, num grande número de casos, observar como as melhoras sobrevinham em consequência do emprego conjunto da terapia de relaxamento. Tanto com os histéricos quanto com os obsessivos, até mesmo com as neuroses de caráter, as tentativas habituais de reconstrução do passado prosseguiam da maneira habitual. Mas, após ter-se conseguido criar uma atmosfera de confiança um pouco mais sólida entre médico e paciente, assim como o sentimento de uma total liberdade, *sintomas histéricos corporais* faziam bruscamente sua aparição, com frequência pela primeira vez, numa análise de vários anos de duração; parestesias e cãibras nitidamente localizadas, movimentos de expressão violentos lembrando pequenas crises histéricas, variações bruscas do estado de consciência, ligeiras vertigens e mesmo perda da consciência, seguida amiúde de amnésia retroativa. Alguns pacientes pediram-me com insistência que lhes contasse como tinham se comportado nesses estados. Não era difícil, em seguida, utilizar esses sintomas para fortalecer ainda mais as reconstruções realizadas até aí, de certo modo a título de *símbolos mnêmicos corporais*, com a diferença, porém, de que o passado, dessa vez reconstruído, aderia muito mais do que antes ao sentimento de *realidade* e de objetividade (*Dinghaftigkeit*), e, portanto, estava muito mais próximo, em sua natureza, de uma verdadeira *lembrança*, ao passo que até então o paciente limitava-se a falar de possibilidades, no máximo de plausibilidade, e suspirava em vão por lembranças. Em certos casos, esses acessos histéricos assumiam as proporções de um verdadeiro *estado de transe*, no qual fragmentos do passado eram revividos, e a pessoa do médico era então a única ponte entre o paciente e a realidade; tornava-se possível fazer perguntas ao paciente e obter informações importantes sobre partes dissociadas de sua personalidade. Sem intenção da minha parte e sem nenhuma medida para ir nesse sentido, produziam-se então estados de exceção que se poderia mais ou menos qualificar de auto-hipnóticos e que, de bom ou de mau grado, era lícito comparar às *manifestações catárticas*, segundo Breuer e Freud. Esse resultado, devo confessá-lo, começou por me surpreender de forma desagradável, poderia até dizer que me desconcertou. Valia a pena fazer esse imenso desvio pela análise das associações e das resistências, pelo jogo tão difícil de adivinhação com os elementos da psicologia do ego, inclusive por toda a metapsicologia, para chegar finalmente a essa boa e velha "amabilidade" [*Freundlichkeit*] para com o paciente, e à catarse que se acreditava morta e enterrada havia tanto tempo? Mas não precisei refletir por muito tempo para ficar inteiramente tranquilizado a esse respeito. Há uma diferença imensa entre esse desfecho catártico de uma longa psicanálise e essas erupções emocionais e mnêmicas, fragmentárias, de efeito apenas passageiro, que eram as únicas que a catarse primitiva podia provocar. A catarse de que lhes falo é apenas, por assim dizer, como no caso de muitos sonhos, uma confirmação oriunda do inconsciente, um sinal de que o nosso laborioso trabalho de construção analítica, a nossa técnica da resistência e da transferência, lograram finalmente alcançar a realidade etiológica. Portanto, a paleocatarse não tem muita coisa em comum com essa *neocatarse*. É inegável, entretanto, que uma vez mais um círculo se fecha. A psicanálise foi concebida, inicialmente, como uma medida de resposta catártica a choques traumáticos não liquidados e a afetos imobilizados, depois voltou-se para o estudo aprofundado de fantasias neuróticas e de seus diferentes mecanismos de defesa. Em seguida, concentrou-se mais na exploração da relação afetiva pessoal entre o analista e o seu paciente, interessando-se mais durante os dois primeiros decênios pelas manifestações das tendências pulsionais e só mais tarde pelas reações do ego. Portanto, não há por que assustar-se com o súbito aparecimento, na psicanálise moderna, de fragmentos de uma técnica e de uma teoria antigas; recordemos simplesmente, nessa ocasião, que a psicanálise, até o presente, não deu um único passo, no decorrer de sua progressão, que tivesse sido necessário apagar como inútil, e que devemos estar sempre na expectativa de descobrir novos filões de ouro nas galerias provisoriamente abandonadas.

IV

O que lhes tenho agora a dizer é, de certo modo, a sequência lógica do que acaba de ser dito. O material mnêmico descoberto ou confirmado pela neocatarse voltou a dar grande importância ao fator traumático original na equação etiológica das neuroses. As medidas de precaução da histeria e as evitações dos obsessivos podem encontrar sua explicação por formações fantasísticas puramente psíquicas: são sempre perturbações e conflitos reais com o mundo exterior que são traumáticos e têm um efeito de choque, que dão o primeiro impulso à criação de direções anormais de desenvolvimento; eles precedem sempre a formação de potências psíquicas neurogênicas, por exemplo, as da consciência moral também. Por conseguinte, uma análise não poderia ser considerada concluída, pelo menos teoricamente, se não se tiver conseguido alcançar o material mnêmico traumático. E, na medida em que se encontra a confirmação dessa hipótese, que, como dissemos, baseia-se na experiência fornecida pela terapia do "relaxamento", o valor heurístico da técnica assim modificada também aumenta de maneira sensível, no plano teórico. Após ter dado toda a atenção devida à atividade fantasística como fator patogênico, fui levado, nesses últimos tempos, a ocupar-me cada vez com maior frequência do próprio traumatismo patogênico. Verificou-se que o traumatismo é muito menos frequentemente a consequência de uma hipersensibilidade constitucional das crianças, que podem reagir de um modo neurótico até mesmo a doses de desprazer banais e inevitáveis, do que de um tratamento verdadeiramente inadequado, até cruel. As fantasias histéricas não mentem, elas nos contam como pais e adultos podem, de fato, ir muito longe em sua paixão erótica pelas crianças; e por outro lado, são propensos, se a criança se presta a esse jogo semi-inconsciente, a infligir à criança totalmente inocente punições e ameaças graves, que a abalam e a perturbam, causam nela o efeito de um choque violento e são para ela inteiramente incompreensíveis. Hoje, estou de novo tentado a atribuir, ao lado do complexo de Édipo das crianças, *uma importância maior à tendência incestuosa dos adultos, recalcada* e *que assume a máscara da ternura*. Por outro lado, não posso negar que o empenho das crianças em responder ao erotismo genital manifesta-se de maneira muito mais intensa e muito mais precoce do que costumávamos pensar até agora. Nas crianças, uma boa parte das perversões talvez não implique uma simples fixação numa etapa anterior, mas já a regressão a uma etapa que se origina num estágio genital precoce. Em certos casos traumatizantes, o castigo atinge a criança no próprio momento de uma atividade erótica e corre o risco de ocasionar um distúrbio duradouro do que Reich chama a "potência orgástica". Mas a criança sente o mesmo susto se suas sensações genitais foram prematuramente forçadas, pois o que a criança deseja, de fato, mesmo no que diz respeito às coisas sexuais, é somente o jogo e a ternura, e não a manifestação violenta da paixão.

Entretanto, verificou-se que a observação dos tratamentos com desenvolvimento neocatártico dava ainda, sob outros aspectos, matéria para reflexão. Permitia fazer uma ideia do processo psíquico em curso durante o recalcamento traumático primário e entrever a própria natureza do recalcamento. Parece que *a primeira reação a um choque é sempre uma psicose passageira*, ou seja, uma ruptura com a realidade, por um lado sob a forma de alucinação negativa (perda de consciência ou desmaio histérico, vertigem), por outro, com frequência, sob a forma de uma compensação alucinatória positiva imediata que dá a ilusão de prazer. Em todos os casos de amnésia neurótica, talvez também na amnésia infantil corrente, poderia tratar-se de uma clivagem psicótica de parte da personalidade sob o efeito de um choque, mas essa parte clivada sobrevive em segredo e esforça-se constantemente por manifestar-se, sem encontrar outra saída senão, por exemplo, os sintomas neuróticos. Devo em parte essa hipótese às observações da nossa colega Elisabeth Severn, que as comunicou pessoalmente.

Chega-se por vezes, como acaba de ser dito, a estabelecer um contato direto com a parte recalcada da personalidade e a conduzi-la para o que eu chamaria uma conversão infantil. No relaxamento, os sintomas histéricos corporais conduziram, às vezes, a estágios do desenvolvimento em que, não estando o órgão do pensamento completamente formado, só eram registradas as lembranças físicas.

Enfim, devo dizer que entre os fatores traumáticos, a par da ameaça de castração, tem uma importância muito maior o sentimento de angústia provocado pelo sangue menstrual, fato que C. D. Daly foi o primeiro a sublinhar muito corretamente.

Mas por que infligir-lhes, nesta exposição essencialmente técnica, uma extensa lista, mesmo incompleta, de argumentos teóricos semielaborados? Por certo que não para que adiram a essas ideias, que, para mim próprio, ainda não são inteiramente claras. Ficarei satisfeito se tiverem colhido a impressão de que levarmos na devida conta a *traumatogênese*, por tanto tempo negligenciada, poderia mostrar-se uma decisão fecunda não só no plano terapêutico e prático, mas também no teórico.

V

Ao discutir com Anna Freud algumas das minhas medidas técnicas, ela fez o seguinte comentário pertinente: "Você trata os seus pacientes como eu trato as crianças nas minhas análises infantis." Tive que lhe dar razão, recordando-me de que na minha última publicação, um pequeno artigo sobre a psicologia das crianças "não bem-vindas"[4] que recorrem mais tarde à análise, preconizei uma espécie de acolhimento caloroso em preparação da análise propriamente dita das resistências. As medidas de relaxamento que acabo de propor apagam ainda mais, por certo, a diferença, excessivamente acentuada até hoje, entre análise de crianças e análise de adultos. Ao aproximar esses dois modos de tratamento, fui influenciado, sem dúvida, pelo meu encontro com Groddeck, o corajoso precursor da psicanálise dos distúrbios orgânicos, a quem me dirigira por causa de uma doença orgânica. Aprovei-o quando quis encorajar seus pacientes a darem provas de uma ingenuidade infantil, e pude constatar os resultados assim obtidos. Por minha parte, permaneci fiel à aplicação, a par do procedimento groddeckiano, da técnica clássica da frustração na análise, e procurei alcançar o meu objetivo servindo-me com tato e compreensão das *duas* técnicas.

Gostaria de fornecer agora uma resposta tranquilizadora às objeções que serão provavelmente levantadas contra essa tática. Que

---

4. Ver, neste volume, "A criança mal acolhida e sua pulsão de morte".

motivos poderiam levar o paciente a desinteressar-se da análise a fim de voltar-se para a dura realidade da vida, se ele pode desfrutar junto do analista uma liberdade infantilmente irresponsável, de uma forma que por certo lhe é recusada na realidade? Responderei que no relaxamento analítico, assim como na análise de crianças, cuida-se de que as árvores não cresçam até o céu. Mesmo em relaxamento analítico, por mais puxado que seja, não será admitida a satisfação de desejos ativamente agressivos nem de desejos sexuais, assim como muitas outras exigências excessivas: o que fornece ao paciente numerosas ocasiões para aprender a renúncia e a adaptação. A nossa atitude amistosa e benevolente pode, sem dúvida, satisfazer a parte infantil da personalidade, a parte faminta de ternura, mas não a que logrou escapar às inibições do desenvolvimento e tornar-se adulta. Pois nada tem de licença poética comparar o psiquismo do neurótico a uma dupla malformação, uma espécie de teratoma, poderíamos dizer: uma parte do corpo, escondida, alberga as parcelas de um gêmeo cujo desenvolvimento foi inibido. Nenhum homem sensato hesitaria em submeter tal teratoma ao bisturi do cirurgião se a existência da pessoa inteira estivesse ameaçada.

Constatei igualmente que o ódio recalcado constituía um meio de fixação e de colagem mais poderoso do que a ternura abertamente reconhecida. Foi o que pôde exprimir com grande clareza uma paciente de quem consegui conquistar a confiança ao final de quase dois anos de duro combate contra a resistência, utilizando uma técnica flexível. "Agora que o amo, posso renunciar a você", foi a sua primeira declaração espontânea depois do aparecimento de uma atitude afetiva positiva a meu respeito. Creio ter sido no decorrer da análise dessa mesma paciente que pude observar a capacidade do relaxamento para transformar a tendência à repetição em rememoração. Enquanto ela me identificava com seus pais de coração duro, a paciente repetia constantemente suas reações de desafio; mas, quando deixei de fornecer-lhe a ocasião, começou a distinguir o presente do passado e, após algumas explosões emocionais de natureza histérica, passou a lembrar-se dos choques psíquicos que sofrera em sua infância. *A semelhança entre a situação analítica e a situação infantil incita mais, portanto, à repetição; o contraste entre as duas favorece a rememoração.*

Estou consciente, naturalmente, de que essa dupla atitude de frustração e de *laisser-faire* impõe ao próprio analista um controle mais rigoroso de sua contratransferência e de sua contrarresistência. Pulsões mal controladas fazem com que mesmo educadores e pais sérios sejam frequentemente levados a cometer excessos em um ou outro sentido. Nada é mais fácil do que, a coberto das exigências da frustração, usar os pacientes ou as crianças para dar largas à satisfação de nossas próprias tendências sádicas inconfessadas; por outro lado, formas e quantidades excessivas de ternura para com os pacientes e as crianças podem servir mais às próprias tendências libidinais, talvez inconscientes, do que a promover o bem-estar daqueles de quem nos ocupamos. Essas condições novas e difíceis fornecem um argumento ainda mais decisivo para o que exprimi com frequência e insistência, a saber, a necessidade para o psicanalista de uma análise profunda que lhe permita controlar suas próprias particularidades de caráter.

Posso imaginar casos de neurose (que, diga-se de passagem, tenho encontrado amiúde) em que, talvez em resultado de choques infantis de efeito particularmente intenso, a maior parte da personalidade converte-se como num teratoma, ao passo que todo o trabalho de adaptação real é assumido por uma parcela que foi poupada. Para essas pessoas que, mesmo na realidade, mantiveram-se quase inteiramente infantis, não seriam suficientes os auxiliares habituais do tratamento psicanalítico. *Do que esses neuróticos precisam é de ser verdadeiramente adotados e de que se os deixe pela primeira vez saborear as bem-aventuranças de uma infância normal.* Não me parece excluído que o tratamento analítico em clínica, tal como é preconizado por Simmel, possa ser desenvolvido nesse sentido.

Se fosse comprovada a exatidão de uma parte da técnica do relaxamento e da experiência neocatártica aqui proposta, isso nos permitiria, sem dúvida, ampliar sensivelmente as nossas perspectivas teóricas e o campo de ação da nossa prática. À força de trabalho laborioso, a psicanálise moderna consegue restabelecer a harmonia destruída e corrigir a distribuição anormal da energia entre as forças intrapsíquicas, melhorando assim de forma notável as capacidades e a eficácia do paciente. Mas as forças intrapsíquicas apenas representam o conflito que se desenrolou na origem *entre o indivíduo e o mundo externo.* Após ter reconstruído a história do desenvolvimento do id, do ego e do superego, muitos pacientes também repetem, na experiência neocatártica, o combate original com a realidade, e a transformação desta última repetição em rememoração poderia fornecer uma base ainda mais sólida para a existência posterior. O paciente vê-se, de certo modo, colocado na situação daquele dramaturgo que, sob a pressão da opinião pública, é obrigado a transformar a tragédia que projetava num drama com *happy end*. Permitam-me concluir com esta nota otimista, e agradecer-lhes de todo o coração pela atenção que dispensaram à minha exposição.

VII

Análises de crianças com adultos[1]

Senhoras e Senhores,

Que numa associação onde tantos de seus membros seriam dignos, e até mais dignos do que eu, de cumprir esta missão, me tenham escolhido justamente a mim, um estrangeiro, como orador para a nossa festa de hoje, eis algo que requer uma explicação... ou um pedido de desculpa. Somente a antiguidade, os 25 anos em que me foi dado viver ao lado do mestre e sob sua direção, não basta; estão aqui entre nós colegas que o acompanham fielmente há muito mais tempo do que eu. Permitam-me então imaginar uma outra razão. Talvez queiram utilizar esta ocasião para desafogar o terreno de uma mentira muito disseminada e de bom grado retomada pelos profanos e pelos reticentes. Muitas e muitas vezes se ouve discorrer sem o menor fundamento sobre a intolerância, a "ortodoxia" do nosso mestre. Ele não permitiria nenhuma crítica de suas teorias por aqueles que o cercam; expulsaria todos os talentos independentes para impor com tirania a sua vontade científica. Alguns falam do seu rigor digno do Antigo Testamento, e tentam até dar-lhe uma teoria racial como base de sustentação. É uma triste verdade, sem dúvida, que alguns talentos eminentes e muitos outros de me-

---

1. Conferência extraordinária pronunciada por ocasião do 75.º aniversário do professor Freud, na Associação Psicanalítica de Viena, em 6 de maio de 1931.

nor valor lhe voltaram as costas ao correr do tempo, depois de o terem seguido por mais ou menos tempo. Terão eles obedecido a motivos puramente científicos? Penso que a esterilidade científica de que dão provas depois de seu afastamento não depõe muito a favor deles. Gostaria agora de colocar na balança o amável convite que os senhores me fizeram, a título de argumento contra a ortodoxia da Associação Internacional e de seu líder espiritual, o professor Freud. Sem querer medir a minha importância com a daqueles colegas a que fiz alusão, o fato é que sou, em geral, bastante conhecido como um espírito inquieto ou, como me foi recentemente dito em Oxford, como o *enfant terrible* da psicanálise.

As proposições que lhes tenho submetido, do ponto de vista técnico e teórico, são severamente criticadas por uma respeitável maioria, por seu caráter fantasista e original demais. Tampouco posso pretender que o próprio Freud esteja de acordo com tudo o que eu publico. Deu-me sempre sua opinião franca, quando lha solicitei. Mas não hesitava em acrescentar que, sob certos aspectos, o futuro poderia dar-me razão, e nem ele nem eu cogitamos de interromper a nossa colaboração por causa dessas diferenças relativas ao método e à teoria; mas no que diz respeito aos mais importantes princípios básicos da psicanálise, estamos perfeitamente de acordo.

Desde um certo ponto de vista, Freud é efetivamente ortodoxo. Criou obras que, depois de vários decênios, permanecem imutáveis, intatas, como que cristalizadas. *A interpretação dos sonhos*, por exemplo, é uma joia tão finamente cinzelada, tão perfeitamente coerente tanto no conteúdo quanto na forma, que resiste a todas as vicissitudes do tempo e da libido, de modo que a crítica mal se atreve a abordá-la. Agradecemos ao destino ter tido a oportunidade de poder trabalhar com esse espírito superior e, digamo-lo bem alto, com esse espírito liberal. Esperemos que o seu 75.º aniversário lhe traga, com a integridade de seu vigoroso espírito, o restabelecimento de suas forças físicas.

E passemos agora ao tema da minha exposição de hoje. Verificou-se no decorrer destes últimos anos que certos fatos da experiência psicanalítica vieram agrupar-se em torno de ideias que me levaram a atenuar consideravelmente a oposição tão viva até o presente entre análise de crianças e a análise de adultos.

Os primeiros passos da análise de crianças são obra de membros deste grupo. Pondo de lado o único ensaio precursor de Freud, a analista vienense, sra. Von Hugh Hellmuth, foi a primeira a ocupar-se metodicamente da análise de crianças. A ela devemos a ideia de começar a análise de crianças como uma espécie de jogo infantil. Ela e, mais tarde, Melanie Klein, viram-se obrigadas, se queriam tratar crianças pela psicanálise, a introduzir modificações substanciais na técnica da análise de adultos, quase sempre no sentido de uma atenuação do rigor técnico habitual. Todos conhecem e apreciam os trabalhos sistemáticos da nossa colega Anna Freud sobre esse assunto, assim como os procedimentos magistralmente hábeis inventados por Aichhorn para conter as crianças mais difíceis. No que me diz respeito, não tenho tido muito trato com crianças, em psicanálise, e eu mesmo me surpreendo por me defrontar agora, por um caminho muito diverso, com o problema da análise infantil. De fato, como cheguei a ele? Antes de responder a essa pergunta, não é inútil participar-lhes, em poucas palavras, uma particularidade específica da orientação de meu trabalho. Uma espécie de fé fanática nas possibilidades de êxito da psicologia da profundidade fez-me considerar os eventuais fracassos menos como consequência de uma "incurabilidade" do que da nossa própria inépcia, hipótese que me levou necessariamente a modificar a técnica nos casos difíceis em que era impossível obter êxito com a técnica habitual.

Foi, portanto, a contragosto que me resolvi a abandonar os casos mais correntes para tornar-me, pouco a pouco, um especialista de casos particularmente difíceis, dos quais me ocupo agora já lá vai um bom número de anos. Fórmulas tais como "a resistência do paciente é insuperável" ou "o narcisismo não permite aprofundar mais este caso", ou mesmo a resignação fatalista em face do chamado estancamento de um caso, eram e continuam sendo para mim inadmissíveis. Pensava que, enquanto o paciente continua comparecendo, o fio de esperança não se rompeu. Portanto, eu tinha que fazer-me de forma incessante a mesma indagação: a causa do fracasso será sempre a resistência do paciente, não será antes o nosso próprio conforto que desdenha adaptar-se às particularidades da pessoa, no plano do método? Nesses casos aparentemente estancados em que a análise não oferece há muito tempo perspectivas novas nem avanços terapêuticos, tive o sentimento de que o que denominamos associação livre ainda continua sendo uma seleção muito consciente de pensamentos; por isso levei os pacientes a adotar um "relaxamento"[2] muito mais profundo, um abandono mais total às impressões, tendências e emoções interiores que surgem de um modo inteiramente espontâneo. Portanto, quanto mais verdadeiramente livre a associação se tornava, mais as falas e outras manifestações do paciente eram ingênuas – poderíamos dizer, infantis; com frequência cada vez maior, aos pensamentos e representações em imagens vinham misturar-se ligeiros movimentos de expressão, algumas vezes até "sintomas passageiros" que eram então submetidos, como tudo o mais, à análise. A expectativa fria e muda, assim como a ausência de reação do analista, pareciam então, com frequência, agir no sentido de uma perturbação da liberdade de associação. A partir do instante em que o paciente está disposto, realmente, a abandonar-se, a contar tudo o que se passa nele, emerge de súbito do seu estado, em sobressalto, e queixa-se de que lhe é verdadeiramente impossível levar a sério seus movimentos internos, quando me sabe tranquilamente sentado atrás dele, fumando meu cigarro e reagindo no máximo, indiferente e frio, com a pergunta estereotipada: "O que é que lhe ocorre a esse respeito?" Pensei então que deveria existir algum meio de eliminar essa perturbação das associações para fornecer ao paciente a ocasião de desenvolver mais amplamente a sua tendência à repetição, tendência que luta por manifestar-se. Mas levei bastante tempo para receber, uma vez mais dos próprios pacientes, os primeiros encorajamentos quanto à maneira de consegui-lo. Eis um exemplo: um paciente na plenitude da vida decide-se, após ter superado fortes resistências, mormente uma intensa desconfiança, a fazer reviver os acontecimentos de sua infância. Eu já sei, graças à elucidação analítica do seu passado, que nas cenas revividas ele me identifica com seu avô. De repente, a meio de seu relato, passa-me um braço em redor do pescoço e murmura-me ao ouvido: "Sabe, vovô, receio que vou ter um bebê... " Tive então a feliz ideia, parece-me, de nada dizer de imediato sobre a transferência ou alguma coisa no gênero, mas de lhe devolver a pergunta no mesmo tom sussurrado: "Ah, sim, por que é que você pensa isso?" Como veem, deixei-me levar para um jogo que poderíamos chamar de perguntas e respostas, inteiramente análogo aos processos que nos descrevem os analistas de crianças, e

---

2. Cf. o artigo "Princípio de relaxamento e neocatarse": trata-se aqui mais de relaxamento do que de técnica de relaxação. (NTF)

já faz algum tempo que esse pequeno truque funciona muito bem. Mas não creiam que, nesse jogo, me seja possível fazer qualquer pergunta. Se esta não for bastante simples, se não estiver verdadeiramente adaptada à inteligência de uma *criança*, então o diálogo é interrompido rapidamente, e mais de um paciente me jogou na cara que eu tinha sido desastrado, que tinha, por assim dizer, estragado o jogo. Nesses casos, aconteceu-me por vezes introduzir nas minhas perguntas e respostas coisas de que a criança, na época, não podia ter conhecimento. Uma recusa ainda mais enérgica foi-me oposta quando tentava apresentar interpretações demasiado científicas. Inútil dizer-lhes que a minha primeira reação a esses incidentes foi um acesso de indignação autoritária. No momento, sentia-me ferido pela pretensão do paciente, ou do aluno, de saber as coisas melhor do que eu próprio; mas, felizmente, logo me acudia o pensamento de que, afinal de contas, ele devia efetivamente saber mais sobre si mesmo do que eu poderia adivinhar. Reconheci, portanto, que podia cometer um erro e a consequência disso não era a perda de minha autoridade, mas o aumento da confiança do paciente em mim. Diga-se, de passagem, que alguns pacientes ficavam indignados quando me ouviam qualificar esse procedimento de jogo. Era um sinal, diziam eles, de que eu não levava a coisa a sério. Também nisso havia uma ponta de verdade; não tardei em ter que confessar, a mim mesmo e ao paciente, que esses jogos continham mais de uma realidade grave da infância. Obtive a prova disso quando, a partir desses procedimentos mais ou menos lúdicos, alguns pacientes começaram a mergulhar numa espécie de transe alucinatório, durante o qual encenavam diante de mim acontecimentos traumáticos cuja lembrança inconsciente estava igualmente dissimulada atrás das verbalizações lúdicas. Fato extraordinário, desde o começo da minha carreira analítica eu tinha feito uma observação semelhante. Um paciente começou de súbito, em meio ao diálogo, a representar uma cena (*acting out*) numa espécie de estado crepuscular histérico. Na época, eu tinha sacudido o homem com muita energia, convidando-o com força a acabar de dizer o que estava justamente querendo dizer-me. Com a ajuda desse encorajamento, o paciente reencontrou, em certa medida através da minha pessoa, o contato com o mundo externo, e pôde comunicar-me um certo número de coisas a respeito de seus conflitos latentes, em frases inteligíveis, em vez da linguagem gestual de sua histeria.

Como veem, senhoras e senhores, liguei no meu método o recurso técnico da "análise pelo jogo" ao pressuposto – baseado, é claro, numa série de observações – segundo o qual não se deve declarar satisfeito com nenhuma análise que não tenha culminado na reprodução real dos processos traumáticos do recalcamento originário, no qual repousa em última instância a formação do caráter e dos sintomas. Se considerarmos que, segundo as nossas experiências e hipóteses atuais, a maioria dos choques patogênicos remonta à infância, não pode causar surpresa ver o paciente que tenta fornecer a gênese do seu mal cair de súbito no pueril ou no infantil. Mas surgem algumas questões importantes nesse momento, as quais também tive que formular a mim mesmo. Será que se ganha alguma coisa fazendo o paciente mergulhar num estado primitivo de infância e deixando-o agir livremente nesse estado? Teremos realizado assim uma tarefa verdadeiramente analítica? Não será isso reforçar a censura que nos é feita amiúde de que a análise induz as pessoas a soltar, sem controle, suas pulsões, ou que provoca simplesmente crises histéricas que também podem surgir de repente, sem ajuda analítica, sob o efeito de causas exteriores e propiciando às pessoas um alívio apenas passageiro? E, em geral, até onde um tal jogo infantil, em análise, tem o direito de ir? Existem critérios que nos permitam fixar um limite a fim de saber até onde se pode deixar ir o relaxamento infantil, e onde deve começar a frustração educativa?

Naturalmente, a tarefa analítica não é preenchida com a reativação do estado infantil e a reprodução atuada dos traumas. O material lúdico atuado, ou repetido de qualquer outra forma, deve ser submetido a uma investigação analítica aprofundada. Sem dúvida, Freud tem razão em ensinar-nos que a análise obtém uma vitória quando consegue substituir o agir pela rememoração; mas penso haver também vantagem em suscitar um material atuado importante, que poderá em seguida ser transformado em rememoração. Em princípio, eu também sou contra as explosões descontroladas, mas penso ser útil descobrir, tão amplamente quanto possível, as tendências para a ação, escondidas, antes de passar ao trabalho do pensamento, assim como à educação que ocorre paralelamente. Ninguém pode enforcar um ladrão antes de tê-lo agarrado. Não creiam, pois, que as minhas análises, que transformo às vezes em jogo de crianças, sejam no fundo tão diferentes quanto as praticadas até agora. As sessões começam, como de hábito, com pensamentos provenientes das camadas psíquicas superficiais, muito preocupadas – como sempre – com os acontecimentos da véspera, depois ocorre eventualmente uma análise de sonho, "normal", mas que pode tornar-se infantil ou ser facilmente atuada. Mas nunca deixo terminar uma sessão sem analisar a fundo o material atuado, utilizando plenamente, é claro, tudo o que sabemos da transferência, da resistência e da metapsicologia da formação do sintoma, nem sem tornar consciente esse material para o paciente.

Quanto à segunda questão, ou seja, até onde pode ir a ação num tal jogo infantil, a resposta seria a seguinte: o adulto também deveria ter o direito de conduzir-se em análise como uma criança difícil, isto é, arrebatada; mas quando ele próprio cai no erro que nos recrimina por vezes, quando sai de seu papel durante o jogo e tenta viver a realidade infantil no quadro das ações de um adulto, então é preciso mostrar-lhe que é ele quem está agora estragando o jogo; e é preciso assim chegar, não sem dificuldade, às vezes, a fazer com que o paciente limite ao infantil o modo e o alcance de sua atitude. A esse respeito, gostaria de emitir a hipótese de que os movimentos de expressão emocional da criança, sobretudo os libidinais, remontam fundamentalmente à terna relação mãe-criança, e que os elementos de malevolência, de arrebatamento passional e de perversão aberta são, na maioria das vezes, consequências de um tratamento desprovido de tato, por parte do ambiente. É uma vantagem para a análise quando o analista consegue, graças a uma paciência, uma compreensão, uma benevolência e uma amabilidade quase ilimitadas, ir o quanto possível ao encontro do paciente. Cria-se desse modo uma base graças à qual pode-se lutar até o fim na elaboração dos conflitos, inevitáveis a um prazo mais ou menos curto, e isso na perspectiva de uma reconciliação. O paciente ficará então impressionado com o nosso comportamento, contrastante com os eventos vividos em sua própria família, e, como se sabe agora protegido da repetição, atrever-se-á a mergulhar na reprodução do passado desagradável. O que se passa então lembra-nos vivamente o que nos relatam os analistas de crianças. Acontece, por exemplo, que o paciente, ao confessar uma falta, nos tome bruscamente a mão e nos suplique para não lhe bater. É frequente os pacientes procurarem provocar a nossa suposta perversidade escondida, recorrendo a maldades, sarcasmos, cinismos, diversas indelicadezas e até mesmo a caretas. Não há nenhuma vantagem em bancar nessas condições o homem sempre bom e indulgente; é mais aconselhável confessar honestamente que o comportamento do paciente nos desagrada mas que devemos nos controlar, sabendo que, se ele se dá ao trabalho de ser malévolo, será por alguma razão. Assim se toma conhecimento de muita coisa sobre a insinceridade e a hipocrisia que o paciente deve ter frequentemente observado em seu ambiente, sob a forma de demonstração ou de presunção de amor, ao passo que dissimulava as suas críticas a todos e, mais tarde, a si mesmo também.

Não é raro os pacientes trazerem-nos, muitas vezes em meio às suas associações, pequenas histórias compostas por eles, até mesmo poemas ou rimas forçadas; alguns pedem-me um lápis para me presentear com um desenho ou um retrato, em geral muito primitivo. Naturalmente, deixo-os fazer tudo isso e aceito essas pequenas doações para me servirem de ponto de partida para outras formações fantasísticas que serão mais tarde submetidas à análise. E isso, por si só, não evoca já um fragmento de análise de criança?

Permitam-me, de resto, reconhecer nesta oportunidade um erro tático cuja reparação me ajudou a compreender melhor uma questão de fundamental importância. Penso no seguinte problema: em que medida o que eu faço com os meus pacientes pertence à esfera da sugestão ou da hipnose? A nossa colega Elisabeth Severn, que está fazendo análise didática conosco, observou-me um dia, no decorrer de uma discussão, que as minhas perguntas e respostas vinham, por vezes, perturbar a espontaneidade da produção fantasística. Eu deveria limitar a minha ajuda, no que se refere a essa produção, a incitar as forças debilitantes do paciente a prosseguir o trabalho, a superar as inibições devidas à angústia, e outras coisas do gênero. É ainda melhor quando os meus incitamentos assumem a forma de questões muito simples em vez de afirmações, o que obriga o *analisando*[3] a continuar o trabalho por seus próprios meios. A formulação teórica que daí decorre, e à qual devo tantas compreensões novas, diz que a sugestão, que se pode permitir mesmo em análise, deve ser mais um encorajamento geral do que uma orientação particular. Creio haver aí uma diferença essencial com as sugestões habituais praticadas pelos psicoterapeutas; na realidade, trata-se

---

3. Ver a nota da p. 248.

simplesmente de um reforço das instruções inevitáveis da análise: agora deite-se, deixe seus pensamentos fluírem livremente, e diga tudo o que lhe acudir ao espírito. Mesmo o jogo das fantasias nada mais é do que um encorajamento desse gênero, embora mais acentuado. No que se refere à questão da hipnose, pode-se responder da mesma maneira. No decorrer de qualquer associação livre, são inevitáveis os elementos de êxtase e de esquecimento de si; entretanto, o convite para ir mais longe e mais a fundo leva, por vezes – comigo, confesso-o honestamente, com muita frequência – ao aparecimento de um êxtase mais profundo; quando ele assume um caráter por assim dizer alucinatório, pode-se-lhe chamar, se quisermos, auto-hipnose; os meus pacientes o chamam de bom grado um estado de transe. É importante não abusar desse estágio de maior aflição para impregnar o psiquismo sem resistência do paciente de teorias e formações fantasísticas próprias do analista; é preferível utilizar essa influência, inegavelmente grande, para aumentar no paciente a capacidade de elaboração de suas próprias produções. Usando um neologismo (certamente deselegante), poderíamos dizer que a análise não deve "introssugerir" ou "intro-hipnotizar" coisas no paciente; pelo contrário, "exossugerir" ou "exo-hipnotizar" é não só permitido mas útil. Abre-se aqui uma perspectiva, importante do ponto de vista pedagógico, sobre o caminho a seguir em matéria de educação racional das crianças. Que as crianças sejam influenciáveis, que sejam propensas a apoiar-se sem resistência num "grande" nos momentos de aflição, que exista, portanto, um elemento de hipnose na relação entre crianças e adultos, é um fato inegável, com o qual há que conformar-se. Portanto, esse grande poder que os adultos têm em face das crianças, em vez de utilizá-lo sempre, como geralmente se faz, para imprimir as nossas próprias regras rígidas no psiquismo maleável da criança, como algo outorgado do exterior, poderia ser organizado como meio de educá-las para maior independência e coragem.

    Se, na situação analítica, o paciente sente-se ferido, decepcionado, abandonado, põe-se às vezes a brincar sozinho, como uma criança desprezada. Tem-se nitidamente a impressão de que o abandono acarreta uma clivagem da personalidade. Uma parte da sua própria pessoa começa a desempenhar o papel da mãe ou do pai com a outra parte, e assim torna o abandono nulo e sem efeito, por assim dizer. O que é curioso, neste jogo, é não só que certas partes do corpo, como os dedos, a mão, os pés, os órgãos genitais, a cabeça, o nariz, os olhos, tornam-se representantes da pessoa toda e a cena onde todas as peripécias de sua própria tragédia são representadas e levadas à conciliação, mas também que se adquire através dele uma noção geral dos processos a que dei o nome de *autoclivagem narcísica*, na própria esfera psíquica. É surpreendente a enorme quantidade de percepções autossimbólicas de si, ou de psicologia inconsciente, que emergem nas produções fantasísticas dos analisandos, como nas das crianças, manifestamente. Contavam-se pequenas histórias, em que algum animal perigoso tenta destruir com os dentes e as garras uma medusa mas não a consegue dominar porque a medusa esquiva-se a todos os golpes e a todas as mordidas, graças à sua maleabilidade, para retomar em seguida a sua forma esférica. Esta história pode ser interpretada de duas maneiras: por um lado, exprime a resistência passiva que o paciente opõe às agressões do mundo externo e, por outro, representa a clivagem da pessoa numa parte sensível, brutalmente destruída, e uma outra que, de certo modo, sabe tudo mas nada sente. Esse processo primário de recalcamento exprime-se ainda com maior clareza nas fantasias e nos sonhos em que a cabeça, ou seja, o órgão do pensamento, separada do resto do corpo, caminha com seus próprios pés, ou só está ligada ao resto do corpo por um fio, coisas que exigem, todas elas, uma explicação, não só histórica mas também autossimbólica.

Quanto à significação metapsicológica de todos esses processos de clivagem e de ressoldadura, não quero estender-me mais longamente a esse respeito, desta vez. Se consegui comunicar-lhes o meu sentimento de que temos, de fato, muito a aprender com os nossos doentes, os nossos alunos e também, evidentemente, com as crianças, dar-me-ei por satisfeito.

Há alguns anos fiz uma breve comunicação sobre a relativa frequência de um sonho típico a que dei o nome de "sonho do bebê sábio"[4]. Trata-se daqueles sonhos em que uma criança recém-nascida ou um bebê de berço começa a falar, de súbito, para dar sábios conselhos aos pais e outros adultos. Num dos meus casos, a inteligência da infeliz criança comportava-se, pois, nas fantasias que estavam sendo analisadas, como uma pessoa à parte, que tinha por

---

4. "O sonho do bebê sábio", em *Psicanálise III*.

tarefa levar rapidamente socorro a uma criança quase mortalmente ferida. "Depressa, depressa, que devo fazer? Feriram o meu menino! Não há ninguém que possa ajudar-me? Vejam como ele está perdendo todo o sangue! Quase não respira mais! Tenho eu mesmo que fazer o curativo do ferimento. Vamos, meu filho, respira profundamente, senão morrerás. Eis que o coração para. Ele está morrendo! Ele está morrendo!..." As associações que se ligavam à análise de um sonho cessaram, e o paciente, tomado de opistótonos, fez movimentos como se quisesse proteger o baixo-ventre. Por meio de encorajamentos e de perguntas, descritos mais acima, consegui, entretanto, restabelecer o contato com o doente, que se encontrava num estado quase comatoso, e coagi-lo a falar de um traumatismo sexual sofrido no começo de sua infância. Sobretudo, gostaria de sublinhar aqui a luz projetada por essa observação, e outras semelhantes, sobre a gênese da autoclivagem narcísica. Tudo se passa verdadeiramente como se, sob a pressão de um perigo iminente, um fragmento de nós mesmos se cindisse sob a forma de instância autoperceptiva que quer acudir em ajuda, e isso, talvez, desde os primeiros anos da infância. Pois todos nós sabemos que as crianças que muito sofreram, moral e fisicamente, adquirem os traços fisionômicos da idade e da sabedoria. Também tendem a cercar maternalmente os outros; manifestamente, estendem assim a outros os conhecimentos adquiridos a duras penas, ao longo do tratamento, sobre o seu próprio sofrimento; tornam-se indivíduos bons e prestimosos. Nem todos conseguem levar tão longe o controle de sua própria dor, ficando alguns fixados na auto-observação e na hipocondria.

Mas é inegável que as forças reunidas da análise e da observação de crianças encontram-se de novo diante de tarefas colossais, de interrogações, para as quais somos encaminhados, essencialmente, pelos pontos comuns nas análises de crianças e de adultos.

Pode-se afirmar, com razão, que o método que emprego com os meus analisandos consiste em "mimá-los". Sacrificando toda e qualquer consideração quanto ao nosso próprio conforto, cede-se tanto quanto possível aos desejos e impulsos afetivos. Prolonga-se a sessão de análise o tempo necessário para poder aplanar as emoções suscitadas pelo material; não se solta o paciente antes de ter resolvido, no sentido de uma conciliação, os conflitos inevitáveis na situação analítica, esclarecendo os mal-entendidos e remontando à vivência infantil. Procede-se assim um pouco à maneira de uma mãe carinhosa, que não irá deitar-se à noite antes de ter discutido a fundo, com seu filho, e solucionado, num sentido de apaziguamento, todas as preocupações grandes e pequenas, medos, intenções hostis e problemas de consciência que estavam em suspenso. Por esse meio, chegamos a deixar o paciente mergulhar em todos os estágios precoces do amor de objeto passivo, onde, em frases murmuradas, como uma criança prestes a adormecer, ele nos permite entrever seu universo onírico. Mas essa relação terna não pode durar eternamente, mesmo em análise. O apetite chega comendo, diz o adágio. O paciente feito criança mostra-se cada vez mais exigente, retarda cada vez mais o aparecimento da situação de reconciliação, a fim de evitar reencontrar-se sozinho, para escapar ao sentimento de não ser amado; ou então procura, por ameaças, cada vez mais perigosas, provocar uma ação punitiva de nossa parte. Naturalmente, quanto mais intensa e fecunda era a situação de transferência, maior será o efeito traumático do momento em que nos vemos obrigados, por fim, a terminar com esses excessos. O paciente envolve-se então na situação de frustração que conhecemos tão bem, que reproduz primeiro, a partir do passado, a raiva impotente e a paralisia que se segue, e são precisos muitos esforços e uma compreensão cheia de tato para obter a reconciliação nessas condições, em vez da alienação que persistia na infância. Isso nos permite entrever o que constitui o mecanismo da traumatogênese: em primeiro lugar, a paralisia completa de toda a espontaneidade, logo de todo o trabalho de pensamento, inclusive estados semelhantes aos estados de choque, ou mesmo de coma, no domínio físico, e, depois, a instauração de uma situação nova – deslocada – de equilíbrio. Se conseguimos estabelecer o contato, mesmo nesses estágios, ficamos sabendo que a criança, que se sente abandonada, perde por assim dizer todo o prazer de viver ou, como se deveria dizer com Freud, volta a agressão contra a sua própria pessoa. Isso chega às vezes tão longe que o paciente começa a sentir-se como se fosse perder os sentidos ou morrer; o rosto cobre-se de palidez mortal e surgem os estados próximos do desmaio, assim como um aumento geral do tônus muscular, podendo chegar ao opistótonos. O que se desenrola aí diante dos nossos olhos é a reprodução da agonia psíquica e física que acarreta uma dor incompreensível e insuportável. Assinalo, aliás, que esses pacientes "moribundos" também fornecem informações interessantes sobre o além e a natureza do ser após a morte, mas a avaliação psicológica desses depoimentos nos levaria longe demais. Conversando com o meu colega dr. Rickman, de Londres, a respeito desses fenômenos ameaçadores, ele me perguntou se eu mantinha medicamentos ao alcance da mão para intervir, se fosse o caso, e salvar a vida do paciente. Respondi-lhe afirmativamente, se bem que, até o presente, nunca tivesse tido necessidade de usá-los. As falas apaziguadoras e cheias de tato, eventualmente reforçadas por uma pressão encorajadora da mão e, quando isso se mostra insuficiente, uma carícia amistosa na cabeça, reduzem a reação a um nível em que o paciente volta a ser acessível. O paciente relata-nos então as ações e reações inadequadas dos adultos, diante de suas manifestações por ocasião de choques traumáticos infantis, em oposição com a nossa maneira de agir. O pior é realmente a negação, a afirmação de que não aconteceu nada, de que não houve sofrimento ou até mesmo ser espancado e repreendido quando se manifesta a paralisia traumática do pensamento ou dos movimentos; é isso, sobretudo, o que torna o traumatismo patogênico. Tem-se mesmo a impressão de que esses choques graves são superados, sem amnésia nem sequelas neuróticas, se a mãe estiver presente, com toda a sua compreensão, sua ternura e, o que é mais raro, uma total sinceridade.

Espero, neste ponto, ouvir a seguinte objeção: deve-se verdadeiramente afagar primeiro o paciente e acalentá-lo na ilusão de uma segurança ilimitada, para fazê-lo viver em seguida um traumatismo tanto mais doloroso? Invocarei, a meu favor, que não provoquei intencionalmente esse processo, ele se desenvolveu em consequência da minha tentativa, em minha opinião legítima, de reforçar a liberdade de associação; tenho um certo respeito por essas reações que surgem espontaneamente, por isso deixo que apareçam sem intervir, porquanto suponho que elas manifestam tendências para a reprodução que não se deve impedir mas cujo desenvolvimento cumpre favorecer antes de tentar controlá-las. Deixo aos pedagogos o encargo de decidir em que medida esse gênero de experiências também é encontrado na educação corrente das crianças.

Posso dizer, sem receio, que o comportamento do paciente, ao despertar desse estado de alienação traumática infantil, é extremamente surpreendente e altamente significativo. Vemos esboçar-se aí formalmente como se criam os lugares de predileção dos sintomas que surgem quando de choques ulteriores. Uma paciente, por exemplo, apresenta, quando da convulsão traumática, um intenso afluxo de sangue na cabeça, de modo que todo o seu rosto fica azul; ela desperta como de um sonho, nada sabe do que se passou, nem da causa desses eventos; sente simplesmente a dor de cabeça, um sintoma que lhe é habitual, mas com redobrada intensidade. Estaríamos na pista de processos fisiológicos que realizam o deslocamento histérico de um movimento emocional puramente psíquico para um órgão do corpo? Poderia citar-lhes sem dificuldade meia dúzia de exemplos análogos, mas bastarão alguns. Um paciente, abandonado em sua infância por pai, mãe e, poderia acrescentar, pelos deuses, exposto aos piores sofrimentos físicos e psíquicos, desperta de um coma traumático com uma das mãos insensível e de palidez cadavérica; de resto, deixando de lado a amnésia, mostra-se relativamente calmo e quase imediatamente em condições de retomar o trabalho. Não foi difícil de surpreender, em flagrante, por assim dizer, o deslocamento de todo o sofrimento, mesmo da morte, para uma única parte do corpo: a mão de palidez cadavérica representava a pessoa sofredora por inteiro e o desfecho de seu combate na insensibilidade e morte iminente. Um outro paciente, após ter reproduzido o traumatismo, passou a coxear: o dedo do meio de um de seus pés tornara-se flácido, o que obrigava o paciente a prestar a maior atenção a cada um de seus passos. Pondo de lado a significação sexual do dedo do meio, o paciente exprimia, através desse comportamento, a advertência que se fazia a si mesmo: toma todo o cuidado antes de dar um passo, para que não lhe aconteça de novo a mesma coisa. O paciente, que falava inglês, completou a minha interpretação com o comentário: "Talvez você queira dizer que ilustro simplesmente a expressão inglesa: *Watch your step*."[5]

Se faço neste ponto, bruscamente, uma pausa e imagino as palavras que os meus ouvintes têm na ponta da língua, parece-me ouvir de todos os lados a pergunta surpreendida: pode-se ainda chamar psicanálise ao que se passa nas análises de criança com adultos? De fato, ouve-se falar quase exclusivamente de explosões afetivas, de reproduções vivas, quase alucinatórias, de cenas traumáticas, de espasmos e de parestesias, que se pode com toda a certeza qualificar de crises histéricas. Onde está, então, a refinada análise econô-

---

5. "Veja onde pisa para não cair." (N. do T.)

mica, tópica, dinâmica, a reconstrução da sintomatologia, a busca dos investimentos cambiantes da energia do ego e do superego, que caracterizam a análise moderna? Nesta exposição, limitei-me efetivamente à avaliação, quase exclusiva, do fator traumático, o que, por certo, não é o caso, em absoluto, nas minhas análises. Durante meses, quando não anos, minhas análises desenrolam-se também no nível de conflitos entre as energias intrapsíquicas. Com os neuróticos obsessivos, por exemplo, necessita-se de um ano e às vezes mais para que o que é emocional possa ter acesso à fala; tudo o que o paciente e eu podemos fazer, com base no material que surgiu, é buscar no nível intelectual as causas que determinaram as medidas preventivas, a ambivalência da atitude afetiva e da maneira de agir, os motivos da autopunição masoquista, etc. Mas, de acordo com a minha experiência, produz-se mais cedo ou mais tarde, quase sempre muito tarde, é verdade, um desmoronamento da superestrutura intelectual e uma emergência brutal da infraestrutura, que é sempre primitiva e intensamente emocional, e só então começam a repetição e a nova liquidação do conflito originário, entre o ego e o mundo externo, tal como provavelmente se desenrolou no tempo da infância. Não esqueçamos que as reações da criança pequena ao desprazer são sempre, em primeiro lugar, de natureza corporal; somente mais tarde a criança aprende a dominar seus movimentos de expressão, modelos de todo sintoma histérico. É preciso, portanto, dar razão aos neurologistas quando sugerem que o homem moderno produz muito mais raramente histerias manifestas, como as que eram descritas e consideradas bastante difundidas há apenas algumas dezenas de anos. Tudo se passa como se os progressos da civilização fizessem com que as neuroses também se tornassem mais civilizadas e mais adultas, mas penso que, com a paciência e a perseverança necessárias é possível até desmantelar mecanismos puramente intrapsíquicos, solidamente construídos, e reconduzi-los ao estágio do trauma infantil.

Uma outra e espinhosa questão, que não tardará muito a aparecer, refere-se aos resultados terapêuticos. Por certo compreenderão todos muito bem que, de momento, abstenho-me de me pronunciar a esse respeito de uma forma decisiva. Mas há duas coisas que devo reconhecer: a esperança que eu alimentava de *encurtar* substancialmente a análise, por meio do relaxamento e da catarse, não se concretizou até agora, e a dificuldade do trabalho para o analista viu-se aumentada de modo substancial. Mas penso que o que foi consideravelmente favorecido, e espero que o seja ainda mais no futuro, foi a profundidade da nossa compreensão do funcionamento do psiquismo humano, saudável ou doente, e a esperança justificada de que o resultado terapêutico, o qual repousa nessas bases mais profundas, na medida em que exista, terá maiores probabilidades de se manter.

E agora, para terminar, uma questão importante do ponto de vista prático. As análises *didáticas* devem ou podem atingir também essa camada infantil profunda? Dado o caráter não limitado no tempo das minhas análises, isso acarreta consideráveis dificuldades práticas; entretanto, creio que quem quer que alimente a ambição de compreender e ajudar outrem não deveria recuar diante desse grande sacrifício. Mesmo os que são analisados por razões puramente profissionais devem, portanto, no decorrer de sua análise, tornar-se um pouco histéricos, logo, um pouco doentes, e verifica-se então que a própria formação do caráter deve ser considerada um efeito longínquo de importantes traumas infantis. Mas creio que o resultado catártico desse mergulho na neurose e na infância tem finalmente um efeito revigorante; se for levado até o fim, não pode prejudicar em nenhuma eventualidade. Em todo caso, esse procedimento é muito menos perigoso do que as tentativas heroicas de numerosos colegas, que estudaram as infecções e as intoxicações em seus próprios corpos.

Senhoras e senhores! Se as ideias e os pontos de vista que lhes comuniquei hoje vierem a ser um dia reconhecidos, seria necessário repartir honestamente o mérito entre meus pacientes, meus colegas e eu. E também, naturalmente, com os analistas de crianças de que acabei de falar; ficaria feliz se tiver conseguido lançar as bases de uma colaboração mais íntima com eles.

Não ficaria surpreendido se esta exposição, como algumas outras que publiquei nestes últimos anos, lhes desse a impressão de uma certa ingenuidade de meus pontos de vista. Que alguém, após 25 anos de trabalho analítico, comece de repente a espantar-se diante do fato do traumatismo psíquico, eis algo que poderá parecer-lhes tão surpreendente quanto o caso de um engenheiro meu amigo que, tendo-se aposentado após 50 anos de serviço, ia todos os dias, depois do almoço, à estação ferroviária para admirar a partida dos trens e exclamar, uma vez por outra: "Que maravilhosa invenção que foi a locomotiva!" É possível que eu tenha contraído essa tendência, ou essa capacidade de considerar ingenuamente o que nos é familiar, no contato com o nosso mestre que, quando de uma de nossas estadas estivais em sua residência, inesquecíveis para mim, surpreendeu-me uma manhã com estas palavras: "Sabe, Ferenczi, o sonho é verdadeiramente uma realização de desejo!" e passou a contar-me o seu último sonho que, com efeito, era uma clara confirmação da sua genial teoria dos sonhos.

Espero, senhoras e senhores, que não rejeitem de imediato tudo o que acabo de lhes dizer, mas que reservem o vosso julgamento para quando tiverem adquirido experiências nas mesmas condições. Em todo caso, agradeço-lhes a amistosa paciência com que ouviram as minhas considerações.

VIII

Influência de Freud sobre a medicina (1933)

Para conceber, de maneira construtiva, a importância de *uma* só pessoa para a ciência ou para um de seus setores, seria imprescindível apresentar primeiro o estado dessa ciência antes do aparecimento dessa pessoa e, em seguida, as mudanças que ocorreram sob a sua influência. Mas tal descrição não poderia satisfazer a uma exigência maior de causalidade. Seria necessário estabelecer com precisão se um espírito construtivo resumiu simplesmente de maneira fecunda um material já existente, ou se a maravilhosa luz de um espírito jorrando como um meteoro iluminou, num relâmpago, um mundo que não desconfiava de nada nem estava preparado para o fenômeno. Finalmente, impõe-se a questão de saber em que medida o golpe de sorte do investigador, e em que proporção as qualidades pessoais, participaram a título de fatores decisivos na descoberta de uma nova ciência e em sua formulação teórica. Uma vez a investigação levada até esse ponto, resta ainda a tarefa de completar essas contribuições com uma espécie de estudo de personalidade.

Na apresentação da influência de Freud sobre a medicina, devo limitar-me a comentários sobre esses problemas e, antes de tudo, a expor as circunstâncias concomitantes. Foi, sem dúvida nenhuma, um mero acaso que o respeitável médico vienense, o dr. Josef Breuer, tivesse em tratamento hipnótico uma paciente inteligente que foi surpreendida pelo efeito favorável produzido sobre o seu estado pelo fato de expressar suas fantasias, e que chamou a atenção de seu médico para essa observação. *Ela* é, ao pé da letra, *aquela* que inventou o primeiro método catártico... Também foi um acaso que fez mais tarde Sigmund Freud entrar em contato pessoal com Breuer. Entretanto, não foi, em absoluto, por um efeito do acaso que Breuer, apesar de uma profunda compreensão da amplitude psicológica e patológica dessa descoberta, desviou rapidamente seu interesse desses problemas e não se associou a Freud nem a seus estudos posteriores. As qualidades a que Freud deve sua perseverança e seus êxitos no desenvolvimento científico da psicanálise não são mais um segredo. É, acima de tudo, a sua objetividade que permaneceu inabalável, mesmo em face dos problemas sexuais expostos. Por mais estranho que isso pareça é, no entanto, um fato inegável que, antes de Freud, os investigadores que se consideravam livres de preconceitos não estavam, em matéria sexual, isentos de escrúpulos morais e abstinham-se de abordar o lado psicológico da vida amorosa.

Só dois homens corajosos ousaram fazer de particularidades repugnantes da vida sexual o objeto de estudos detalhados: o vienense Krafft-Ebing e o inglês Havelock-Ellis, cujo exemplo não tardaria em ser seguido por alguns investigadores alemães e suíços. As primeiras tentativas de Freud de explicar a descoberta de Breuer logo o levaram ao exame dos problemas sexuais.

Os amigos e colegas que reconheceram o grande talento de Freud enquanto se ocupou de matérias inofensivas e inteiramente morais, como a afasia e a paralisia cerebral infantil, abandonaram-no precipitadamente. Mesmo Breuer aliar-se-ia em breve aos que não queriam seguir Freud no seu estudo de coisas pouco estéticas e, portanto, pouco agradáveis – e Freud encontrou-se totalmente só. Assim começa esse período de sua vida, que merece ser qualificado de heroico, durante o qual veio a público *A interpretação dos sonhos*, que é a base de toda a sua obra posterior. Hoje, mais de 30 anos após a sua primeira edição, ainda vemos a atitude negativa do resto do mundo, o que certamente indica que a psicanálise não correspondia às exigências do mundo científico e médico.

Um outro traço do caráter que predestinava Freud a tornar-se o inventor da psicanálise era a sua crítica implacável aos conhecimentos da prática terapêutica e ao saber teórico dessa época, que estava em total falência no tratamento das neuroses. Na época em que, quase como hoje, a aparelhagem farádica e galvânica era considerada o principal equipamento do médico que se ocupava das chamadas doenças funcionais, Freud chegou à convicção de que a eletroterapia não podia curar as neuroses e representava um procedimento perfeitamente inútil para o seu tratamento. O caráter efêmero e imperfeito de êxitos ocasionalmente obtidos pela influência hipnótica e sugestiva levou Freud a abandonar esses métodos. Ter-lhe-ia sido fácil, especialmente no meio médico em que crescera, juntar-se à confortável ideia do niilismo médico e dotar sem dificuldade o seu consultório de uma clientela cada vez mais abundante.

Entretanto, um traço específico do seu ser, que compreendia um impulso violento para a verdade e não o autorizava a contentar-se com uma simples crítica ao estado de coisas vigente, não lhe dava repouso antes que seu espírito penetrante tivesse resolvido sozinho, e sem ajuda externa, as questões uma vez apresentadas a exame. Obstáculos quase insuperáveis pareciam acumular-se e opor-se a cada tarefa, porquanto se tratava de resolver uma equação a múltiplas incógnitas. Como Breuer e Freud já o tinham reconhecido, era preciso admitir que as causas dos sintomas neuróticos encontravam-se na vida psíquica inconsciente, que não parece acessível a uma exploração direta. Como já mencionei, Freud deixou de usar deliberadamente os métodos de hipnose e de sugestão que teriam aberto um acesso parcial ao inconsciente, pois supunha que, segundo as normas dos conhecimentos psicológicos da época, a eficácia desses métodos só podia mostrar-se inexplicável, até mística. Os conhecimentos obtidos utilizando esses métodos teriam ostentado o cunho do misticismo e não levariam em conta a exigência científica de clareza. Ele conseguiu, porém, esta coisa inacreditável: essas regiões que eram consideradas insondáveis abriram-se ao *seu método da associação livre*.

Não é fácil definir a noção de gênio, mas creio que essa designação convém àquele que sabe encontrar uma saída para uma situação tão desesperada quanto a descrita acima. Não hesito em afirmar que essa ideia de Freud determinou o futuro da psicologia em todas as suas aplicações, e não me parece exagerado atribuir a essa ideia, nascida na cabeça de Freud, todos os desenvolvimentos posteriores nessas ciências. No momento em que a ideia genial de Freud veio a lume, nasceu a psicologia moderna.

Logo se verificou a necessidade de selecionar o gigantesco material recolhido pelo novo método, a fim de ser cientificamente ordenado. Quisesse ou não, Freud logo teve que se dedicar a formular os contornos esqueléticos de sua teoria, estrutura cujos pilares se sustentam solidamente até hoje, embora tenham sido depois transformados e reconstruídos com alguma frequência. Esse edifício é o que se chama a *metapsicologia*. Vou tentar explicar sucintamente o que entendemos por isso. Freud não podia explicar a origem dos sintomas neuróticos sem supor atividades psíquicas no interior de um sistema topológico (*topologische*), onde forças de intensidade e qualidade particulares agiam umas sobre outras. Essa primeira diferenciação tópica das funções psíquicas foi a separação do consciente e do inconsciente, a primeira representação da dinâmica foi a hipótese de um conflito de forças no interior desses campos. O resultado desse conflito dependia da relação das forças; entretanto, devia supor-se que a soma das duas forças psíquicas era constante. O fato de que os não iniciados qualificam essa construção de fantasiosa não tem por que nos assustar. Quem quiser pode chamá-la "quimera" científica. Mas não esqueçamos que toda teoria científica é uma "quimera" e como tal só é utilizável depois que tenha preenchido praticamente o seu objetivo e não esteja em contradição com os fatos da experiência, o que é, a todos os títulos, o caso da metapsicologia de Freud. Ela nos coloca em condições de conceber as perturbações da vida psíquica de um paciente como o resultado de tais conflitos ou de conflitos semelhantes, e oferece-nos a possibilidade de influir numa correta distribuição de forças. Os trabalhos posteriores de Freud substituíram esse sistema de extrema simplicidade por um outro muito mais complexo. Ele conseguiu seguir a força que fervilha e lateja por trás da vida psíquica até a sua origem biológica, e constatar sua semelhança com a força motriz física. Deixando de lado considerações práticas, não caiu na negação da diversidade que aí se manifestava; a ilusão de um sistema de unificação prematuro tampouco conseguiu levá-lo a renunciar às suas ideias, que apresentavam lacunas e não o satisfaziam inteiramente, mas, não obstante, estavam de acordo com a realidade.

Não hesito em afirmar que essa construção é, como tal, da mais alta importância científica. Ela significa, nem mais nem menos, a primeira tentativa de resolução de um problema que afeta a física e a fisiologia dos fenômenos psíquicos. O único meio para atingir esse fim era sondar a vida psíquica do homem doente e do homem saudável através da pesquisa psicanalítica. Até então, nem a anatomia, nem a fisiologia, tinham contribuído de alguma forma para o conhecimento das mais sutis moções psíquicas. A medicina científica, como que hipnotizada, olhava fixamente para o microscópio, e, a partir das informações sobre o desenvolvimento e o traçado dos feixes nervosos, aguardava esclarecimentos sobre o "como" dos processos psíquicos. Entretanto, esses desenvolvimentos só podiam destacar os dados mais simples sobre as funções sensório-motoras. Como em nenhuma neurose ou psicose funcional era possível demonstrar a ocorrência de modificações cerebrais, a ciência médica flutuava na incerteza quanto às condições patológicas. Cumpre atribuir esse erro ao fato de que os médicos, antes da época de Freud, tinham um ponto de vista exclusivo e materialista. Os fatos psíquicos evidentes que desempenham um papel tão importante em nossa vida e na dos pacientes passavam por ser realidades de menor importância, com que nenhum homem de ciência sério devia se preocupar. A psicologia propriamente dita era um domínio de que se conservavam distantes, que era entregue aos diletantes e aos literatos. O temor das generalizações não fundamentadas premuniu Freud contra o erro de reunir apressadamente o psíquico e o físico num monismo materialista. Sua probidade intelectual levou-o a reconhecer o fato de que a vida psíquica só era acessível do lado subjetivo por métodos introspectivos e, mais tarde, a constatar que a realidade psíquica dos fatos reconhecidos por esses métodos subjetivos era indubitável. Foi assim que Freud se tornou dualista, designação que a maioria dos especialistas das ciências naturais, nesse tempo e ainda hoje, considera quase injuriosa. Não creio que Freud tenha objeções contra a concepção monista do saber. Seu dualismo enuncia simplesmente que essa unificação não será possível nem atualmente nem num futuro próximo, e talvez nunca venha a ser plenamente realizável. Em nenhum caso se deverá confundir o dualismo de Freud com a ingênua separação do organismo vivo em corpo e alma. Ele conserva constantemente sob os olhos os fatos anatomofisiológicos relativos ao sistema nervoso. Prossegue em suas investigações psicológicas até atingir as pulsões humanas que considera a linha de fronteira que, em sua opinião, a pesquisa psicológica não deve transpor, porquanto ela não parece prestar-se a isso. Por outra parte, como o mostra o seu sistema metapsicológico construído segundo o modelo do arco reflexo, ele não pode, mesmo em suas pesquisas puramente psicológicas, deixar de fazer analogias com as ciências naturais. Para caracterizar o seu dualismo, preciso forjar uma nova palavra, o *utraquismo*[1], e creio que esse método de pesquisa sobre questões que envolvem as ciências da natureza e as ciências do espírito merece uma grande difusão.

Uma das mais notáveis conquistas da psicologia de Freud é que ele não transcreve somente o conteúdo, ou seja, o dicionário do inconsciente, mas formula também as regras da gramática específica e da lógica primitiva que regem esse domínio, de sorte que as estranhas formações oníricas, os atos falhos da vida cotidiana, assim como os sintomas neuróticos e psicóticos, tornam-se compreensíveis e significativos. Admitir-se-á que um médico que compreende a linguagem dos pacientes neuróticos e psicóticos, e que pode utilizá-la, por assim dizer, etiológica e etimologicamente, enfrenta essas doenças com uma compreensão muito diferente da do homem de ciência que se preocupa pouco com a origem de cada fenômeno isolado e se deixa, durante o tratamento, orientar unicamente por sua intuição artística. Ninguém negará que antes de Freud houve eminentes psicoterapeutas que, no tratamento de psicoses e neuroses, mostraram-se eficazes e obtiveram resultados extraordinários. Entretanto, sua arte não podia ser ensinada. Os felizardos que possuíam esse talento não podiam, mesmo com a melhor boa vontade, ensinar seu método de compreensão intuitiva. Esse contato, entre paciente e médico, receberia do psicanalista a designação de diálogo entre dois inconscientes. O inconsciente do médico compreendia o inconsciente do paciente e permitia que a boa resposta, a descoberta da medicamentação eficaz, chegasse ao consciente do médico. O progresso que a psicanálise significa para a prática médica consiste essencialmente em que ela fez dessa arte terapêutica uma ciência, a qual pode ser aprendida por todo médico inteligente tão facilmente (ou tão dificilmente) quanto, por exemplo, a cirurgia ou a medicina interna. Como é natural, haverá sempre artistas, na psicanálise assim como em todo e qualquer outro ramo da arte de curar. Entretanto, com uma prévia e adequada preparação, e a firme obediência aos ensinamentos consignados nas obras de Freud, não existe nenhum obstáculo a tal formação, mesmo até o nível exigido do especialista.

Aquele que está, na prática, interessado, talvez tenha esperado com impaciência, nesse meio-tempo, aprender alguma coisa sobre

---

1. Do latim *uter* "aquele dos dois que", "um ou outro". (N. do T.)

os resultados concretos da psicanálise. Poderemos, graças à sua aplicação, obter resultados mais rápidos, mais numerosos e de maior alcance, quando todas as outras medidas psicoterapêuticas fracassam? É o único modo de psicoterapia que tem a felicidade de não conhecer derrotas, ou haverá casos em que teria sido preferível recorrer a outros métodos terapêuticos? Para responder francamente a essas indagações, teria que decepcionar aqueles que supõem que a divisa do cirurgião: *"Cito, tuto e jucunde"*[2] é aplicável à psicanálise. Ocorre que a psicanálise não é uma terapia rápida, é um método muito lento. Uma análise dura habitualmente meses, nos casos difíceis pode até estender-se por anos. Não cabe chamar a isso um agradável entretenimento. Tampouco deixa entrever uma total imunidade à dor; mais do que isso, a paciente tolerância do inevitável sofrimento psíquico, que repousa num fundo real, faz parte das coisas para as quais a psicanálise espera educar o paciente. A certeza de um resultado definitivo também só pode, no máximo, ser presumida. Em nenhum caso a psicanálise pertence ao grupo desses indesejáveis métodos que – por exemplo, como a hipnose – podem muito simplesmente varrer de um sopro os sintomas. Ela não tem a menor confiança na durabilidade desses métodos e está persuadida de que a poeira que tal procedimento faz redemoinhar deve ir depositar-se em algum lugar. A psicanálise visa, de preferência, limpar de modo radical os focos psicopatas. Se o provérbio *"Si duo faciunt idem, non est idem"*[3] está em seu lugar certo em alguma parte, é certamente aqui. A psicanálise admite que não se aplica a todos os casos de neurose e que por isso outros modos de psicoterapia têm seus próprios campos de aplicação. Provisoriamente, ela não se presta ao tratamento de massa. O que espera, contudo, para o futuro, é que o seu espírito impregne os outros métodos. Como hipnotizador, psicoterapeuta ou diretor de um hospital psiquiátrico, um analista formado fará um trabalho mais frutífero e terá um julgamento mais justo do que aquele que não faz nenhuma tentativa para procurar no material existente a etiologia provável dos sintomas patogênicos. Nesse sentido, podemos tranquilamente predizer que nenhuma forma de psicoterapia poderá escapar, a longo prazo, à influência das ideias de Freud. Isso já ocorre, em grande parte,

---

2. "Depressa, na segurança e alegria."
3. "Se dois fazem o mesmo, não é o mesmo."

mesmo quando o processo se esconde provisoriamente sob nomes diferentes.

As grandes mudanças que, depois que as ideias de Freud transpuseram os muros dos hospitais psiquiátricos, se deram no domínio da psiquiatria, são bem conhecidas. Já não satisfaz mais o método descritivo, transmitido, que consiste em classificar os casos segundo grupos sintomatológicos. Tornou-se evidente a necessidade de contextos e de ligações inteligíveis, que não estavam absolutamente no primeiro plano na literatura pré-freudiana. Podemos predizer que os asilos psiquiátricos serão transformados em locais de tratamento psicoterapêutico, onde médicos de formação analítica se ocuparão todos os dias de cada caso, se possível uma hora por dia. Por mais difícil que seja atingir esse estado ideal, não se poderá escapar-lhe. O que o velho mestre da psiquiatria, Pinel, obedecendo à bondade de seu coração, realizou exteriormente – a libertação dos doentes mentais de seus grilhões –, Freud reproduziu partindo do interior. Graças à sua descoberta, os sintomas dos loucos deixaram de ser uma coleção de monstruosidades que os néscios tinham o hábito de rejeitar como loucura ridícula e absurdo. O psicopata também fala uma língua que compreende aquele que recebeu a formação adequada. Assim foi superado, pela primeira vez, o abismo profundo que separava o homem são de espírito e o doente mental.

A grande revolução da teoria das neuroses, e da psiquiatria, que Freud não só desencadeou mas conduziu, ao longo de 30 anos de trabalho infatigável, até uma espécie de conclusão, pode ser colocada no mesmo plano da revolução da medicina interna que foi provocada pelos métodos clínicos, tais como a percussão, a ausculta-ção, a medida da temperatura, a radioterapia, a bacteriologia e a química. Antes dessas descobertas, havia médicos que possuíam habilidade e obtinham êxitos. Em nossos dias, porém, nenhum médico sensato confiará exclusivamente em sua habilidade pessoal e renunciará de modo deliberado a uma convicção objetiva sobre a exatidão ou a inexatidão de suas reflexões. A psicanálise elevou a um grau científico novo o saber sobre as neuroses e as psicoses, e não se pode continuar procedendo como se isso não existisse. Naturalmente, há múltiplas maneiras para a medicina tirar partido dos pensamentos de Freud. Uma delas seria continuar oprimindo e reprimindo a psicanálise, enquanto ciência autônoma, e isso apesar de suas frutíferas ideias se infiltrarem por todos os caminhos possíveis, em todos os ramos do saber. Dessa maneira, enterradas sob uma camada de fertilizante, não insultariam o sentido estético e ético dos cientistas delicados, por seu aspecto pouco apetitoso, e estes poderiam, em toda a quietude, deleitar-se com as flores engendradas por elas. Mas é supérfluo abordar seriamente essa possibilidade. Por sorte, foi dado ao inventor da psicanálise viver o tempo suficiente para enraizar solidamente sua obra e protegê-la das numerosas tentativas de diluição.

Freud também conseguiu completar suficientemente a investigação, deixada de lado, das forças escondidas atrás da vida pulsional, de modo que pôde enfim interessar-se pela atividade consciente mais clara e mais respeitável. Quero falar dos começos de sua psicologia científica do ego, que forneceu finalmente explicações sob forma detalhada das atividades psíquicas superiores – entendimento, consciência moral, moralidade, idealismo, etc. Seus contemporâneos sentiam grande necessidade dessas explicações. Sem dúvida, Freud não se ocupou das aberrações da vida sexual e das pulsões de agressividade animais por gosto pessoal, mas unicamente porque não havia outro Hércules para pôr em ordem os estábulos de Augias. Era um simples pesquisador da realidade. Pouco se preocupou com as opiniões preconizadas pela sociedade e com os preconceitos. Entretanto, reconheceu, desde o começo, que, além da vida pulsional, a potência das forças recalcadas, a adaptação social e a sublimação dessas forças eram fatores de igual, senão maior importância para o seu ensino. Que esse fato não tenha sido assinalado, é ao ódio ou ao medo cego de seus contemporâneos que se deve atribuí-lo. Foi por isso que alguns pretenderam que Freud remexia nas pulsões sórdidas, e outros desacreditavam de suas teorias, qualificando-as de "pansexualismo" e de perigosa epidemia psíquica.

O período desses furiosos ataques parece, contudo, estar próximo de seu fim. Embora ainda hesitantes, vozes mais numerosas se elevam – e entre elas vozes importantes –, que confirmam as teorias de Freud. É admirável que essa confirmação não venha apenas do lado psiquiátrico, mas também dos círculos da medicina interna, ginecologia, pediatria e dermatologia. Eles constatam que, em suas especialidades, somente a explicação psicanalítica torna compreensível e acessível ao tratamento mais de um caso enigmático. A consideração de fatores psíquicos inconscientes quando da patogênese de doenças parece propagar-se como uma epidemia. Até o último, as centenas de médicos que assistiram ao Congresso de Psicoterapia de Baden-Baden estavam inteiramente impregnados do espírito psicanalítico. Muitos médicos eminentes (citarei apenas o alemão Georg Groddeck e o vienense Felix Deutsch) ocupam-se intensivamente da terapia analítica das doenças orgânicas. Não passam, por agora, de promissores começos, mas não se pode contestar sua importância para o futuro. Para a medicina, dividida em tantas especialidades, a psicanálise é uma bênção, pois ela recomenda, em toda e qualquer forma de doença, que se trate o doente tanto quanto a doença. Isso foi sempre reconhecido como um princípio, mas, apesar disso, raras vezes realizado na prática por falta de verdadeiros conhecimentos psicológicos. Exagerando grosseiramente, poder-se-ia dizer que a medicina agiu até hoje como se o paciente nada tivesse na cabeça e como se as forças superiores da inteligência, a que damos o nome de forças psíquicas, não interviessem no combate dos órgãos contra a doença. É certamente tempo de levar a sério a expressão "tratamento individual do paciente".

A influência da psicanálise foi absorvida passivamente por todos os ramos da medicina e das ciências do espírito, mas a Sociedade Internacional de Psicanálise está trabalhando ativamente para desenvolver em largura e em profundidade as ideias de Freud. Ao mesmo tempo, ela protege a análise das falsificações e dos erros de interpretação. No Congresso de Nuremberg, em 1908, foi fundada a Associação Psicanalítica Internacional; ela tem sociedades filiadas em todos os centros culturais. Os órgãos oficiais dessa organização são a Internationale Zeitschrift für Psychoanalyse, de Viena, a revista *Imago* e o *International Journal of Psycho-Analysis*, de Londres. Em Berlim e em Viena existem clínicas e institutos de formação para a teoria e a prática da psicoterapia freudiana; em Londres, Budapeste e Nova York estão em vias de criação institutos do mesmo tipo.

Tendências separatistas, como se produzem na esteira de todas as grandes ideias, não pouparam a psicanálise, mas não é este o lugar adequado para abordá-las mais de perto. Basta constatar que a influência de um único dissidente é insignificante em comparação com a de Freud. Não seria correto citar os nomes deles ao lado do do mestre, como ocorre com frequência em tantas publicações científicas. Toda essa história me recorda o dito satírico do original e espirituoso patologista vienense, Samuel Stricker, que completou a comunicação de suas próprias descobertas com o comentário: "Muito bem, agora, voltemo-nos para o Grande Modificador." O que, aliás, não quer dizer que seus trabalhos nada contenham de valioso ou de interessante.

Todas as instituições dedicadas exclusivamente à psicanálise devem sua criação à iniciativa privada e tiveram, na ocasião, de combater a indiferença e até a hostilidade dos grupos oficiais. Por toda parte, as universidades foram as que tiveram a atitude mais conservadora. Nada ilustra melhor esse estado de coisas do que o fato de jamais terem convidado o fundador da psicanálise a dirigir um ensino oficial, se bem que, por seus méritos, lhe tenha sido concedido o título de professor.

Foi uma inspiração divina que levou Freud a colocar como divisa de *A interpretação dos sonhos* a frase profética *"Flectere si nequeo superos, Acheronta movebo"*[4]. Ele quis assim caracterizar o fato científico de que os problemas mais importantes do espírito humano só podem ser abordados a partir das profundezas do inconsciente. Entretanto, pode-se interpretar essa divisa num outro sentido. Os baluartes da ciência ainda em nossos dias opõem resistência à introdução de um ensino psicanalítico. Falta ainda um bom período de tempo até que se ouçam as pancadas cada vez mais fortes do mundo médico batendo às portas das universidades, onde por agora só ecoam como bramidos oriundos das profundezas. Só nesse momento a psicanálise passará a ocupar o lugar que lhe compete nos currículos dos estudos.

Talvez esse dia chegue mais cedo do que cremos. Não é preciso ser um grande profeta para predizer que um dia numerosos cursos serão a reparação pelos banimentos de outrora. Os sucessores dos professores contemporâneos renderão justiça à importância efetiva de Freud. Devo constatar que, até a entrada em cena de Freud, a medicina foi ensinada como pura ciência da natureza. Frequentava-se uma Faculdade de Medicina da qual se saía doutor, com muitos conhecimentos teóricos e práticos, sem ter aprendido fosse o que fosse sobre a alma humana. No exterior, pelo contrário, no mundo da prática médica, o fator psicológico é para a terapia tão importante quanto o estado objetivo dos órgãos. Quantos esforços e quantas dores teriam sido evitados se, durante os meus estudos, me tives-

---

4. "Se não posso dobrar as regiões superiores, deslocarei o Aqueronte."

sem ensinado a arte de manipular a *transferência* e a *resistência*! Invejo o médico do futuro, que aprenderá tudo isso. A humanização do currículo universitário tornar-se-á uma necessidade absoluta e acabará por impor-se.

Uma dificuldade particular na aprendizagem da psicanálise é devida ao fato de que o seu método, como já mencionei, é dualista ou utraquista. A observação precisa da atitude objetiva do paciente, inclusive do que ele comunica, daquilo a que se dá o nome de "comportamento" [*behaviour*], não basta. A psicanálise exige do médico uma infatigável receptividade a todas as ligações entre ideias, sentimentos e processos inconscientes no íntimo do paciente. Para satisfazer a essa exigência, ele mesmo deve possuir um psiquismo ágil e flexível, o que não pode ser conseguido se ele próprio não tiver sido analisado. Como o estudante de medicina pode adquirir esse conhecimento aprofundado de si mesmo? Eis uma questão difícil de responder. A formação de um especialista em psicanálise exige, além do estudo da teoria, uma análise didática de pelo menos um ano. Não se exigirá tanto de um médico com prática clínica, mas, não obstante, é impossível dispensá-lo da totalidade desse processo, por vezes doloroso. É muito conhecido o fato de que os médicos diabéticos tratam com uma intuição particular os pacientes diabéticos, e o mesmo ocorre com um médico tuberculoso. O dr. Oser, especialista vienense em medicina interna, que ensinava patologia do estômago, contava-nos que esse assunto o atraía por causa de seus próprios distúrbios gástricos. Bem entendido, não podemos exigir do futuro médico que contraia todas as doenças contagiosas possíveis e imagináveis para melhor compreender e tratar aqueles pacientes que sofram de tais males. Contudo, a psicanálise exige algo dessa ordem quando espera do médico a intuição psíquica das anormalidades do paciente. A diferença entre essa situação e a que acaba de ser mencionada reside no fato de que, segundo as constatações da psicanálise, cada um de nós pode extrair de seu próprio inconsciente a capacidade de tal compreensão. Basta-nos simplesmente liquidar a resistência adquirida contra essa força inconsciente, a fim de torná-la consciente e utilizável para compreender o paciente. Estou persuadido de que os esforços nesse sentido serão amplamente recompensados. Um conhecimento da humanidade, cientificamente fundamentado, ajudará o clínico a reconquistar a autoridade que perdeu enquanto conselheiro do indivíduo, da família e da sociedade, quando estes se encontram em situações perigosas. Espero que não se perca a lembrança daquele que, pela obra de sua vida, reergueu a posição e a dignidade do médico.

Ainda algumas palavras sobre a extensão geográfica da psicanálise ou, como a chamou Hoche, da peste psicanalítica. Uma incompreensão total dos elementos básicos essenciais da psicanálise levou alguns adversários de Freud particularmente ferozes a afirmar que a psicanálise ou, como eles a apelidaram, a psicanálise sexual, só podia ter visto a luz do dia na atmosfera vienense de leviandade e deboche. Num país anglo-saxônico foi forjada a seguinte observação: "Talvez sonhem com essas coisas na capital austríaca, os *nossos* sonhos são de um gênero mais respeitável." A psicanálise designa o recalcamento das tendências libidinais como a causa das neuroses. Portanto, se os adversários de Freud tivessem razão, uma tal teoria deveria ter nascido num país onde a exagerada afetação de pudor e o recalcamento se sentissem em casa. De fato, os países que não se distinguem particularmente pelo apego ao pudor foram incapazes de manifestar seu reconhecimento da psicanálise. A França, a Áustria e a Itália são países onde a análise se defrontou com a mais forte oposição, ao passo que a Inglaterra e os Estados Unidos, países de moralidade sexual notoriamente estrita, mostraram-se mais receptivos. A Alemanha ocupa uma posição intermédia; após uma oposição violenta, inclinou-se sob a pressão dos fatos.

Para terminar, gostaria de sublinhar o fato de que Freud aboliu a linha de demarcação muito acentuada entre ciências da natureza e ciências do espírito. A psicanálise não só promoveu a compreensão recíproca entre médico e paciente, mas também reaproximou ciências da natureza e ciências do espírito. Para atingir esse objetivo, Freud teve que renunciar a toda a autossatisfação que caracterizava o médico de outrora. Começou fazendo sua a fórmula de Schweninger que dizia que todo ser humano deve ser médico e todo médico, ser humano.

A influência de Freud sobre a medicina significa uma transformação formal, um incitamento enérgico ao desenvolvimento dessa ciência. A possibilidade de tal desenvolvimento deve ter provavelmente existido antes, mas para sua realização efetiva era necessário aparecer uma personalidade da envergadura e da importância de Freud.

IX

Confusão de língua entre os adultos e a criança

(A linguagem da ternura e da paixão)[1]

Era um erro querer fazer entrar à força, numa exposição destinada ao Congresso, o tema demasiado vasto da origem exterior da formação do caráter e da neurose. Contentar-me-ei, portanto, em apresentar um breve extrato do que lhes teria querido dizer. Talvez fosse útil indicar, em primeiro lugar, como foi que cheguei a formular o problema tal qual se apresenta no título. Na conferência que proferi na Sociedade Vienense de Psicanálise, quando do 75.° aniversário do professor Freud, falei de uma regressão na técnica (e, também em parte, na teoria das neuroses), que me foi imposta por certos fracassos ou resultados terapêuticos incompletos. Referia-me assim à importância recentemente conferida ao fator traumático, tão injustamente negligenciado nestes últimos tempos na patogênese das neuroses. O fato de não aprofundar de maneira suficiente a origem exterior comporta um perigo: o de se recorrer a explicações apressadas, invocando a predisposição e a constituição. As manifestações que qualificarei de impressionantes, as repetições quase alucinatórias de eventos traumáticos, que começavam a acu-

---

1. Título original: *Sprachverwirrung zwischen den Erwachsenen und dem Kind. Die Sprache der Zärtlichkeit und der Leidenschaft*. Exposição feita ao XII Congresso Internacional de Psicanálise em Wiesbaden, setembro de 1932. O título original era: *Die Leidenschaft der Erwachsenen und deren Einfluss auf Charakter- und Sexualentwicklung der Kinder* [As paixões dos adultos e sua influência sobre o desenvolvimento do caráter e da sexualidade da criança].

mular-se na minha prática, autorizavam a esperança de que, graças a tal ab-reação, quantidades importantes de afetos recalcados se impusessem à vida afetiva consciente e pudessem em breve pôr fim ao surgimento de sintomas; sobretudo quando a superestrutura de afetos foi suficientemente abrandada pelo trabalho analítico.

Lamentavelmente, essa esperança só foi realizada de maneira muito imperfeita e mesmo, em diversos casos, encontrei-me em grande apuro. A repetição encorajada pela análise tinha sido *excessivamente bem-sucedida*. Podia-se constatar, sem dúvida, uma sensível melhora de certos sintomas; em contrapartida, porém, os pacientes começavam a queixar-se de estados de angústia noturna e sofriam mesmo de pesadelos horríveis; cada sessão de análise degenerava numa crise de angústia histérica. E isso apesar de a sintomatologia, que parecia alarmante, ser analisada de modo conscienciosa, o que aparentemente convencia e tranquilizava o paciente: o resultado, que se esperava duradouro, não o era, contudo, e na manhã seguinte o doente queixava-se de novo de uma noite pavorosa, redundando a sessão de análise em nova repetição do trauma. Durante um certo tempo, consolei-me desse embaraço dizendo para mim mesmo, como de costume, que o paciente tinha resistências demasiado fortes, ou que sofria de um recalcamento do qual só podia adquirir consciência e libertar-se por etapas. Não tendo ocorrido nenhuma modificação essencial após um prazo de tempo bastante extenso, tive que proceder uma vez mais à minha autocrítica. Ficava atento quando os pacientes me acusavam de ser insensível, frio, até duro e cruel, quando me censuravam por ser egoísta, sem coração e presunçoso, quando me gritavam: "Depressa, ajude-me, não me deixe morrer nesta angústia... " Fiz o meu exame de consciência para ver se, apesar da minha boa vontade consciente, não haveria alguma ponta de verdade nessas acusações. É bom que se diga que essas explosões de cólera e de furor só sobrevinham excepcionalmente; muitas vezes, no final da sessão, as minhas interpretações eram aceitas pelo paciente com uma docilidade e um empenho impressionantes, e até com certa confusão. Por fugaz que fosse essa impressão, ela me fez suspeitar de que mesmo esses pacientes dóceis experimentavam em segredo pulsões de ódio e de cólera, e incitei-os a abandonar toda circunspeção a meu respeito. Mas esse encorajamento teve pouco êxito; a maioria recusou-se de maneira enérgica a aceitar essa excessiva solicitação, embora estivesse suficientemente escorada no material analítico.

CONFUSÃO DE LÍNGUA ENTRE OS ADULTOS E A CRIANÇA

Cheguei pouco a pouco à convicção de que os pacientes percebem com muita sutileza os desejos, as tendências, os humores, as simpatias e antipatias do analista, mesmo quando este está inteiramente inconsciente disso. Em vez de contradizer o analista, de acusá-lo de fracasso ou de cometer erros, os pacientes *identificam--se com ele*. Somente em momentos excepcionais de excitação histeroide – ou seja, num estado quase inconsciente – é que os doentes podem reunir suficiente coragem para protestar. De hábito, eles não se permitem nenhuma crítica a nosso respeito; tal crítica não lhes acode sequer ao espírito, a menos que tenham recebido de nós permissão expressa ou encorajamento direto. Portanto, devemos não só aprender a adivinhar, a partir das associações dos doentes, as coisas desagradáveis do passado, mas também obriga-nos muito mais a adivinhar as críticas recalcadas ou reprimidas que nos são endereçadas.

É aí que nos defrontamos com resistências não desprezíveis, não as do paciente, mas as nossas próprias resistências. Devemos, antes de tudo, ser analisados muitíssimo bem, e conhecer a fundo todos os nossos traços de caráter desagradáveis, exteriores ou interiores, a fim de estarmos prevenidos para quase tudo o que as associações dos nossos pacientes possam conter de ódio e de desprezo escondidos.

Isso nos leva ao problema de saber até onde chegou a análise do analista, problema que adquire cada vez mais importância. Não se deve esquecer que a análise em profundidade de uma neurose exige quase sempre vários anos, ao passo que a análise didática habitual não dura, com frequência, mais de alguns meses, ou de um ano a ano e meio, o que pode redundar na situação absurda de que, pouco a pouco, os nossos pacientes estão mais bem analisados do que nós. Pelo menos, apresentam sinais de tal superioridade mas são incapazes de exprimi-la verbalmente. Caem numa extrema submissão, em consequência manifesta da incapacidade ou do medo em que se encontram de nos desagradar com suas críticas.

Uma grande parte da crítica recalcada diz respeito ao que se poderia chamar *a hipocrisia profissional*. Acolhemos polidamente o paciente quando ele entra, pedimos-lhe que nos participe suas associações, prometemos-lhe, assim, escutá-lo com atenção e dedicar todo o nosso interesse ao seu bem-estar e ao trabalho de elucidação. Na realidade, é bem possível que certos traços, externos ou internos, do paciente nos sejam dificilmente suportáveis. Ou ainda, podemos sentir que a sessão de análise gera uma perturbação desagradável numa preocupação profissional mais importante, ou numa preocupação pessoal e íntima. Também nesse caso não vejo outro meio senão tomar consciência do nosso próprio incômodo e falar sobre ele com o paciente, admiti-lo, não só como possibilidade mas também como fato real.

Assinalemos que renunciar assim à "hipocrisia profissional", considerada até agora como inevitável, em vez de ferir o paciente, proporcionava-lhe, pelo contrário, um extraordinário alívio. A crise traumática histérica, se ainda eclodia, era porém de um modo muito mais atenuado; foi possível reproduzir pelo pensamento os eventos trágicos do passado sem que a reprodução suscitasse uma nova perda do equilíbrio psíquico; todo o nível da personalidade do paciente parecia elevar-se. O que tinha ocasionado esse estado de coisas? Na relação entre o médico e o paciente existia uma falta de sinceridade, algo que não tinha sido formulado, e o fato de lhe dar uma explicação soltava, de certo modo, a língua do paciente. Admitir um erro valia ao analista a confiança do analisando. Tem-se quase a impressão de que seria útil, ocasionalmente, cometer erros, para em seguida fazer sua confissão ao paciente; mas este conselho é certamente supérfluo. De todas as maneiras, cometemos suficientes erros, e uma paciente muito inteligente indignava-se com razão a esse respeito, dizendo-nos: "Seria muito preferível que você evitasse todos os erros... a sua vaidade, doutor, quereria até tirar proveito de suas falhas..."

Ter descoberto e resolvido esse problema puramente técnico abriu-me acesso a um material escondido, ou ao qual até agora se dera muito pouca atenção. A situação analítica, essa fria reserva, a hipocrisia profissional e a antipatia a respeito do paciente que se dissimula por trás dela, e que o doente sente com todos os seus membros, não difere essencialmente do estado de coisas que outrora, ou seja, na infância, o fez adoecer. Nesse momento da situação analítica, se forçássemos, além disso, o doente à reprodução do trauma, o estado de fato tornar-se-ia insuportável; não deve surpreender que a reprodução não tenha podido ter um resultado diferente, nem melhor, do que o próprio trauma primitivo. Mas a capacidade de admitir os nossos erros e de renunciar a eles, a autorização das críticas, fazem-nos ganhar a confiança do paciente. *Essa confiança é aquele algo que estabelece o contraste entre o presente e um passado insuportável e traumatogênico.* Esse contraste é indispensável para que o passado seja reavivado, não enquanto reprodução alucinatória, mas como lembrança objetiva. A crítica latente expressa por meus pacientes descobria, com acuidade, os traços agressivos da minha terapêutica ativa, a hipocrisia profissional, para forçar o relaxamento no paciente, ensinando-me a reconhecer e a controlar os exageros nos dois sentidos. Não sou menos grato a esses pacientes que me ensinaram termos uma tendência excessiva a perseverar em certas construções teóricas e a deixar de lado fatos que abalariam a nossa segurança e a nossa autoridade. Em todo caso, fiquei sabendo por que éramos incapazes de agir sobre os acessos histéricos, e o que nos permitiu finalmente obter êxito. Encontrava-me na mesma situação daquela dama espirituosa que, na presença de uma de suas amigas em pleno estado narcoléptico, não conseguiu fazê-la sair dele nem sacudindo-a, nem gritando-lhe. Teve de súbito a ideia de falar-lhe de modo jovial, como a uma criança: "Vamos, meu bebê, rola por terra..." (*Roll dich, roll dich Baby...*). Falamos muito em análise de regressão ao infantil, mas é manifesto que nem nós mesmos acreditamos a que ponto temos razão. Falamos muito de clivagem da personalidade, mas parece que não avaliamos, em sua correta medida, a profundidade dessa clivagem. Se mantemos uma atitude fria e pedagógica, mesmo na presença de um paciente em opistótonos, quebramos o último vínculo que nos liga a ele. O paciente sem consciência é afetivamente, em seu transe, como uma criança que não é mais sensível ao raciocínio, mas, no máximo, à benevolência (*Freundlichkeit*) materna.

Se essa benevolência vier a faltar, a criança vê-se sozinha e abandonada na mais profunda aflição, isto é, justamente na mesma situação insuportável que, num certo momento, a conduziu à clivagem psíquica e, por fim, à doença. Não surpreende que o paciente não possa fazer outra coisa senão repetir exatamente, como quando da instalação da doença, a formação dos sintomas desencadeados por comoção psíquica.

Os pacientes não se impressionam com uma expressão teatral de piedade, mas apenas com uma simpatia autêntica. Não sei se a reconhecem no tom da nossa voz, na escolha de nossas palavras, ou de alguma outra maneira. Seja como for, adivinham, de um modo quase extralúcido, os pensamentos e as emoções do analista. Não me parece possível enganar o doente a esse respeito, e as consequências de toda tentativa de logro só poderiam ser lamentáveis. Permitam-me falar-lhes do que essa relação mais íntima com o paciente me fez compreender melhor. Em primeiro lugar, pude confirmar a hipótese já enunciada de que nunca será demais insistir sobre a importância do traumatismo e, em especial, do traumatismo sexual como fator patogênico. Mesmo crianças pertencentes a famílias respeitáveis e de tradição puritana são, com mais frequência do que se ousaria pensar, vítimas de violências e de estupros. São ora os próprios pais que buscam um substituto para suas insatisfações, dessa maneira patológica, ora pessoas de confiança, membros da mesma família (tios, tias, avós), os preceptores ou o pessoal doméstico que abusam da ignorância e da inocência das crianças. A objeção, a saber, que se trataria de fantasias da própria criança, ou seja, mentiras histéricas, perde lamentavelmente sua força, em consequência do número considerável de pacientes, em análise, que confessam ter mantido relações sexuais com crianças. Portanto, não fiquei surpreso quando, recentemente, um pedagogo de espírito filantrópico veio procurar-me, no mais profundo desespero, e participou-me sua descoberta – agora pela quinta vez – de uma família da melhor sociedade onde a governanta mantinha com rapazes de 9 a 11 anos uma verdadeira vida conjugal.

As seduções incestuosas produzem-se habitualmente assim: um adulto e uma criança amam-se; a criança tem fantasias lúdicas, como desempenhar um papel maternal em relação ao adulto. O jogo pode assumir uma forma erótica, mas conserva-se, porém, sempre no nível da ternura. Não é o que se passa com os adultos se tiverem tendências psicopatológicas, sobretudo se seu equilíbrio ou seu autodomínio foram perturbados por qualquer infortúnio, pelo uso de estupefacientes ou de substâncias tóxicas. Confundem as brincadeiras infantis com os desejos de uma pessoa que atingiu a maturidade sexual, e deixam-se arrastar para a prática de atos sexuais sem pensar nas consequências. São frequentes os verdadeiros estupros de menininhas que mal saíram da primeira infância, relações sexuais de mulheres maduras com adolescentes, assim como atos sexuais impostos, de caráter homossexual.

É difícil adivinhar quais são o comportamento e os sentimentos das crianças após a perpetração de tais atos. Seu primeiro movimento seria a recusa, o ódio, a repugnância, uma resistência violenta: "Não, não, eu não quero, está me machucando, deixe-me!" Isto, ou algo muito semelhante, seria a reação imediata se esta não fosse inibida por um medo intenso. As crianças sentem-se física e moralmente sem defesa, sua personalidade é ainda frágil demais para poder protestar, mesmo em pensamento, contra a força e a autoridade esmagadora dos adultos que as emudecem, podendo até fazê-las perder a consciência. *Mas esse medo, quando atinge seu ponto culminante, obriga-as a submeter-se automaticamente à vontade do agressor, a adivinhar o menor de seus desejos, a obedecer esquecendo-se de si mesmas, e a identificar-se totalmente com o agressor.* Por identificação, digamos, por introjeção do agressor, este desaparece enquanto realidade exterior, e torna-se intrapsíquico; mas o que é intrapsíquico vai ser submetido, num estado próximo do sonho – como é o transe traumático –, ao processo primário, ou seja, o que é intrapsíquico pode, segundo o princípio de prazer, ser modelado e transformado de maneira alucinatória, positiva ou negativa. Seja como for, a agressão deixa de existir enquanto realidade exterior e estereotipada, e, no decorrer do transe traumático, a criança consegue manter a situação de ternura anterior.

Mas a mudança significativa, provocada no espírito da criança pela identificação ansiosa com o parceiro adulto, é a introjeção do sentimento de culpa do adulto: o jogo até então anódino apresenta-se agora como um ato merecedor de punição.

Se a criança se recupera de tal agressão, ficará sentindo, no entanto, uma enorme confusão; a bem dizer, já está dividida, ao mesmo tempo inocente e culpada, e sua confiança no testemunho de seus próprios sentidos está desfeita. Some-se a isso o comportamento grosseiro do adulto, ainda mais irritado e atormentado pelo remorso, o que torna a criança ainda mais profundamente consciente de sua falta e ainda mais envergonhada. Quase sempre, o agressor comporta-se como se nada tivesse acontecido e consola-se com a ideia: "Oh, é apenas uma criança, ainda não sabe nada dessas coisas e acabará esquecendo tudo isso." Após tal evento, não é raro ver o sedutor aderir estreitamente a uma rígida moral ou a princípios religiosos, esforçando-se por meio dessa severidade em salvar a alma da criança. De um modo geral, as relações com uma segunda pessoa de confiança – no exemplo escolhido, a mãe – não são suficientemente íntimas para que a criança possa encontrar uma ajuda junto dela; algumas tênues tentativas nesse sentido são repelidas pela mãe como tolices. A criança de quem se abusou converte-se num ser que obedece mecanicamente, ou que se fixa numa atitude obstinada; mas não pode mais explicar as razões dessa atitude. Sua vida sexual não se desenvolve ou assume formas perversas; não falarei aqui das neuroses e psicoses que podem resultar disso. O que importa, de um ponto de vista científico, nesta observação, é a hipótese de que *a personalidade ainda fracamente desenvolvida reage ao brusco desprazer, não pela defesa, mas pela identificação ansiosa e a introjeção daquele que a ameaça e a agride.* Só agora compreendo por que os meus pacientes se recusam, tão obstinadamente, a seguir-me quando os aconselho a reagir ao agravo sofrido com desprazer, como seria de esperar, com ódio ou com defesa. Uma parte da personalidade deles, o seu próprio núcleo, permaneceu fixado num certo momento e num certo nível, onde as reações aloplásticas ainda eram impossíveis e onde, por uma espécie de mimetismo, reage-se de maneira autoplástica. Chega-se assim a uma forma de personalidade feita unicamente de id e superego, e que, por conseguinte, é incapaz de afirmar-se em caso de desprazer; do mesmo modo que uma criança, que não chegou ainda ao seu pleno desenvolvimento, é incapaz de suportar a solidão, se lhe falta a proteção materna e considerável ternura. Devemos referir-nos aqui a ideias que Freud desenvolveu, há muito tempo, quando sublinhava o fato de que a capacidade de sentir um amor objetal era precedida de um estágio de identificação. Qualificarei esse estágio como o do amor objetal passivo, ou estágio da ternura. Indícios do amor de objeto já podem aparecer, mas somente enquanto fantasia, de forma lúdica. É assim que as crianças, quase todas sem exceção, brincam com a ideia de ocupar o lugar do progenitor do mesmo sexo, para tornar-se o cônjuge do sexo oposto, isto, sublinhe-se, apenas em imaginação. Na realidade, elas não quereriam, nem poderiam, dispensar a ternura, sobretudo a ternura materna. Se, no momento dessa fase de ternura, se impõe às crianças mais amor, ou um amor diferente do que elas desejam, isso pode acarretar as mesmas consequências patogênicas que a privação de amor até aqui invocada. Levar-nos-ia muito longe falar aqui de todas as neuroses e das consequências caracterológicas que podem resultar do enxerto prematuro de formas de amor passional e recheado de sentimentos de culpa num ser ainda imaturo e inocente. A consequência só pode ser essa confusão de línguas a que fiz alusão no título desta conferência.

Os pais e os adultos deveriam aprender a reconhecer, como nós, analistas, por trás do amor de transferência, submissão ou adoração de nossos filhos, pacientes, alunos, o desejo nostálgico de libertação desse amor opressivo. Se ajudarmos a criança, o paciente ou o aluno a abandonar essa identificação e a defender-se dessa transferência tirânica, pode-se dizer que fomos bem sucedidos em promover o acesso da personalidade a um nível mais elevado. Gostaria de lhes indicar em poucas palavras algumas descobertas suplementares que esta série de observações nos promete realizar. Sabemos há muito tempo que o amor forçado, e também as medidas punitivas insuportáveis, têm um efeito de fixação. Talvez seja mais fácil agora compreender essa reação aparentemente insólita, em referência ao que acaba de ser dito. Os delitos que a criança comete, de brincadeira, só passam a ter um caráter de realidade pelas punições passionais que recebem de adultos furiosos, rugindo de cólera, o que acarreta numa criança, não culpada até então, todas as consequências da depressão. Um exame detalhado dos processos do transe analítico ensina-nos que não existe choque, nem pavor, sem um anúncio de clivagem da personalidade. A personalidade regride para uma beatitude pré-traumática, procura tornar o choque inexistente, o que não surpreenderá nenhum analista. É mais estranho ver funcionando, no decorrer da identificação, um segundo mecanismo sobre o qual eu, pelo menos, não sabia grande coisa. Refiro-me à eclosão surpreendente e súbita, como ao toque de uma varinha mágica, de faculdades novas que surgem em resultado de um choque. Isso faz pensar nos truques de prestidigitação dos faquires que, a partir de uma semente, fazem crescer, aparentemente diante dos nossos olhos, uma planta completa, com caule, folhas e flores. Uma aflição extrema e, sobretudo, a angústia da morte, parecem ter o poder de despertar e ativar de súbito disposições latentes, ainda não investidas, e que aguardavam tranquilamente sua maturação. A criança que sofreu uma agressão sexual pode, de súbito, sob a pressão da urgência traumática, manifestar todas as emoções de um adulto maduro, as faculdades potenciais para o casamento, a paternidade, a maternidade, faculdades virtualmente pré-formadas nela. Nesse caso, pode-se falar simplesmente, para opô-la à regressão de que falamos de hábito, de *progressão traumática* (patológica) ou de prematuração (patológica). Pensa-se nos frutos que ficam maduros e saborosos depressa demais, quando o bico de um pássaro os fere, e na maturidade apressada de um fruto bichado.

No plano não só emocional mas também intelectual, o choque pode permitir a uma parte da pessoa amadurecer de repente. Recordo-lhes o sonho típico do "bebê sábio" que isolei há tantos anos, em que um recém-nascido, uma criança ainda no berço, põe-se subitamente a falar e até a mostrar sabedoria a toda a família. O medo diante de adultos enfurecidos, de certo modo loucos, transforma por assim dizer a criança em psiquiatra; para proteger-se do perigo que representam os adultos sem controle, ela deve, em primeiro lugar, saber identificar-se por completo com eles. É incrível o que podemos realmente aprender com as nossas "crianças sábias", os neuróticos.

Se os choques se sucedem no decorrer do desenvolvimento, o número e a variedade de fragmentos clivados aumentam, e torna-se rapidamente difícil, sem cair na confusão, manter contato com esses fragmentos, que se comportam todos como personalidades distintas que não se conhecem umas às outras. Isso pode, em última instância, determinar um estado que não hesitamos em designar como atomização, se quisermos prosseguir com a imagem da fragmentação; e é preciso muito otimismo para não se perder a coragem diante desse estado de fato. Espero, entretanto, nesse caso também, que seja possível encontrar os caminhos adequados que permitirão ligar entre si os diversos fragmentos.

A par do amor apaixonado e das punições passionais, existe um terceiro meio de se prender uma criança: é o *terrorismo do sofrimento*. As crianças são obrigadas a resolver toda espécie de conflitos familiares, e carregam sobre seus frágeis ombros o fardo de todos os outros membros da família. Não o fazem, afinal de contas, por desinteresse puro, mas para poder desfrutar de novo a paz desaparecida e a ternura que daí decorre. Uma mãe que se queixa continuamente de seus padecimentos pode transformar seu filho pequeno num auxiliar para cuidar dela, ou seja, fazer dele um verdadeiro substituto materno, sem levar em conta os interesses próprios da criança.

Se isso viesse a confirmar-se, seríamos obrigados, creio, a rever certos capítulos da teoria sexual e genital. As perversões, por exemplo, talvez só sejam infantis na medida em que permanecem no nível da ternura; quando se carregam de paixão e culpa conscientes, talvez já sejam testemunho de uma estimulação exógena, de uma exageração neurótica secundária. Do mesmo modo, na minha própria teoria da genitalidade, não levei em conta essa diferença entre a fase de ternura e a fase de paixão. Na sexualidade da nossa época, que parte do sadomasoquismo é condicionada pela cultura (ou seja, só tem sua fonte no sentimento de culpa introjetado) e que parte, ao permanecer autóctone, desenvolve-se como uma fase de organização própria? Isso fica reservado para investigações ulteriores.

Eu ficaria feliz se pudessem dar-se ao trabalho de verificar tudo isso, no plano da sua prática e da sua reflexão; e se também pudessem seguir o meu conselho de atribuir, doravante, mais importância à maneira de pensar e de falar dos seus filhos, pacientes e alunos, por trás da qual escondem-se críticas, e dessa forma soltar-lhes a língua e ter a ocasião de aprender uma porção de coisas.

Pós-Escrito

Esta série de reflexões não fez mais do que abordar de modo descritivo o que existe de terno no erotismo infantil e o que há de apaixonado no erotismo adulto; em suspenso ficou o problema da própria essência dessa diferença. A psicanálise pode sustentar o conceito cartesiano que faz das paixões o produto do sofrimento, mas talvez possa também responder à questão de saber o que é que, na satisfação lúdica da ternura, introduz o elemento de sofrimento, portanto, o sadomasoquismo. Essas contradições fazem-nos pressentir, entre outras coisas, que o *sentimento de culpabilidade*, no erotismo adulto, transforma" objeto de amor em objeto de ódio e de afeição, ou seja, um objeto ambivalente. Na medida em que essa dualidade inexiste ainda na criança no estágio de ternura, é justamente esse ódio que surpreende, assusta e traumatiza uma criança amada por um adulto. Esse ódio transforma um ser que brinca espontaneamente, e com toda a inocência, num autômato, culpado do amor, e que, imitando ansiosamente o adulto, esquece-se por assim dizer de si mesmo. É o sentimento de culpa, e o ódio contra o sedutor, que conferem às relações amorosas dos adultos o aspecto de uma luta assustadora para a criança, cena primitiva que termina no momento do orgasmo; ao passo que o erotismo infantil, na ausência de "luta dos sexos", permanece no nível dos jogos sexuais preliminares e só conhece satisfações no sentido da saciedade, e não no sentido do aniquilamento do orgasmo. A teoria da genitalidade, que procura dar uma explicação de ordem filogenética para a luta dos sexos, deverá levar em conta essa diferença entre as satisfações eróticas infantis e o amor, impregnado de ódio, da copulação do adulto.

ARTIGOS PÓSTUMOS

X

Reflexões sobre o trauma[1]

I
Da psicologia da comoção psíquica

O "choque" é equivalente à aniquilação do sentimento de si, da capacidade de resistir, agir e pensar com vistas à defesa do Si mesmo [*Soi*]. Também pode acontecer que os *órgãos* que asseguram a preservação do Si mesmo abandonem ou, pelo menos, reduzam suas funções ao extremo. (A palavra *Erschütterung* – comoção psíquica – deriva de *Schutt* = restos, destroços; engloba o desmoronamento, a perda de sua *forma* própria e a aceitação fácil e sem resistência de uma forma outorgada, "à maneira de um saco de farinha".)

A comoção psíquica sobrevém sempre sem preparação. Teve que ser precedida pelo *sentimento de estar seguro de si*, no qual, em

---

1. Trata-se de um artigo póstumo, publicado em *Int. Zeitschrift für Psych.*, vol. XX, p. 10, 1934. Reúne cinco notas redigidas em datas diferentes, tratando todas elas do traumatismo, publicadas em meio a outras notas tomadas entre 1920 e 1932, sob o título global de "Notas e fragmentos". Decidimos reagrupá-las, à maneira da *Internationale Zeitschrift*, pois desta forma nos parece mais estimulante para a reflexão. As cinco notas intitulam-se:
1) Relaxamento e educação, 22.3.1931.
2) Da revisão de *A interpretação dos sonhos*, 26.3.1931.
3) Trauma e angústia, 31.12.1931.
4) Da comoção psíquica, 19.9.1932.
5) O trauma psíquico, 26.12.1932. (NTF)

consequência dos eventos, a pessoa sentiu-se *decepcionada*; antes, tinha *excesso* de confiança em *si* e no *mundo circundante;* depois, muito pouca ou nenhuma. *Subestimou* a sua própria força e viveu na louca ilusão de que *tal* coisa não podia acontecer; "não a mim".

Uma comoção pode ser puramente física, puramente moral ou então física e moral. A comoção física é sempre também psíquica; a comoção psíquica pode, sem nenhuma interferência física, engendrar o choque.

O problema é este: no caso da comoção psíquica, não haverá uma ausência de reação (defesa), ou será que a tentativa de defesa, momentânea e transitória, revela-se tão débil que é logo abandonada? O nosso próprio sentimento-de-si inclina-se a dar preferência à segunda possibilidade: abandonar sem resistência é, mesmo no nível da representação, inaceitável. Vemos também que, na natureza, mesmo o *ser mais fraco* opõe uma certa resistência. (Até a minhoca se empina.) No entanto, a flexibilidade cérea e a morte são exemplos da não resistência e do fenômeno da desagregação. Isso leva até a morte do átomo, à parada da existência material em geral, e talvez a um "universalismo" temporário ou permanente – um distanciamento em relação ao qual a comoção psíquica se apresenta como mínima ou incontestável.

A *subitaneidade* da comoção psíquica causa um *grande desprazer que não pode ser superado*. Mas o que significa, pois, *superar*? (1º) Uma defesa real contra a nocividade, ou seja, uma transformação do mundo circundante no sentido de um afastamento da *causa* do distúrbio (reação aloplástica). (2º) A produção de *representação* a respeito da mudança futura da realidade num sentido favorável; o fato de nos *apegarmos* a essas imagens de representações que enfatizam, portanto, o prazer *in spe*, nos torna capazes de *"suportar"* esse desprazer, ou seja, de não senti-lo (ou senti-lo menos) como tal. Essas representações agem como antídoto contra o desprazer (como anestésico) e capacitam-nos para um comportamento apropriado enquanto durar o desprazer ou a ação que engendra a dor (extração de um dente: isto não vai durar muito e logo tudo estará bem). Também se produzem simultaneamente *"reações substitutivas"* (contrações musculares), que já se poderia qualificar de ilusionais, ou seja: defesa e ações de afastamento em face de objetos ou de pessoas inocentes (mas análogas), na grande maioria das vezes coisas inanimadas no lugar de coisas vivas e, com muita frequência, em face de si mesmo (arrancar os cabelos). Esta segunda maneira de superar é aloplástica *in spe*, mas já parcialmente entrelaçada de processos primários, nos quais a semelhança passa por identidade.

A consequência imediata de cada traumatismo é a *angústia*. Esta consiste num *sentimento de incapacidade* para adaptar-se à situação de desprazer: (1º) subtraindo seu Si mesmo à irritação (fuga); (2º) eliminando a irritação (aniquilamento da força exterior). O salvamento não chega e até mesmo a esperança de salvamento parece excluída. O desprazer cresce e exige uma válvula de escape. Tal possibilidade é oferecida pela *autodestruição*, a qual, enquanto fator *que liberta da angústia*, será preferida ao sofrimento mudo. O mais fácil de destruir em nós é a consciência, a coesão das formações psíquicas numa entidade: é assim que nasce a *desorientação psíquica*. (A unidade corporal não obedece tão prontamente ao princípio de autodestruição.)

A desorientação ajuda: (1º) imediatamente, como válvula de escape, como sucedânea da autodestruição; (2º) pela suspensão da percepção mais ampla do mal, em particular do sofrimento moral, mais elevado – eu não sofro mais, quando muito uma parte do meu corpo; (3º) por uma *formação nova de realização de desejo* a partir dos *fragmentos*, no nível do princípio de prazer.

A angústia traumática pode, justamente em consequência disso, transformar-se com facilidade em medo da loucura. Naqueles que são vítimas de mania de perseguição, a tendência para *proteger-se*, para defender-se de perigos, prepondera sobre a angústia como aflição. A mania de perseguição, a megalomania e o sentimento de onipotência, de poder tudo destruir, são inconscientes na maioria dos casos. A análise tem que abrir caminho através dessas camadas.

O comportamento dos adultos em relação à criança que sofreu o traumatismo faz parte do modo de ação psíquica do trauma. Eles dão, em geral, e num elevado grau, prova de *incompreensão* aparente. A criança é *punida*, o que, entre outras coisas, age também sobre a criança pela enorme injustiça que representa. A expressão húngara que serve para as crianças, *"katonadolog"* (a sorte do soldado), exige da criança um grau de heroísmo de que ela ainda não é capaz. Ou então os adultos reagem com um *silêncio de morte* que torna a criança tão ignorante quanto se lhe pede que seja.

II
Da revisão de A interpretação dos sonhos

A interpretação dos sonhos, de Freud, apresenta como única função do sonho a transformação em realização de desejo dos restos diurnos desagradáveis que perturbam o sono. A importância desses resíduos do dia e da vida é esclarecida com uma precisão e uma acuidade quase inigualáveis; penso, entretanto, que o retorno dos restos diurnos já representa por si mesmo uma das funções do sonho. Pois se observarmos com minúcia a relação entre a história pessoal e os conteúdos oníricos, torna-se cada vez mais evidente que aquilo a que chamamos os restos diurnos (e podemos acrescentar: os restos da vida) são, de fato, sintomas de repetição de traumas; mas é muito conhecido que a tendência à repetição na neurose traumática também tem uma função intrinsecamente útil: ela vai conduzir o trauma a uma resolução, se possível, definitiva; melhor do que isso não fora possível no decorrer do acontecimento originário comovente. É de se supor que essa tendência também exista mesmo onde não vinga, ou seja, onde a repetição não leva a nenhum resultado melhor do que o traumatismo originário. Assim, uma definição mais completa da função do sonho seria (em vez de: "o sonho é uma realização de desejo"): todo e qualquer sonho, ainda o mais desagradável, é uma tentativa de levar acontecimentos traumáticos a uma resolução e a um domínio psíquicos melhores, no sentido, poderíamos dizer, do *"esprit d'escalier"*[2], o que, na maioria dos sonhos, é facilitado por uma diminuição da inteligência crítica e pelo predomínio do princípio de prazer. Não desejaria, portanto, que o retorno dos restos do dia e da vida no sonho fosse considerado o produto mecânico da pulsão de repetição, mas suspeito de que, lá bem atrás, temos a ação de uma tendência, que deve ser igualmente qualificada de psicológica, para uma nova e melhor resolução, em que a realização de desejo é o meio pelo qual o sonho conseguirá chegar a ela, mais ou menos bem. Os sonhos de angústia e os pesadelos são realizações de desejo imperfeitamente ou a

---

2. Em francês no texto alemão. Literalmente, "o espírito da escada"; aquilo que deveria ter sido dito numa oportunidade anterior acode ao espírito tarde demais, "quando já se está descendo a escada". (N. do T.)

custo conseguidas, mas não se pode desconhecer seu atrativo no trabalho de deslocamento parcialmente realizado. Por conseguinte, os restos do dia e da vida são impressões psíquicas tendentes à repetição, não resolvidas nem dominadas, inconscientes e que, talvez, jamais foram conscientes, as quais surgem mais nas condições do sono e do sonho do que em estado vígil, e exploram para seus fins a capacidade de realização de desejo do sonho.

Num caso observado durante anos, houve todas as noites pelo menos dois e na maioria das vezes diversos sonhos. O primeiro, durante a hora do sono mais profundo, não tinha conteúdo psíquico: a paciente acordava com o sentimento de uma grande agitação, reminiscências abafadas de sensações dolorosas, de experiências de sofrimento de natureza corporal e psíquica, com esboços de sensações em diferentes órgãos do corpo. Após uma vigília bastante prolongada, novo mergulho no sono com a aparição de novas imagens oníricas muito vivas, que se revelavam como distorções e atenuações dos eventos vividos no primeiro sonho (e mesmo no sonho só inconscientemente). Foi ficando cada vez mais claro que a paciente só podia e devia repetir as experiências traumáticas de sua vida, de um modo puramente emocional e sem conteúdos representativos, durante um sono profundamente inconsciente, quase comatoso; num segundo sono, menos profundo, ela apenas podia suportar atenuações em forma de realização de desejo. O que é teoricamente importante nessa observação e em outras semelhantes é a relação entre a profundidade da inconsciência e o traumatismo, o que justifica em si a tentativa de investigar o evento comovente com a ajuda de um transe intencionalmente favorecido. Um choque inesperado, não preparado e esmagador, age por assim dizer como um anestésico. Mas como é que isso se produz? Segundo parece, pela suspensão de toda espécie de atividade psíquica, somada à instauração de um estado de passividade desprovido de toda e qualquer resistência. A paralisia total da motilidade inclui também a suspensão da percepção, simultaneamente com a do pensamento. A consequência dessa desconexão da percepção é que a personalidade fica sem nenhuma proteção. Contra uma impressão que não é percebida não há defesa possível. Essa paralisia total tem por consequência: 1º) que o curso da paralisia sensorial será, e ficará, duradouramente interrompido; 2º) que durante a mesma aceitar-se-á sem resistência toda impressão mecânica e psíquica; 3º) que nenhum traço mnêmico subsistirá dessas impressões, mesmo no inconsciente, de sorte que as origens da comoção são inacessíveis pela memória. Se, entretanto, se quiser esperá-las (o que, logicamente, parece quase impossível), nesse caso deve-se repetir o próprio traumatismo em condições mais favoráveis, levá-lo, *pela primeira vez*, à percepção e à descarga motora.

Voltemos ao sonho: o estado de inconsciência, ou seja, o estado de sono, favorece não só a dominação do princípio de prazer (a função de realização de desejo do sonho), mas também o retorno de impressões sensíveis traumáticas, não resolvidas, que aspiram à resolução (função traumatolítica do sonho). Em outras palavras: a tendência à repetição do trauma é maior durante o sono que no estado vígil; no decorrer do sono profundo, a perspectiva de um retorno das impressões sensíveis não resolvidas, profundamente enterradas, muito veementes e, portanto, acompanhadas outrora de uma profunda inconsciência, é bem mais provável. Caso se consiga estabelecer o vínculo entre essa passividade total e o sentimento de ser capaz de viver o traumatismo até o fim (ou seja, encorajar o paciente a repetir e a viver o evento até o fim, o que frequentemente só se produz após inúmeros fracassos e, no começo, de um modo apenas parcial), então uma nova espécie de resolução do trauma, mais vantajosa, e até mais duradoura também pode produzir-se. O estado de sono não pode realizar isso, mas no máximo uma nova repetição com o mesmo resultado, como uma paralisia. Ou então a pessoa adormecida acorda com o sentimento de toda uma variedade de sensações de desprazer psíquico distorcido. O primeiro sonho é uma repetição pura; o segundo é uma solitária tentativa de resolução bem-sucedida, de uma forma ou de outra, e isso com a ajuda de atenuações e distorções, quer dizer, sob uma forma falsificada. Portanto, na condição de uma falsificação otimista, o trauma será admitido na consciência.

A condição prévia de tal falsificação parece ser o que se chama a "clivagem narcísica", ou seja, a criação de um lugar de censura (Freud) com uma parte clivada do ego, que mede por assim dizer, enquanto inteligência pura, ser onisciente com uma cabeça de Janus, a extensão do dano, assim como a parte dela mesma que a pessoa pode suportar, só permitindo acesso à percepção do que é suportável na forma e no conteúdo do sonho, embelezando-o até, se necessário, no sentido de uma realização de desejo. Eis um exemplo desse tipo de sonho:

Uma paciente, a quem o pai outrora, e mesmo na idade adulta, fizera declarações de amor, apresenta durante meses material indicativo da existência de um trauma sexual infantil, datando do seu quinto ano de vida, e que, apesar de inúmeras repetições fantasísticas, inclusive num semitranse, não pode ser rememorado nem elevado ao nível da convicção. Ela desperta com frequência do seu primeiro e profundo sono "como que esmagada", com dores violentas no baixo-ventre, o sangue sobe-lhe à cabeça e os músculos retesados "como depois de um violento combate", esgotada, como que paralisada, etc. No segundo sonho, ela vê-se perseguida por animais selvagens, jogada por terra e atacada por ladrões, etc., e alguns pequenos traços do perseguidor designam o pai e sua enorme estatura durante a infância dela.

Considero o "sonho primário" como a repetição traumática-neurótica, e o "sonho secundário" como o domínio parcial daquela, sem ajuda exterior, mediante a clivagem narcísica. Um tal sonho secundário tinha mais ou menos o seguinte conteúdo:

Uma pequena carroça é puxada por uma longa fila de cavalos para transpor o pico de uma montanha, sem o menor esforço, por assim dizer. À direita e à esquerda, o precipício; os cavalos avançam a um certo ritmo. Não existe nenhuma relação entre o vigor dos cavalos e a facilidade infantil da tarefa. Sentimento de prazer intenso. Brusca mudança de cena: uma jovem (uma menina?) está deitada no fundo de uma canoa, quase morta, muito pálida, um homem gigantesco debruçado sobre ela, esmagando-lhe o rosto. Na canoa, por trás deles, está um segundo homem de pé, um senhor que ela conhece pessoalmente, e a menina tem vergonha de que esse homem seja testemunha do evento. A canoa está cercada de picos montanhosos extremamente altos e abruptos, de modo que ela não pode ser vista de nenhuma parte, exceto de um aeroplano que voa a uma distância incomensurável.

O primeiro fragmento do sonho secundário corresponde à cena que conhecemos pelo material onírico precedente e que tínhamos elucidado, em que a paciente, criança, cavalgando o corpo de seu pai, deixa-se deslizar para cima e para baixo, e lança-se em toda espécie de exploração, em busca das partes escondidas do corpo do pai, enquanto ambos se divertem muito. A cena do lago profundo reproduz o espetáculo do homem que não pode dominar-se, a ideia do que o mundo irá dizer, o sentimento de estar morta e em aflição, e ao mesmo tempo, no modo autossimbólico: a profundidade da inconsciência que torna os eventos inacessíveis de todos os lados (é, no máximo, Deus quem está no céu ou um aviador voando a grande distância, ou seja, alguém emocionalmente desligado dos acontecimentos, que poderia espiar o que acontece). Do mesmo modo, o mecanismo de projeção, enquanto resultado da clivagem narcísica, está representado no deslocamento dos acontecimentos de si mesma para "uma menina".

O objetivo terapêutico da análise dos sonhos é o estabelecimento de um acesso direto às impressões sensíveis, com a ajuda de um transe profundo, o qual regride por assim dizer para além do sonho secundário e faz reviver na análise os acontecimentos traumáticos. À análise do sonho habitual no estado vígil sucedia, portanto, uma segunda análise em estado de transe. No decorrer desse transe, esforçamo-nos por permanecer em contato com os pacientes, o que exige muito tato. Se, ao proceder assim, não se corresponde perfeitamente ao que os pacientes esperam, eles acordam encolerizados ou apontam-nos o que deveríamos ter feito e dito. Nesse caso, o médico é obrigado a engolir muitas coisas e deve aprender a renunciar à autoridade de "aquele que sabe mais das coisas". Essa análise suplementar utiliza com frequência imagens isoladas do sonho para penetrar através delas na dimensão das profundidades de alguma forma, quer dizer, na realidade.

III

O trauma na técnica de relaxamento

Parece que os pacientes, apesar da maior indulgência e liberdade de relaxamento, atingem um ponto em que a liberdade deve ser, apesar de tudo, limitada por razões de ordem prática. O desejo, por exemplo, de ter o analista[3] constantemente junto deles e o desejo

---

3. Ferenczi utiliza aqui um termo insólito: *analysierend*, em vez de *Analytiker*, como um pouco mais adiante. Não confundir com *analysand,* termo de que ele se serve com frequência para designar o paciente e que foi retomado em nossos dias por Lacan e numerosos analistas.

de transformar a situação de transferência numa relação real e duradoura permanecem insatisfeitos. A reação emocional extraordinariamente forte que se segue repete a comoção psíquica que, em seu tempo, levara à formação de sintomas. A grande delicadeza e flexibilidade do analista trazem à consciência, ou à reconstrução, de certa forma por efeito de contraste, inúmeros eventos penosos da infância, até então inconscientes. Finalmente, consegue-se reduzir, por assim dizer, todo o tecido mórbido ao foco traumático e quase todas as análises de sonhos gravitam em torno de um pequeno número de eventos comoventes da infância. Durante essas análises, os pacientes são arrebatados, às vezes, pela emoção; estados de dores violentas, de natureza psíquica ou corporal, até mesmo delírios e perdas de consciência mais ou menos profundas com coma, misturam-se ao trabalho de associação e de construção puramente intelectual. Incita-se o paciente, quando ele se encontra nesse estado, a dar explicações sobre as causas das diferentes perturbações afetivas e sensoriais. A compreensão assim adquirida proporciona uma espécie de satisfação que é, ao mesmo tempo, afetiva e intelectual, e merece ser chamada de convicção. Mas essa satisfação não dura muito, por vezes algumas horas apenas; a noite seguinte fornece de novo, sob a forma de pesadelo, uma espécie de repetição deformada do trauma, sem o menor sentimento de compreensão, e, uma vez mais, toda a convicção se dissipou, desfaz-se continuamente e o paciente oscila, como antes, entre o sintoma em que sente todo o desprazer sem compreender nada, e a reconstrução em estado vígil, durante o qual compreende tudo mas nada sente, ou apenas muito poucas coisas. Uma mudança mais profunda dessa alternância, a qual também se torna frequentemente enfadonha e automática, é induzida pela necessidade, mencionada acima, de impor um limite ao relaxamento. É também, precisamente, o elevado grau de nossa delicadeza que acaba tornando dolorosa ao extremo qualquer recusa, por menor que seja; o paciente se considera tendo recebido um golpe na cabeça, reproduz os mais altos níveis da comoção psíquica e da resistência, sente-se traído, mas, no entanto, inibido em sua agressividade, e acaba num estado próximo da paralisia, que sente como se estivesse agonizante ou morto. Se conseguimos então relacionar novamente esse estado com os eventos traumáticos infantis, desviando-os de nós mesmos, pode acontecer que o paciente capte o momento em que, no tempo, saber e sentir tinham levado, por intermédio dos mesmos sintomas, da raiva impotente a uma autodestruição, a uma dilaceração [*Zerreissung*] dos conteúdos psíquicos em sentir inconsciente e em saber sem nada sentir, portanto, ao mesmo processo que é postulado por Freud para o recalcamento. A nossa análise quer (e, aparentemente, pode) remontar aos estágios anteriores do processo de recalcamento. É verdade que isso implica o completo abandono de toda relação com o presente e uma imersão completa no passado traumático. A única ponte entre o mundo real e o paciente em transe é a pessoa do analista, que, em vez de uma simples repetição gesticulatória e emotiva, leva o paciente, mergulhado no afeto, a um trabalho intelectual, na medida em que o estimula infatigavelmente com perguntas.

Um fato surpreendente, mas, ao que parece, de valor geral, quando do processo de autodilaceração (*Selbstzerreissung*), é a brusca transformação da relação de objeto, que se tornou impossível, numa relação narcísica. O homem abandonado pelos deuses escapa totalmente à realidade e cria para si um outro mundo, no qual, liberto da gravidade terrestre, pode alcançar tudo o que quiser. Se até aqui esteve privado de amor, inclusive martirizado, desprende agora um fragmento de si mesmo que, sob a forma de pessoa dispensadora de cuidados, prestimosa, cheia de solicitude e amor, na maioria das vezes maternal, sente piedade da parte restante e atormentada da pessoa, cuida dela, decide por ela, e tudo isso com extrema sabedoria e uma inteligência penetrante. Ela é a própria bondade e inteligência, um anjo da guarda, por assim dizer. Esse anjo vê desde fora a criança que sofre, ou que foi morta (portanto, ele se esgueirou para fora da pessoa durante o processo de "fragmentação"), percorre o mundo inteiro em busca de ajuda, imagina coisas para a criança que nada pode salvar... Mas, no momento de um novo traumatismo, muito mais forte, o santo protetor deve confessar sua própria impotência e seus embustes bem-intencionados à criança martirizada, e nada mais resta, nessa altura, senão o suicídio, a menos que, no derradeiro momento, se produza algo de favorável na própria realidade. Essa coisa favorável a que nos referimos em face do impulso suicida é o fato de que nesse novo combate traumático o paciente não está inteiramente só. Talvez não lhe possamos oferecer tudo o que lhe caberia em sua infância, mas só o fato de que possamos vir em sua ajuda já proporciona o impulso para uma nova vida, na qual se fecha o dossiê de tudo o que se perdeu sem retorno e, além disso, efetuado o primeiro passo, é permitido contentar-se com o que a vida oferece, apesar de tudo, não rejeitar tudo em bloco, mesmo o que ainda poderia ser utilizável.

XI

Apresentação sumária da psicanálise

I
Alguns erros correntes a respeito da psicanálise

Poucos setores da medicina tiveram que se defrontar com tanta incompreensão quanto a psicanálise. Antes de abordar a minha tarefa propriamente dita – resumir o conteúdo e os métodos da psicanálise –, creio útil corrigir alguns erros entre os mais divulgados.

1) Os que têm apenas um conhecimento parcial ou muito reduzido da psicanálise são muitas vezes levados a dizer ou a escrever que "a psicanálise explica tudo pela sexualidade" ou que "a psicanálise atribui qualquer estado neurótico à sexualidade", ou ainda que "ela afasta todo e qualquer outro fator da vida psíquica para atribuir as manifestações do psiquismo a esse instinto de base que é a sexualidade", e assim por diante.

Nunca será demais prevenir o leitor contra o caráter errôneo, incorreto, dessas afirmações, quer sejam proferidas por malevolência ou sem intenção hostil. O fato é – a psicanálise o demonstrou – que a vida sexual desempenha no universo psíquico, tanto dos doentes como dos indivíduos sãos, um papel muito mais importante do que se acreditava até agora; é igualmente verdadeiro que a influência da sexualidade é ainda mais acentuada no domínio particular das neuroses e psicoses; mas também é um fato que Freud, desde a primeira obra consagrada ao assunto, em colaboração com

Breuer (1896), e mais ainda em seus trabalhos individuais posteriores, não se cansava de repetir que o *recalcamento* que está na base dos sintomas da maior parte das neuroses resulta sempre de um *conflito* entre os dois instintos biológicos fundamentais: o *egoísmo* e o *erotismo*.

É falso, portanto, pretender que a psicanálise atribui tudo à sexualidade, visto sustentar precisamente que a força que recalca as pulsões sexuais para um segundo plano, ou mesmo para o inconsciente, assim constituindo um dos principais fatores de formação dos sintomas, não é de natureza sexual, mas egoísta. As exigências da sociedade – de natureza essencialmente egoísta – coagem o indivíduo durante todo o seu desenvolvimento, com preponderância da pressão cultural, a recalcar suas pulsões "associais" ou, mais exatamente, as manifestações associais da pulsão sexual.

Com efeito, há várias razões para explicar o fato de a psicanálise ter consagrado mais esforços ao estudo da energia sexual recalcada do que ao das forças de recalcamento. Uma delas é que as tendências culturais são perfeitamente conhecidas e estão mais do que demonstradas, ao passo que o nosso conhecimento das pulsões sexuais é seriamente negligenciado, não só pela humanidade em geral mas também pela ciência. Por isso é muito mais enriquecedor para a psicanálise – sobretudo no começo – chegar a estabelecer a evolução da sexualidade, do que estudar o desenvolvimento das pulsões do ego, cuja importância foi muito parcialmente exagerada pela biologia e a sociologia, às custas da verdade.

A outra razão que motivou a ênfase dada pela psicanálise à sexualidade foi a descoberta da natureza sexual por excelência dos dois primeiros objetos da pesquisa analítica: a histeria e a neurose obsessiva. O histérico e o obsessivo, a partir do momento em que aprendem a utilizar o método analítico, ou seja, a associação livre, produzem tal quantidade de ideias latentes de matiz inegavelmente sexual que seria preciso ser cego para não admitir a origem sexual desses estados patológicos, ou para fazê-los ingressar fraudulentamente no quadro das pulsões do ego, por meio de proezas especulativas.

De toda maneira, retenhamos que as afirmações relativas ao caráter "pansexual" da psicanálise, suscetíveis de desconsiderá-la aos olhos do investigador não prevenido, desviando-o das novas pesquisas que ele poderia dedicar-lhe, não se ajustam aos fatos. Pois a psicanálise, em vez das elucubrações de alguns autores cismáticos que tentam fundamentar todo o nosso universo psíquico exclusivamente nas pulsões libidinais ou exclusivamente nas pulsões do ego, manteve-se fiel à hipótese primeira, segundo a qual observa-se aqui, como em todas as funções biológicas, a conjunção ou, por vezes, o confronto dos dois instintos principais: a pulsão do ego e a pulsão de conservação da espécie.

2) Um outro erro está estreitamente ligado a esse primeiro: a psicanálise "libertaria", "soltaria na sociedade" as pulsões sexuais, ameaçando assim a moralidade do indivíduo e da sociedade. Sem dúvida, há médicos que, desprezando os ensinamentos mais elementares da psicanálise, intrometem-se de forma grosseira na vida sexual dos neuróticos que os procuram, deixando-os sair com o "sábio conselho" de "viverem sua sexualidade", "casar", "arranjar um marido", "arranjar uma amante", etc. Não hesitamos em declarar que aqueles que assim agem não têm o menor direito a intitular-se psicanalistas. Pois o psicanalista não ignora que os fatores sexuais das neuroses só se manifestam progressivamente e, em grande parte, de maneira espontânea, durante a aplicação judiciosa e prudente do método, e que todas as recomendações referentes à sexualidade em seu aspecto físico ficam *totalmente sem efeito* enquanto não estiverem resolvidos os distúrbios que afetam o aspecto psíquico da sexualidade do paciente – sua *psicossexualidade*. Por isso o psicanalista não se detém – sobretudo no começo – nas manifestações físicas da sexualidade do paciente. Contenta-se em registrar o que o paciente lhe diz, porquanto sabe que dispensar conselhos na ausência de um melhor conhecimento de sua vida psíquica equivaleria a uma verdadeira contrafação. Foi por isso que Freud chamou "analistas selvagens" àqueles médicos ignaros que fazem mau uso do seu método; mas, ao mesmo tempo, teve o cuidado de declarar que, de acordo com a sua experiência, mesmo esses *bricoleurs* da psicanálise constituíam um perigo menor para a humanidade do que certos cirurgiões desastrados. Pois os neuróticos são advertidos por um instinto infalível da inanidade de tal procedimento e subtraem-se rapidamente ao tratamento do "analista selvagem".

3) Mesmo entre os médicos, muitos acreditam que a psicanálise trabalha com a *sugestão*. Entretanto, o que eu disse mais acima a respeito da abstenção do psicanalista de fazer qualquer recomendação que seja, em relação à vida sexual do paciente, continua sendo perfeitamente válido no tocante às recomendações em geral.

Durante muito tempo, o psicanalista contenta-se em observar e em informar-se. Ora, que pior obstáculo poderia opor-se à descoberta da verdade do que certas expectativas suscitadas de antemão no paciente? O psicanalista prudente evita isso e abstém-se mesmo, deliberadamente, de todas as palavras de encorajamento, tranquilização, falso interesse afetuoso, que desempenhavam um papel tão importante até agora no arsenal da psicoterapia. Em vez dos métodos terapêuticos hipnóticos e sugestivos, praticados em estado vígil, que se esforçam por alcançar seu objetivo pela sedução ou fascinação, pela afabilidade ou severidade, o psicanalista promete no máximo ao seu paciente a *eventualidade* de cura, como faria qualquer outro médico, pois em sã consciência ninguém pode fazer mais do que isso. Ele acrescenta ainda que o êxito exige muita paciência da parte do doente e uma colaboração assídua com os esforços do médico. Em contrapartida, pode afirmar sem receio que, no caso de essas condições serem realizadas, a psicanálise pode culminar numa cura que, se não é necessariamente deslumbrante, tem por objeto, entretanto, as próprias raízes dos problemas e protege muito melhor a personalidade do doente contra os traumas no futuro.

Dito isto, é uma outra questão determinar se existe eventualmente uma analogia de princípio entre a "sugestão" empregada até aqui em psicoterapia e a situação em que se encontra, em psicanálise, o paciente em relação ao seu médico. Foi precisamente a investigação psicanalítica que pôde colocar em evidência na relação entre médico e doente, ou mesmo entre professor e aluno, entre pai e filho, esses elementos afetivos sem os quais nenhuma colaboração eficaz é possível. Mas, enquanto na sugestão todo o trabalho do médico visa manter e reforçar esse agente ativo, a saber, a sua própria autoridade e a credulidade e dependência do paciente, a psicanálise não se permite fazer disso mais do que um mero recurso provisório; o tratamento não pode terminar antes que esses fenômenos de *transferência* para a pessoa do médico, cuidadosamente mantidos e preservados na sugestão, tenham sido progressivamente elucidados e resolvidos.

Em psicanálise, o doente é solicitado a comunicar todos os seus pensamentos com sinceridade, mesmo aqueles que são penosos ou contundentes para o médico. Pode-se imaginar contraste maior do que o existente entre esse procedimento e um método como a sugestão e a hipnose, que exigem do paciente uma fé cega e uma renúncia total ao senso crítico?

4) Circula um outro erro que consiste em dizer que a psicanálise não é um método terapêutico acessível a qualquer médico, mas uma espécie de arte que só se pode adquirir se se possuir certas aptidões inatas. Não se pode negar, por certo, que aqueles que possuem a capacidade de aprofundar os problemas psíquicos são mais particularmente capazes de obter êxitos no domínio da psicanálise. Mas não ocorre o mesmo com o cirurgião ou o gastroenterologista? Não se encontram também entre eles verdadeiros homens de arte que observam e intervêm com uma sensibilidade e uma habilidade inimitáveis? A existência de gênios da cirurgia e da gastroenterologia não permite afirmar que o estudo dessas especialidades esteja reservado a esses talentos excepcionais, que seriam os únicos capacitados para tanto; assim, a psicanálise tampouco impõe aos que desejam praticá-la a necessidade de ter gênio. *O método e a técnica* da psicanálise estão hoje perfeitamente definidos, e todo médico inteligente pode ter acesso a eles (ainda que seja apenas por meio de livros).

5) Um dos erros mais difundidos consiste em confundir a terapêutica catártica segundo Breuer e Freud com a psicanálise moderna, e em crer que a psicanálise ainda se pratica hoje *sob hipnose*. É justamente o contrário que é verdade. Para que uma psicanálise possa ser conduzida de forma correta – desenvolverei este assunto mais adiante em detalhe – é necessário que o paciente esteja completamente desperto e na plena posse do seu próprio senso crítico, livre de toda influência; ao passo que o método catártico, do qual a psicanálise deriva, recorre efetivamente à hipersensibilidade mnêmica do paciente, em estado hipnótico, para evocar certos eventos traumáticos esquecidos e obter a *"ab-reação"* dos afetos ligados a essas lembranças. Por conseguinte, aqueles que conduzem suas investigações, isto é, seus tratamentos, por outros meios diferentes do método de *associação livre*, praticado pelo paciente plenamente desperto, não são psicanalistas.

6) Uma outra teoria ultrapassada, da qual procede o método catártico, vê a causa deflagradora das neuroses unicamente nos *traumas psíquicos*, sem dar suficiente atenção aos fatores *constitucionais*. As investigações destes quinze a vinte últimos anos enriqueceram a patogênese das neuroses com esses complementos indispensáveis;

é justamente pelo desenvolvimento da estrutura psíquica e das duas tendências principais da vida pulsional que desejamos começar esta breve exposição.

II
O desenvolvimento das diferentes pulsões à luz da psicanálise

1) As Pulsões do Ego

A psicanálise afirma que, no desenvolvimento do indivíduo, não existe nenhum estágio do qual não subsistam traços duradouros; não há nenhum ao qual o indivíduo não possa voltar em certas condições patológicas. Os estágios de desenvolvimento que constituem pontos de fixação, sejam inatos, sejam determinados por causas exteriores, favorecem de modo particular o desencadeamento de tal processo de retrocesso: a *regressão*. Assim é que um mesmo traumatismo, como um acidente de estrada de ferro, por exemplo, provoca uma histeria num indivíduo, hipocondria num outro, e no terceiro talvez sintomas que evocam a demência. A *escolha da neurose* depende pois, essencialmente, dos pontos de fixação que funcionam no psiquismo do indivíduo acidentado. Por conseguinte, para compreender a natureza das diferentes formas de neurose, devemos examinar, pelo menos, os estágios do desenvolvimento das duas pulsões principais.

A psicanálise não receia afirmar que o desenvolvimento psíquico do indivíduo tem suas raízes nas lembranças dos primeiros anos de vida, até nas impressões mnêmicas do nascimento e da vida intrauterina. Mesmo no embrião, a psicanálise supõe uma espécie de vaga consciência de existir – consciência talvez primitiva como a do animal –, e faz dela uma imagem subjetiva tão aprazível e satisfatória, em comparação com o trauma do nascimento e as lutas da existência, que não fica difícil explicar a tendência para regredir a esse estado primitivo. Em muitos casos, a psicanálise atribui o sono, a perda de consciência, o desmaio, não só ao desejo de fugir aos sofrimentos da vida exterior, mas também a um esforço que visa reproduzir o estado intrauterino. Quanto ao trauma do nascimento, ou seja, a mudança brutal nas condições da circulação, da respiração, da temperatura, assim como todos os fenômenos anexos, este se torna o modelo de toda *angústia* posterior. Por outro lado, o sentimento de onipotência, tão frequente sobretudo entre os doentes mentais, talvez não seja mais do que um modo de evocar a perfeita existência despreocupada do feto, provido de tudo o que necessita.

No começo, os que cuidam do bebê satisfazem de maneira impecável todos os seus desejos – a bem dizer, ainda modestos –, "lendo-os quase em seu olhar". É aí, sem dúvida, que se deve buscar o protótipo dessa ilusão sensorial de certos doentes mentais, que lhes permite o exercício imaginário da magia ou a realização alucinatória de seus desejos. Depois, rapidamente, o meio circundante é levado a ligar essa onipotência do bebê a certas condições; para assinalar seus desejos, a criança deve servir-se de determinados *gestos*. É a esse estágio de realização de desejos que retorna, segundo a experiência psicanalítica, o paciente com histeria de conversão.

Em seguida, para exprimir os desejos, os gestos são substituídos pela linguagem articulada, pelas palavras; poderíamos chamá-lo de estágio das palavras e dos pensamentos mágicos. O doente com neurose obsessiva opera uma regressão patológica a esse estado.

Esses estágios de desenvolvimento do ego que acabamos de descrever representam provavelmente a repetição individual dos dois períodos importantes da história das civilizações humanas que são os períodos *animista* e *religioso*. A concepção animista faz do ego o centro do universo. A concepção religiosa renuncia, por certo, a esse poder central do indivíduo, mas somente para investi-lo com outros, mais poderosos, ou seja, as divindades que realizam todos os desejos dele, desde que ele satisfaça o ritual de certos gestos ou palavras mágicas.

Quanto mais as exigências da criança vão ficando complexas, mais as condições de que depende a satisfação das mesmas são numerosas. Finalmente, a criança, em vias de desenvolvimento, é não só coagida a reconhecer a realidade do mundo externo e a pequenez do seu próprio ego, mas vê-se pouco a pouco obrigada a adquirir consciência do fato de que a vontade humana também está totalmente submetida à lei da causalidade. É o reinado do *princípio de realidade* que começa, e isso só se torna possível ao preço da projeção no mundo externo de certas faculdades e de certas qualidades que, até então, a criança considerava suas. É um exagero desse processo de projeção que reencontramos nos delírios de perseguição dos paranoicos, que se desvencilham dos afetos que se lhes tornaram insuportáveis arrojando-os sobre outros, eventualmente sobre espíritos invisíveis. A fase projetiva, enquanto oposta à concepção "antropocêntrica", corresponde ao período "científico" atual da civilização.

O meio do homem civilizado não se contenta em pedir-lhe que se adapte o melhor que puder às realidades do mundo exterior, mas pede-lhe também um considerável grau de *aperfeiçoamento*. As pessoas encarregadas de cuidar delas e de educá-las são apresentadas às crianças como sendo modelos que deverão imitar, em contraste com os seres vis e malignos apontados como exemplos repelentes; em outras palavras, pede-se-lhes para satisfazer *ideais*, e só a identificação com esses ideais é que permite a esses jovens em vias de desenvolvimento ganhar a aprovação de seu meio. As imagens exemplares e as representações repelentes criam, no ego, toda uma série de *personificações* que, em certas doenças mentais, podem retomar sua independência sob a forma de alucinações auditivas ou de delírios.

Na personalidade que chegou à plena maturidade, é uma parte do ego, o núcleo do ego, que se encarrega de certas funções importantes: a prova de realidade, o senso moral, e uma autocrítica que pode, em determinadas condições patológicas, adquirir a forma de um delírio de vigilância, de autoacusação patológica, etc. Em certas doenças mentais orgânicas graves, como a paralisia geral, por exemplo, pode-se observar a involução progressiva da personalidade, partindo de um psiquismo íntegro, passando por um período megalomaníaco mágico, para culminar no retorno ao estado inconsciente da vida intrauterina.

2) As Pulsões Sexuais

As descobertas da psicanálise derrubam a hipótese segundo a qual a vida sexual começa na puberdade. A psicanálise supõe que, mesmo no bebê de peito, existem tendências que visam a busca do prazer, totalmente independentes do princípio de utilidade, embora ligadas ao funcionamento de órgãos úteis. Desde 1871, Lindner, um pediatra de Budapeste, chamou a atenção para o caráter erótico da sucção. Mesmo um bebê perfeitamente saciado, que repele o alimento, procura e encontra prazer na excitação das mucosas da boca e da língua. A evacuação de urinas e matérias fecais, que proporciona relativamente pouco prazer aos adultos, constitui para os bebês e crianças pequenas um prazer indiscutível, e a variação, combinação, retenção e expulsão dessas substâncias ocasionam-lhes manifestamente sensações agradáveis. Esse estágio de evolução do erotismo chama-se *autoerotismo*, e as zonas sensíveis à excitação erótica, *zonas erógenas*. Esse estágio de desenvolvimento primitivo da sexualidade pode ressurgir numa época mais tardia, sob forma de *perversão*; sabemos que o objeto privilegiado das perversões é constituído pelas superfícies e secreções mucosas de que acabamos de falar. Por outro lado, o papel desses autoerotismos pode ser evidenciado em numerosos casos de vômitos histéricos, anorexia, distúrbios funcionais da defecação e da micção, bem como nos transtornos da potência e da sensibilidade sexuais.

Na medida em que o desenvolvimento do ego progride segundo o esquema que acabamos de expor, os autoerotismos fundem-se, de certa forma, o que poderia exprimir-se pelo amor do indivíduo por si mesmo (narcisismo): a criança escolhe a sua própria pessoa, o conjunto de sua personalidade física e psíquica, para objeto de seu amor. A regressão a esse estágio desempenha um papel capital no *delírio megalomaníaco* do esquizofrênico, na tendência para cuidar-se excessivamente do hipocondríaco, e nos sintomas psíquicos das *neuroses traumáticas*.

Muito cedo, por volta do terceiro ano de vida (ou talvez mesmo antes), o próprio órgão sexual assegura sua primazia sobre todas as outras zonas erógenas; a tendência para a ereção e a fricção desse órgão manifesta-se muito precocemente pela atividade masturbatória. O *onanismo primário* não é, portanto, um fenômeno patológico, mas um estágio normal do desenvolvimento; a educação consegue com bastante rapidez e sem grandes dificuldades que a criança se desabitue dessa atividade. Esta, como se sabe, *pode ressurgir no momento da puberdade* e prosseguir indefinidamente; sua prática excessiva corre o risco de provocar distúrbios na potência sexual e o aparecimento de sintomas neurastênicos.

Em seguimento do estágio autoerótico e narcísico, aparece então uma certa forma de organização primitiva do *amor de objeto*, de caráter nitidamente erótico-anal, no início, e que, por analogia com os povos primitivos, recebeu o nome de estágio "canibalesco". É esse modo de fruição que encontram certos doentes mentais, vorazes em excesso, que se mordem e mordem os outros. Mas a anorexia dos melancólicos pode ser interpretada no mesmo sentido, constituindo a forma negativa. Uma outra forma de organização primitiva da sexualidade é a *sádico-anal*, cujo retorno se manifesta, por um lado, nas perversões sadomasoquistas, por outro, nas medidas de defesa dos doentes obsessivos: compulsão de asseio, etc.

O período do *amor de objeto* propriamente dito só se inicia uma vez assegurada de modo pleno a primazia do órgão genital na vida sexual, ou seja, a partir da instauração de uma organização genitocêntrica. Nesse período, as metas e os objetos sexuais primitivos, mencionados mais acima, apenas intervêm como elementos do *"prazer preliminar"* que precede a satisfação propriamente dita, ou seja, a união sexual com um outro indivíduo. É um fato surpreendente – e para alguns inacreditável – que a genitalidade possa desempenhar um papel de primeiro plano desde o começo da infância; entretanto, uma testemunha imparcial pode observar, em crianças de 3 a 6 anos, não só fenômenos de ereção e de onanismo, mas também tentativas de caráter manifestamente sexual dirigidas a pessoas do mesmo ou do outro sexo. Portanto, o objeto sexual é, no começo, indiscutivelmente *bissexual*; de modo que esses sexólogos segundo os quais a homossexualidade não pode ser outra coisa senão uma monstruosidade perversa ou um distúrbio do desenvolvimento estão errados. É um fato que a vida de cada ser humano passa por um período precoce em que experimenta a mesma atração por pessoas do seu próprio sexo e pelas do outro. Portanto, seria um erro querer compreender o desenvolvimento de indivíduos que evoluíram para a homossexualidade em termos de monstruosidade patológica: trata-se, uma vez mais, de regressão, uma regressão patológica ao período de bissexualidade cujos vestígios persistem em cada um. Uma variante negativa dessa mesma regressão exprime--se pelo delírio de perseguição dos paranoicos.

Na criança que se desenvolve normalmente, o período bissexual é apenas uma breve transição no caminho da culminação normal do desenvolvimento sexual: a *heterossexualidade*. A psicanálise mostra-nos que a criança procura e encontra seus primeiros objetos de amor em seu ambiente imediato, segundo um esquema cruzado: os meninos manifestam com frequência uma atração de caráter nitidamente erótico pelos membros femininos de seu meio, com destaque para a mãe, as meninas pelo pai. É o que Freud designa, inspirado na tragédia grega, pelo nome de "complexo de Édipo". Assim, esse conflito, que se encontra em tantos mitos entre filhos e pai pela posse da mãe repete-se no psiquismo da criança pequena. Numerosos fenômenos da histeria de conversão decorrem de certas deficiências da organização genital. Quanto à chamada fixação incestuosa, ela constitui, segundo Freud, o *complexo nuclear* de quase todas as neuroses.

São estes últimos fatos os que provocam nos leigos as dúvidas e as resistências mais intensas. Ensinava-se até agora que a vida psíquica da criança era "pura", que a sexualidade estava totalmente ausente dela e que nenhum outro sentimento além do amor, da devoção e da ternura – os sentimentos eróticos, por exemplo – intervinha na relação entre pais e filhos. Não é a discussão, mas apenas a observação de fatos que permitirá decidir entre essas duas concepções opostas; mas, até o presente, só a psicanálise apresentou fatos, refugiando-se os seus detratores numa rígida posição de denegação.

Segundo as investigações mais recentes, existe igualmente um paralelo entre os estágios de desenvolvimento da sexualidade esboçados mais acima e a *história das civilizações*. O estágio autoerótico e o estágio narcísico sobrevivem em nossos dias, sob formas infinitamente variadas, na vida sexual de certos animais inferiores. Mas a história das civilizações também nos ensina que a bissexualidade, a homossexualidade, o comércio sexual entre os membros de uma mesma família, desempenhavam igualmente um papel importante nos tempos primitivos da humanidade. O recalcamento do "complexo de Édipo" (a repressão do erotismo entre mãe e filho e da rivalidade entre pai e filho) representa o começo da civilização tal como hoje a concebemos. Mesmo os povos mais primitivos atingiram esse nível; pode-se afirmar que a religião deles (a *religião totêmica*) está praticamente limitada à repressão do ódio contra o pai, e sua principal regra moral, a exogamia, serve essencialmente para afastar o perigo permanente do incesto.

Em torno dos 5-6 anos termina a primeira floração precoce da sexualidade infantil, substituída pelo que se chama o *período de latência*, durante o qual as pulsões parciais eróticas colocam-se diretamente a serviço do desenvolvimento cultural. Aparecem os sentimentos de pudor, de repugnância, de compaixão, assim como a consciência moral; não de um modo inteiramente espontâneo, é verdade, mas sob a influência do meio e de seu exemplo, e a pressão das pulsões do ego.

O erotismo é totalmente excluído das manifestações da pulsão sexual, e só a ternura ascende ao primeiro plano, ao passo que as energias pulsionais primitivas, impedidas de se manifestar diretamente, convertem-se no motor do progresso cultural e social.

O período de latência termina entre os 10 e 12 anos em ambos os sexos, com o surgimento dos fenômenos muito conhecidos da *puberdade*, ao mesmo tempo que ocorre a poderosa explosão da sexualidade fisiológica. Nos jovens que vivem em condições culturais mais favoráveis, também é, em geral, o período do *primeiro amor*, caracterizado por uma inibição ainda quase total das metas sexuais. A capacidade de unir a ternura ao erotismo, fortemente recalcado durante o período de latência, depois explodindo de novo, só amadurece mais tarde nos jovens de ambos os sexos. Cumpre saber, entretanto, que o narcisismo, ou seja, a posição erótica em relação a si mesmo, nunca desaparece inteiramente, e que a libido que se esgota no amor de objeto aí retoma sem cessar. O autoerotismo, ou seja, o narcisismo, continua sendo, pois, até o fim o verdadeiro reservatório da libido humana.

As profundas perturbações psíquicas que acompanham a *procriação* e o *parto* merecem uma menção à parte, que mais não fosse por sua importância patológica. Observa-se no sexo feminino, a partir da puberdade, um estado específico de regressão no plano sexual. A agressividade sexual transforma-se em passividade, a erogeneidade até então mais ligada ao pênis feminino rudimentar, o clitóris, passa a ser vaginal, o caráter arrapazado torna-se feminino, a ousadia converte-se em pudor. Mas essa virilidade que impregna os anos de adolescência ressurge muitas vezes, em certas particularidades do caráter e nos sintomas das neuroses e psicoses nas mulheres.

Certas pulsões parciais exprimem-se, após o final do período de latência, em *traços de caráter*. Assim, a psicanálise distingue o *caráter anal* (tendência para a economia, obstinação, mania de asseio), o *caráter uretral* (ambição e vaidade desenfreadas, leviandade, desperdício, desordem); e até mesmo a predileção pelas atividades intelectuais superiores deve ser atribuída às suas raízes primitivas (sadismo, curiosidade intelectual).

III

A vida psíquica inconsciente

Foi, em primeiro lugar, a exploração da *vida psíquica inconsciente* que permitiu à psicanálise conhecer os estágios de desenvolvimento das pulsões do ego e das pulsões sexuais, tal como acabamos de expô-los. Portanto, é necessário indicar, ainda que sucintamente, as fontes desses conhecimentos.

Sabe-se há muito tempo que os traços mnêmicos, por um lado, exercem funções psíquicas conscientes; por outro, existem também em nós no estado latente inconsciente; mas acreditava-se que só pode permanecer inconsciente um traço mnêmico cuja intensidade é demasiado fraca para "transpor o limiar da consciência". A psicanálise ensina, pelo contrário, que certos conteúdos psíquicos com forte tensão procuram intensamente manifestar-se no nível consciente, mas que outras tendências, reagrupadas sob o nome de "censura", opõem-se-lhes e condenam-nas a permanecer no inconsciente, apesar de sua intensidade. O "inconsciente", no sentido psicanalítico do termo, corresponde portanto ao conteúdo psíquico *recalcado no inconsciente*.

1) São os fenômenos da *sugestão pós-hipnótica* que levaram Freud a formular a hipótese de um tal inconsciente. O médium, se a ordem emitida pelo hipnotizador o impressionou suficientemente, ao despertar executa cegamente a ordem recebida sob hipnose. Mas quando se o interroga sobre os motivos de seu ato, é incapaz de fornecer uma explicação, ou então forja uma de ponta a ponta recorrendo à sua imaginação. No entanto, quando se insiste para que se lembre do que aconteceu durante a sessão de hipnose, ele pode superar a ordem latente em seu inconsciente e reencontrar todos os detalhes dos acontecimentos que se desenrolaram sob hipnose. Pode-se concluir daí que a obediência pós-hipnótica é a consequência de uma força psíquica inconsciente que só pode tornar-se consciente após ter superado uma forte resistência. Foi após essa constatação que Freud renunciou à terapêutica catártica, a qual consiste em suscitar, sob hipnose, a rememoração dos traumas esquecidos, e passou a empregar o *método de associação livre*.

2) Eis o essencial desse método: trata-se de induzir o sujeito examinado a comunicar sem reservas todos os seus pensamentos, sejam eles sensatos ou inverossímeis, razoáveis ou incoerentes. A

resistência interior – sob a forma de objeções lógicas, éticas, estéticas – oposta a essa experiência equivale à que o médium opõe à rememoração dos eventos da sessão de hipnose. Mas aquele que pode verdadeiramente resolver-se a isso, ou seja, vencer suas reticências, é surpreendido pela natureza e o inesperado do material, aparentemente estranho ao ego ou esquecido há muito tempo, que vem à tona. Verifica-se que muitas coisas que ele considerava resolvidas e liquidadas havia muito tempo, pela ação educativa exercida pelo meio ou por seus próprios esforços, continuam presentes nele em estado latente. Mas, ao mesmo tempo, pode reconhecer a fonte de onde provêm essas ideias surpreendentes, que surgem nele quer de modo espontâneo, quer sob o efeito de perturbações psíquicas. Uma aplicação fiel do método permite descobrir que também existe em nós, ou poderia existir, paralela e simultaneamente ao nosso pensamento consciente e organizado, um processo inconsciente de constituição de fantasias cuja elucidação projeta uma luz viva sobre o fundo primitivo subjacente à personalidade, mesmo a mais nobre e a mais evoluída.

3) A chamada *experiência associativa* confirmou experimentalmente a realidade de uma vida psíquica inconsciente. Uma pessoa convidada a comunicar imediatamente e sem refletir a primeira palavra que lhe acode ao espírito, em resposta a palavras pronunciadas na sua presença, fornece com frequência reações totalmente destituídas de sentido, sem relação associativa com a palavra enunciada. Mas, se lhe pedirmos em seguida que reflita sobre as relações que poderiam existir entre as duas palavras, ou seja, exprimir os grupos de representações que se ligam a elas, percebe-se que essa reação é sempre determinada por um complexo psíquico inconsciente, na maioria das vezes alguma lembrança desagradável despertada pela palavra proposta, cujo acesso direto à consciência estava barrado e só podia aí penetrar por meio de um derivado longínquo. Tentou-se igualmente combinar a experiência de associação com o exame do chamado *reflexo psicogalvânico*. O corpo do sujeito de experiência é integrado num circuito elétrico e mede-se, com a ajuda de um galvanômetro, a intensidade das oscilações de corrente quando a palavra-estímulo é enunciada. Verifica-se que oscilações particularmente intensas acompanham de maneira precisa as reações "consteladas" de complexos latentes, onde a resposta apresenta as características definidas mais acima.

Assinale-se que essas experiências de associação e suas variantes, mesmo que tenham o interesse de confirmar com exatidão o bem-fundado do método de associação livre segundo Freud, são difíceis de explorar na prática e possuem mais um valor de ilustração científica.

4) Os *atos falhos*, tão embaraçosos e irritantes na vida cotidiana, são muito reveladores quanto aos conteúdos e tendências da vida psíquica inconsciente. Penso nesses sintomas da distração como os esquecimentos, os *lapsus linguae*, os descuidos e os erros, que eram até agora explicados pelo acaso, se é que os achavam merecedores de uma explicação. As investigações de Freud permitem afirmar que a maioria dos atos falhos traduz tendências latentes em nós, embora independentes do nosso ego consciente e perfeitamente desconhecidas deste. Se submetermos posteriormente os nossos atos falhos à psicanálise, isto é, se confessarmos sem reserva a nós mesmos ou a outrem todas as ideias que lhes estão ligadas, vamos descobrir, talvez, que o esquecimento de um nome se explica pela significação penosa que adquiriu para nós um nome da mesma consonância e que nos desagrada evocar, de modo que a censura, em toda a medida do possível, elimina da própria consciência as palavras de consonância vizinha. Do mesmo modo, parece que certos gestos desastrados (como pisar no pé de alguém, empurrá-lo, entornar um copo ou um saleiro, etc.) manifestam uma tendência agressiva inconsciente, talvez dirigida justamente contra uma das pessoas presentes; mesmo até hoje, nenhuma mulher apaixonada admitiu que o "esquecimento" lhe fosse dado como desculpa para a falta a um encontro, e o exército tampouco aceita o esquecimento para explicar uma negligência; da mesma maneira, a psicanálise considera que os atos falhos estão submetidos em geral à regra segundo a qual os motivos de um tal comportamento podem sempre ser elucidados. Pois a psicanálise está fundamentada na ideia de um determinismo rigoroso dos fenômenos psíquicos; para considerar que um processo psíquico está explicado, é preciso ter elucidado os seus motivos com a mesma ordem de precisão que é exigida para a explicação de um fenômeno físico.

5) Até hoje, a crença popular explicava uma parte dos atos falhos pela intervenção de espíritos malignos, duendes, diabretes, etc. Por isso a psicanálise submeteu não só essas crenças populares, mas também os contos, as lendas e os mitos a uma análise aprofundada,

para constatar que as tendências, moções pulsionais e conteúdos psíquicos inconscientes que se exprimem nessas produções da alma popular são os mesmos que acabamos de evocar sob seu aspecto individual.

6) Daí foi apenas um passo para demonstrar a existência do elemento inconsciente mesmo nas criações artísticas superiores: nas belas-artes, na poesia, no êxtase religioso, na intuição filosófica, até no processo de criação científica.

7) Um modo de produção particular de efeito estético é representado pelo *chiste* e o *cômico*, de que Freud nos fornece a explicação numa monografia à parte; esta, por um lado, oferece-nos uma visão apaixonante do jogo dos processos que se desenrolam entre o consciente e o inconsciente; por outro, descobre muito claramente, atrás da fachada divertida ou sedutora, os desejos primitivos latentes, egoístas ou sexuais.

8) É naturalmente o exame psicanalítico das *neuroses* e das *psicoses* o que fornece a fonte mais abundante de conhecimentos sobre o inconsciente. Delas falaremos mais adiante.

9) A *interpretação de sonhos*, um dos principais meios de acesso ao inconsciente, merece ser abordada num capítulo à parte.

IV

A interpretação dos sonhos e o simbolismo
A metapsicologia de Freud

A interpretação dos sonhos deve sua importância prática ao fato de que o sonho, espécie de "psicose normal" noturna que atinge todas as pessoas, mesmo as saudáveis, permite a cada um de nós familiarizar-se no plano prático com a psicanálise, pelo menos no que diz respeito aos seus elementos. Pois se tratarmos o sonho – cuja incoerência e confusão se prestam a isso – como um delírio neurótico, um pensamento obsessivo ou uma alucinação psicótica, em outras palavras, se aplicarmos aos sonhos o método analítico da associação livre, constatamos que o *conteúdo consciente, manifesto*, do sonho é apenas a cobertura dos *pensamentos latentes*, perfeitamente inconscientes, do sonho.

Como analisar o sonho? Fragmentamos à nossa vontade o conteúdo do sonho, depois ligamos a cada fragmento, por meio da associação livre, todas as ideias que surgem em nós a seu propósito. Se procedermos do mesmo modo com cada fragmento (pondo eventualmente por escrito todas as nossas ideias), obtemos um material abundante que, pouco a pouco, organiza-se por si mesmo em redor de certos temas; quando a análise está terminada, pode-se reconstituir sem dificuldade os pensamentos latentes do sonho, cuja imagem onírica consciente é apenas sua representação deformada, aliás, nem sempre deformada. Os sonho das crianças, as representações oníricas dos adultos que são provocadas por necessidades corporais – o faminto que se sacia em sonho, o sedento que bebe a água de uma fonte, o amoroso que se une no prazer ao objeto de sua paixão – mostram sem desvios a verdadeira finalidade e a verdadeira tendência do sonho. A nossa atividade psíquica onírica procura agir de modo que os nossos assuntos em suspenso da véspera se resolvam, que os nossos desejos insatisfeitos se cumpram. Por conseguinte, o sonho nada mais é do que uma *realização de desejos*.

Quanto mais enterrado estiver o desejo latente, perturbador do sono, mais ele repugna ao ego consciente, mais a censura, que vigia mesmo de noite, o tornará irreconhecível, e mais trabalho e penetração serão necessários para descobrir em seguida as fontes ocultas do sonho. É aí que a maior parte daqueles que têm o hábito de julgar sumariamente voltam as costas à psicanálise, porquanto não podem admitir que todos esses sonhos de angústia que os assaltam, certas noites, sejam "realizações de desejos". Contudo, isso nada teria de inverossímil se essas pessoas não possuíssem a tendência constante para esquecer um ponto fundamental da interpretação psicanalítica dos sonhos, a saber, que a realização de desejos não é necessariamente evidente, nem mesmo diretamente aparente, no conteúdo consciente do sonho. Pode acontecer que a representação de realização de desejo só se manifeste por uma simples alusão secundária do sonho consciente; por vezes, é justamente o contrário do desejo que surge, de forma ostensiva, no primeiro plano da consciência. Portanto, segundo Freud, é apenas depois da análise que um sonho se apresenta como realização de um desejo. E só poderão convencer-se disso aqueles que não hesitarem em submeter a uma análise minuciosa centenas de sonhos, os deles ou os de outros. A realização de desejo dissimulada numa alusão menor, ao passo que todo o resto do sonho ocupa-se apenas de circunstâncias acessórias, constitui também uma ilustração do *deslocamento* da ênfase emocional, de uma representação para uma outra, algo muito corrente na vida psíquica inconsciente. Por outro lado, a interpretação de sonhos revela igualmente uma outra particularidade do inconsciente: o processo chamado *condensação*. Cada elemento do conteúdo consciente do sonho condensa em si todo o peso emocional do enorme material onírico desvendado pela análise.

A análise de sonhos permitiu, por um lado, o estudo dos processos em ação nas profundidades da vida psíquica onde a barreira lógica não chega, assim como, por outro lado, o de um dos fenômenos mórbidos mais inacessíveis e mais enigmáticos da patologia mental, a alucinação, e o exame de suas condições de aparecimento. O fenômeno do sonho está estreitamente ligado à mudança de distribuição da energia psíquica que caracteriza o estado de sono. Para compreender os fenômenos do sonho, Freud teve que reagrupar as funções psíquicas em mecanismos imaginados no espaço, ou seja, supor a existência de duas ordens de "sistemas psíquicos", um para as funções conscientes e o outro para as funções inconscientes. Esse foi o primeiro passo em direção à futura *"metapsicologia"* segundo Freud: *a teoria da estratificação dos mecanismos psíquicos ou tópica psíquica.*

Pode-se distinguir três camadas principais: (1º) O *inconsciente*, onde estão armazenadas as *representações mnêmicas objetais* de impressões psíquicas cujo acesso à consciência é impedido pela censura, por causa do caráter insuportável das mesmas para o ego; (2º) a *camada psíquica pré-consciente*, que aloja os traços mnêmicos cujo acesso à consciência já não encontra obstáculos, e que são, por conseguinte, *traduzidos por representações verbais*; (3º) a *camada psíquica consciente*, o instrumento de percepção das impressões que nos são enviadas pelos órgãos sensoriais e que, por outro lado, nos permite tomar conhecimento das ideias e processos de pensamento provenientes do pré-consciente.

A análise dos sonhos forneceu também o meio de estudar a *mecânica*, a *dinâmica* das energias que operam nesses sistemas, e demonstrou por numerosos exemplos o recalcamento de certos pensamentos no inconsciente, em virtude da resistência das camadas psíquicas superiores marcadas pela cultura.

Os pensamentos e as moções psíquicas assim recalcados, cuja intensidade é suficiente, procuram manifestar-se por outras vias. Estando-lhes vedada a progressão, eles são desviados para a vida regressiva e despertam as percepções sensíveis que forneceram o material bruto dos pensamentos ou representações mnêmicas em questão. Em outras palavras: *as representações inconscientes impedidas de progredir para a consciência transformam-se em alucinações sensitivas nos sonhos*, a maioria das vezes em cenas visuais, com bastante frequência também em percepções auditivas ou outras sensações. Portanto, podemos considerar o conteúdo consciente do sonho como uma espécie de enigma, de quebra-cabeças muito difícil, em imagens, tradução de pensamentos que perturbam, por vezes de maneira muito penosa, o nosso repouso noturno, pensamentos deslocados, condensados, incluídos em cenas de caráter sensível e que, além disso, tem o sentido de uma realização de desejo.

Pois cumpre saber que, afinal de contas, o único objetivo do trabalho do sonho é assegurar um sono tranquilo. Se essa tarefa não pode ser cumprida, se as preocupações irrompem abertamente na consciência, a tranquilidade do sono está liquidada e sobrevém o despertar.

Para dar um acabamento final à sua psicologia, Freud teve que examinar, ao mesmo tempo que a tópica e a dinâmica dos mecanismos psíquicos, também o seu aspecto *econômico*. É necessário considerar a *soma* das energias que operam no psiquismo como uma quantidade relativamente constante; quando a carga de energia de uma camada baixa, deve-se poder demonstrar que a de uma outra camada aumenta. Portanto, o princípio da constança da energia, conhecido da física, é doravante aplicável também à vida psíquica, mesmo que, de momento, isso escape à mensuração. No que se refere à distribuição das energias psíquicas durante o sono, a teoria freudiana do sonho nos ensina que as energias psíquicas retiradas provêm essencialmente das zonas responsáveis da vida de relação e das reações aferentes. E como, segundo Freud, os sistemas psíquicos dos quais provém a carga de energia interrompem seu funcionamento, o indivíduo adormecido dá a impressão de estar paralisado e privado de todos os seus sentidos. Onde é, então, que pode colocar-se essa quantidade de energia retirada, ao mesmo tempo, do mundo exterior, do amor de objeto e do interesse pelos objetos? Exclusivamente no *ego* do indivíduo adormecido, em *seu egoísmo e em seu amor por si-mesmo*, como nos ensina a nossa experiência da vida onírica. Isso explica o caráter egocêntrico dos sonhos, a falta de respeito pelos outros que neles se manifesta, a facilidade com que o sonho transgride toda a exigência cultural, lógica, ética ou estética.

Entretanto, há também certos elementos do sonho que suscitam pouco ou nenhum material livremente associado – e que, aliás, verifica-se ser inutilizável. Esses elementos escapam à interpretação pelo método de associação livre e permaneceriam inexplicados se Freud não tivesse conseguido, inspirando-se nos trabalhos de Scherner sobre o mesmo assunto, interpretar esses fragmentos oníricos com a ajuda do *simbolismo do sonho*.

Na vida psíquica, o desenvolvimento do simbolismo é, em geral, paralelo ao processo de recalcamento pulsional imposto pelo desenvolvimento cultural. Sob a coação dos interditos impostos pelos educadores e pelo meio, a criança vê-se obrigada a renunciar às suas satisfações pulsionais primitivas (sobretudo atividades uretrais, anais e genitais) e engenha-se para substituir essas fontes de prazer, perdidas, por *outras semelhantes*. Assim, esgaravatar em órgãos ocos (por exemplo, as narinas e os canais auditivos externos) pode ser o substituto de atividades anais e masturbatórias recalcadas; a criança encontra satisfações substitutivas do mesmo gênero em outros "maus hábitos": puxar pelas narinas ou os lobos das orelhas, roer as unhas (onicofagia), fazer tremer os joelhos, etc. Nas meninas, é o erotismo da cavidade bucal: repugnância pelo alimento, desejo de certos objetos bizarros não comestíveis ou de mastigá--los, que pode substituir a atividade genital recalcada. Poderíamos dizer, pois, que certas zonas erógenas, em particular os órgãos genitais, podem deslocar até sua quantidade de excitação fisiológica para outros órgãos que, pela forma ou o modo de inervação, se assemelham ao órgão original. Poderia ser esse o núcleo do *simbolismo genital*, que desempenha um tão grande papel nos sonhos. Partes proeminentes do corpo – nariz, dedos, etc. – substituem com frequência, no conteúdo do sonho, simbolicamente o órgão genital masculino abominado. Mas a mesma significação pode ser atribuída a instrumentos pontiagudos e cortantes, torres, obeliscos, árvores; ao passo que, para representar o órgão sexual feminino, o simbolismo recorre pudicamente a caixas, grutas, cavidades, lagos cheios de água, sendo o parto representado pela queda na água ou salvamento da água.

Entretanto, o simbolismo do sonho não se limita a substituir por outras as atividades sexuais vergonhosas; ele fornece também uma expressão simbólica para certas pessoas e atividades significativas. Reencontra, por exemplo, a ingenuidade da ideologia infantil ao substituir no sonho os personagens do pai e da mãe pelas mais poderosas autoridades: o rei e a rainha. A direita e a esquerda representam simbolicamente o que é permitido e o que é proibido; a morte apresenta-se frequentemente sob a forma de personagens místicas, alegóricas; enfim, para tornar sensível o erotismo em disfarces simbólicos, mas, no entanto, transparentes, o sonho mostra-se inesgotável.

Vemos que a psicologia do sonho tem uma importância capital para a psicologia pura, para o conhecimento do psiquismo humano em geral. Mas também é importante porque nos permite aprofundar, mediante a análise dos nossos próprios sonhos, o universo psíquico dos neuróticos e dos doentes mentais, universo perturbado mesmo em estado vígil.

V

Classificação psicanalítica das neuroses
Neuroses atuais

Já afirmamos em alguma parte que não é por conselhos de higiene sexual mas pela reeducação psíquica que o psicanalista se esforça por agir sobre os seus pacientes. Essa afirmação requer algumas reservas, visto que – no estado atual dos nossos conhecimentos – certos estados neuróticos apresentam-se como o resultado mais de distúrbios fisiológicos do que psíquicos. Afastemos os estados provocados por disfunção glandular ou por efeito tóxico (doença de Basedow, coreia, etc.), que escapam em grande parte à psicanálise, para mencionar três estados mórbidos cujo exame cabe, na maioria das vezes, ao psicanalista, embora não se trate propriamente de doenças de origem psíquica.

1) A neurastenia

A psicanálise permitiu simplificar esse diagnóstico, frequentemente formulado a torto e a direito, demonstrando que certos estados obsessivos, psicastênicos, etc., classificados erroneamente nessa categoria, eram de natureza psiconeurótica. Em segundo lugar vem a *neurose de angústia*, que Freud isolou das síndromes neurastênicas. Feitas estas exceções, aquilo a que se continua dando o nome de neurastenia é um grupo de sintomas muito bem definido, que compreende entre outros a astenia acompanhada de irritabilidade, as cefaleias, a grande fatigabilidade física e intelectual, os distúrbios gástricos e secretórios, a tendência para a constipação, a diminuição da potência sexual acompanhada de poluções e de ejaculação precoce. Essa neurastenia, no sentido de Freud, resulta de um *onanismo excessivo*: a satisfação demasiado frequente da libido por meio de fricções ou outras manipulações do mesmo gênero, em vez do coito normal.

Sabemos que, outrora, o onanismo era considerado um mal muito perigoso, podendo acarretar, inclusive, a atrofia da medula espinhal ou a paralisia. Essa crença errônea continua precipitando numerosos doentes imaginários nos braços de charlatães. Na realidade, como já dissemos, o onanismo é uma fase quase normal do desenvolvimento sexual, e os transtornos só sobrevêm se essa prática for levada ao excesso ou prolongada para além desse momento passageiro; trata-se, então, precisamente, da síndrome neurastênica que acabamos de descrever. Os jovens masturbadores curam-se com facilidade de seu estado neurastênico se encontram a ocasião de praticar uma atividade genital normal. Mas, quando os jovens recorrem à abstinência total para escapar à masturbação excessiva, correm o risco de, para evitar a neurastenia, cair na neurose de angústia. Não se deve concluir, naturalmente, que um jovem de constituição saudável, que se recusa a facilidade de uma prática de autossatisfação, não possa suportar sem danos um período de abstinência.

Ainda não se estabeleceu com certeza se um fato constitucional vem somar-se às doenças da higiene sexual para determinar a neurastenia; entretanto, os dados relativos à *constituição astênica*, bem observada por Stiller, parecem confirmar esta última hipótese. É muito possível que, nos casos de constituição astênica, os indivíduos suportem pior do que os outros o distúrbio sexual que acabamos de descrever.

A neurastenia não tem interesse apenas no plano prático; ela desempenha também um papel importante no estudo teórico das psiconeuroses. Pois, segundo parece, o núcleo central da histeria de conversão e da neurose obsessiva é constituído geralmente por uma síndrome neurastênica em torno da qual se agregam, como a pérola em redor do grão de areia, as formações mórbidas das psiconeuroses (Freud).

2) A neurose da angústia

Esta síndrome, da qual Freud fez com toda a razão uma entidade separada, com base na etiologia e nos sintomas, pertence igualmente às formas de neurose em que os distúrbios fisiológicos desempenham um papel essencial por sua intervenção na vida sexual, ou seja, na economia libidinal. Mas, ao passo que na neurastenia trata-se de um esbanjamento e de um desvio, em má direção, da pulsão sexual que não espera o aparecimento de um objeto apropriado, na síndrome de angústia deparamo-nos com as condições inversas: retenção e *forte concentração* no organismo da *libido* acumulada. Vimos que a abstinência, em si mesma, não leva necessariamente à doença se tudo for feito para que a pulsão sexual possa converter-se em outras formas de energia e ser descarregada, se o indivíduo evita na medida do possível expor-se a excitações sexuais, e se o seu organismo não é exigente demais a esse respeito; é prova disso o exemplo de muitas pessoas que se consagram à religião e vivem na abstinência total sem deixar de ser saudáveis. Mas, na maioria dos casos, não se encontram essas condições favoráveis, de forma que muitos indivíduos vigorosos que praticam a abstinência, por princípio ou por outras razões, sofrem de neurose de angústia.

É, portanto, nos períodos correspondentes aos dois grandes momentos do desenvolvimento descritos no segundo capítulo deste estudo (os dos excessos infantis e pubertários), que o organismo deve enfrentar os ataques mais violentos da libido. Por conseguinte, são sobretudo os períodos da primeira infância e da puberdade aqueles em que causas puramente internas podem determinar o aparecimento de sintomas de angústia. O caráter medroso da criança pequena, seus despertares em sobressalto, seu horror à escuridão, à solidão, seu pavor a estranhos, suas fobias caracterizadas, em particular de animais (cavalos, cães, insetos), não traduzem apenas a apreensão razoável em face de um desconhecido ameaçador ou de forças poderosas, mas encontram sua principal fonte no desejo insatisfeito de dependência da criança mimada. Essas angústias e esses medos da infância, aos quais os nossos pediatras não prestaram suficiente atenção até aqui, desaparecem por si mesmos, com frequência, assim que se afasta a criança do quarto dos pais. Pois os pais, de boa-fé e levados pela crença errônea na ignorância sexual da criança, deixam os filhos de 2-3 anos de idade (e às vezes mais) assistir a coisas que eles talvez não compreendam inteiramente mas cujo sentido percebem de maneira instintiva. Essas angústias infantis desempenham um considerável papel na história clínica dos sujeitos que, mais adiante, desenvolverão uma psiconeurose; descobre-se com frequência que o primeiro impulso no sentido de um desenvolvimento psíquico perturbado desses sujeitos ocorreu em sua mais tenra idade, por ocasião de tais cenas noturnas.

Os clínicos conhecem desde sempre a forte tendência para a depressão dos adolescentes dos dois sexos, que se exprime por um pessimismo universal e associa-se à angústia, e não duvidavam de que a causa devia ser procurada numa moção sexual que ainda não encontrou objeto e que não pôde ser descarregada. Entretanto, verifica-se com muita regularidade que a neurose de angústia aparece justamente mais tarde, no decorrer da vida conjugal, quando – segundo a teoria de Freud – não existe mais nenhuma razão para que se produza um recalcamento da libido e a constituição de uma neurose.

Mas um exame mais aprofundado da vida sexual desses casais evidencia sempre alguma anomalia em seu modo de satisfação. O mais nocivo de todos é o mau emprego dos métodos contraceptivos, em particular, no homem, o *coito interrompido*.

Nunca será demais chamar a atenção do clínico sobre a possibilidade de uma etiologia desse gênero nos casos de angústia; ele pode obter notáveis êxitos terapêuticos em neuroses aparentemente graves, sem o menor recurso "psicanalítico", pelo simples conselho de substituir – se é absolutamente necessário evitar uma gravidez – o coito interrompido ou o uso de preservativos, quase tão nocivos quanto, pelo pessário ou um outro meio de proteção mais bem adaptado que não incomode nenhum dos parceiros durante a relação. Naturalmente, isto só é válido no caso de uma simples neurose de angústia, e não nos casos de histeria de angústia, para a qual os simples conselhos de higiene são ineficazes, e onde somente uma psicanálise pode produzir resultados duradouros. É verdade que essas duas formas de doença nem sempre são fáceis de diferenciar, mas não se corre nenhum risco se se começar pelos conselhos de higiene, reservando a proposta de uma psicanálise – muito mais complicada – no caso de fracasso.

O chamado *coito retardado* pode produzir os mesmos efeitos: o homem, para bem satisfazer a mulher, retarda voluntariamente a ejaculação para além de sua emissão espontânea. Em contrapartida, na mulher, é precisamente a ejaculação rápida demais que pode produzir a angústia, uma vez que a excitação sexual aumenta fortemente sem atingir sua plena satisfação. Numerosos casais nunca atingem a satisfação em consequência de uma ou outra dessas circunstâncias. E, se eu insisti mais acima sobre a relativa inocuidade do onanismo, não posso deixar passar em silêncio o fato de que o hábito de masturbação juvenil culmina frequentemente, na mulher, em insensibilidade genital, ou seja, no alongamento do tempo necessário à satisfação, ao passo que a masturbação no homem corre o risco de provocar, justamente, uma ejaculação rápida demais.

Depois do que acaba de ser dito, não causará surpresa observar que as situações em que as oportunidades de excitação sexual existem sem que esta possa culminar numa satisfação normal também acarretam angústia; é bem conhecida a angústia dos noivos que desaparece espontaneamente após o casamento.

Quais são os sintomas da neurose de angústia? Em primeiro lugar, a própria sensação de angústia, que pode ser acompanhada de sintomas físicos correspondentes: tremores, transpiração, palpitações, diarreia, necessidade de urinar. Associa-se-lhe muitas vezes o temor imotivado de morte súbita ou de doença visando o próprio doente ou seus familiares mais próximos, insônia e falta de apetite. Em certos casos, a sensação de angústia não se manifesta subjetivamente mas dissimula-se por trás de um dos sintomas mencionados. Aquilo a que chamamos taquicardia paroxísmica revela, com frequência, ser um sintoma de histeria de angústia. Também no plano teórico a angústia ocupa um lugar importante na patologia das psiconeuroses e das psicoses. Sabemos por Freud que a libido que se exprime no plano psíquico, mas escapa à consciência, pode transformar-se em angústia, da mesma forma que a libido fisiologicamente insatisfeita. Por outro lado, a neurose de angústia desempenha na histeria de angústia o mesmo papel que a neurastenia na histeria de conversão e na neurose obsessiva: ela constitui o núcleo orgânico central da doença, em torno do qual se reagrupam em seguida os sintomas psíquicos. Já assinalamos que, em última análise, a angústia podia ser atribuída ao trauma do nascimento.

3) A hipocondria

É uma síndrome menos bem estudada até o presente. A única coisa de que estamos certos é que a libido – provavelmente em consequência de um "deslocamento" inadequado da libido genital, com o que citamos a propósito da formação do símbolo – liga-se a certos órgãos que, nas condições habituais, não servem para fins eróticos. Podemos, portanto, falar aqui de um despertar do autoerotismo, esse ancestral da libido narcísica que confere a certos órgãos um valor e uma importância excessivas, às custas do organismo inteiro, que se liga demais à menor lesão do órgão ou dos órgãos em questão, e que finalmente conduz o doente a consagrar toda a sua atenção às parestesias, algias ou outras alterações mais ou menos importantes em termos desse órgão. A hipocondria também pode tornar-se o núcleo de uma doença psíquica. Certas psicoses graves, como a esquizofrenia ou a paralisia, podem ter por primeiro sinal queixas hipocondríacas absurdas. A hipocondria desempenha o mesmo papel na constituição das neuroses traumáticas, das patoneuroses consecutivas a uma lesão ou mutilação corporal e também, com frequência, na doença dos tiques. Freud considera que se produzem efetivamente, fora de qualquer dúvida, alterações da circulação, das secreções e da nutrição dos tecidos nos órgãos sensibilizados dos hipocondríacos, mesmo que elas escapem à nossa percepção. No que se refere ao tratamento da hipocondria, a nossa experiência atual permite-nos dizer que o prognóstico é melhor nos casos em que só uma parte da libido se fixa no corpo, permanecendo a outra sadia, do que naqueles casos em que a hipocondria se combina com a chamada neurose de "transferência" (histeria, neurose obsessiva).

A neurastenia, a neurose de angústia e a hipocondria podem ser atribuídas, como vimos, a um transtorno fisiológico da sexualidade; em vez das psiconeuroses, a psicanálise reuniu-as sob o nome coletivo – ou seja, no quadro da noção – de *neuroses atuais*.

VI
Generalidades sobre as psiconeuroses

A ciência médica, que merece bem a recriminação de ter negligenciado demais até o presente o ponto de vista psicológico, habituou-nos a considerar que um sintoma ou uma síndrome são perfeitamente explicados se os processos patológicos fisiológicos que os englobam forem elucidados. Entretanto, quando se trata de neuroses ou de psicoses, o balanço anatomopatológico ou fisiológico deixa o observador perplexo. No histérico, no obsessivo ou no indivíduo torturado pela mania de perseguição, tanto o tecido cerebral quanto a composição química dos humores não apresentam nenhuma espécie de alteração patológica, de forma que a autópsia de um doente falecido em decorrência de uma enfermidade mental funcional não fornece nenhum elemento para um diagnóstico *post-mortem* do estado mórbido de que sofria a pessoa em vida; nada permite distinguir o cérebro do doente mental do cérebro de uma pessoa saudável. Nessas condições, toda tentativa que vise reconstituir o modo de formação desses estados está condenada ao fracasso. Charcot foi o primeiro a projetar um raio de luz sobre essa zona obscura do saber médico, quando o estudo dos sintomas da histeria traumática o levaram à conclusão de que se tratava, de fato, de uma reprodução das inervações motoras e sensíveis que existiam no doente no momento do traumatismo. Era o primeiro caso em que a explicação de um sintoma não era procurada nas condições biológicas, mas no *sentido* do sintoma, ou seja, a *ideia* ou a *lembrança* que ele poderia *exprimir*. Depois, Moebius formulou isso dizendo que os sintomas da histeria são deflagrados por ideias, que a histeria é, portanto, uma doença *ideogênica*. Na esteira de Charcot, Janet e seus alunos aprofundaram o estudo da psicologia do histérico; observaram que o histérico é caracterizado, segundo a formulação deles, pela divisão em vários fragmentos, a clivagem da consciência. Esses doentes só podem dar conta – ou dar-se conta – de uma parte de sua consciência: os sintomas são produzidos por uma parte cindida da mesma que escapa à vontade consciente. Morton Prince e outros descobriram numa mesma pessoa por vezes dois ou até três desses "eus", que ignoravam tudo ou quase tudo uns dos outros, mas com os quais os clínicos hábeis podiam se comunicar separadamente. Por exemplo, enquanto sustentavam uma conversa com um desses "eus", um outro respondia a perguntas pela escrita automática, etc. Entretanto, todas essas experiências apaixonantes permaneceram no domínio dos problemas científicos abstratos, até o momento em que o médico vienense Breuer, no início da década de 1880, descobriu a aplicação terapêutica dessas novas possibilidades. Num caso de histeria grave, ele obteve, sob hipnose, que a paciente, a qual, mergulhada num estado de inconsciência, estava invadida de fantasias produzidas por um desses "eus" fragmentários latentes, fizesse cessar a clivagem da consciência e reunisse o conteúdo psíquico dos fragmentos cindidos do ego, as lembranças contidas, as tendências, as representações, ao outro ego "ordinário", restabelecendo assim a unidade da consciência. O que era surpreendente e inteiramente novo nesse resultado terapêutico era o fato de que certos sintomas histéricos, como a paralisia do braço, os distúrbios oculares, os distúrbios da articulação desapareciam espontaneamente à medida que os pensamentos e as imagens mnêmicas latentes, dos quais esses sintomas eram mera expressão, integravam-se à consciência normal do doente. Estava assim demonstrado que os sintomas físicos da histeria eram provocados e podiam explicar-se por imagens mnêmicas, latentes sob o limiar da consciência. A teoria de Charcot relativa à origem traumática da histeria devia, por conseguinte, estender-se ao conjunto dos casos e ser completada por este dado: não só os *traumatismos físicos* mas também os *traumas psíquicos* podem provocar o enquistamento de representações afetivamente carregadas, e trata-se de um memorial erigido em lembranças, desses eventos traumáticos, constituído de crises periódicas ou de fenômenos sintomáticos permanentes.

O que nos ensinou o caso único de Breuer, Freud estendeu-o ao conjunto dos casos, e completou a teoria de Breuer com alguns pontos essenciais. Descobriu que não é por fraqueza constitucional ou inaptidão inata para a síntese dos conteúdos psíquicos que esses "fragmentos de consciência clivados" são separados do ego inteiro, como pensava Janet, mas por uma dinâmica específica: o sistema de energia do "recalcamento", que repele uma parte das representações, lembranças ou desejos para que se mantenham *abaixo do limiar da consciência*. Os sintomas histéricos exprimem, portanto, segundo Freud, conteúdos psíquicos que o ego consciente não pode admitir, em virtude de seus caracteres opostos, e incompatíveis com o que ele considera ser a boa direção. De sorte que os estímulos provenientes de representações inconscientes, que, tal como o pensamento onírico inconsciente, não podem chegar à consciência (pois são impedidos disso por considerações culturais), procuram outras vias para manifestar-se, e tornam-se a fonte de inervações sensíveis, sensoriais e motoras diversas. Para compreender os sintomas do histérico, devemos considerá-los como enigmas em imagens, indecifráveis para a consciência do próprio doente, mas inteligíveis para o iniciado, ao exprimirem ideias, desejos, imagens mnêmicas, em outras palavras, um *sentido*, que requer uma solução. Se conseguimos reconstruir o passado do doente desde a sua primeira infância, isso nos permite trazer para a superfície as lembranças latentes que os sintomas da histeria dissimulam. Naturalmente, só chegaremos lá superando uma resistência muito forte a essas lembranças, ou seja, à custa de um imenso trabalho.

No começo, Freud tentou vencer essa *resistência* com a ajuda da hipnose; ele queria assim paralisar mediante uma ordem toda a oposição ou atitude de independência. Conheceu um número bastante importante de êxitos, mas também muitos fracassos; seja como for, os resultados eram pouco duradouros. Finalmente, Freud formulou a hipótese de que é o próprio estado de hipnose que suprime talvez as resistências numa direção mas as torna insuperáveis numa outra. Por isso renunciou rapidamente à hipnose, em favor do emprego sistemático da *associação de ideias em estado vígil*.

Freud descobriu um outro fato de importância fundamental, ou seja, que essas lembranças condenadas ao recalcamento e que só ousavam exprimir-se por meio de sintomas eram, sem exceção e em todos os casos, de caráter sexual ou estavam em relação associativa com experiências sexuais. Dado esse caráter maciço das imagens mnêmicas sexuais inconscientes e patogênicas, Freud pensou no começo que as pessoas que deviam mais tarde tornar-se histéricas tinham sofrido na primeira infância uma experiência ou uma agressão sexual traumatizante, por parte de alguém de seu meio. Depois, foi levado a modificar a sua concepção e a considerar que o traumatismo só desempenhava realmente um papel em certo número de casos; mas em muitos outros, apresentava-se, afinal de contas, como produto de uma imaginação mórbida que criava o trauma histérico a partir de imagens mnêmicas banais, suscetíveis de ser encontradas, sem dúvida, na vida de todas as crianças. Assim, o histérico é caracterizado pela tendência para produzir *fanta-*

sias inconscientes que se exprimem em seguida através de sintomas corporais.

Freud utilizou as observações feitas com histéricos para explicar os fenômenos mórbidos das outras neuroses funcionais, sobretudo a neurose obsessiva, a histeria de angústia, a paranoia, assim como a esquizofrenia (demência precoce), a que me referirei brevemente mais adiante. Pode-se resumir o essencial dessas investigações dizendo que *a única maneira de ter acesso aos sintomas psiconeuróticos consiste em estudar a vivência do doente*, pois é assim que se obtêm os dados anamnésicos que fornecerão o *sentido dos sintomas*. Mais tarde, Freud completou essa teoria mostrando que às fixações e traumatismos patogênicos da *vivência pessoal* vinham juntar-se igualmente os traumatismos da pré-história animal e da história cultural da humanidade, pelos quais cada um de nós está mais ou menos marcado e que, por si sós, bastam para provocar uma psiconeurose. Portanto, a velha polêmica que durante tanto tempo opôs partidários e adversários da hereditariedade dos conteúdos psíquicos e que parecia ter terminado com a vitória dos segundos, foi reavivada a partir da experiência psicanalítica.

São, essencialmente, os sintomas considerados *típicos*, que são idênticos numa infinidade de casos, aqueles que poderiam ser explicados a partir desses traumas antigos a investigar, sem dúvida, na história da evolução, considerada desde os seus primórdios. Assim, se resolve, na mesma oportunidade, a outra controvérsia: *se as psiconeuroses são determinadas por uma predisposição hereditária, ou por um trauma individual*. A psicanálise ensina que os dois fatores devem intervir para que exista doença; quando um traumatismo sem predisposição pessoal é suficiente para provocar uma doença, ou quando a constituição explica a doença sem que um traumatismo tenha sido necessário, estamos na presença de casos extremos. Durante muito tempo, ignorou-se tudo acerca da maneira como as imagens mnêmicas patogênicas de um trauma psíquico podiam transformar-se em sintomas histéricos. Pensava-se que se tratava simplesmente do restabelecimento – mesmo que temporário – do equilíbrio psíquico perturbado pelo trauma, mediante a ab-reação física de certa quantidade de energia. O papel dos sintomas parecia ser, portanto, puramente *econômico*: permitir a "ab-reação" de certa quantidade de excitação. Mais tarde, tornou-se imprescindível modificar essa concepção pela introdução da atividade fantasística inconsciente entre o traumatismo e a formação do sintoma: o sintoma deixava de ser considerado a expressão direta da lembrança traumática, passando a ser a expressão das fantasias inconscientes que lhe estavam associadas. Entretanto, do ponto de vista do tratamento, ou mesmo da interpretação dos sintomas, é perfeitamente indiferente que eles sejam atribuídos a uma realidade objetiva ou apenas a uma realidade psíquica, ou seja, a fantasias. O essencial é que o trabalho seja sério e profundo, que o sintoma seja elucidado sem que nada permaneça na sombra, para que o doente não possa mais continuar a produzi-lo.

Freud pede à psicanálise que forneça a *interpretação metapsicológica* de todas as formas de *psiconeurose,* como o exemplo da análise de sonhos nos mostrou mais acima, a propósito de um fenômeno da psicologia normal. Portanto, o que ele espera é nada menos do que descobrir as zonas *tópicas* do aparelho psíquico onde o sintoma se manifesta, em outras palavras, as causas deflagradoras do sintoma; destacar o jogo de forças – ou seja, a *dinâmica* – que culmina na manifestação do sintoma; e, enfim, expor a origem das quantidades de energia implicadas e o seu investimento, isto é, a sua *economia*. Tudo o que posso aqui dizer sobre isso em resumo é que o conflito situa-se essencialmente nos confins dos processos psíquicos conscientes e inconscientes. As forças psíquicas em conflito são, uma vez mais, as derivadas das pulsões do ego e das pulsões sexuais. Considerações de caráter egoísta, mas também o ideal cultural adotado, obrigam-nos a retirar todo o nosso interesse consciente pelas tendências e manifestações pulsionais primitivas. Esse processo tem o nome geralmente admitido nos dias atuais de recalcamento (*Verdrängung*).

A chave que abre o acesso às emoções e aos atos é conservada na camada psíquica consciente (ou pré-consciente); para prevenir a possibilidade de um ato perigoso, basta à censura impedir que tal ou qual representação chegue à consciência. Na fase atual dos nossos conhecimentos, poderíamos igualmente formular isso dizendo que a censura pode impedir o encontro das imagens mnêmicas inconscientes, que ainda são puramente sensoriais, com as imagens verbais pré-conscientes. Num estado psíquico normal, o nosso universo de pensamentos é essencialmente constituído de imagens verbais, isto é, dos símbolos das lembranças propriamente ditas, e o caminho para as decisões voluntárias, o humor e a ação, passa por eles. É nos doentes mentais que se observa o desmoronar das barreiras da censura, a irrupção das pulsões primitivas na consciência e, por conseguinte, na ação. Mostrar como se faz a distribuição de energia entre as diferentes camadas e os diferentes mecanismos psíquicos – distribuição específica para cada forma de doença – é uma das tarefas mais interessantes para o investigador. Proponho-me ilustrá-la com alguns exemplos.

Na histeria de angústia, o temor diante de certos personagens imponentes, como o pai, por exemplo, passa para o inconsciente, e formações substitutivas vêm ocupar o seu lugar no primeiro plano: o medo em face de outros objetos aterrorizantes, animais (cavalos, cães), multidões, veículos, etc. Estando todo o aparelho psíquico destinado a tornar suportáveis as impressões psíquicas que nos atingem, não cabem dúvidas de que, se o doente histérico foi levado a substituir o objeto primitivo de angústia por outros objetos, isso só poderá ser em virtude do *princípio de evitação do desprazer*. Produziu-se, pois, uma retirada da consciência (ou seja, disjunção da representação verbal), e a quantidade de energia recuperada veio reforçar uma representação vizinha na consciência.

Na histeria de conversão, a energia mobilizada por certas fantasias é afastada da consciência e diretamente orientada para os sintomas físicos por um atalho.

As pulsões associais do doente obsessivo têm, por certo, acesso à consciência mas somente sob forma negativa: excesso de inquietação e de preocupação com a integridade corporal de outrem e com o seu asseio pessoal; é o que se chama de *formações reativas*.

O paranoico ou o esquizofrênico retira seu interesse do mundo exterior, mais ou menos na mesma medida que o sonhante, mas a quantidade de energia retirada reencontra-se integralmente na supervalorização narcísica do ego do doente. Isso significa que, para esses doentes, assim como para o sonhante, as representações objetais inconscientes perdem também seu valor emocional. (As explosões afetivas ruidosas de certos doentes representam, na realidade, tentativas autoterapêuticas a supercompensar pela força a perda de valor do mundo externo.)

Na amência de Meynert, a distribuição de energia é tal que só a faculdade de apreensão consciente é afetada pela retirada de investimento, a qual acarreta a incapacidade de funcionamento; ao passo que a atividade das representações pré-conscientes e inconscientes permanece inalterada. Portanto, não se pode falar aqui simplesmente de alucinação negativa.

Após essas considerações "metapsicológicas", abordaremos a relação entre o trauma patogênico e o desenvolvimento psíquico do doente. O fator que deflagra a doença é, em geral, uma *decepção*, que perturba a distribuição dos afetos, do interesse e, sobretudo, do amor. Pode-se suportar a existência de certa quantidade de libido sem objeto, sem proprietário, poderíamos dizer; mas se a decepção é muito grande, o sujeito é incapaz de suportar uma quantidade importante de libido livremente flutuando e deve providenciar para que esta possa exprimir-se a partir de uma fase anterior do desenvolvimento libidinal. Um exemplo banal é o do homem que sofreu uma decepção amorosa e que vai reencontrar seus companheiros do tempo em que era rapaz, ou volta a interessar-se por um passatempo apreciado outrora mas abandonado há muito tempo; tampouco é raro que ele procure reconforto na masturbação. O despertar da perversão infantil será mais acentuado quando, no decorrer do desenvolvimento, se criaram sólidos pontos de fixação dessas perversões. Porém, como já dissemos, não só a libido, mas os diferentes aspectos do ego participam também na neurose, e o sintoma só se formará se as exigências do ego no plano da cultura e do ideal se recusarem a recorrer a essas formações substitutivas primitivas e frequentemente perversas. Que saída se oferece, portanto, à libido se, em consequência de uma decepção, o indivíduo não pode satisfazê-la com o seu objeto atual, se o sentimento de sua dignidade o afasta das escolhas de objeto da adolescência ou da infância, em outras palavras, se, à *decepção exterior* soma-se agora *a recusa interior* das satisfações substitutivas? O único recurso que lhe resta é procurar formas disfarçadas de satisfações infantis e primitivas, ou seja, produzir, com a ajuda do recalcamento e da regressão, *sintomas*.

Portanto, uma psiconeurose aparecerá no indivíduo: 1º) que sofreu um choque (uma decepção) de grande intensidade; 2º) cujo desenvolvimento libidinal individual acentuou a tendência para voltar aos modos de satisfação primitivos, em caso de decepção; e 3º) que a sensibilidade do seu ego, ou seja, o seu nível de evolução, impeça a aceitação de satisfações substitutivas.

Segundo a psicanálise, o *"complexo nuclear"* das psiconeuroses é constituído pela posição emocional da criança em relação a seus pais, a qual, mesmo nas circunstâncias normais, jamais está isenta de remoinhos, e está caracterizada pelas relações libidinais conhecidas sob o nome de "complexo de Édipo". Um outro complexo desempenha papel de idêntica importância: é o *"complexo de castração"*, que corresponde à lembrança dessas intimidações que quase todas as crianças sofreram em relação à sexualidade.

Enfim, não se pode negligenciar na patogênese das neuroses as predisposições biológicas, físicas, que podem favorecer a formação dos sintomas. Como é o caso, por exemplo, do doente histérico, que exagera certos fenômenos físicos patológicos: catarros, distúrbios circulatórios, etc. e deles se serve para descarregar, na mesma ocasião, quantidades de excitação de origem puramente psíquica. Numerosos trabalhos de grande seriedade parecem sugerir que a libido, se lhe forem fechadas todas as saídas no plano psíquico, pode igualmente provocar doenças orgânicas. Portanto, se a histeria se manifesta exclusivamente através de distúrbios de inervação, Groddeck considera, por outro lado, que graves distúrbios tróficos, uma sensibilidade maior à infecção, um agravamento de doenças já existentes (pulmonares, cardíacas, etc.), também podem ter uma origem psíquica. Voltarei mais adiante a ocupar-me desses estados.

Freud resume a constituição das psiconeuroses numa única frase: não é outra coisa senão *uma fuga na doença para escapar a um sofrimento psíquico*. É o que ele chama a *função primária* da doença; a psiconeurose, uma vez instalada, pode estar também a serviço de *metas secundárias, egoístas.* Um exemplo muito característico: os sintomas do histérico agravam-se com frequência quando o sujeito pode esperar obter assim um acréscimo de compaixão ou de consideração. Pode-se avaliar do mesmo modo os agravamentos que sobrevêm nas neuroses traumáticas ou nas neuroses de guerra, quando de um exame por uma comissão de controle ou por tribunais, e as melhoras na ausência de um tal perigo. Entretanto, é um erro acreditar que esse *"benefício secundário da doença"* esgota inteiramente o problema da neurose. Trata-se, nesse caso, de uma superestrutura que recobre as tendências mórbidas primitivas; só estas últimas podem ser abordadas pela psicanálise.

Freud classificou as psiconeuroses em três grandes grupos. Num primeiro grupo colocou as chamadas neuroses de *transferência*, que podem ser caracterizadas no plano metapsicológico pela transferência da energia afetiva das representações e das tendências insuportáveis para a consciência para outras representações associadas às primeiras. Na prática, essa "transferência" manifesta-se também pelo envolvimento a prazo mais ou menos breve das próprias circunstâncias do tratamento, incluindo a pessoa do médico, que é chamado a desempenhar um papel importante na técnica terapêutica, como veremos no próximo capítulo. Esse grupo compreende a *histeria de conversão e de angústia*, e as *neuroses obsessivas*. O outro grande grupo é o das *psiconeuroses narcísicas*; nessas doenças, o indivíduo não transfere a atração ou o interesse que experimenta de um objeto para outro do mundo objetal, mas retira-o para o seu próprio ego, onde se transforma numa supervalorização do próprio ego. Na prática, resulta daí uma dificuldade muito maior para influenciar o paciente, visto que ele se tornou independente dos objetos do mundo externo e, por conseguinte, também da pessoa do médico. Esse grupo compreende a maioria das psicoses funcionais graves: a esquizofrenia, a paranoia, a hipocondria, a melancolia e sua reação maníaca. As neuroses traumáticas (e de guerra), certas patoneuroses e os tiques ocupam uma posição intermédia entre esses dois grupos.

VII

Sobre a técnica psicanalítica

Conforme já dissemos, é impossível aprender a psicanalisar nos livros. Mas também é totalmente impossível praticar uma análise na presença de um terceiro. A sinceridade total, a abdicação de sentimento de embaraço e vergonha, exigidas pela psicanálise, seriam consideravelmente perturbadas se o tratamento não se desenrolasse numa estrita intimidade a dois. Aliás, seria difícil encontrar pacientes que aceitassem prestar-se a isso. Por conseguinte, a técnica da psicanálise *não pode ser objeto de uma demonstração*; só existe uma forma de aprendê-la – pondo de lado o método autodidático, muito insuficiente – que é *a psicanálise por um analista qualificado, do médico, do pedagogo, etc., que deseje utilizar esse procedimento, e isso durante um tempo relativamente longo*. A Associação Psicanalítica Internacional, por exemplo, da qual existem atualmente grupos locais a ela filiados um pouco por toda a parte, só admite entre seus membros ativos analistas que possam justificar tal formação.

A formação psicanalítica recorda, pois, sob vários aspectos, a que vigora nas corporações artesanais. Parece perfeitamente justificado submeter a condições rigorosas o direito de tocar num instrumento tão delicado quanto o psiquismo humano. Esse tipo de formação oferece a inegável vantagem de fazer com que cada um possa experimentar em sua própria pele, por assim dizer, a correção das teorias proclamadas e a eficácia do método empregado. As anomalias mais ou menos importantes que se encontram no psiquismo de todo indivíduo "saudável" fornecem para isso amplas ocasiões. Pela mesma razão, a saúde psíquica do médico que termina a sua formação psicanalítica será mais sólida do que antes. Essa aproximação do normal é indispensável ao médico que deseja exercer a psicanálise. A profissão, além da competência e das disposições pessoais nesse sentido, requer também uma uniformidade de humor que não é necessária nas outras especialidades médicas. O médico tem por tarefa avaliar, ou seja, receber com equanimidade todas as manifestações afetivas do paciente, quer o seu conteúdo seja indiferente, penoso ou lisonjeiro para ele. Por outro lado, deve evitar o erro de abandonar-se àqueles arrebatamentos emocionais a que certos pacientes parecem tão dispostos, assim como o de se ofender se o doente, convidado a comunicar todos os seus pensamentos sem exceção, aproveitar a oportunidade para pôr implacavelmente o dedo sobre as fraquezas reais ou supostas de seu médico. Mas não basta um simples treinamento para alcançar esse equilíbrio; este só pode resultar do conhecimento e do controle das pulsões primitivas que se escondem no inconsciente do médico, em outras palavras, de uma psicanálise pessoal deste.

Por conseguinte, o que lhes posso dizer neste resumo da técnica psicanalítica refere-se essencialmente aos aspectos formais do método; posso completá-lo pela enumeração dos princípios fundamentais que guiam o médico psicanalista em seu trabalho.

O médico, após ter efetuado os exames físicos de rotina e estabelecido, por meio de um exame psíquico, a existência de uma psiconeurose suscetível de reagir favoravelmente a uma psicanálise, propõe ao seu paciente que se deite confortavelmente, enquanto ele próprio se coloca de maneira a não embaraçar nem influenciar por seu olhar o curso das associações do doente. Depois convida-o a *formular sem hesitações nem crítica tudo o que lhe passa pela cabeça, durante a sessão de análise, mesmo os pensamentos mais fugazes*. Portanto, o paciente deve abster-se de ordenar suas falas, tanto no plano do conteúdo quanto no da forma, não deve preocupar-se em absoluto com a sua coerência (favorecer, por exemplo, as representações relativas à doença), nem rechaçar uma ideia ou uma expressão porque ela seria desagradável para si mesmo ou para o médico, etc. Em outras palavras, deve comunicar todos os sentimentos, todas as sensações, todos os pensamentos ou movimentos de humor, lembranças, desejos, tendências, palavras ou grupo de palavras sensatas ou não, que lhe vierem ao espírito no decorrer da sessão de análise.

O médico deve abster-se de tomar notas durante a sessão, pois nesse caso a sua atenção estaria muito repartida; também ele deve esforçar-se por manter constantemente uma "atenção flutuante" e abandonar-se a todos os desvios por onde enverede o pensamento do paciente. Sentirá, por vezes, a necessidade de pedir um suplemento de explicações ao paciente, sobre tal ou qual detalhe do material, ou de lhe chamar a atenção para correlações possíveis que lhe teriam escapado. Acontece então que lembranças antigas recebam um esclarecimento inteiramente novo, em outras palavras, que o material latente de suas lembranças se torne consciente. Essa maneira inabitual de associar as ideias, diametralmente oposta à tendência orientada que é de regra no diálogo e na comunicação corrente, tem por frequente e surpreendente resultado que imagens mnêmicas muito antigas, as quais talvez há muitos decênios não tinham voltado mais ao espírito do paciente, ressurjam de súbito. Essa função da associação livre é especialmente importante na histeria, pois ela enche pouco a pouco a vida mnêmica que se forma, de um modo geral, em redor dos grupos de lembranças patogênicas.

O médico analista não tardará em aperceber-se de que esse modo de auto-observação e de comunicação das ideias mobiliza uma *resistência* muito violenta no doente. A despeito de suas intenções iniciais e de seus compromissos, ele transgride a todo instante a regra fundamental da associação livre, e quando um longo silêncio nos leva a pensar que alguma coisa não foi comunicada, o paciente defende-se, ao arrepio da lógica, afirmando que se tratava de um absurdo, de uma ideia ridícula, sem importância, de um pensamento tão vergonhoso que "não podia verdadeiramente pertencer-lhe", ou de alguma coisa insultante ou contundente para o médico ou para qualquer outra pessoa respeitável, etc. O médico deve então, incansavelmente, com uma paciência inesgotável, reclamar do seu paciente o respeito à regra fundamental; e se ele, ao cabo de uma longa luta, acaba mesmo assim por comunicar a ideia "insignificante" ou "absurda" que calara, assim como as ideias que se lhe associam, evidencia-se repetidas vezes que a objeção lógica ou estética servia justamente para tolher o avanço do tratamento a respeito de um ponto que permitia elucidar um problema parcial da neurose. O médico psicanalista deve, portanto, levar sempre em consideração o fato de que *o doente que, conscientemente, quer curar--se, age muitas vezes inconscientemente em oposição aos esforços terapêuticos.*

Durante a sessão, o médico permanece atento aos movimentos involuntários do paciente, aos seus lapsos, seus erros eventuais, seus gestos desastrados, suas explosões afetivas imotivadas, e procura encontrar a explicação para cada um deles, pois não ignora que conteúdos psíquicos importantes manifestam-se com frequência por pequenos fatos desse gênero. As sensações físicas passageiras, as mudanças de humor, ou mesmo as variações mais ou menos importantes da saúde, do estado geral, retêm igualmente sua atenção: sob a forma de *"sintomas transitórios"*, eles podem revelar a existência de representações escondidas. Também pede ao paciente que se recorde, se possível, dos sonhos que teve à noite, assim como de seus devaneios diurnos, e que procure falar sobre eles durante a sessão de análise. (Em compensação, é desaconselhado convidá-lo a tomar notas por escrito.) *Muitas psicanálises não são, de fato, mais do que uma sequência de análises de sonhos.* O sonho, como já dissemos, extrai sua matéria-prima das camadas mais profundas da vida psíquica e o seu estudo pode aproximar-nos do foco da neurose.

É dessa maneira aparentemente monótona que se desenrolam as sucessivas sessões; aí, o fio rompe-se bruscamente para continuar num ponto inteiramente inesperado, e só ao final de vários dias ou talvez semanas é que, por um grande desvio, acaba sendo possível uma compreensão mais aprofundada do problema. O importante é que o médico evite impor suas próprias soluções. Deve aguardar pacientemente que os problemas se resolvam por *si mesmos*, à medida que vai aparecendo o material mnêmico.

Entretanto, aqueles que, com base num conhecimento superficial do velho método catártico de Breuer e Freud, acreditam que o método psicanalítico é essencialmente um trabalho intelectual, o despertar progressivo e a reativação de lembranças recalcadas, estão enganados. Mesmo que o paciente observe com a maior boa vontade a regra fundamental, o trabalho analítico tranquilo – ou seja, preencher as lacunas da memória, explicar os sintomas transitórios, interpretar os sonhos – só se faz sem choques durante um certo tempo. Cedo ou tarde, isto é, desde que apareçam os *sinais de uma transferência positiva ou negativa para o médico*, defrontamo-nos com obstáculos mais importantes. Acontece então que o trabalho fica marcando passo durante algumas sessões; "nada vem ao espírito" do paciente; se o incitamos a comunicar-nos mesmo assim todos os seus pensamentos, ele se reduz a enumerar um por um os objetos que o rodeiam. Esses fenômenos indicam que não é o despertar de representações mnêmicas, mas a *repetição atual de uma situação antiga* que permite ao paciente, ao mesmo tempo, mostrar e esconder as vivências importantes que se dissimulam em seu inconsciente. Pois o inconsciente, como temos repetido amiúde, não conhece aquelas categorias lógicas que vinculam o afeto a um objeto determinado, quer dizer, a uma pessoa determinada. Semelhanças imperceptíveis bastam para que o médico se veja colocado no lugar de um personagem importante do passado. É assim que o médico pode tornar-se o objeto do humilde respeito, do amor desvairado ou do ódio implacável que o paciente sentiu outrora por uma pessoa de seu meio, mas cuja percepção escapa à consciência precisamente em virtude da qualidade inconsciente desses afetos.

Se eles constituem um entrave para o trabalho analítico, o médico não deve hesitar em submeter a uma discussão profunda até mesmo aqueles movimentos emocionais do paciente que lhe dizem respeito. Contudo, o paciente recorre de bom grado a essas "repetições" do passado para reforçar sua resistência à análise; há então o perigo iminente de interrupção, se o médico não reconhece do que é que se trata. Pois o doente não se deixa facilmente convencer pela teoria de "transferência de afeto" que o médico lhe apresenta; ele sustenta com obstinação que o seu entusiasmo ou a sua hostilidade para com o analista justificam-se objetivamente. Em outras palavras, esquecendo-se de que são doentes que nos procuraram porque querem ser curados, tentam deslocar o combate para um outro terreno e insistem na atração ou no ódio que sentem a nosso respeito. Mesmo no decorrer dessas sessões difíceis, o médico jamais deve perder sua calma e sua paciência; se mostrar suficiente perseverança, o paciente acabará por cansar-se desse modo de resistência e recomeçará, pouco a pouco, a fornecer material interpretável; esse processo permitirá demonstrar a realidade da transferência e elucidar certos eventos importantes do passado.

Evitar que efeitos de sugestão venham misturar-se na técnica analítica deve ser uma preocupação constante para o médico. Em contrapartida, não há dúvida de que a transferência, sobre a qual acabamos de falar, e que nos casos acima citados reforça a resistência, torna-se uma aliada para o analista quando se apresenta sob uma forma atenuada. A relação que se desenvolve entre o médico e o paciente deve ser a mesma que se estabelece entre um bom pedagogo e seu aluno; ou seja, o paciente deve estar suficientemente bem disposto a respeito do médico para melhor compreender e aceitar suas teorias. Mas, assim como o bom pedagogo não aniquila o espírito crítico do seu aluno com o peso de sua autoridade, também o bom psicanalista se esforça por levar a disposição afetiva do paciente a um certo ótimo; em outras palavras, é preciso que a sugestão não ocupe na psicanálise mais lugar do que no ensino de uma disciplina biológica, por exemplo.

O final do tratamento pode apresentar um problema para o médico. A fim de manter pelo máximo de tempo possível uma relação que se tornou agradável, o paciente tende a agir de modo que o tratamento se prolongue. Venceremos essas tendências, em primeiro lugar, desvendando-as implacavelmente aos olhos do paciente e, depois, impondo-lhe pouco a pouco – além da regra da associação livre – um certo número de "tarefas": averiguar voluntariamente as situações que lhe são penosas, abandonar os maus hábitos em que sente prazer. Como se pode prever, essas medidas provocam um certo agravamento da neurose, mas permitem fazer surgir um material ainda escondido e obter resposta para questões que ainda estavam em suspenso.

Portanto, poder-se-ia considerar o tratamento psicanalítico como um método de reeducação da personalidade e que, nessa qualidade, distingue-se da hipnose e da sugestão que pretendem obter efeitos de uma rapidez milagrosa. São precisos meses, às vezes um ano ou mais, para modificar radicalmente uma neurose ou um caráter patológico bem enraizado. Em medicina, os únicos procedimentos que se poderia comparar são os ortopédicos, mas exigem infinitamente menos esforços, paciência e sacrifício – ao paciente e ao médico – do que a psicanálise; sem esquecer que a ortopedia propõe-se solucionar problemas mecânicos muito mais simples do que os encontrados pelo psicanalista no tratamento de "anomalias psíquicas".

Existe um outro fato importante do ponto de vista da prática médica, ou seja, que a técnica analítica clássica pede ao médico que *consagre todos os dias uma hora inteira a cada um dos seus analisandos*. Segue-se, naturalmente, que o número de pacientes que o médico pode tratar cada um ano pelo método psicanalítico é muito limitado. Esperemos que isso seja remediado pelo aumento do número de psicanalistas.

Em algumas cidades do exterior, fundações de beneficência implantaram policlínicas psicanalíticas que permitem aos indivíduos das classes sociais mais desfavorecidas recorrer a esse método terapêutico. Também neste país surgiu um filantropo desejoso de se colocar a serviço dessa causa, mas a incompreensão das autoridades responsáveis fez fracassar seus esforços[1].

VIII

Indicações e contraindicações da psicanálise

A psicanálise jamais pretendeu ocupar sozinha o lugar de todas as outras terapêuticas da neurose. É mais do que evidente que esse método mobiliza meios por demais complexos para que possa ser aplicado a não importa que distúrbio nervoso menor e talvez passageiro. Um bom número de histerias leves curou-se e continuará sendo curada por um simples tratamento de diversão, de ocupação, de distração, de repouso, de sugestão. Não há que temer tampouco que a psicanálise acabe por eliminar os tratamentos por hidroterapia ou a necessidade de hospitalização em casas de saúde, etc. Mas não é menos verdade que a psicanálise tem o poder de curar radicalmente os pensionistas temporários ou permanentes desse gênero de estabelecimentos, enquanto os outros métodos contentam-se com resultados sintomáticos. É igualmente verdadeiro que a psica-

---

1. Uma policlínica funciona igualmente em Budapeste desde 1931, sob a direção da Associação Psicanalítica húngara. (N. dos Eds.)

nálise teve sucesso em muitos casos onde outros métodos fracassaram. Mais adiante, passaremos rapidamente em revista as posições da psicanálise no tocante às principais psiconeuroses; por agora, assinalamos apenas, em termos gerais, que as chamadas neuroses de transferência (*histeria* e *neuroses obsessivas*) constituem as principais indicações da psicanálise e o seu melhor prognóstico. Em contrapartida, nas psicoses narcísicas graves (esquizofrenia, paranoia), ela não obtém grandes resultados, permitindo no máximo penetrar mais a fundo na estrutura da psicose e fornecer ao médico os meios de interpretação dos sintomas aparentemente absurdos do doente mental[2]. Pode-se dizer o mesmo em relação às psicoses orgânicas (paralisia, demência senil, etc.). O *período de acalmia* da psicose maníaco-depressiva é particularmente propício a uma tentativa psicanalítica. Esses estados, recorrentes de modo periódico ou cíclico, chegam a curar-se de forma definitiva. O tratamento psicanalítico das "neuroses mistas" (hipocondria, neurose traumática, patoneurose) pode ser bem-sucedido na medida em que os sintomas narcísicos permaneçam curáveis no decorrer do tratamento de estados psíquicos em que a transferência ainda seja possível. Tanto na Inglaterra quanto na Alemanha, a experiência maciça das neuroses de guerra testemunhou os resultados favoráveis obtidos pela psicanálise. O domínio específico da psicanálise é o tratamento dos distúrbios da função sexual (distúrbios da potência no homem, frigidez na mulher, etc.), assim como as perversões sociais reconhecidas como tais pelo paciente que procura libertar-se delas. Pode-se citar igualmente os toxicômanos (alcoolismo, morfinomania, cocainomania, etc.).

Observe-se que, de um modo geral, não é possível impor a quem quer que seja uma psicanálise contra a sua vontade, e que o prognóstico é menos bom quando a tentativa é efetuada sob a pressão de um terceiro.

Quanto ao problema da idade ótima para uma psicanálise, pode-se falar sobretudo de um eventual limite superior. O caráter, a atitude psíquica das pessoas idosas estão, com frequência, tão fortemente fixados que a resistência à "reeducação" analítica mostra ser

---

2. Depois da redação deste artigo, tentativas promissoras tiveram lugar em matéria de tratamento psicanalítico dessas doenças, sobretudo em seus estágios precoces. (N. dos Eds.)

invencível. Não obstante, obtiveram-se resultados em pacientes de 55 e mesmo de 60 anos – excepcionalmente, é verdade –, uma vez que, mesmo na velhice, a diferença entre indivíduos é muito grande, no que se refere à mobilidade e à maleabilidade psíquicas. A psicanálise pode igualmente contribuir para o tratamento de crianças aconselhando judiciosamente seus próximos. Mas também aconteceu por mais de uma vez que o tratamento analítico da neurose infantil em crianças de 4 a 8 anos tenha sido coroado de êxito. Já faz algum tempo que os pedagogos também começaram a interessar-se pela psicanálise (sobretudo na Alemanha, na Inglaterra e nos Estados Unidos), e elaboraram várias propostas importantes em matéria de profilaxia das neuroses infantis.

A psicanálise opõe-se também às terapêuticas sugestivas pelo fato de que ela jamais promete a cura com absoluta certeza nem, aliás, poderia fazê-lo, porquanto é incapaz de prejulgar a resistência do paciente, sua aptidão para a sinceridade ou sua perseverança. Uma tal insuficiência, ou então uma doença mais grave do que o diagnóstico deixava prever, podem acarretar insucessos ou interrupções; mas tudo o que se diz sobre os danos eventuais que a psicanálise poderia ocasionar é fruto da mais pura fantasia.

IX

Breve descrição psicanalítica das diferentes psiconeuroses

1) A *histeria de conversão*, de que já nos ocupamos no capítulo consagrado às generalidades, simboliza, mediante sintomas físicos, as fantasias inconscientes e as moções pulsionais. Esses sintomas podem instalar-se de modo permanente (cãibras, paralisias, anestesias, algias) ou então manifestar-se por crises. A grande crise histérica clássica, cuja tonalidade sexual foi percebida há muito tempo pelos médicos, e certos não médicos, revela ser um equivalente erótico – como a psicanálise o mostra.

Do ponto de vista do desenvolvimento do ego, os sintomas da histeria de conversão representam uma regressão ao período infantil da comunicação por sinais; ao mesmo tempo, esses sintomas compensam a inibição da potência genital pela exacerbação da erogeneidade de outros órgãos. As perspectivas de êxitos terapêuticos são relativamente boas na histeria. O tratamento psicanalítico é bastante eficaz nos casos de distúrbios gástricos e intestinais de origem neurótica (os vômitos histéricos, por exemplo), a asma histérica, as neuroses cardíacas de origem psíquica, os distúrbios psicogênicos da visão, da audição ou olfação, certas neuroses menstruais, etc.

2) O núcleo da *histeria de angústia* é constituído, como já dissemos, por uma causa fisiológica: a angústia provocada pela libido insatisfeita, à qual se soma, em virtude da superestrutura psíquica, a fobia de certas situações, pessoas, animais ou objetos. Essa fobia incita então o paciente a *evitar* o que lhe é penoso. Encontra assim certo apaziguamento subjetivo, mas ao preço de uma restrição obviamente importante de sua liberdade de movimentos e de ação. Desse modo se constituem as fobias que conhecemos bem: agorafobia, horror das multidões ou dos lugares fechados, horror dos objetos pontiagudos e cortantes, horror de animais podendo representar um perigo qualquer, como o cão ou o cavalo, por exemplo, e assim por diante. Essa doença é deflagrada, com muita frequência, por um abalo profundo da confiança do doente em si ou em outros, ou por uma ferida particularmente dolorosa do amor-próprio. Está quase sempre associada à compulsão para o rubor, ou seja, o medo do rubor (eritrofobia). Os sonhos de angústia e o despertar em sobressalto são fenômenos anexos frequentes. De fato, a histeria de angústia é apenas uma variedade da histeria de conversão, na medida em que, nos dois casos, as fantasias inconscientes organizam-se em torno de sintomas físicos (os sintomas da angústia); os pontos de fixação são, por conseguinte, os mesmos que na histeria de conversão. Também aí a psicanálise obtém resultados terapêuticos muito satisfatórios. Foi assim possível conseguir o desaparecimento de abasias (impossibilidade de caminhar) ou de astasias (impossibilidade de ficar em pé) que duravam havia mais de dez anos.

3) Na *neurose obsessiva* trata-se amiúde de uma invasão constante, por pensamentos absurdos ou insignificantes (pensamentos compulsivos) que surgem sem razão, ou de uma compulsão para produzir movimentos absurdos ou inúteis, em que toda e qualquer tentativa de repressão pela força suscita angústia. A psicanálise chega a curar, quase sem sequelas, essa síndrome tenaz que nenhuma tentativa de exame ou de tratamento conseguira até agora debelar. Cumpre admitir, entretanto, que o tratamento desses casos exige muito tempo e esforços psíquicos. Parece que os doentes obsessivos permaneceram fixados no estágio de desenvolvimento do ego de-

nominado o estágio de onipotência, ou para ele regrediram, o que explica a tendência dos obsessivos para a superstição, à semelhança dos primitivos. No plano sexual, fixaram-se no estágio de organização sádico-anal; opõem a essa organização sádico-anal um certo número de formações reativas, como diversas manias, a limpeza ou a honestidade levadas ao excesso, um horror doentio a toda violência. Uma outra particularidade é o traço denominado "ambivalência", fenômeno psíquico que consiste na incapacidade de condensar o conflito psíquico numa solução de compromisso, o que os obriga a representá-lo por *dois* atos, ou pensamentos, opostos.

4) Os *distúrbios neuróticos da fala* (gagueira, transtornos de elocução) apresentam-se com frequência na análise como uma mistura de sintomas histéricos e sintomas obsessivos, e, por conseguinte, suscetíveis de melhora ou mesmo de cura completa.

5) A *epilepsia psíquica* é, por vezes, indiferenciável da chamada epilepsia verdadeira (é acompanhada amiúde dos mesmos sintomas: reações pupilares e motoras, perturbações da consciência, relaxamento dos esfíncteres, lesões diversas). Em certos casos – a experiência da guerra nos ensinou muito a esse respeito –, mesmo uma síndrome de aspecto tão grave pode ser atribuída a choques psíquicos e reagir a um tratamento psicológico. Esse tipo de terapêutica tem sido igualmente tentado em formas verdadeiras caracterizadas, às vezes com êxito.

6) O *alcoolismo e outras toxicomanias* podem ser considerados estados mórbidos, mas não apenas em virtude das quantidades de tóxicos absorvidas, o que constitui somente um fenômeno secundário da doença, uma consequência desta. A psicanálise procura e descobre o verdadeiro núcleo patogênico do alcoolismo, da morfinomania e da cocainomania, em fatos psíquicos inconscientes. Não se pode, portanto, considerar que um alcoólatra está curado porque foi possível desviá-lo temporariamente de sua inclinação nefasta através da desintoxicação ou da sugestão; a desintoxicação deve ser completada por um trabalho psicanalítico que desvende e neutralize as verdadeiras motivações psíquicas da necessidade compulsiva de drogas. Verifica-se com frequência, durante a análise, que esses hábitos serviam para mascarar uma vida sexual ou amorosa perturbada.

7) O que acabamos de dizer sobre os toxicômanos é igualmente válido para a *cleptomania*, a piromania e outras manifestações pulsionais sintomáticas (ver, em particular, a cleptomania).

8) As *neuroses traumáticas*, das quais a guerra forneceu um vasto campo de estudo para a psicanálise, são uma mistura específica de sintomas psíquicos histéricos e narcísicos. Elas são, portanto, em certa medida, a representação corporal da situação do doente no momento do traumatismo; por outro lado, são caracterizadas por uma hipersensibilidade hipocondríaca particular e por um declínio importante da coragem e da autoconfiança. Estes últimos fenômenos impõem-se com uma intensidade muito particular quando o dano sofrido permite esperar uma indenização. Mas seria um erro pensar que a busca de lucro explica inteiramente o fato neurótico. Além desse benefício secundário, o traumatismo acarreta igualmente consequências primárias: os sintomas representam, numa certa medida, uma regressão autêntica ao estágio infantil de impotência e de necessidade de outrem; a isso corresponde, no plano sexual, uma redução considerável da potência sexual e do interesse pelo mundo externo. É uma notável constatação que os traumatismos, acompanhados de lesão relativamente grave ou que sobrevivem num momento em que o indivíduo estava particularmente tenso e inquieto, acarretam efeitos muito menos graves do que os choques inesperados e acompanhados de lesões benignas. A análise pôde explicar esse fato paradoxal por fatores econômicos da vida psíquica.

Como é de regra, também nesse caso as perspectivas de tratamento analítico são tanto mais favoráveis quanto mais vantagens o indivíduo tiver em desembaraçar-se de sua doença; aliás, a cura espontânea é muito frequente nesses casos. A evolução das neuroses traumáticas, após a assinatura da paz, oferece um bom exemplo disso. A maior parte dos doentes encontrou com bastante rapidez o caminho da cura, sem tratamento nenhum; os doentes não curados foram aqueles que tinham sido vítimas de traumatismos particularmente graves, ou os que tinham organizado sua doença em função das pensões por invalidez. A guerra impôs o recurso a uma terapêutica de massa; os analistas foram, portanto, inevitavelmente levados a combinar seu método com procedimentos sugestivos que permitiam esperar uma cura mais rápida, se bem que menos radical.

9) Um grande número de casos de *impotência psicossexual* pode ser explicado e curado pela psicanálise. Na origem desse sintoma, encontra-se frequentemente uma fixação demasiado intensa do paciente ao seu meio da primeira infância, de sorte que é levado a

estender os interditos, opostos às tendências incestuosas, à atividade sexual em geral. Um meio de expressão muito comum desses interditos, a ameaça de castração, deixa com frequência marcas na psique do doente, impossíveis ou muito difíceis de apagar em seguida; um rapazinho que ouve falar de circuncisão ou vê-se diante de um órgão sexual feminino quando estava longe de esperar isso, pode reagir com a mesma intensidade que a uma ameaça de castração. Pois os meninos vivem na convicção de que todo mundo possui um órgão sexual semelhante ao dele, e só podem explicar a ausência do mesmo por meio de uma violenta ablação. É em geral por ocasião de uma pequena atividade masturbatória que a criança é ameaçada de castração; o efeito dessas ameaças pode ser reforçado subsequentemente pelos exageros dos pais, dos educadores e dos médicos que assim tentam impressionar as crianças a fim de desviá-las desse hábito. A impotência pode manifestar-se pela ausência de ereção ou por uma ereção imperfeita, pelo atraso ou ausência de ejaculação. Pode-se observar amiúde a existência de satisfações compensatórias, sob a forma de onanismo e de poluções prolongadas até uma idade adulta avançada.

10) A *insensibilidade sexual feminina* (frigidez) sobrévem nas mesmas condições que a diminuição da potência masculina. Não acarreta sempre distúrbios neuróticos ou depressão; conhecemos mães de família numerosa que nunca conheceram a plena satisfação sexual e que, no entanto, não adoeceram. A insensibilidade traduz-se por uma passividade total, a ausência de orgasmo, espasmos vaginais dolorosos, por vezes. Nos casos graves, é acompanhada de penosos sintomas histéricos, sobretudo distúrbios digestivos, sensação de uma bola na garganta, nojo histérico, etc. Na verdade, a insensibilidade genital é apenas um caso particular da histeria da conversão, cuja importância prática é considerável; a masturbação clitórica levada ao excesso constitui uma causa predisponente. Entretanto, mesmo nos casos inveterados, a análise pôde restabelecer uma sensibilidade genital normal.

11) A *homossexualidade* é uma das perversões sexuais mais frequentes. A busca de uma solução para esse problema – até aqui unicamente estudado de um ponto de vista fisiológico – deu e continua dando muitas preocupações aos psicanalistas. A psicanálise nos ensina que certas causas psíquicas podem somar-se aos fatores físicos e constitucionais, e contribuir ativamente para a constituição da ho-

mossexualidade. É frequente, por exemplo, que os sentimentos de uma criança órfã de pai ou de mãe se orientem num único sentido, mesmo no plano sexual. Tampouco é raro que um surto heterossexual, demasiado forte no período do erotismo infantil, seja seguido do seu contrário homossexual. Portanto, a par dos casos em que a atração pelos indivíduos do mesmo sexo é patologicamente reforçada, também existem casos em que o doente refugia-se junto do seu próprio sexo por horror neurótico ao sexo oposto. É o caso em que o prognóstico de um tratamento psicanalítico é o mais favorável. Mas aqueles que podem estar inteiramente satisfeitos com parceiros do seu próprio sexo não se sentem motivados para desvencilhar-se de uma doença que, aliás, não se lhes apresenta como tal. Também acontece, em certos casos, que a homossexualidade latente somente se revela sob os sintomas no decorrer da análise. Ainda nesses casos são relativamente boas as chances de fazer derivar essa pulsão parcial numa outra direção, ou de sublimá-la.

12) O *masoquismo*, ou seja, a tendência para buscar o prazer ou a satisfação no sofrimento físico ou na humilhação psíquica – supondo que isso seja possível – só pode ser explicado e resolvido pela elucidação de elementos inconscientes. Nos casos graves, esse trabalho requer muita paciência e perseverança.

13) *As diferentes formas de doenças mentais.*

a) A *demência precoce* (esquizofrenia) é uma das mais graves formas de psiconeurose narcísica, em que o "eu" regride para o mais primitivo estágio de desenvolvimento, quase poderíamos dizer para o estágio de onipotência embrionária, ao passo que a sexualidade se caracteriza pela ruptura de toda relação com o mundo externo. Mesmo que a psicanálise tenha podido esclarecer certos problemas colocados por essa doença que pareciam insolúveis até agora, não forneceu muita coisa no domínio do tratamento. Obteve, no máximo, alguns êxitos terapêuticos nos casos em que se tratava de uma associação entre esquizofrenia e neurose de "transferência".

b) No que se refere à *paranoia*, os resultados terapêuticos reivindicados pela psicanálise parecem ainda menos convincentes; em contrapartida, ela demonstrou que o núcleo ativo dessa doença mental era constituído por forte homossexualidade inconsciente que se manifestava na consciência sob a máscara do ódio ou do medo de pessoas do mesmo sexo; mostrou igualmente o papel importante da *projeção* nessa doença: a prova da realidade é falseada, o sujeito esforça-se por deslocar suas próprias tendências psíquicas para outros; mas, até o presente momento, a psicanálise não conseguiu fazer com que o paranoico desconfiado admitisse essa interpretação e abandonasse sua atitude psíquica errada. No máximo, pôde obter alguns êxitos terapêuticos nos delírios de ciúme, quando o doente tinha certa consciência do caráter patológico do seu comportamento.

c) A doença mental maníaco-depressiva tem sempre sua origem, segundo a psicanálise, na melancolia provocada pela decepção inconsciente experimentada a propósito de uma pessoa antes idealizada e com a qual o doente se identificara por inteiro. As autoacusações do melancólico são, por conseguinte, acusações dirigidas contra essa pessoa; o temor de empobrecimento exprime a diminuição do amor por essa pessoa, enquanto a anorexia (inapetência ao alimento) e o emagrecimento que se lhe segue são uma defesa contra a regressão a um estágio de desenvolvimento sexual muito primitivo, ou seja, contra a chamada pulsão oral ou canibalesca.

A exaltação maníaca corresponde à alegria de ter escapado temporariamente à tirania representada pela identificação com o ideal. No período maníaco, o doente supera facilmente as preocupações e os escrúpulos da melancolia, e lança-se com uma espécie de júbilo sobre todos os objetos de amor ou de ódio que se lhe oferecem no mundo exterior.

O tratamento analítico não tem muitas chances de êxito durante os estágios de depressão ou de exaltação; mas, no período de alívio que se segue no desenrolar do ciclo, pode-se tentar com proveito uma psicanálise de intenção profilática que permita prevenir, nos casos favoráveis, a retomada do ciclo.

X

A psicanálise a serviço do clínico geral

Como já foi assinalado, o exercício da profissão de psicanalista supõe estudos especializados que são demorados e relativamente difíceis. Mas não é menos verdade que seria muito vantajoso para o clínico familiarizar-se com o método e os conteúdos da psicanálise, não só no plano teórico mas também no plano prático. Poderá assim preencher numerosas lacunas que o ensino universitário não se deu suficientemente ao trabalho de completar. Nos estudos médicos, as noções fornecidas ao estudante dizem quase exclusivamente respeito às funções fisiológicas normais ou patológicas; ele pode considerar-se feliz se, no espaço de um único semestre, lhe foi fornecida a ocasião de adquirir alguns rudimentos de psiquiatria. É de uma evidência gritante que o universo psíquico, normal ou patológico, do homem não foi até agora tomado em suficiente consideração pelo ensino, de modo que só se podia ter acesso ao *conhecimento do homem* à custa de uma longa prática e de muitos erros. Não poderia ser de outra maneira enquanto a psicologia estivesse na dependência da intuição dos artistas e do talento particular de alguns indivíduos. A psicanálise é talvez o primeiro método que permite a quase todos o acesso a problemas que outrora só esses talentos excepcionais tinham o privilégio de perceber e, sobretudo, de resolver.

A teoria proclama desde há muito tempo: *Mens sana in corpore sano*[3]; a melhoria do estado e do equilíbrio psíquicos favorece também a cura das doenças orgânicas; sabia-se igualmente que a personalidade do médico exerce com frequência mais efeito sobre o paciente do que o medicamento prescrito. Entretanto, a psicanálise substitui essas verdades gerais, portanto pouco explícitas, por um saber preciso e por métodos bem definidos. Destaca os indícios que revelam os sentimentos, por vezes os pensamentos escondidos, inclusive inconscientes, do paciente, e ressalta as leis que regem o fenômeno da transferência, ou seja, a relação afetiva entre médico e paciente, etc. Por isso o médico que passa por essa escola do autoconhecimento tem mais chances de agir também sobre o psiquismo dos seus pacientes do que o médico que, por falta desse conhecimento, concentra toda a sua atenção nas funções físicas.

Podemos citar aqui algumas tentativas interessantes que permitem esperar uma evolução mais favorável de certas doenças orgânicas pela observação psicanalítica sistemática ao mesmo tempo que o tratamento orgânico, preparando uma intervenção psicoterápica se esta se mostrar necessária. Entre essas experiências, notamos aquelas que são feitas no domínio da tuberculose e das cardiopatias. Já suspeitávamos da notável importância dos fatores psíquicos nas pneumopatias, mas ignorávamos a que ponto o efeito tera-

---

3. "Um espírito são num corpo saudável."

pêutico de uma consideração sistemática do fator psíquico era marcante. Com frequência, na origem dos estados de descompensação nas cardiopatias, vamos encontrar distúrbios nervosos e circulatórios; não é raro que estes possam, em última instância, ser atribuídos a tensões psíquicas conscientes ou inconscientes.

Entretanto, mesmo sem nos determos nessas experiências cheias de esperanças mas ainda insuficientemente apoiadas, o benefício já mencionado, um melhor conhecimento do homem e a compreensão dos mecanismos escondidos do psiquismo, justifica por si só que o clínico geral – na medida em que seu trabalho esforçado lhe permita – se familiarize com os principais trabalhos da psicanálise.

XI

O lugar da psicanálise entre as ciências

A psicanálise está fundada, por uma parte, num melhor conhecimento das pulsões, ou seja, uma base estritamente biológica; por outra, permite penetrar no laboratório do psiquismo humano, o que a coloca em condições, melhor do que todas as outras disciplinas, de preencher o vazio que separa desde longa data as ciências naturais exatas das chamadas humanidades. Foi a psicanálise que fez, não há muito tempo, da psiquiatria a fonte onde vêm haurir os investigadores de todas as ciências do espírito. O etnólogo, o sociólogo, o criminologista e o pedagogo esperam da psicanálise a solução de muitos de seus problemas; mas os especialistas da estética, da história ou da filosofia são igualmente obrigados a considerar o método e os dados psicanalíticos. Isso nada tem de surpreendente, porquanto o exame aprofundado de um psiquismo perturbado fornece uma imagem, mesmo que seja caricaturalmente deformada, das camadas e dos mecanismos ocultos do psiquismo, os quais, por sua vez, esclarecem os estranhos fenômenos encontrados no universo psíquico individual ou coletivo, fenômenos que até agora observávamos sem compreender.

Por outro lado, a psicanálise foi a primeira a mostrar como se pode estabelecer fatos biológicos – por exemplo, certos capítulos do desenvolvimento da vida pulsional – a partir do enfoque de fatos puramente psicológicos.

É, portanto, um domínio onde se observam os primeiros sinais desse esforço de integração de que a ciência – dividida em centenas de especialidades e mergulhada em pesquisas de detalhe – teria tanta necessidade.

XII

Novas observações sobre a homossexualidade (c. 1909)

O que se segue é válido para os dois homossexuais de que trato atualmente (C., homossexual com inibições e tentativas heterossexuais; T., praticamente sem inibições, salvo alguns escrúpulos religiosos/Inferno):

Os homossexuais gostam da mulher de maneira *forte demais* (intensidade assustadora, a maior parte do tempo, coloração sádica do amor, fantasias perversas). Recuam dela impelidos pelo terror. Recalcamento. Retorno do recalcado sob a forma de homossexualidade, que no ICS significa sempre as velhas fantasias insuportavelmente violentas (fixadas na mãe ou na irmã). Idealizam a mulher (as mulheres que têm relações sexuais são prostitutas para eles) e, ao mesmo tempo, fantasiam inconscientemente o que se segue:

I. Eu (o homossexual) sou a mãe (prostituta) que *tem necessidade de um outro homem a cada vez* (concordância completa a esse respeito nos dois casos); o homem com quem tenho relações *sou eu mesmo*. (É também por essa razão que o homossexual nunca está inteiramente satisfeito, tanto mais que o jovem nunca é o suficiente idêntico a ele próprio.) Os dois pacientes buscam somente homens muito jovens. O não inibido aspira, de maneira inteiramente consciente, a um rapaz em uniforme de marinheiro, como ele mesmo usava em pequeno. (Outros homossexuais/os mais passivos/preferem os homens mais idosos, usando barba; fantasia: "Eu sou a mãe, ele é o pai.")

Um dos pacientes (T., o não inibido) gosta de ficar no escuro, no que se refere aos órgãos genitais do jovem. Nunca faz nada com os órgãos genitais do jovem, gosta que este vista calções de banho bem curtos, que escondem os órgãos genitais, e esfrega seu membro contra as coxas do outro. Na maioria das vezes contenta-se com beijos.

A despreocupação, a volubilidade e a leveza de espírito desse T. (seu pai ocupa as mais elevadas funções na Polícia do Estado! Ele próprio é tenente da gendarmaria) significam:

1. *Fazer o pai perder sua posição* (inconscientemente, ele quer dizer a posição do pai na família);

2. Baixar ele próprio =

a) agachar-se (*niederkommen* = parir), dar à luz (também em húngaro, *megesni* = decair);

b) tornar-se vagabundo, um assassino, um bandido (matar o pai). Aspira, por exemplo, a um jovem e belo apache *(apa* = pai, em húngaro), ou seja, queria ele mesmo ser um (parricida).

11. O paciente inibido (C.) faz verdadeiros progressos. A par da fantasia já descrita (no inconsciente ele é: ele mesmo ou o pai; – o homem com quem ele tem relações; a mãe/dorso = peito, omoplatas = seios, ânus = vagina) as fantasias seguintes foram inconscientemente produzidas (com certeza!):

1. Ele é a mãe (prostituta), o homem jovem é ele mesmo (como no caso de T.);

2. A metade esquerda do seu corpo é a que se assemelha à mãe, a direita é masculina, ele mesmo. *As duas metades têm um coito uma com a outra*. O pai está morto, assassinado. (No inconsciente, ora ele mesmo ora a mãe figuram como o culpado.) Em seu intenso desejo de poupar o pai da morte, ele faz-se às vezes (a metade direita) o pai, de modo que o pai e a mãe tenham um coito; ele está "entre" os dois e beija alternadamente o pai e a mãe (sempre a mãe primeiro e depois, para consolá-lo, o pai). Fornece todas estas coisas na transferência:

a) Coloca-se no lugar do pai e me assassina cem vezes por dia.

b) Põe-se no meu lugar e *faz-me* ter um coito com a minha mãe, ou:

c) Identifica-me com ele próprio e ele com a mãe, e tem um coito através de mim.

No lugar da ereção (*o pênis permanece flácido*), *retesa uma perna enquanto diz essas coisas*. Ao mesmo tempo, sente frequentes cãibras ou um enrijecimento da nuca.

A significação das duas metades do corpo é sempre denunciada por sensações passageiras que afetam essa parte do corpo, as quais duram até ele (ou, na maioria das vezes, eu) encontrar a solução correta.

Como singularidade fundamental da homossexualidade, considero a inversão que, tanto na neurose quanto no sonho, significa ironia, escárnio e uma espécie de revolta escondida contra a mentira. É no infantil que encontro a origem desse modo de representação. Quando a criança quer representar a dúvida ou o escárnio de modo que não seja compreensível para os adultos (em relação com os pais, por exemplo), então ela procede assim:

1. pela exageração do contrário (por exemplo, a aceitação exagerada de uma afirmação do pai que lhe parece inacreditável);
2. pela inversão, isto é:
   a) inversão de uma ou de várias palavras (em função dos fonemas);
   b) inversão de uma relação (por exemplo, "o cordeiro devora o lobo").

Devo esta fórmula ao meu sobrinho de 5 anos, de quem me ocupo muito. Ele e seus pais mudaram-se recentemente de uma cidade de província para Budapeste; é muito inteligente, mas sua estúpida babá inculcou-lhe uma porção de ideias supersticiosas e angustiantes de que eu o liberto aos poucos. Por exemplo, ela meteu-lhe medo de animais selvagens. Estes torturaram-no nesses últimos tempos, até mesmo em sonhos (a tendência para a angústia é determinada, como no pequeno Hans, pelo temor do pai). Eu queria tranquilizá-lo e contei-lhe que o leão tem medo dos homens; só quando o atacam é que ele se torna feroz. "Não é, tio Sándor, o lobo tem medo do cordeiro, o cordeiro também pode devorar o lobo." Atribui-se em geral esse gênero de declarações à tolice das crianças. Entretanto, apercebi-me da sutileza e disse-lhe que ele não queria acreditar em mim quando lhe contei que o leão tem medo do homem. Ficou muito vermelho, beijou-me e disse: "Não vai ficar zangado comigo por causa disso, vai, tio Sándor?"

Essa espécie de linguagem secreta das crianças, pela qual podem talvez entender-se entre elas mas que só foi criada para seu próprio uso, com o objetivo de descarregar a tensão interna reprimida (a necessidade imperiosa de verdade), deveria ser estudada a fundo. Ela talvez fornecesse a explicação para muitas singularidades das neuroses.

O meu paciente C. fornece coisas perfeitamente análogas nas ideias que lhe acodem. Vêm-lhe palavras e datas invertidas; situações e imagens invertidas, absurdas, que significam sempre zombaria, escárnio e incredulidade (a respeito do pai, da mãe, de mim, da análise, etc.). Poderia dar uma centena de exemplos.

Ele me fornece de novo, por esse tipo de reação (ver a experiência acima com as crianças), um dos "fundamentos últimos" da homossexualidade.

A homossexualidade é uma inversão global (em massa). As crianças não podem recalcar o reconhecimento da *mentira sexual* nelas mesmas e nos adultos sem uma formação substitutiva e algumas escolhem para a representação (que pouco a pouco se torna inconsciente) dos seus sentimentos a mesma fórmula que também utilizam, por outro lado, para a representação da não verdade: a inversão. *Mas, na grande maioria das vezes, a inversão da libido só tem lugar na puberdade, quando os desejos sexuais são organicamente reforçados, portanto, inibidos e transpostos para o infantil.* (A "homossexualidade original" deve naturalmente estar prefigurada; quero dizer: tal inversão deve realmente ter ocorrido uma vez na infância, se o recalcamento posterior deve conduzir à homossexualidade/uma forma de psiconeurose/.)

A inversão no homossexual significa – traduzido em lógica mais ou menos o seguinte:

"*Que os pais sejam certinhos e pudicos é tão verdade quanto que eu sou a mãe e que a mãe é o filho.*"

No meu paciente C./ que, quando se identificava com a mãe falava alemão/acudia frequentemente à ideia: "Eu sou você e você é eu." E acrescentava a cantilema infantil:

Ich und du,	Eu e você,
Müllers Kuh,	Vaca do moleiro,
Müllers Esel,	Asno do moleiro,
Das bist du!	É você!

Esta cantilema, ele a aprendera com a mãe; a mãe tinha o hábito de recitá-la enquanto, a cada sílaba, ia designando alternadamente *ela mesma e o filho*. A brincadeira consiste em calcular a coisa de maneira que na última palavra, você [*du*], seja apontado o adversário.

Ou: "Bom, não é verdade que posso dormir junto da minha mãe no lugar do pai e fazer com ela essas coisas, e que posso afastar o pai – mas então eu sou a mãe e a mãe é o filho" (quer dizer: isso não é verdade!).

Quando da revolução sexual posterior (puberdade), essa formação infantil mostra-se excelente no decorrer do impulso de recalcamento. O rapaz, ao tornar-se púbere, tem medo de suas próprias tendências sexuais (que continuam dirigindo-se para seus próprios pais) e recalca-as. No lugar delas, torna-se um homossexual (se as condições prévias, provenientes da infância, estão presentes). A homossexualidade contém, numa *inversão absoluta*, toda a verdade.

Sadger tem o mérito de ter constatado que a mãe, nos homossexuais, desempenha o papel principal. Permitiu assim que se compreendesse ser a homossexualidade uma *psiconeurose* e, como tal, tem por fundamento o *complexo nuclear neurótico*. Entretanto, isso não explica a essência da homossexualidade, pois esse complexo, como sabemos, existe em todo neurótico (e em todo o indivíduo são). Só o estudo detalhado da estrutura pode ajudar-nos a mostrar *as vias* pelas quais tal ou qual neurose se constrói com base no complexo nuclear. Resta então a questão da *escolha da neurose,* mas a estrutura também pode dar algumas informações sobre essa questão.

Consciente	*Inconsciente*
Os homens, o pai, superestimados	Pai assassinado
Mulheres, mãe, odiadas	Mãe amada
Mulheres idealizadas	Todas as mulheres são prostitutas, até a minha mãe
Amo os homens jovens	O homem jovem = Eu
	Eu = mãe
	Tenho um coito com a minha mãe
Tenho um coito com um homem por trás	Tenho um coito com uma mulher pela frente

A homossexualidade é uma neurose estreitamente aparentada com a impotência: ambas têm em comum a *fuga diante da mulher*. O impotente *reprime* o reflexo genital. Talvez seja alguma complacência corporal que o permite. Registra-se com extraordinária frequência ser a impotência um problema familiar: três ou quatro homens de uma mesma família (irmãos). O homossexual não sabe reprimir tão bem; ele transpõe a sexualidade *conscientemente* para o homem, mas no inconsciente permanece fiel ao outro sexo.

Tanto a impotência quanto a homossexualidade só se curam se o doente sofre com isso.

Não creio na homossexualidade inata. Acredito que exista, no máximo, uma inclinação (constituição sexual) na medida em que devemos também admiti-la para explicar a histeria, por exemplo. Os eventos fazem com que um homem com dada constituição sexual ("vicissitudes da libido") venha a tornar-se histérico ou homossexual. A constituição sexual é algo de virtual; em primeiro lugar, é preciso que a neurose exista por razões sexuais para que possa mostrar sua força *orientadora*. Ela não é, em absoluto, a única força orientadora desse gênero; elementos exógenos podem também influenciar a orientação (escolha da neurose). Um ser que tem uma constituição histérica ou homossexual não deve, portanto, tornar-se necessariamente histérico ou homossexual.

A teoria do "*terceiro sexo*" foi inventada pelos próprios homossexuais: é uma *resistência sob forma científica*.

A homossexualidade na acepção dos uranistas (terceiro sexo) não existe no reino animal (não falo do hermafroditismo). A atração dos contrários lança o macho para a fêmea, mais do que para um outro macho. Os cães machos também brincam um com o outro (assim como os macacos). Com certeza existe, pois, certa libido entre animais do mesmo sexo. Entretanto, esses jogos não podem ser comparados à seriedade da pulsão de amor heterossexual.

Estou convencido de que no homem as coisas tampouco se passam de outro modo e que sempre que aparece uma homossexualidade excessiva a responsabilidade incumbe ao *recalcamento* da heterossexualidade; provavelmente até ao recalcamento de uma heterossexualidade dotada de uma força excessiva (insuportável para o ego), que continua a viver, não atenuada, no inconsciente, e é vivida até o seu paroxismo (e se dá livre curso) sob a máscara homossexual.

XIII

Da interpretação das melodias que nos acodem ao espírito (c. 1909)

Caminho pela rua e pergunto-me se também existem associações de sons (sons que nos acodem ao espírito) que *não* sejam determinadas pelo conteúdo das palavras. Digo-me: até esse momento, pude sempre encontrar o sentido das palavras de uma melodia que me vinha ao espírito.

Alguns segundos depois, surpreendo-me a trautear uma canção. Nada me ocorre a propósito disto! O que é isto então? Sim, por certo – é uma das canções *Sem palavras* de Mendelssohn. Essa ideia súbita é, muito simplesmente, a continuação das minhas especulações – uma contradição oriunda do pré-consciente. Claro que sim, também existem melodias *sem palavras* (ou seja, melodias sem texto, que nos acodem ao espírito, sinfonias, sonatas, etc.). Como você vai explicá-las?

Ao mesmo tempo, entretanto, digo-me que, tal como no caso das "Canções sem palavras", também em outros casos é possível encontrar um *sentido* para essa ideia súbita, seja como aqui no *título*, seja numa associação temporal qualquer, espacial ou causal da melodia sem texto com algo que está carregado de sentido ou com algo de concreto.

Mas não negarei a possibilidade de que também haja associações puramente musicais. Se trauteio uma melodia, não tarda que outra me ocorra – por analogia pura – um pouco à maneira do *pot-pourri* das bandas militares. Tenho sentido musical, mas, infelizmente, estou longe de ser um músico. É um músico de formação psicanalítica quem deve criar as leis da associação musical. É de se presumir que o ritmo correspondente ao humor do momento baste, com frequência, para que uma melodia sem palavras nos acuda ao espírito. Por vezes (no meu caso pessoal), uma valsa cheia de vivacidade significa: "Estou tão alegre que gostaria de dançar" (lamentavelmente, isso não acontece muitas vezes). O ritmo da melodia que me vem ao espírito corresponde *exatamente*, na grande maioria das vezes, ao grau de minha alegria ou de minha tristeza.

Já na época pré-analítica eu tinha engendrado uma teoria sobre a surpreendente paleta tonal das óperas de Wagner. Eis a ideia que eu fazia: cada conceito, cada palavra, cada situação (por exemplo, no palco) desperta no ser humano certo sentimento; a esse sentimento, pensava eu, deve corresponder um processo neurofísico (vibração) composto de relações quantitativas determinadas (comprimentos de onda, sobreposição de ondas em sistemas complicados, ritmos, etc.). A música deve, portanto, estar apta a representar formações acústicas por combinações de sons e seu encadeamento de sequências tonais com as mesmas relações quantitativas que as das vibrações nervosas. É por isso que o humor e o conceito se associam à música e, por outra parte, a música ao conceito, ao humor. A música apenas seria, de fato, um produto do sentimento; o ser humano modulou os sons até que correspondam ao seu humor. Um instrumento de música natural (o órgão de Corti) e suas ligações com o sistema nervoso central são, pensava eu, os reguladores da produção musical.

Depois da psicanálise e da leitura da obra de Kleinpaul, abandonei toda essa elucubração. Tenho agora por verossímil que a música (tal como a palavra) é apenas uma representação ou imitação direta ou indireta de *sons naturais* (orgânicos ou inorgânicos) e de ruídos, mas, como tal, está manifestamente apta a despertar humores e ideias semelhantes, do mesmo modo que os próprios sons naturais.

Quando uma melodia nos acode ao espírito, há portanto, na maioria das vezes, duas coisas em jogo:

1) uma associação com uma atmosfera puramente musical;

2) entre as melodias que podem ser associadas segundo o humor (ritmo, altura tonal, composição), terá preferência aquela que oferece mais pontos de ligação com o conteúdo.

XIV

Riso (c. 1913)

Mecanismo de prazer e desprazer do riso: uma repetição do prazer e do desprazer quando do nascimento.
(*Bergson*) Bergson só conhece *a zombaria* e não *o riso*.
Bergson: Aquele que ri, ri do que está morto (do que é mecânico).
Bergson: Porque lhe tem aversão (nojo).
Ferenczi: Porque a isso aspira (lugar-comum).
(*Bergson*) *Por quê* o que é mecânico é cômico? A representação de realizar um trabalho, automaticamente, sem esforço intelectual, com prazer (adulando a preguiça). Por exemplo: dirigir uma multidão com a ajuda de um botão. *Magia onipotente*. Onipotência do gesto ou das palavras: *exército*.
Determinação. O automatismo vale tanto para o trágico quanto para o cômico.
(A propósito de Bergson.) Argumentos principais contra *Bergson*. *Bergson*: "Rigidez que está em desarmonia com a maleabilidade imanente da vida", "a vida traída pela mecânica" provoca o *riso*. (Para que se fique assustado com o que é rígido, morto, etc.) Ele jamais fala da *razão* do riso, mas somente de seu objetivo.
Se a finalidade do afeto era a manutenção da ordem, qual seria, portanto, o sentido do *sentimento de prazer* que acompanha o afeto? Deveríamos era *chorar*, estar de luto, zangarmo-nos à vista da desordem.
A teoria sociológica de *Bergson* só vale para a *zombaria*, não para o riso.

O riso pede que se tenha em conta: 1) o *riso em si*, 2) a *zombaria*.
Essência do riso: como gostaria de ser tão perfeito.
Essência da zombaria: como é bom que eu seja tão excepcional e não tão imperfeito.
Fazer da necessidade uma virtude:
1) Como é difícil ser perfeito, diz a criança que é educada na ordem.
2) Como é agradável ser perfeito, diz a criança que já foi educada na ordem.
Portanto: no começo, a criança só pode rir da ordem (regozijar-se).
A atitude consciente do adulto à vista da desordem é a seguinte: regozijo-me por não ser assim. Inconscientemente, desfruta com a fantasia seguinte: como é bom ser tão desordenado. Por trás de cada zombaria esconde-se um riso inconsciente.

Riso e consciência do pecado.
1) Sentimento do *cômico*, em permanência uma irrupção do prazer no momento de uma emoção emocional (culpada de pecado), quando da *interrupção* temporária da *consciência de pecado*, que pesa sempre sobre o homem. (Relação com o pecado totêmico.)
2) Só se pode desfrutar o pecado em grupo. Perdão recíproco.
3) Lá onde falta a segurança (os estranhos). *Incômodo*: impossibilidade de rir com os outros. Falta a comunidade do pecado.
Angústia
1) Aquele que perdoa um pecado também o comete no fundo.
Aquele que ama alguém comete todos os pecados com ele e o perdoa (comunidade do encobrimento.)

Felicidade: sorrir (a criança depois de mamar, ausência de necessidade).
Rir – Defesa contra um prazer excessivo.

Processo do riso:
1) Irrupção de um sentimento de prazer.
2) Dispositivo de defesa (tentativa de recalcamento) contra esse sentimento de prazer.
3) O que atua como função de defesa é a própria consciência de pecado (original), consciência moral.

Alguém que não ri com o outro (um estranho) não deixa acontecer *o prazer*; portanto, não tem necessidade de defesa.

Rir é uma intoxicação pelo CO_2 automático (abafamento dos tecidos).

Chorar é uma inalação automática de O_2.

Rir e o cômico são ainda a obra da censura.

Rir, uma defesa geral e fisiológica contra um prazer desagradável. Um homem totalmente moral impede a soltura do prazer; ele permanece *sério*. Quando um homem conscientemente moral solta o prazer inc., o *ego* defende-se com a ajuda do riso contra o prazer que tenta abrir caminho (antídoto).

O riso é um fracasso do recalcamento, um sintoma de defesa contra o prazer inc.

Ficar sério é um recalcamento bem-sucedido.

Um homem estupidamente ruim expõe *sem defesa* o seu prazer a propósito do que é cômico (do que é indecente, incongruente) nos outros (portanto, não ri, não produz antídoto contra o prazer).

Um homem cuja ruindade é imperfeitamente recalcada rebenta de riso toda vez que uma incongruência alheia desperta nele o prazer.

Um homem plenamente moral ri tão pouco quanto o homem profundamente ruim. Falta-lhe soltar o prazer.

Portanto: o homem mau não ri porque, muito simplesmente, desfruta sua ruindade (prazer) sem defesa (sem prazer).

O bom não ri porque o prazer está bem recalcado nele – o prazer não consegue desenvolver-se e, portanto, é supérfluo rir.

Um homem ambivalente cuja ruindade está imperfeitamente recalcada pode rir. Jogo entre *consciência* (moral) e *prazer em ser ruim*: a ruindade gera *o prazer*, a *consciência moral* faz *o riso*.

Freud: Ao rir, colocamo-nos no diapasão do estado corporal do "cômico" e *desembaraçamo-nos pelo riso do gasto de afeto* supérfluo.

Proponho:

O riso compõe-se: 1) das descargas de energia psíquica no sentido de *Freud*; 2) de uma compensação desse processo de descarga pelo fato de que os *músculos respiratórios* tornam-se o lugar da descarga.

[E os músculos do rosto (?)]

O riso é presumivelmente uma derivada de clono (e de tono) musculares, que se tornaram tributários de intenções particulares.

Do mesmo modo que as relações gerais (as cãibras) se transformam em movimentos de expressão.

A musculatura respiratória convém à expressão dos movimentos da alma porque é possível:
1) não somente ab-reagir, mas, ao mesmo tempo,
2) *matizar* e inibir, muito delicadamente.

A *musculatura do rosto* também convém à descarga de quantidades de afetos *mais delicados* e, ao mesmo tempo, à regulação da respiração pela dilatação e a retração da *abertura das narinas e da boca* (dilatação = expiração de mais prazer. Ao chorar, temos os movimentos de fungar).

Presume-se que *todos* os movimentos de expressão consistem numa atividade ativa e numa atividade reativa (compensação).
1. Mais de inibição que de explosão.
2. Mais de explosão que de inibição.
3. Equilíbrio, com uma ligeira preponderância de um ou do outro.

Analogia entre *rir e vomitar*. O riso equivale a *vomitar ar* (oxigênio) *para fora dos pulmões. Chorar equivale a saciar-se de ar.* A respiração é aumentada no *maníaco*, inibida no *melancólico*.

O mecanismo da *mania* segundo *Gross*. Analogia entre absorção de álcool e de oxigênio.

Por que é, então, que o homem alegre tem necessidade de beber vinho (ou oxigênio)? Só o homem triste teria essa necessidade?

Só podemos rir de nós mesmos. (Só podemos amar a nós mesmos!) (Prazer = amor): consciente (ironia) ou inconsciente (cômico, chiste).

Mãe, podes ordenar-me alguma coisa? Naturalmente! Não, tu só podes ordenar-me o que eu ordeno a mim mesmo (Freud).

O cômico e o riso.

No *cômico*, é sempre o que é *ingênuo* (infantil) que nos rejubila e desperta em nós a *criança inc.* (a parte de prazer no riso). Ao mesmo tempo, o nosso ideal *consciente* desperta e faz o necessário para que o prazer não transborde (defesa, expiração).

(Modificação da definição de *Freud.*)
O efeito do cômico compõe-se:

1) do *riso*,
2) da *zombaria* (que é secundária, um produto cultural, *Bergson*).
Por que devo sublinhar que *não* sou assim? Porque sou *assim*!
Formas de riso dedutíveis *a priori*:
1) quanto mais se *zomba*, mais se expira;
2) quanto mais se ri, menos se expira (e mais ab-reação muscular existe).

Após muito riso, a *languidez melancólica* (tristeza *post-coitum*).
Riso e coito *abrem uma brecha na consciência de culpa*.
Diferença entre o homem triste e a mulher não triste /*Religião*! Seria fácil esclarecer uma mulher (ela seria facilmente esclarecida), sua religiosidade não é profunda.

XV

Matemática (c. 1920)

1. Pré-consciente e Consciente[1]: Órgão para qualidades psíquicas inconscientes.
Inconsciente: Órgão para qualidades fisiológicas (percepção-rememoração).
Órgão dos sentidos: Órgão para qualidades físicas. (As *qualidades* são *quantidades de uma outra espécie.*)

2.
1) A realidade psíquica é medida aritmeticamente
2) A realidade fisiológica é medida algebricamente
3) A realidade inconsciente é medida simbolicamente (paralogicamente) (processo primário) ⎫
4) A realidade pré-consciente é medida logicamente (processo secundário) ⎬ Individuação
5) A realidade consciente (?) é medida logicamente (processo secundário) ⎭

Máquina de calcular. "Comparação com a teoria das quantidades" (Matemática).

---

1. Trata-se de anotações e Ferenczi serve-se das abreviações clássicas, *Pcs*, *Cs* e *Ics*. Mas considerando o caráter difícil do texto, pensamos em facilitar a leitura escrevendo esses termos por extenso. (NTF)

3. Contraste entre o matemático puramente "introspectivo" e o homem da natureza ("*Naturmensch*"), o selvagem puramente "extrospectivo", o homem de ação.
    O matemático – está ultrapassado.
    Nenhuma ideia das matemáticas – hábil.
A *habilidade* requer uma avaliação prodigiosamente precisa[2]. Até mesmo um *cão* pode fazê-lo.
Animais pensantes. Introspecção na própria *physis*.
4. A matemática *pura* é autossimbolismo (*Silberer*).
5. Um saber *a priori* sobre os processos do cérebro (psiquismo).
6. A matemática é *instinto*.
7. O matemático não é necessariamente inteligente (Idiotas): ligação específica (introspecção).
8. Gênio: combinação de introspecção fortemente desenvolvida e de instintos fortes.
    1. As manifestações de seres instintivos são talhadas por um (sist.) consciente capaz de combinações.
    2. O gênio elabora suas próprias "ideias" que lhe acodem espontaneamente ao espírito.
9. *Do problema do dom para a matemática*: No começo, a psicanálise de *Breuer* e *Freud* mal se ocupou dos problemas do "dom". Ela voltou seu interesse quase exclusivamente para as mudanças por que passa o psiquismo humano após o nascimento, sob a influência do meio. No tocante à exploração dos fatores constitucionais, das disposições e das faculdades inatas, ela se considerou por muito tempo incompetente. De fato, era no início uma ciência prático-terapêutica que, como tal e por sua natureza, preocupava-se antes de tudo com as transformações da vida psíquica *adquiridas* no decorrer da vida, as quais deviam ser reduzidas pelo esforço médico, ao passo que não sabia como haver-se no plano terapêutico com as disposições *inatas*. Esse primeiro período traumático-catártico da psicanálise era uma saudável reação contra a psiquiatria e a psicologia pré-analíticas que estavam completamente desviadas da exploração das qualidades adquiridas ao longo da vida e queriam explicar tudo o que era psíquico pelo slogan "disposição inata" e tudo o que era psiquiátrico pela noção de "degenerescência" .

---

    2. Segue-se aqui a representação gráfica de certos desempenhos que requerem habilidade como, por exemplo, agarrar alguma coisa que se mexe, etc. (N. dos Eds.)

10. A segunda grande época da psicanálise prende-se unicamente ao nome de *Freud* e merece ser chamada "uma teoria da libido". Conseguiu-se então, pela primeira vez, acompanhar as *fases de desenvolvimento* de uma pulsão, da sexualidade, do nascimento até a involução, descrever todas as suas saídas possíveis e reconstituí-las até as suas causas. Nesse estágio, a psicanálise já não podia mais se limitar ao patológico. Para compreendê-lo melhor, ela devia ocupar-se também dos fenômenos psíquicos normais, ou situados na zona fronteiriça entre o normal e o patológico (sonho, chiste, atos falhos, criminalidade), das produções da alma popular (mitos, contos, religião, formação da língua), da arte, da filosofia, da ciência e das condições nas quais essas manifestações da vida psíquica vêm a formar-se. Mas apenas após ter penosamente lançado uma ponte sobre as grandes lacunas da ciência do desenvolvimento psíquico pós-natal por meio do saber analítico é que a psicanálise podia e até devia estender também o encadeamento das causas ao inato, ao constitucional e doravante com uma perspectiva muito melhor, atingir um resultado científico. O seu material obrigou-a – no começo um pouco unilateralmente, sem dúvida – a explorar tão só as constituições sexuais e seus modos de formação, mas a fonte de outras aptidões e dons, não sexuais, viu-se também um pouco mais esclarecida.

11. A terceira fase da psicanálise de *Freud* – ainda hoje florescente – caracteriza-se pela *metapsicologia*, essa construção única em seu gênero que – sem obter o menor apoio da anatomia, da histologia, da química e da física da substância nervosa – tenta adivinhar e estabelecer, unicamente com base na análise psíquica, as relações tópicas, dinâmicas e econômicas a que estão submetidos toda a vida psíquica e os diferentes atos psíquicos normais e anormais. Além disso, compensou-se mais tarde o caráter unilateral do material psicanalítico pela criação de uma *psicologia do ego*, com base nas doenças específicas do ego, e realizou-se o paralelo biogenético ao nível do psíquico.

É previsível que essa orientação do desenvolvimento da psicanálise, a qual leva em consideração tanto o fator hereditário quanto os fatores formais e quantitativos, vá também fazer avançar o estudo dos diferentes "dons" que, até o presente, tinham sido considerados como uma disposição anatômica, mais ou menos imprecisa em sua essência. Entretanto, as investigações relativas a esse problema ainda estão por efetuar. Coloco em prefácio a esse artigo este resumo rápido sobre a posição que o "dom" psíquico ocupa na teoria psicanalítica, a fim de mostrar, de algum modo, a base estreita sobre a qual seria necessário edificar a pesquisa relativa a um dom particular, e os diferentes pontos de apoio, muitas vezes completamente heterogêneos, de que seria preciso servir-se para essa edificação. As influências pós-natais ativadoras e inibidoras, os fatores constitucionais do ego e da sexualidade, as considerações metapsicológicas, deveriam todas orientar-se no mesmo sentido a fim de determinar um dom particular.

12. Mas a base sobre a qual poderíamos edificar semelhante construção seria – como foi dito – demasiado estreita e a construção seria toda ela demasiado instável e pouco segura para que pudéssemos abordar tal pesquisa sistemática com alguma perspectiva de êxito. Vamos contentar-nos, portanto, com a tentativa de ver se, armados com os instrumentos do conhecimento psicanalítico, poderemos aproximar da nossa compreensão um dom particular: o da matemática.

13.   1. Aritmética   = Física
        2. Álgebra   = Fisiologia (qualidades sensoriais) (Símbolos!)
        3. Matemáticas superiores (Cálculo diferencial – integral)
                             = Simbólica
                             = Lógica

        Aritmética   = Física
        Álgebra   = Fisiologia
        Simbolismo = Psíquico inconsciente
        Lógica   = Pré-consciente, Consciente

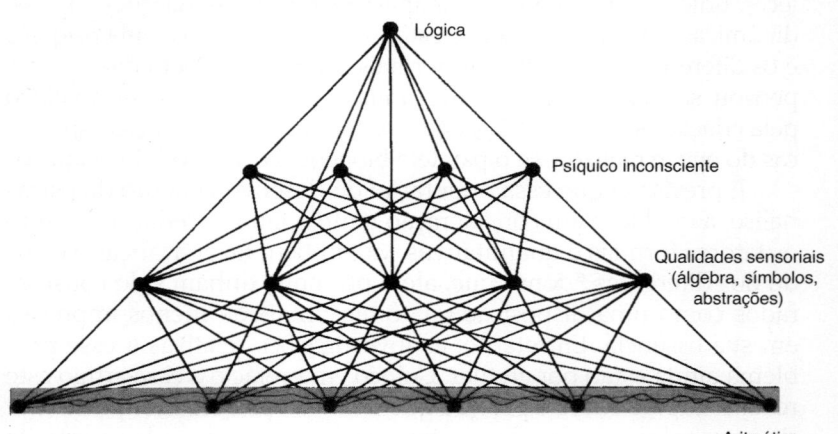

Lógica

Psíquico inconsciente

Qualidades sensoriais
(álgebra, símbolos, abstrações)

Aritmética caótica

Abstração progressiva (filtragem) com a ajuda de modos de funcionamento adquiridos filogeneticamente.
14. *Prova da realidade do mundo exterior.*
As leis matemáticas adquiridas *introspectivamente* (*a priori*) mostram-se também válidas no "mundo exterior".
15. *O homem é a soma de formas de energia* física, fisiológica, psíquica inconsciente, psíquica pré-consciente e consciente.

Inter-relações de forças físicas, fisiológicas e psicológicas durante a vida toda, eventualmente num sentido *retrógrado*.
O cérebro como máquina de calcular.
A censura um filtro. Reostato.
Os órgãos dos sentidos são filtros (matemáticos).
O gênio matemático é a autopercepção.
Não objetivo.
O *simbolismo* é a autopercepção da disposição ontogenética latente.
Lógica.
1. Autoaritmética: percepção das diferentes impressões sensoriais.
2. Simbolismo: soma das impressões sensoriais (anfimixia – condensação).
3. Lógica: regressão para a aritmética de um nível mais elevado.
Cálculo com *unidades mais elevadas* (que, como tais, são condensações).
Calcular com símbolos (conceitos) é a *medida* dos símbolos (conceitos).
16. A adição de elementos de *mesma natureza* ou *semelhantes*, uma condição prévia da função de calcular (contar), mas também, ao mesmo tempo, o trabalho preparatório (?) da *associação* entre duas representações, associação segundo certas categorias (semelhança, simultaneidade, significação afetiva idêntica, avaliação objetiva, subjetiva, etc.).

A *tendência para a associação* poderia ser uma expressão particular da *tendência para a economia*. No fim das contas, pensar é apenas um meio para evitar o *desperdício da ação*. (Experimentação com *pequenas* quantidades.)

Quando, em vez de acompanhar cada vez o cálculo nos dedos, se colocou um número como símbolo no lugar de uma série de números, já se economiza bastante gasto psíquico.

A conexão mais estreita entre a ação fundada no pensamento prudente e a tendência para a economia (caráter anal), e sua origem no erotismo anal torna-se, desse modo, compreensível.

17. A fusão de um grande número de impressões isoladas do mundo exterior numa *unidade* e a conexão desta com um *símbolo* é um fenômeno fundamental do domínio psíquico. No inconsciente, as fusões produzem-se (processo primário) segundo o princípio da similaridade (em particular da similaridade de tonalidade do prazer), no pré-consciente segundo o da *identidade* ou da *equivalência* (princípio de realidade).

18. A *associação* é uma fusão *incompleta* de duas impressões sensoriais, cujo conteúdo, portanto, se sobrepõe em parte.

19. 1. *Matemático*: *autopercepção* para o processo metapsicológico do pensar e do agir.

2. *Pensador*: autorização para a ação a título de ensaio "com deslocamento de quantidades mínimas".

3. *Homem ativo, atuante, homem de ação*: transformação automática (execução) dos resultados da máquina de calcular em ação.

20. (Pensador = homem de transição entre o matemático e o homem de ação.) "Assim o natural matiz da resolução definha na pálida sombra do pensamento."[3]

21. O *matemático* só tem sensibilidade para o que é *formal* no processo de excitação intrapsíquica.

O pensador: tem a noção do que promana do fundo do processo de excitação.

O homem de ação: não tem nenhum interesse por isso. (Descrição dos dois tipos.)

22. *Dom matemático*.

Até aqui, os trabalhos sobre o dom matemático trataram de:

1. Problemas *frenológicos* quanto à sede do sentido matemático (*Gall, Moebius*): terceira circunvolução frontal esquerda, a qual já deve suportar tantas funções (fala, inteligência, etc.). Em contraste com isso, observações como a referente ao grande matemático *Gauss*, cujo crânio era, ao que se diz, microcéfalo, e cujo cérebro era de um peso extremamente reduzido.

2. Relação entre o dom musical e matemático – manifestamente uma questão acessória.

---

3. Shakespeare, *Hamlet*, ato III, cena I ("Ser ou não ser...").

3. Muito mais importantes são as observações psiquiátricas sobre a coincidência de um dom matemático importante com, por outro lado, um retardamento acentuado do resto do desenvolvimento intelectual e moral, chegando muitas vezes à imbecilidade e até mesmo à idiotia.
23. *Matemática = autopercepção de sua própria função consciente.*
24.1. As percepções sensoriais agem à maneira de um aparelho de filtragem, unificam a impressão das influências similares do mundo exterior numa *unidade algébrica*.
Uma *impressão de conjunto* em que os elementos isolados estão reunidos. A partir do caos dos movimentos do mundo exterior, as diferentes espécies de excitações são assim decompostas (já uma abstração).
2. Essas percepções sensoriais simples serão *resumidas numa unidade algébrica superior*: *símbolo* – tudo o que é similar ligado por um fator comum superior.
3. A eliminação (novo processo de filtragem) das diferenças, nova *abstração*, permite a *formação de conceitos* que resistem à prova de realidade.
4. A relação dos conceitos entre si e a autorização *a título de ensaio* da ação baseada neles (representação das consequências) = pensar.
25. O *psicólogo* é em definitivo um auto-observador (?) + o objeto, "ele oscila" entre introspecção e observação do objeto.
26. A inibição como princípio de *ação* também é válida no jogo da *máquina de calcular* (dispositivo de proteção contra as excitações).
27. *Utraquismo.*
Uma visão do mundo tão pouco errônea quanto possível exige uma atitude utraquista (oscilando entre a introspecção e a observação de objeto), a partir da qual pode-se construir uma realidade confiável.
28. O lógico puro é o matemático que se esconde no fundo dos psicólogos. Ele só tem interesse pelo formal do pré-consciente e projeta-o no mundo externo.
O psicólogo deve, ao lado do lógico, prestar também sua atenção ao que é *subintelectual*, as representações inconscientes e seu jogo de alternância (fantasística), assim como às *pulsões* que estão na base de tudo o que é psíquico – pois só as metas pulsionais e seus frutos formam o *conteúdo* do psíquico. A psique tende a proceder de modo que as pulsões sejam satisfeitas e eventualmente dirigidas

para certas vias inofensivas (prevenindo o desprazer), que as excitações do exterior sejam afastadas pela adaptação ou pela modificação do mundo externo, ou reduzidas segundo as possibilidades.

Portanto, o *psicólogo* não deve ser um matemático do psiquismo, mas levar em conta de forma correta os conteúdos do psiquismo (no fundo, ilógicos e determinados pelas pulsões).

29. Lógica = Matemática do pré-consciente.
Princípio de prazer = Matemática do inconsciente.
30. Os *órgãos dos sentidos* são melhores matemáticos do que o *inconsciente* (mais impessoais). O pré-consciente procura reparar os erros de cálculo cometidos pelo inconsciente regido pelo princípio de prazer.

Os *corpos insensíveis* são os mais *reais* dos órgãos calculadores (fotografia, expressionismo).
31. *Filtro.*
Os processos de excitação provocados pelos estímulos fisiológicos e psicológicos devem, em virtude da presença desses mecanismos, sofrer a cada vez uma nova filtragem, ou seja, passar por crivo e classificação segundo as quantidades. (Filtro de luz das fotografias em cores: 1. decomposição, 2. síntese.)

Sistemas mnêmicos conscientes – Pré-consciente.
Triagem nos *sistemas mnêmicos do Inconsciente.*
Triagem segundo as qualidades sensoriais (sistema perceptivo).
Excitações sensoriais.

Filtragem progressiva

32. A *"representação"* seria então uma função que tenta condensar numa unidade (representação) essas impressões decompostas em seus elementos.

A representação *inconsciente* pensa em *fantasias*, ou seja, reúne os rudimentos psíquicos dispersos nas lembranças segundo as *regras de associação do inconsciente,* tais como: desenrolar rápido no tempo (*nenhuma intemporalidade absoluta*), nada de contrastes delicados. *Princípio de similitude.*

Sistemas principais do inconsciente: sistema mnêmico de *prazer* e de *desprazer*: *dominante*, decisivo para o destino do desenvolvimento final da representação. (Tentativa de restabelecimento do mundo dos objetos a partir dos elementos.)

Os órgãos dos sentidos decompõem o mundo em elementos, a psique o reconstitui.
Essa *condensação* é uma formidável *performance matemática*. Pré-consciente: independente do princípio de prazer, está em condições de reconstruir a *realidade* na representação e de fundamentar nela uma ação adaptada à finalidade.
33. *Matemática do inconsciente.*
É uma matemática de similitude, bastante primitiva, aproximativa, mas nem por isso deixa de ser uma matemática. A matemática do pré-consciente é rigorosa.
34. O matemático deve ter acesso à compreensão dos processos de seu sistema psíquico pré-consciente, para que seus resultados correspondam à realidade exterior.
(Matemática das crianças?)
(Matemática dos idiotas?) } Não!
Aritmética: Adição, subtração – Função dos órgãos dos sentidos.
Álgebra: Combinação de uma ordem superior, permutação, cálculos geométricos, cálculo de tempo – função do psiquismo inconsciente. (A supor também nos animais: mergulho da águia sobre sua presa, o tigre – cálculo necessário. *Função* geométrica, diferencial, integral, mesmo sem *conhecimentos* geométricos.)
35. A *matemática* é uma projeção de órgãos, *psíquica*, assim como a *mecânica* parece ser uma projeção de órgãos, *fisiológica*.
Assim como a *música* é uma projeção para o exterior dos processos *metapsicológicos*, acompanhando os processos da afetividade e do humor, o traço comum do músico e do matemático é uma igual aptidão para a *auto-observação* sutil.
36. Os *órgãos dos sentidos* são *dispositivos de filtragem* para selecionar todo tipo de impressões a partir do mundo externo caótico. A primeira triagem faz-se segundo certas diferenças particularmente grosseiras entre os órgãos dos sentidos que, com a ajuda de seu *dispositivo* especial de *proteção contra as excitações*, eliminam todas as excitações com exceção de algumas a que são sensíveis (visão, olfato, audição).
Uma segunda filtragem parece produzir-se no quadro dos diferentes *domínios sensoriais*, de acordo com certas relações quantitativas (certas qualidades de luz segundo a intensidade luminosa e a cor). *Do mesmo modo*, o órgão do ouvido filtra as impressões sensoriais acústicas, inicialmente muito confusas, até a abstração de cer-

tas impressões auditivas com tonalidade de prazer, percebidas como *sons* "musicais" em virtude de seu equilíbrio.

37. A condensação é o processo correspondente à associação no inconsciente. A *condensação* é uma unidade algébrica, adição de numerosas impressões isoladas por uma impressão comum que é a *soma* das impressões isoladas, e que se deixa igualmente demonstrar a partir dos elementos manifestos do sonho e dos sintomas neuróticos que são "sobredeterminados".

38. O trabalho do homem que age é uma formidável *performance de condensação*; o resultado da condensação de uma quantidade enorme de cálculos separados e de considerações – que em si mesmos podem permanecer despercebidos, inconscientes – dá um resultado, a soma de todos esses cálculos, de algum modo, e essa soma residual (resultado) fica apta para a descarga na "direção residual".

39. O *matemático* é um homem que tem uma autopercepção muito sutil para esses processos de condensação, ou seja, para o que é *formal*, o fenômeno "funcional" na acepção de *Silberer*; mas parece desgastar-se com isso a tal ponto que pouca ou nenhuma energia psíquica lhe resta para *executar* ações. Ao contrário do homem de ação, orientado num sentido manifestamente mais objetivo.

40. Primeira função do psíquico: *decomposição* das impressões sensoriais em seus elementos, *triagem* segundo as qualidades ou as diferenças quantitativas. É sob essa forma que as impressões sensoriais são depositadas nos sistemas mnêmicos. O *domínio* desse material enorme exige performances de condensação (tendência para a economia e a simplificação).

41. Tais *condensações* (formação de representações, constituição de imagens mnêmicas, assim como de processos especulativos) produzem constantemente formações sempre novas a partir do material decomposto do inconsciente, segundo as metas que se apresentem no momento (fantasias).

As *fantasias inconscientes* são as formas de pensamento do inconsciente. Obedecem muito mais ao princípio de prazer, mas, numa certa medida, já estão ligadas pelas leis da similaridade e da sucessão no tempo, etc.

Portanto, afinal de contas, o inconsciente não *está fora do tempo*, mas muito menos dependente da cronologia do que o pré-consciente. (Também neste caso as lembranças simultâneas têm, *ceteris paribus*[4], mais probabilidades de ser ligadas associativamente, condensadas.)

O inconsciente tampouco é ilógico, mas paralógico. Após a realização da performance de pensamento (de condensação) ativa, os encadeamentos formados na mesma ocasião, *ad usum Delphini*, desintegram-se de novo em suas categorias.

42. O matemático parece ter uma autopercepção fina para os processos do *metapsíquico* (e provavelmente também do físico), e encontra as *fórmulas* para as performances de condensação e de decomposição no psíquico, mas *projeta-as no mundo exterior* e acredita que essa experiência o tornou mais sagaz. Contra este último ponto fala a natureza eminentemente *intuitiva* do dom matemático, e seu vínculo com o fato de voltar as costas à realidade, até mesmo com a imbecilidade.

43. Fato notável, essas fórmulas mostram-se igualmente válidas no mundo físico enquanto matemática aplicada (técnica). Um argumento, sem dúvida, a favor do "monismo" do universo, pelo menos do metapsíquico com o físico.

44. Questão: a matemática é uma *abstração a partir da experiência do mundo externo* ou *um saber a priori*?

Solução, talvez, do problema: a própria autopercepção é uma "experiência interior", a partir da qual a matemática procede à abstração. Portanto: produzem-se abstrações matemáticas dos dois lados do sistema-percepção.

Em outros termos: a matemática é uma percepção *interna* ou *externa*? (Até o presente, o saber matemático foi *compreendido* como abstração (indução?) a partir da *experiência do mundo exterior*.) Temos aqui uma tentativa de atribuir o saber matemático à abstração e à (auto)percepção *interna*.

45. Não é improvável que tenhamos tratado o trabalho de filtragem do aparelho sensorial como o modelo do que se passa num domínio psíquico superior, no inconsciente. A triagem, segundo certas categorias, caracteriza todo o sistema mnêmico, no qual, segundo Freud, o inconsciente deixa-se decompor.

Os sistemas mnêmicos do inconsciente são ainda selecionados – temporalmente (anacronicamente), espacialmente, etc. – segundo o princípio da similitude.

---

4. "Todas as outras coisas sendo iguais."

Aquilo a que Freud chama uma nova "tradução" por intermédio do pré-consciente seria tão só uma filtragem mais recente com base no *princípio de equivalência* ou *de identidade* (sentido de realidade). A eliminação do que é diferente mas eventualmente assemelhando-se pela *tonalidade de prazer* (ou de qualquer outro modo): *Lógica*.

Com a ajuda dos *"restos mnêmicos de palavras"*.

Aliás, o consciente nem mesmo é um sistema, mas um ato psíquico particular (?).

XVI

Paranoia (c. 1922)

Interpretação do aumento da capacidade de projeção dos alcoólatras paranoicos após o consumo de álcool (*Alkoholgenuss* = prazer da bebida alcoólica): dado que nos paranoicos não existe *censura*, no sentido do recalcamento (passagem para o inconsciente), que tudo o que é inconsciente (embora sob a forma de projeção) chega ao consciente, poder-se-ia admitir que só se exprime aí o aumento da libido, a ativação do inconsciente quando do consumo de álcool, o que tem por consequência o aumento do trabalho de projeção.

O que mais impressiona na paranoia alcoólica é o surto da *homossexualidade*, a qual é mascarada por um falso ciúme em relação ao sexo oposto. Também nos seres normais a sublimação homossexual é frequentemente relaxada após a ingestão de álcool (beijos, abraços, etc.).

*Combate do paranoico contra o testemunho
dos órgãos sensoriais e das lembranças*

O que se ama é acolhido no ego (introjeção), pois no fundo só se pode amar a si mesmo. Quando da passagem para *o amor de objeto, introjeta-se* (subjetiviza-se) a percepção objetiva. Aquilo de que não se gosta (o que é mau, pérfido, o que não obedece) é rejeitado do consciente por uma das vias disponíveis (recalcamento ou projeção). Na paranoia, os órgãos dos sentidos corrigem por certo tempo as ideias de perseguição[1] que, no começo, são imprecisas e *sem objeto*. Entretanto, as percepções dos sentidos, tanto quanto as lembranças, logo sucumbem ao desejo de colocar os sentimentos de perseguição em conexão com objetos apropriados (ilusões, alucinações, equívocos da lembrança). O paranoico projeta "com base na exigência etiológica mínima".

O paranoico liga manifestamente as suas paixões e as suas ideias de perseguição repletas de desprazer ao fato de que, *efetivamente*, seu olhar aguçado reconhece, com precisão, esse ínfimo grau de *interesse sexual permanente* inconsciente que os seres humanos deixam transparecer *por todos os seres vivos* e que se poderia chamar o *tônus sexual das neuroses*, do qual ele apenas exagera a *quantidade*, com seus meios próprios.

Não é só na medida em que eles constatam algo de correto, em termos endopsíquicos, que nas falas dos paranoicos existe algo de verdadeiro (Freud): talvez haja aí um traço de realidade objetiva mas que é deformada pela ilusão.

As falsificações alucinatórias do paranoico são confirmações de sua ideia delirante e constituem, à maneira do sonho, uma realização de seu desejo. São a vitória do desejo projetado sobre o testemunho dos órgãos dos sentidos. A sensação de ser observado quando se traja uma roupa nova é exibicionismo projetado. (Seria necessário ver se essa sensação é a mesma em face dos dois sexos.)

Analogias entre sonho e paranoia

O sonho é uma projeção paranoica: transformação de um estado subjetivo, de uma falta, com sinais invertidos (realização de um desejo) em algo objetivo (encenação).

A falta é rejeitada para fora do ego (para assegurar o repouso noturno) e realizada no mundo externo com um sinal invertido.

No sonho, somos como os erotômanos: toda a mulher está apaixonada por nós: 1.º) porque, na verdade, estamos insatisfeitos, 2.º) porque as odiamos.

---

1. *Beziehungsideen* (*Beziehung*: relação). *Beziehungswahn*: doença nervosa, o doente estabelece entre os eventos cotidianos relações que se direcionam sempre no sentido de um dano que lhe é provocado (definição que figura no *Wahrig Deutsches Wörterbuch*).

Auto-observação paranoica

Um paciente constatou um estranho sentimento de ser observado, um certo número de vezes, imediatamente após a satisfação sexual completa. Caminhando pela rua, tinha a sensação de que as mulheres com que cruzava o olhavam com muito mais interesse do que de hábito. Pensei primeiro que por trás dessa sensação escondia-se um sentimento de vergonha, mas contra essa hipótese concorre: 1.°) o fato de que pareceu ao paciente que era examinado não com um olhar curioso ou indagador, mas um francamente erótico, quase provocante. (Como ele tinha uma representação muito exata de sua experiência externa medíocre, essa observação o desconcertou.) 2.°) Além disso, fala contra a angústia projetada a limitação desse sentimento às pessoas do outro sexo. 3.°) Enfim, essa tentativa de explicação não fez caducar em outras ocasiões essa singular sensação.

Não atribuí a essa circunstância maior significação até o momento em que a mulher do paciente descreveu essa mesma sensação, em termos quase idênticos (ser observada de modo exagerado pelos homens).

Pensei então que aí devia estar em jogo uma projeção e mesmo uma espécie de erotomania passageira. Só podemos atingir a satisfação sexual a intervalos bastante grandes; daí a enorme diferença de nível no sentir heterossexual antes e depois dessa satisfação. *A falta súbita de interesse pelo outro sexo*, ele a projeta nas mulheres *sob a forma do sentimento de ser observado com um olhar erótico*; ela, por sua vez, nos homens, pessoas que lhe interessam tão pouco no momento.

Talvez os dois utilizassem o tônus sexual dos transeuntes, ao qual não davam a menor atenção enquanto eles mesmos estavam sexualmente "hipertônicos". O tônus denunciava-se na atitude, no olhar e nos jogos de mímica.

O sentimento de falta de interesse pelo outro sexo parece tão difícil de suportar que o expulsamos do ego e o supercompensamos de modo arbitrário. Motivo: 1.°) vaidade, 2.°) uma espécie de espírito de continuidade que não admite a produção de tais flutuações na vida afetiva. (Analogia na paranoia: delírio de ciúme quando o interesse esfria. Motivo: querer sustentar a fidelidade conjugal.)

Uma confirmação extraída da vida cotidiana: enquanto se ama apaixonadamente, nunca se está seguro da reciprocidade desse sentimento. Surge a dúvida: a bem-amada estará dando todas as provas de seu favor? Pergunta-se-lhe sempre: Você me ama?

Mas se um dia se está, como se costuma dizer, "na tranquila posse" do amor em retribuição, se se tem o sentimento seguro de ser amado, então já se está na presença de um traço de erotomania: projeção da indiferença ou da aversão, com sinal invertido.

Esta análise foi talvez responsável pelo fato de que o meu paciente já deixou de sentir há bastante tempo a sensação erotomaníaca. Seria o meu primeiro caso de paranoia praticamente curado.

A propósito da técnica de análise de paranoicos

1) Não se deve discutir com o paranoico.

2) Deve-se, sem dúvida, com certas precauções, aceitar mesmo suas ideias delirantes, ou seja, tratá-las como possibilidades.

3) Pode-se obter uns laivos de transferência por alguma lisonja (em particular, comentários elogiosos sobre a inteligência). Todo paranoico é megalômano.

4) A melhor interpretação de seus sonhos é o próprio paranoico quem a faz. Ele é, em geral, um bom intérprete dos sonhos (falta de censura).

5) É difícil levá-lo a dar mais, pela discussão, do que aquilo que ele mesmo se propõe dar. Mas condescende (quando está de bom humor) no jogo fútil com as ideias que lhe acodem (é assim que ele concebe a análise). Aliás, é no decorrer dessas tentativas que se fica sabendo o mais importante; mas não é fácil conseguir que se atenha a isso. Se se observa que ele está ficando excessivamente inquieto, é preferível deixar então que volte a associar segundo o seu método.

6) O paranoico mostra-se acabrunhado se se tem a audácia de lhe mostrar o seu "inconsciente"; não haveria nada que lhe fosse "inconsciente", ele se conhece perfeitamente bem. De fato, ele se conhece muito melhor do que os não paranoicos; o que não projeta, é-lhe totalmente acessível.

XVII

Psicanálise e criminologia[1] (c. 1928)

Caros colegas,

O amável convite a participar desta discussão, como representante da tendência psicanalítica, não o interpreto como uma homenagem que me é prestada pessoalmente, mas como sinal de que o nosso método de investigação começa a encontrar aprovação. O tema proposto no programa da discussão é um problema de psicologia aplicada e, como tal, ainda não foi estudado a fundo do lado psicanalítico, pelo que teria preferido, de muito, poder submeter à consideração de vocês as capacidades de performances do nosso método de trabalho aplicando-o a um outro problema muito diferente, qual seja o da psicologia das neuroses; entretanto, também no âmbito deste tema a psicanálise deveria estar na origem de incitamentos para um trabalho futuro e para uma revisão crítica das concepções em vigor até agora, o que, em certa medida, justificaria a nossa participação nesta discussão.

É um fato muito conhecido que a maior parte das exposições começa com pedidos de desculpas; em introdução à minha exposição de hoje devem figurar várias. A cidade de Viena é a Atenas da psicanálise; por que importar, pois, uma coruja psicanalítica do país vizinho? Para esclarecer esse problema talvez tenhamos de recorrer

---

1. Exposição apresentada na Associação de Psicopatologia Aplicada de Viena em 30 de abril de 1928.

ao provérbio latino que diz que "ninguém é profeta em sua terra". Neste caso, apaziguarei a minha consciência dizendo que se trata apenas de uma troca de profetas.

Há pouco mais de um ano fui convidado a participar de uma discussão como esta, de natureza criminológica. Foi em Nova York, onde os mais eminentes psiquiatras e juristas – impressionados por um novo surto do que chamavam *"crime wave"*[2] – convocaram, sob a direção de um dos nossos célebres colegas, uma assembleia restrita para decidir o mais rapidamente possível sobre essa importante questão. As pessoas presentes eram em número aproximado de 25 e cada uma tinha algo importante a dizer. O psiquiatra que fez a exposição introdutória traçou um quadro sombrio mas esclarecedor, em sua lucidez, a respeito das circunstâncias atuais e das relações entre criminalidade e doenças mentais. Um representante do "Movimento pela Higiene Mental" informou-nos de que as tentativas para conter a criminalidade por uma educação apropriada dos pais, professores e personalidades dirigentes da opinião pública já estavam obtendo alguns resultados. Um talentoso professor universitário, que tinha a sorte de dispor de verbas concedidas por uma das célebres fundações norte-americanas ricas em milhões, contou-nos que a sua organização já tinha mobilizado um pequeno exército de médicos, encarregados de reunir dados precisos de estatística médico-pedagógica sobre os ocupantes de algumas grandes instituições penitenciárias; esse colega também exprimiu opiniões bastante otimistas sobre o futuro de sua obra.

Finalmente, também fui convidado na minha qualidade de visitante e de representante da psicanálise a participar nos debates. Declarei-me incapaz de fornecer a menor contribuição para uma solução rápida desse espinhoso problema. Tratava-se de um problema científico que não podia ser absolutamente resolvido com urgência. Era, afirmei, da competência do legislador e dos tribunais encontrar remédio nos casos de extrema urgência, enquanto a ciência deveria prosseguir com tranquilidade em suas investigações, embora com um ardor renovado. Em matéria de psicocriminologia, o trabalho de investigação devia, disse eu, recomeçar a partir de novas bases, depois que a psicanálise nos dotou de meios para substituir a banal fórmula de choque, a respeito do determinismo de toda

---

2. Em inglês no texto. "Onda de crimes". (N. do T.)

ação humana, por uma definição exata do determinante psíquico. Era preciso, portanto, criar em primeiro lugar uma psicocriminologia que considere também os movimentos psíquicos inconscientes, antes de se tratar para nós de uma questão de oferecer os nossos conselhos nesse assunto tão importante para o indivíduo e a sociedade.

Confesso que nada, no espaço de um ano, chegou ao meu conhecimento que me possa obrigar a modificar a opinião que tinha nessa época. Creio, sem dúvida, que a psicanálise, já antes mas especialmente nesses últimos anos, forneceu importantes elementos construtivos para uma futura psicologia da criminalidade; e, no entanto, essas contribuições são, de momento, quase sem exceção, de natureza puramente teórica e estão muito longe de poder ajudar o legislador ou o jurista em exercício com seus conselhos práticos.

Fez-se uma rápida recapitulação de alguns conselhos práticos provenientes do lado da psicanálise. Certamente se recordam todos dessas tentativas feitas na Alemanha e na Suíça, com base na experiência associativa de Bleuler e Jung, para estabelecer a culpabilidade ou a inocência do inculpado com a ajuda do que se chama os índices reveladores de complexos, ou seja, o surpreendente comprimento do tempo de reação ou a singularidade da palavra-resposta. Tampouco desconhecem, por certo, que a crítica teórica dessas tentativas, por parte de Freud, reativou a discussão em torno da aplicação prática desse procedimento. A experiência associativa que é conduzida, de cronômetro na mão, para indicar cinquentésimos de segundo, não fornece mais informações sobre o estado psíquico do acusado do que a observação analítica habitual. O efeito de choque, que é inerente à experiência, poderia muito bem levar a resultados que estão na origem de erros judiciários; qualquer pessoa que, por exemplo, saiba alguma coisa a respeito do ato criminoso em questão e talvez não tenha sido mais do que testemunha involuntária pode, se colhida de surpresa, atrair sobre si a suspeita de autoria. Alcança-se apenas um grau a mais na aparência de exatidão quando se pretende controlar o resultado das experiências associativas ligando ao mesmo tempo um aparelho que registra as chamadas curvas de reflexos psicogalvânicos.

Recentemente, o nosso colega berlinense logrou, num caso de pena capital, esclarecer os tribunais sobre os motivos inconscientes do ato cometido e desse modo obteve uma atenuação da culpa do criminoso. O nosso colega entrega-se a certo otimismo quanto a essa espécie de aplicação da psicanálise aos processos penais ainda em andamento. Pessoalmente, não posso, de momento, aprovar essa maneira de ver. Muito pelo contrário, devo repetir a opinião que já expressei antes, a saber, que o nosso método não é aplicável aos casos que ainda se encontram *sub judice*. Na prática neurológica, só vemos pacientes que têm um poderoso interesse em nos dizer a verdade, pois sabem muito bem que só terão a perspectiva dessa cura, tão ardentemente desejada, se forem de uma sinceridade irrestrita quando nos comunicam as ideias que lhes ocorrem e a história de suas vidas. Podemos supor que o mesmo acontece com aqueles que nos procuram para análise, não tanto como doentes mas como alunos. Esses também sabem que transgredir a injunção de sinceridade tornaria inútil toda a perda de tempo, de esforço e de dinheiro. Mas como poderíamos esperar do autor presumido de uma ação criminosa que nos entregue, sem as deformar, as ideias que lhe acodem à mente, quando a confissão da falta cometida acarretaria certamente a condenação? Todo o nosso processo penal atual respeita o direito do acusado de tudo fazer e tudo dizer para sua defesa, assim como esconder tudo o que possa prejudicá-lo. Não se pode, durante a instrução ou os debates, tomar em consideração um método que apoia suas conclusões nas declarações do acusado, acreditando em sua veracidade. Sem dúvida, num futuro longínquo, entrevemos a possibilidade, de momento ainda utópica, de que, no pretório, como na sociedade humana em geral, reine uma atmosfera benevolente, inclusive afetuosa, mesmo em relação aos criminosos; atmosfera em que o culpado, com a contrição de uma criança diante da autoridade justa, confessará tudo de moto-próprio, tomará conhecimento e aplicará as medidas, que se poderia qualificar de criminoterapêuticas, que lhe forem impostas, na feliz esperança de cura e de reintegração social, sob a égide do perdão que lhe será concedido. Não é preciso, antes de mais nada, dizer-lhes como estamos longe desse objetivo; mas, justamente nesta cidade, existe um excelente conhecedor do psiquismo infantil, August Aichhorn, formado na análise, que conseguiu criar essa atmosfera – é verdade que no círculo restrito dos meninos de rua entregues a si mesmos e que lhe foram confiados. Logrou Aichhorn pôr em funcionamento um centro de criminoterapia generosa e já fecunda, por um lado graças ao tratamento analítico de crianças pré--delinquentes ou que se tornaram delinquentes e, de outro, fazendo participar os pais e os professores dessas crianças entregues a si mesmas. Tais exemplos nos autorizam a ser um pouco menos pessimistas quanto ao futuro. Mas colocar todas as nossas armas teóricas à disposição da criminologia, em todos os níveis, é ao que se limitará, em conjunto, a ajuda prática que podemos fornecer-lhe.

Eis o ponto em que nos cumpre, uma vez mais, insistir sobre uma das grandes dificuldades do ensino da psicanálise. Pode-se ter uma ideia, sem dúvida, ouvindo conferências e fazendo leituras assíduas do que nós, analistas, sabemos sobre o conteúdo e o modo de ação da parte inconsciente do psiquismo. Mas, da verdadeira existência desse inconsciente, de sua importância na vida psíquica e da maneira como a personalidade é transformada quando, tendo superado as resistências, adquire-se conhecimento dele, a pessoa só pode convencer-se desde que, em primeiro lugar, se submeta ela própria a uma análise. Esse trabalho preparatório tampouco deve consistir numa autoanálise; deve ser conduzido por alguém que já tenha recebido uma formação analítica. Mas o resultado vale a pena, visto que só a revelação dos escotomas da nossa própria vida psíquica, dos quais nenhum de nós está isento, nos capacita a perceber tudo do inconsciente dos nossos semelhantes e a utilizar corretamente os conhecimentos assim obtidos. É porque em matéria de psicologia acreditamos deter a ciência infusa que nos parece exagerada tal medida. Depois das descobertas de Freud, tivemos que aprender a conviver com a ferida narcísica, resultante do fato de termos necessidade, mesmo no que se refere ao nosso núcleo mais pessoal, das lições dadas do exterior. E se tal é a condição de um saber sobre o inconsciente, aquele que ousa exercer, enquanto médico, professor ou juiz, uma influência prática sobre o destino dos homens e quer evitar a acusação de superficial, não poderá subtrair-se à necessidade de ser analisado.

A primeira tarefa da psicanálise seria, portanto, dar uma formação analítica aos especialistas. Em contrapartida, exigiríamos das autoridades que nos remetessem os dossiês das prisões para que pudéssemos estudar os casos de criminosos já condenados e que tenham feito confissões. Temos toda a esperança de acreditar que esses estudos, conduzidos em moldes psicanalíticos, sob a direção mais metódica e unitária possível, fornecerão não só ricos arquivos para uma verdadeira criminopsicologia futura, mas permitirão levar a cura aos que serão objeto desses estudos.

Isso é quase tudo o que posso propor-lhes como possibilidade de aplicação prática atual dos conhecimentos psicanalíticos. Muito mais interessante e promissora é a abordagem da teoria criminopsicológica a partir da teoria das neuroses. É claro que espero ouvir, uma vez mais, a objeção tão frequente de que não se tem o direito de transferir simplesmente as experiências referentes a neuróticos para pessoas que gozam de boa saúde. Pois bem, eu também estou de acordo com esse "simplesmente". Não virá à ideia de qualquer pessoa sensata aplicar em bloco as experiências adquiridas com os neuróticos aos processos psíquicos de pessoas saudáveis. O professor Freud, pelo menos, jamais se tornou culpado de tal desenvoltura. Quando, por exemplo, reencontra no cerimonial dos doentes obsessivos traços que são de uso no ritual de seitas religiosas, não lhe acode ao espírito, porém, identificar a neurose obsessiva e a devoção; pelo contrário, sublinha as diferenças essenciais, sobretudo no que diz respeito à natureza social dos costumes religiosos e a associalidade dos neuróticos. Ele avalia da mesma forma as semelhanças e as diferenças entre as produções histéricas dos histéricos, as criações das personalidades artísticas e as relações dos sistemas delirantes paranoicos.

Antes que os estudos crimino-analíticos, mencionados mais acima, estejam concluídos, não saberemos, aliás, se e em que medida a criminalidade entra na rubrica "neurose", nem o que poderá ser explicado sem formular a hipótese de mecanismos neuróticos. Segundo a minha hipótese, não haverá solução única para esse problema. O fato em si de cometer um ato criminoso não constitui, de forma alguma, um sinal certo da existência de uma neurose; há inúmeras condições que podem levar o ser, ainda o mais saudável, a cometer um ato habitualmente reprovado porque antissocial. Mas no que se refere aos outros casos que reconhecemos, portanto, como neuróticos, também vai ser posta a questão de saber se a criminalidade representa um tipo particular das neuroses, ou se constitui apenas uma forma mais perigosa das síndromes neuróticas que já conhecemos.

Há um domínio em que a criminopsicologia e a teoria das neuroses disputam: é o das chamadas perversões sexuais; são atos interditos, punidos pela lei porque colocam em perigo a segurança da sociedade e a de certas pessoas; elas podem ser, ocasionalmente, objeto de um tratamento psicanalítico. Digo "ocasionalmente" porque a maioria das chamadas pessoas perversas e, na verdade, justamente as mais perigosas, estão de pleno acordo com seu estado e seus atos, e nada está mais distante delas do que a ideia de procurar ajuda médica para combatê-los. Apoiando-nos na teoria sexual de Freud, podemos considerá-las pessoas que permaneceram fixadas num estágio precoce do desenvolvimento sexual, ou que regrediram para esse estágio. Na maioria dos casos que nos foi dado observar, o conflito entre a atração exercida pelo pendor perverso e a tendência para a normalidade ainda não está resolvido ou só o está imperfeitamente e, com a ajuda dessa parte neurótica, pode-se iniciar, com alguma probabilidade de êxito, o tratamento de tais casos. O que a perversão tem em comum com outras ações ilícitas é o impulso deveras forte para praticá-las, ou então a resistência muito fraca contra a atração de tendências que desempenham também, passageiramente, um papel no desenvolvimento do ser normal; os resíduos dessas tendências fazem-se valer em certas ações preliminares ao prazer, mas ainda mais nas manifestações do inconsciente normal, por exemplo, no sonho. *Grosso modo*, trata-se portanto, nas perversões, do que se designa por infantilismos. As pesquisas individuais junto de numerosos criminosos levarão provavelmente ao mesmo resultado; será possível explicá-los por bloqueios no desenvolvimento, ou por recaídas em estágios precoces. O estudo das perversões e das toxicomanias (como o alcoolismo e a morfinomania) abre uma perspectiva sobre as técnicas prováveis de uma futura criminoterapia. Sabemos que, para uma grande parte desses casos, só o tratamento psicanalítico não basta; certas medidas educativas, como, por exemplo, a detenção por medida de segurança, o tratamento em estabelecimento, são indispensáveis em certo número de casos. É admissível, portanto, que a sociedade, por mais branda e compreensiva que possa mostrar-se com os criminosos, deverá num grande número de casos exercer a criminoterapia colocando as pessoas a tratar sob vigilância. As mais recentes pesquisas de Anna Freud sobre a maneira como se deve conduzir a análise de crianças ainda não responsáveis poderia muito bem guiar-nos no tratamento prático dessas crianças grandes e perigosas a que chamamos criminosos: também nesse caso deveriam conjugar-se a análise e as medidas educativas.

Um outro caminho no estudo da criminalidade abre-se a partir desses recentes resultados da terapia analítica que temos o hábito de reagrupar sob o nome de análises de caráter. Como sabem, a psicanálise, a partir de começos muito modestos, desenvolveu-se para acabar sendo este edifício já respeitável em que hoje se nos apresenta. Na origem, queria simplesmente suprimir alguns sintomas mórbidos neuróticos. No decorrer dessas tentativas, ela conseguiu progredir até os fundamentos pulsionais da personalidade e ir buscar a origem de certos tipos de neurose em componentes pulsionais específicos, por exemplo, atribuir as implacáveis tendências para a autopunição e o inexorável pedantismo do obsessivo a uma dose bastante forte de sadismo e de erotismo anal, certas manifestações corporais de histeria a uma acentuação muito forte do período fálico infantil, com deslocamento posterior da genitalidade para diferentes partes do corpo e dos órgãos sensoriais, etc. No decorrer dessas investigações e de outras semelhantes, Freud conseguiu colocar em relação de causalidade certas disposições pulsionais, superacentuadas, do período infantil, com traços de caráter muito precisos da vida adulta, e não só cuidar dos sintomas, no transcurso de um tratamento analítico, mas também suavizar a dureza de particularidades de caráter. Portanto, à famosa questão de saber se a criminalidade é inata ou não, pode-se responder desde agora, e segundo toda probabilidade, que não é o crime em si, ou seja, a ausência da faculdade de adaptação, mas presumivelmente a acentuação demasiado forte de tal ou qual disposição pulsional o que forma a base constitucional; esta, em seguida, torna mais difícil a adaptação à ordem da sociedade; leva ao conflito com o meio social, que quer atenuar ou impedir as manifestações das pulsões, e culmina mais tarde na criminalidade. A psicanálise, além disso, inclina a pensar que a importância do constitucional na neurose e na criminalidade, admita-se também, foi sublinhada até o presente de um único ponto de vista. Na ignorância da amnésia infantil – descoberta pela psicanálise – isto é, pelo fato de recalcarmos precocemente as experiências dos primeiros anos da infância, com exceção de algumas lembranças encobridoras, não se podia fazer outra coisa senão supor a natureza inata de quase todos os traços de caráter, logo, de todos os traços criminosos também. A análise, pelo contrário, mostrou-nos que também a predisposição normal, em condições desfavoráveis, ou sob a influência de eventos traumáticos mas que, recalcados pela criança, não são levados em conta pelo adulto por causa de sua aparente insignificância, pode evoluir para disposições patológicas ou criminosas. Pode ocorrer que uma criança, relativamente normal ao nascer, seja impelida precocemente numa pretensa orientação criminosa, por exemplo, que o rapaz se torne uma peste e dê a todos a impressão de um criminoso nato, quando, na realidade, ele age toda a sua vida sob a influência do que se designa por compulsão à repetição, ou seja, a compulsão para repetir ainda e sempre, em circunstâncias diferentes, os traumatismos patogênicos. Por vezes, a psicanálise consegue, pela reativação do velho conflito, e pela resolução favorável do mesmo, pôr fim à compulsão à repetição, portanto, tratar igualmente do caráter do homem e não apenas de seus sintomas. Este fato também nos autoriza a considerar, com um pouco mais de esperança, o desenvolvimento futuro da criminoterapia, sobretudo a dos criminosos reincidentes que passavam até agora por ser ininfluenciáveis.

Os mais iniciados entre vocês sabem certamente que, no último decênio, a psicanálise chegou, enfim, com a análise e a história do desenvolvimento das disposições pulsionais, a empreender não só o estudo das camadas da personalidade que se opõem às pulsões, mas a levá-lo até certa conclusão, por provisória que seja. O professor Freud viu-se obrigado a supor que esse ego que recalca e se opõe às pulsões, constituindo o núcleo mais íntimo da personalidade, a que se dá o nome de "id", tampouco é constituído de um só bloco. Grande parte do ego que, como acreditamos, estabelece-se como parte modificada do id, em sua periferia, ou seja, na fronteira entre a pessoa e o mundo externo, passa a vida inteira ocupada em advertir-nos contra a ameaça dos perigos exteriores e das pressões pulsionais perigosas. Mas existem no mundo externo certos objetos sobremaneira importantes e perigosos que, justamente por causa de sua importância e periculosidade, conquistaram uma delegação particular e, de certo modo, independente do resto do ego. Esses objetos são aquelas pessoas que, desde o início, opuseram-se-nos sob a forma de forças benévolas ou malévolas, contrariantes. Conhecemos já o destino típico dessa relação entre a criança e o casal parental. Antes que, caros colegas, se convençam pessoalmente, pela sua própria experiência, devem admitir em confiança a existência do chamado conflito edipiano, no qual a criança é vencida no combate que trava contra o progenitor de seu sexo a fim de conquistar o do sexo oposto. Rogo àqueles dentre vocês que não possuem a experiência do trabalho analítico, que não se assustem com a fórmula-choque "complexo de Édipo". Essa rivalidade do filho com o pai é uma doença infantil pela qual devemos todos passar, mas que só não é resolvida com os neuróticos. Nos indivíduos saudáveis, a rivalidade resolve-se pelo surpreendente processo de identificação. O rapaz até então invejoso do pai pelos favores da mãe e disposto a combatê-lo, acaba renunciando a esses planos impossíveis e, em seu lugar, passa a imitar o pai, procura obter sua ajuda e seu apoio; numa palavra, adota-o como modelo ideal na esperança de vir ele próprio a ser um dia um pai tão potente e imponente quanto o seu. Mais tarde, a influência desse pai, em carne e osso, pode desaparecer, mas a nostalgia desse ideal mantém-se; é transferida para os mestres ou heróis; enfim, talvez de um modo mais simples, para certos princípios morais que, no seu ego, assumem pouco a pouco o papel do pai que repreende, felicita ou pune. A essa parte do ego chamou Freud o superego; acredita ele ser por essa via da introjeção de potências exteriores punitivas que vem a formar-se essa estranha potência interior a que chamamos consciência moral. Pois bem, compreendem agora por que tive de fazer este desvio pelo complexo de Édipo, dado que a consciência moral, cremos nós, nasce em grande parte dos detritos do complexo de Édipo, de certa forma como medida de proteção contra este. A criminopsicologia, que antes de tudo terá que examinar as causas da fraqueza ou da força da consciência moral, deve, em cada caso de criminalidade, estudar as vicissitudes e o destino do complexo de Édipo. Pode-se prever que, em grande número de casos, tratar-se-á por certo de uma perturbação na resolução normal desse complexo. Sei de antemão ser esse o ponto que deverá contar com a maior resistência da parte de vocês, mas seria para mim um *sacrificium intellectus* silenciar, no desejo de poupar sua sensibilidade a esse respeito, essa convicção que repousa sobre a nossa experiência de, agora, vários decênios.

De fonte inesperada, a psicanálise recebeu confirmação de sua opinião sobre os obscuros antecedentes dos imperativos da nossa moral. Refiro-me ao brilhante estudo da civilização dos primitivos, sobretudo da gênese dos chamados imperativos prescritos por *Totem e tabu*, o estudo dos selvagens da Austrália, no qual Freud nos ofereceu um brilhante paralelo filogenético com a história individual da formação do superego. Apoiando-se nas importantes obras do etnólogo inglês James Frazer e nos ensaios de reconstituição da vida da horda original primitiva de Darwin e R. Smith, convenceu-se de que, nas nossas tradições morais, mas também, talvez, em nossa constituição, recebemos, em herança dos nossos ancestrais, a lembrança de um crime formidável e, ao mesmo tempo, como que uma culpabilidade compartilhada. Essa lembrança seria, com toda certeza, a base psicológica do pecado original que nos faz inconscientemente sentir pequenas infrações à autoridade paterna como pecado mortal, onde as autoacusações e as autopunições, excessivamente duras com frequência, têm sua origem.

Peço aos meus caros colegas que não considerem a divisão da personalidade em id, ego e superego, o jogo dinâmico das forças nesse esquema, como um fútil divertimento científico. Posso assegurar-lhes que esse esquema já nos prestou inestimáveis serviços na explicação de numerosas neuroses, e permitiu explicar pela primeira vez, do ponto de vista psicológico, a psicose maníaco-depressiva. Do mesmo modo, a concepção psicanalítica do tabu ajuda a compreender melhor o grande sentimento de culpa dos neuróticos. Nenhuma psicocriminologia será pensável no futuro sem a confrontação com as novas aquisições da teoria psicanalítica.

Nesse contexto, devo ainda informar que o professor Freud já conseguiu isolar um tipo particular de criminosos; são os chamados criminosos por sentimento de culpa. Constatou ele a existência de casos em que o sentimento de culpa preexiste, ao passo que o ato delituoso propriamente dito brota de um impulso obscuro que consiste em evacuar, de um modo ou de outro, a tensão oriunda desse tormento de consciência e, ao mesmo tempo, com a sua ajuda, em substituir a precedente tortura interior por uma punição exterior.

O psicanalista vienense, o dr. Theodor Reik, numa brilhante monografia, adotou essas observações de Freud como base de toda a criminologia psicanalítica e da teoria do direito penal. Pode-se ter por certo que um lugar de honra, numa futura criminopsicologia, será reservado a seus estudos. Mas se quiserem considerar todas as eventualidades apresentadas, quando do cometimento de um crime, terão que suportar, quer isso lhes agrade ou não, que me alongue sobre o assunto. Com efeito, se admitirmos a composição da personalidade tal como Freud nos propõe, em ego-pulsão (id)[3],

---

3. *Trieb-Ich (Es)*, literalmente, o "Eu-Pulsão" (Aquilo). (N. do T.)

ego-realidade[4] (o ego propriamente dito) e superego (o ego moral)[5], a realização de um ato pulsional pode provir de, pelo menos, três fontes diferentes: em primeiro lugar, da imensa força da base pulsional que as organizações, hierarquicamente superiores, do ego não conseguem controlar; em segundo lugar, da debilidade do ego-realidade ou, para falar de maneira superficial, da faculdade intelectual de julgamento; somente em terceiro lugar vem a possibilidade, enunciada por Freud e Reik, do crime por sentimento de culpa, o qual encontra sua explicação na supermoralidade sádica do superego. Por exemplo, tive oportunidade, durante uma visita ao Saint Elizabeth Hospital, de Washington, dirigido com grande largueza de espírito, de adquirir, graças ao dr. Karpmann, uma compreensão mais profunda dos resultados provisórios das pesquisas realizadas com criminosos doentes mentais. Esse jovem investigador supõe que grande parte dos criminosos, em consequência de nefastas influências do meio, não desenvolveu nenhum superego, e que só a educação afetuosa na instituição permitiu o aparecimento dos primeiros sinais dessa disposição psíquica. Como veem, trata-se de uma nova prova em favor da mistura quase inevitável, no tratamento de criminosos, de influências puramente psicanalíticas e educativas.

Aludi antes a um sadismo do superego; isso quer dizer que, segundo a concepção psicanalítica, a moralidade não intervém no nosso mecanismo psíquico como um *deus ex machina*, mas como uma formação reativa contra as nossas próprias moções pulsionais; em outras palavras: a psicanálise dá razão àquelas pessoas devotas que asseguram sermos todos pobres pecadores. A única diferença entre nós e os criminosos é que, por uma das razões evocadas há instantes, eles não possuem a faculdade de controlar suas tendências egoístas. Quanto mais forte é a constituição pulsional ou criminosa, mais a moralidade deve tornar-se rigorosa, e compreende-se que, ocasionalmente, a auto-observação penetrante e o autocontrole degenerem na tendência exagerada para a autopunição. Do mesmo modo, a tendência exagerada para descobrir atos criminosos nos outros interpreta-se, em última instância, como uma proteção

---

4. *Real-Ich (das eigentliche Ich)*, literalmente, o "Eu-Real" (o Eu verdadeiro). (N. do T.)
5. *Über-Ich (das moralische Ich)*, literalmente, o "Supereu" (o Eu moral). (N. do T.)

contra as suas próprias pulsões, assim como um desejo de afastar os maus exemplos que poderiam induzir-nos em tentação.

A surpreendente tendência compulsiva para confessar, não motivável de um ponto de vista lógico, que tantos criminosos manifestam, e o evidente apaziguamento que se apossa do criminoso após a confissão, apesar da ameaça de punição, é uma prova eloquente da intensidade da dor que essa autopunição, infligida pelos tormentos da consciência, pode causar. O dr. Reik tem otimismo bastante para esperar o advento de um tempo em que as punições exteriores serão totalmente supérfluas, e em que o procedimento penal consistirá em convencer o culpado do alcance de seu ato, em torná-lo consciente disso, após o que será entregue à punição por sua própria consciência. Parece-nos que ainda não se poderá preconizar por muito tempo o abandono da punição exterior, dado que a consciência humana não está suficientemente segura para que pudéssemos confiar-lhe a execução das penas.

Em princípio, deve-se, por certo, conceder que o verdadeiro saber, estendendo-se também ao inconsciente, é uma força propícia à comunicação. Não devemos esquecer que o ato de pensar é um reostato que estabelece a ligação entre o sentir e o querer. Se o trabalho de pensamento é tão perfeitamente realizado que chegamos a uma convicção, abrem-se então, como que por si mesmas, as eclusas da motilidade, e sentimos emoções, impulsos para agir e para falar, que correspondem à convicção adquirida. Pode-se supor, portanto, que não são somente os princípios do superego, aprendidos e retomados de pessoas investidas de autoridade, mas também a convicção adquirida, sustentando-se de um verdadeiro saber, o que dá forças para eliminar as injustiças ou que, pelo menos, a isso incita. Devemos saudar nisso uma perspectiva reconfortante, se levarmos em conta as flutuações suspeitas dos poderes de autoridade. Poder-se-ia acrescentar ainda que a honestidade e a justiça também são, de fato, uma questão de conforto. Podemos, portanto, sem receio, aproximar a frase evocada mais acima, segundo a qual somos todos pobres pecadores, da outra constatação de Freud, a saber, a de que também no inconsciente temos mais senso moral do que imaginamos. Basta, aliás, mencionar aqui a moralidade pudica do cínico e a frequência nele de sonhos de punição.

Ao tentar estabelecer os fundamentos de uma teoria psicanalítica das pulsões, Freud postula uma nova abordagem da compreensão não só dos atos pulsionais sádicos, mas também do sadismo autodirigido. Ao explorar a fundo uma série de observações, das quais eu tampouco pude prescindir, Freud foi levado, como se sabe, a admitir que o motivo fundamental de todas as manifestações do psiquismo, e até mesmo do corpo, era o princípio de prazer, ou seja, a fuga diante do desprazer e a busca de prazer. A meta de todo ato pulsional é, portanto, o apaziguamento e o fim de todos os atos pulsionais; a meta final talvez seja a morte. Pois bem, esse apaziguamento pode ser alcançado por dois caminhos: a via direta, pela morte, destruindo todo o trabalho vital penoso e acabrunhante; a outra via é a adaptação às dificuldades do mundo circundante. As pulsões de vida estão a serviço da adaptação, as pulsões de morte acarretam constantemente a regressão ao inorgânico. Ora, Freud acredita que os componentes pulsionais sádicos são impulsos para a autodestruição que foram dirigidos para o exterior e tornaram-se agressivos. No crime e no suicídio, essas forças destrutivas que, normalmente, são subjugadas e dirigidas para a atividade social e para o controle das manifestações pulsionais sexuais, logram reencontrar seu modo de expressão elementar e cru. As investigações, referentes a casos individuais, que já podemos realizar sobre esses processos, em todas as formas de neuroses, elucidarão um dia as condições nas quais essas pulsões nocivas devem desencadear-se e encontrar saída nos atos criminosos. O conhecimento do destino dessas pulsões também permitirá, talvez, considerar um dia a profilaxia educativa da criminalidade e encaminhar os impulsos que se tornaram perigosos para os canais da sublimação.

Como veem, tornou-se para nós, psicanalistas, um hábito representar os processos da vida psíquica como um jogo de energias pulsionais, de acordo com mecanismos determinados e explicáveis pela história do desenvolvimento. Perguntar-nos-ão se, num tal sistema de mecanismos, há lugar para o que se chama responsabilidade, e para o que se sente subjetivamente quando há remorsos de consciência, ou quando se recusa um ato repreensível. Ou será que a psicanálise adere àquelas teorias do direito penal que, apoiando-se no princípio do determinismo, rejeitam *a priori* o fundamento científico do problema da responsabilidade? Se é verdade que o determinismo é incompatível com a responsabilidade, a psicanálise deveria negar terminantemente toda responsabilidade, visto ser bem conhecido que ela só confia – como nenhuma outra tendência psicológica – na sólida estrutura do determinismo psíquico; e, no entanto, à questão de saber se devemos assumir a responsabilidade por nossos atos pulsionais, Freud responde com a desconcertante contrapergunta: mas que outra coisa podemos fazer?

Para resolver esta aparente contradição, devo recorrer aos ensinamentos que tiramos de um capítulo particular da prática analítica. Quero referir-me à explicação analítica de todas essas derrapagens da atividade intelectual e corporal, explicação que Freud apoiou em tantos exemplos no seu livro *Psicopatologia da vida cotidiana*. Embora os lapsos, esquecimentos, equívocos, embaraços se devam, na aparência, somente ao acaso, uma grande parte dos nossos erros e atos falhos mais complexos revela-se, se os examinarmos por meio da técnica psicanalítica, como tendo sido determinada pela nossa vontade, mais exatamente pelas representações inconscientes de vontade. Durante um tratamento psicanalítico, o paciente ou o aluno deve aprender a estender sua responsabilidade a essas tendências inconscientes, e consegue, graças a essa responsabilidade ampliada, dominar numerosos atos involuntários e considerados até então uma necessidade fatal. Segue-se que a psicanálise não só não desconhece o fato da responsabilidade, mas, além disso, atribui-lhe uma capacidade até então insuspeitada.

E isso é inteiramente compatível com o seu fundamento de determinismo. O que está, de fato, determinado é que temos, em nossa organização do ego, uma força psíquica suscetível de inibir ou de reprimir as manifestações pulsionais. Naturalmente, esse domínio das pulsões não é idêntico ao livre-arbítrio dos filósofos; ele mesmo é um produto do desenvolvimento e varia, em sua intensidade, segundo os indivíduos. Mas sua existência é inegável e eu diria até que o seu desenvolvimento futuro também faz parte das esperanças da criminologia analítica.

Em termos muito sucintos, gostaria de indicar dois domínios em que a psicanálise destacou ainda a limitação, em certas circunstâncias, do sentido de responsabilidade. Trata-se dos fenômenos do psiquismo das multidões e do prazer artístico coletivo. Na multidão, o homem converte-se em criança, sente-se irresponsável pelas ações, em relação às quais somente o líder, investido de um poder quase paternal, assume a responsabilidade. Quanto ao artista, ele é capaz, por assim dizer por truques de prestidigitação, de cativar o interesse estético das multidões a tal ponto e de tal maneira que elas podem, sem pruridos de consciência, entregar-se, no inconsciente, ao prazer de emoções comumente interditas. Movimentos de multidão, por exemplo, guerras e revoluções, forneceram à psicanálise a triste satisfação de demonstrar *ad oculos* o que ela sempre afirmara: a existência de tendências criminosas, recalcadas, na vida psíquica.

Pois bem, eis que os pressinto cansados com toda esta teorização! Felizmente, ocorreu-me que esqueci de mencionar uma fonte analítica não desprezível de experiência prática criminológica, a saber, as observações recolhidas, no transcurso das nossas análises, sobre os delitos efetivamente cometidos ou atos repreensíveis. Permitam-me, pois, terminar hoje a minha exposição pelo relato de um fragmento de análise. Trata-se de um médico que fez o tratamento com o intuito de uma análise didática. Como não dispunha de sintomas propriamente neuróticos, sua análise consistiu principalmente na reconstituição da psicogênese do seu caráter. E ele não estava pouco orgulhoso desse caráter. Fazia parte daquele grupo de pessoas que extraem vaidade de seu fanatismo pela verdade. Entre outras coisas, era *expert* jurídico e colaborador permanente de uma revista médica que se distinguia como guardiã da moral profissional dos médicos. Seu ideal era representado pelo redator-chefe dessa revista, que, como uma espécie de instância punitiva, acossava até a morte toda falsa demonstração de cientificismo, toda divulgação e publicidade ilícita, toda a falta de decoro e desonestidade financeira. O objetivo supremo que esse jovem colega em análise visava era o de herdar, um dia, a elevada posição médico-jurídica e o lápis vermelho do redator-chefe, agora em mãos de seu venerado amigo. Quando veio analisar-se, a sua autossatisfação já estava, por certo, um tanto abalada pela autoanálise. O pequeno exemplo seguinte irá prová-lo: vários anos antes de sua análise, aconteceu que um dia foi publicado, numa revista médica adversa, um comentário irônico em que se contava que um jovem colega, que se distinguia na perseguição aos fanáticos da publicidade, inserira entre as páginas de um livro muito consultado da biblioteca de assuntos médicos uma carta que lhe fora endereçada, para que todo mundo soubesse que um alto dignitário da justiça lhe solicitava uma consulta. O nosso colega, a quem chamaremos dr. X, coçou a cabeça, perplexo, visto que, de fato, tinha sido a ele que tocara essa grande honra, de maneira deveras inesperada; e a carta, efetivamente, desaparecera. Consciente de sua inocência, atacou energicamente o colega trocista; a coisa redundou numa encarniçada polêmica de imprensa, na qual quase todos estavam de seu lado, tanto seu caráter irrepreensível era geralmente conhecido. Mas, no decorrer de sua autoanálise, ele teve, em pensamento, de pedir perdão ao seu satírico colega. Pouco a pouco, teve que acostumar-se à eventualidade de que o seu inconsciente tinha, talvez sem intenção, colocado sub-repticiamente essa carta no livro tão procurado. Lembrou-se de que se encontrava, nessa época, injustamente desdenhado, relegado para segundo plano, e como essa carta tinha sido bem-vinda, como um raio de esperança! Ia granjear uma clientela mais elegante, e assim por diante... Depois, na análise didática, veio a lembrança de todos os grandes e pequenos delitos infantis, guardados como profundos segredos e inteiramente esquecidos mais tarde. Mas a rememoração dos eventos seguintes teve um efeito desconcertante: no dia seguinte ao da morte de seu pai idolatrado – ele estava então com 15 anos –, não pôde resistir à tentação de apoderar-se do vidro de éter, que servira de medicamento para reanimar seu pai moribundo, fechar-se com ele num quarto retirado e fazer arder o éter, o que poderia ter facilmente provocado um incêndio. Tinha perfeita consciência do que esse ato significava de blasfematório e de interdito. Lembrava-se ainda das batidas do coração, quase audíveis, que essa monstruosa ação lhe causara. A reação que se seguiu foi a contrição, e o voto solene de conservar viva a lembrança do pai, obrigando-se a pensar nele pelo menos uma vez por dia, durante toda a sua vida. No desenrolar ulterior da análise, ele chegou a uma reconstrução mais segura da base pulsional, ainda mais profunda, dessa irrupção traumática no curso dos eventos do conflito edipiano. A imortal rivalidade com o pai era, finalmente, o motivo pela qual ele fizera, quando da morte daquele, uma fogueira triunfal. Vemos, portanto, que o caráter maravilhoso, e muito estrito, foi também construído nesse caso como compensação, e até como supercompensação, sobre uma base pulsional da infância. Não manterei por mais tempo em segredo que esse jovem dr. X não era outro senão eu mesmo, e que não tenho a menor dúvida de que, por trás das qualidades de que me orgulhava tanto, teria podido, em circunstâncias desfavoráveis, desenvolver-se um incendiário blasfematório. O generoso destino contentou-se em fazer de mim um analista. Qual é a parte de sublimação bem-sucedida? Deixo ao critério de vocês decidi-lo.

Só mais uma observação. Almas ingênuas que nada compreendem da técnica analítica advertem a humanidade contra os perigos com que a psicanálise a ameaça. A análise, dizem eles, libera as pulsões, deixando-as à solta na humanidade. A debilidade de tais afirmações já foi demonstrada um sem-número de vezes; talvez tenham igualmente colhido da minha exposição de hoje a impressão de que a psicanálise, como todo saber um pouco mais profundo, está mais apta a inibir as paixões do que a inflamá-las. É certo que ela combate o zelo sádico do superego, mas está muito longe de adular a dominação incontrolada das pulsões.

Agradeço este convite e a paciência com que me escutaram.

XVIII

O processo da formação psicanalítica[1]

É para mim uma grande alegria e uma grande honra poder falar da psicanálise na capital espanhola, perante uma assistência tão eminente. Tenho a impressão de contribuir assim para pagar uma parte da dívida que nós, homens da Europa Central, contraímos para com o gênio hispânico, por todo o prazer que nos propiciam sua arte e sua literatura. Não obstante, é verdade que lhes trago algo que não lhes é inteiramente novo. A excelente tradução que devemos ao entusiasmo e ao zelo do sr. Luís Lópes-Ballesteros permitiu-lhes ler as obras de Freud, o grande mestre dessa ciência, numa edição quase completa. Optarei hoje por abordar alguns problemas práticos.

Como se pode estudar a psicanálise? Quem pode aspirar ao título de psicanalista, capaz de compreender os problemas e os conflitos do psiquismo, até em suas camadas mais profundas, e encontrar uma solução prática para as dificuldades da vida psíquica patológica ou normal? Esta maneira de apresentar o problema talvez os surpreenda, pois existe o hábito de pensar que as teorias científicas mais complexas são acessíveis pela leitura de obras pertinentes e pela frequentação de cursos universitários e seminários que delas tratem. A aprovação em certo número de exames rigorosos confere o direito de exercer a profissão de jurista, médico, pedagogo ou etnólogo. Nos ramos científicos, puramente lógicos e matemáticos,

---

1. Extraído de um ciclo de conferências realizadas em Madri, em 1928.

basta adotar por base certos dados fundamentais evidentes e incontestáveis, sobre os quais é possível edificar um saber solidamente alicerçado; nas ciências naturais, soma-se a isso uma prática: a observação e a experimentação. Em contrapartida, a experiência psicanalítica mostra que, para praticar o ofício de psicólogo, não basta estabelecer uma relação lógica entre os conhecimentos e os dados experimentais; *é indispensável, além disso, efetuar um estudo profundo da nossa própria personalidade e uma observação rigorosa das nossas moções psíquicas e afetivas*. É essa educação para o conhecimento e o domínio de si mesmo que constitui o essencial da formação analítica, sua condição *sine qua non*; a formação teórica e prática só pode vir em seguida. A psicanálise é ainda mais exigente a esse respeito do que a astronomia. O observador do céu estrelado deve conhecer todas as particularidades de sua visão e adaptá-las à normal, senão suas observações seriam desprovidas de qualquer valor. Em psicologia, a importância do fator pessoal é ainda mais considerável; a psicanálise interessa-se essencialmente pelos conhecimentos introspectivos e subjetivos; mas, para compreender o material psíquico recolhido por outrem, somos obrigados a proceder por aproximações com os nossos próprios processos psíquicos e intelectuais.

Sabemos que o extraordinário progresso da biologia acarretou uma desvalorização de tudo o que é psíquico; no plano científico, um dos principais méritos de Freud é o de ter corajosamente se oposto aos excessos dos fanáticos da objetividade e o de ter levado em conta a *realidade psíquica* simultaneamente com a realidade física. Durante a minha visita aos Estados Unidos, há dois anos, o dr. Watson, representante dos behavioristas, convidou-me para um duelo intelectual. Sustentava ele a tese de que era perfeitamente inútil prestar atenção às alterações acessíveis por introspecção e de que era suficiente descrever a atividade e o comportamento dos seres vivos, animais ou humanos, considerando-os conjuntos de reflexos e de tropismos. Convidado a dar um exemplo, o dr. Watson descreveu o reflexo de terror observado no rato branco e no bebê humano em reação a um ruído imprevisto. Respondi-lhe que, para concluir pelo efeito de terror a partir do reflexo de fuga, ele certamente usara como referência o que ele próprio sentia na mesma situação; a partir da auto-observação, ele tinha logicamente deduzido, portanto, a possibilidade de fazer comparações. O behaviorista não passa de um explorador disfarçado do psiquismo.

Freud não cai no extremo oposto, não nega a necessidade e a importância da investigação objetiva, mas assinala que a acumulação de dados subjetivos também pode culminar em resultados científicos válidos; acrescenta, inclusive, que um fator causal, do domínio do pensamento, dos afetos ou da ação, só é inteligível por identificação com o outro. Em outras palavras, o analista deve ser capaz de reconstituir as emoções, os pensamentos, os atos de uma outra pessoa, quer seja doente ou não, a partir do material associativo por ela fornecido. Mesmo antes de Freud, essa espécie de artistas já existia: chamavam-nos conhecedores da alma humana. Mas a psicanálise de Freud transformou essa arte em ciência, acessível a todo espírito pensante, e não mais o privilégio de alguns eleitos. Entretanto, é certo que, para que esse saber se converta em convicção, é imprescindível passar pela experiência pessoal, ou seja, por uma análise pessoal.

Receio que me perguntem com inquietação se o futuro analista está obrigado a tornar-se ele mesmo neurótico, doente mental, criminoso ou criança para compreender e tratar de tais indivíduos. Deploro ter que responder pela afirmativa mas acrescento logo, para tranquilidade de vocês, que não devemos ver nisso uma corrupção da psique pela análise. Pois uma das mais extraordinárias descobertas da psicanálise é a sobrevivência em nós, no estado recalcado, dos diversos modos de reação infantis e primitivos da psique, como os anéis de um tronco de árvore sob a casca, que a psicanálise pode trazer de volta à consciência. Bastará evocarem as alucinações confusas e quantas vezes imorais dos seus próprios sonhos, para se convencerem de que também lhes acontece sentir e pensar como doentes mentais; certas formas atenuadas de angústia ou de compulsões, passíveis de ser encontradas em quase todas as pessoas e que, de um modo geral, passam despercebidas, têm a mesma origem e a mesma natureza dos sintomas neuróticos; quem pode afirmar que nunca foi surpreendido, no decorrer de um devaneio, por pensamentos que, se fossem convertidos em atos, o fariam ser considerado de imediato entre os criminosos? Se me fizerem a pergunta: em que é que um cidadão respeitável difere de um criminoso, poderei responder: diferem em que o primeiro pode perfeitamente controlar suas pulsões primitivas. Quanto ao caráter infantil, não é verdade que se deixarmos cair a máscara das convenções, a simplicidade infantil, o humor lúdico surgirão prontamente, assim como a nossa crueldade infantil e a nossa selvageria? O método psicanalítico ajuda o futuro analista a descobrir, o mais possível, e a dominar o inconsciente. Para consegui-lo, o nosso principal meio é a associação livre: a expressão, sem nenhuma seleção preliminar, de todas as ideias, emoções, moções intelectuais a que não concedemos em geral a nossa atenção e que, por certo, nunca comunicamos a outrem. O analista ou o pedagogo-analista, não inibido por seus próprios conflitos, faz surgir por meio do material associativo a parte esquecida do passado que jaz no leito da psique como a Atlântida no fundo dos oceanos para, agora, retornar à superfície. *A interpretação dos sonhos*, de Freud, um autêntico trabalho de artista, fornece um meio complementar para suprir as lacunas da memória.

Neste ponto, poderiam perguntar-me se não é possível realizar esse trabalho sozinho, sem guia? De fato, é possível, mas só até determinado ponto; o valor da autoanálise não pode comparar-se ao de um trabalho com a ajuda de um outro. Até sabemos por quê. O recalcamento, que provoca a amnésia infantil, é um sintoma social: a reação do indivíduo às medidas educativas do meio. Só uma versão revista e corrigida dessa educação, ou seja, um complemento de educação, pode ajudar a desvendar e a corrigir os erros educativos que não puderam ser evitados num primeiro tempo. Na transferência, o indivíduo em análise esforça-se por deslocar para a pessoa do analista todos os seus sentimentos de amor e de ódio; o fenômeno da transferência existe em todas as relações, mesmo as não analíticas, por exemplo, entre professor e aluno, médico e enfermo, mas nunca se lhe prestou a atenção que merece. Na autoanálise, a resistência, ou seja, o desprazer em admitir verdades desagradáveis, só pode ser superado em certa medida. Para vencê-la, é preciso que alguém assista ao analisando, com tato e firmeza. Depois de ter perlaborado as associações e explorado ao máximo a transferência, desvendado e reduzido as tendências à resistência, cumpre libertar também o candidato a analista da relação pessoal que o liga a nós, é preciso torná-lo independente; essa medida jamais é praticada nas outras formas de psicoterapia (hipnose, sugestão).

Como veem, esse método de formação recorda a formação profissional do artesão. O aprendiz deve, em primeiro lugar, apropriar-se dos segredos profissionais do mestre, submeter-se à sua influência educativa; convertido em companheiro, mas sempre vigiado e controlado, ele deve realizar a experiência do trabalho independente.

Na formação analítica, o segundo tempo é representado pela chamada *análise "sob controle"*. São confiadas ao aluno algumas análises; ele trabalha sozinho, mas vai periodicamente prestar contas de seu trabalho ao seu supervisor, que poderá chamar-lhe a atenção para eventuais erros técnicos, aconselhá-lo quanto à maneira de conduzir o tratamento. O controle prossegue até o momento em que o aluno é capaz de trabalhar sozinho. Durante esse período de acompanhamento, ele deve igualmente adquirir um saber teórico, pela leitura das obras em que Freud e seus discípulos consignaram os resultados já obtidos.

Informarei agora onde encontrar as escolas que oferecem esse tríplice programa de formação e que permite obter o título de mestre. Há 18 anos, constituiu-se por iniciativa minha a Associação Internacional de Psicanálise; ela reúne todos os que se interessam pela psicanálise e se dedicam à tarefa de preservar, o melhor possível, a pureza da psicanálise segundo Freud e de desenvolvê-la enquanto disciplina científica autônoma. Ao fundar essa Associação, eu adotara por princípio só admitir aqueles que aderiam às teses fundamentais da psicanálise (hoje, a análise pessoal também faz parte das condições de admissão). Acreditava, e ainda acredito, que uma discussão fecunda só é possível entre os defensores de uma mesma linha de pensamento; aqueles que tomaram por ponto de partida outros princípios básicos teriam vantagem em dispor de um centro de atividade próprio. Esse princípio, que continuamos a aplicar hoje, valeu-nos o qualificativo, não necessariamente lisonjeiro, de ortodoxos, termo ao qual foi injustamente associado o sentido de reacionário. Entretanto, está bem demonstrado que o progresso também deflagra cismas e revoltas, em que os jovens se mostram com frequência mais reacionários do que os velhos. Há dois desvios que se afastam de Freud e que sou obrigado a estigmatizar como reacionários no plano científico. Um, vinculado ao nome de Jung, opera um retorno ao misticismo que nos parecia ultrapassado; o outro, a "psicologia individual", aproxima-se dos behavioristas, ao rejeitar a psicologia para esperar que a salvação venha de uma nova organização social. A Associação freudiana ortodoxa fundou numerosas filiais em diferentes países, como Hungria, Áustria, Alemanha, Holanda, Inglaterra, Suíça; os Estados Unidos, a França, a Rússia, a Índia e o Japão constituíram igualmente associações. Mediante proposta do dr. Eitingon, a associação-irmã alemã criou também um instituto de formação com seus competentes comitês de formação, assim estabelecendo as condições para uma formação regular. Tais institutos só existem atualmente em Berlim, Viena, Londres e Budapeste.

Os sacrifícios que o aluno se impõe em vista de sua formação são consideráveis; após ter obtido um diploma de nível superior, terá que permanecer mais dois ou três anos numa das cidades que acabo de citar e consagrar pelo menos metade desse tempo exclusivamente à sua análise pessoal, que lhe tomará uma hora diária. Daqui a algum tempo, essa exigência será menos difícil de cumprir, pois em breve todo centro cultural possuirá o seu próprio instituto. No início, a psicanálise encontrou bom acolhimento, sobretudo junto dos alemães, anglo-saxões e húngaros. Não faz mais de 15 anos que distintos psiquiatras da Universidade de Bordéus expuseram, com abundância de detalhes, em sua crítica do método analítico, por que este era incompatível com o espírito latino e, portanto, jamais seria aceito. Respondi nessa época que as diferenças nacionais e raciais nada tinham a fazer em matéria científica. Se as leis da física ou da psicologia eram válidas, elas o eram tanto na Alemanha quanto na Palestina ou na França; se não o eram, cumpria exterminá-las por toda parte no globo. Apraz-me informá-los de que o povo latino da França dá mostras de um interesse e de uma curiosidade crescentes – ainda que tardios – pela psicanálise. O professor Claude, titular da cátedra de psiquiatria na Faculdade de Medicina de Paris, simpatiza com a nossa ciência; um dos seus assistentes, o dr. Laforgue, fundou o grupo de Paris, cuja vice-presidente, Marie, princesa da Grécia, *née* Bonaparte, acaba de conceder uma importante subvenção ao nosso compatriota, o etnólogo húngaro, dr. Géza Roheim, para que efetue na Austrália Central um estudo psicanalítico dos povos mais primitivos do mundo.

Espero que, apesar da resistência latina que também existe entre vocês, um grupo se constitua em torno do sr. Ballesteros, para que a análise possa desenvolver-se aqui, sem depender de uma ajuda estrangeira.

Acabam de me informar que um grupo analítico foi fundado por um etnólogo analista e por um jurista. Poderiam manifestar alguma surpresa e indagar: mas a análise não pertence à ciência médica? Responderei pela negativa; a análise é uma nova psicologia que deve ser ensinada em todos os domínios que têm a ver com a psique humana. Seja como for, o seu campo de aplicação principal é constituído pelos distúrbios neuróticos e psicóticos que apresentam um quadro deformado de atividades psíquicas pouco visíveis no indivíduo normal, fornecendo assim uma possibilidade única de familiarizar-se com a ciência analítica. Não é necessário ser médico para compreender esses mecanismos. Até o presente, nenhuma relação foi estabelecida entre o organismo físico e a anatomia cerebral, por uma parte, a psiquiatria e a ciência das neuroses, por outra, apesar da grande quantidade de resultados obtidos no domínio orgânico. Por essa razão, todo sociólogo, pedagogo ou criminologista encontrará o caminho aberto para permitir-lhe familiarizar-se com a análise, mesmo que não possua formação biológica profunda. Irei mais longe ainda: num futuro mais distante, estarei pronto para exigir que todo pai ou mãe de família adquira uma formação analítica, pois o destino das gerações futuras repousa em suas mãos.

Não é somente o espírito latino que vê a psicanálise com maus olhos; é também esse o caso do espírito oficial que reina nas faculdades. Os psiquiatras estão apenas começando, com mais de 30 anos de atraso, a debruçar-se sobre as primeiras experiências primitivas, ditas catárticas, de Breuer e Freud, que hoje estão largamente superadas. A nossa gratidão vai para os escritores e os artistas que não são inibidos pelo pensamento tradicional. Foi seu interesse e sua compreensão que defenderam a psicanálise contra os cientistas que ameaçavam levá-la à ruína. Hoje, os próprios cientistas vieram estender-nos uma mão amistosa, justificando a esperança de que venham em breve, na companhia de outros intelectuais, juntar-se a nós para trabalhar sobre esta nova psicologia

XIX

O tratamento psicanalítico do caráter[1]

Muitos me recriminarão, referindo-se à literatura psicanalítica mais antiga, pelo fato de não insistir bastante no papel das pulsões sexuais em relação ao conjunto das moções pulsionais.

Deve-se concluir daí que o próprio Freud acabou por anuir e, por vias indiretas, aproximou-se daqueles que sempre repugnaram dar especial destaque aos fatores sexuais? A esta pergunta podemos responder com um não categórico. Naturalmente, Freud, como todo investigador digno desse nome, teve com frequência que remodelar suas primeiras hipóteses e construções teóricas, sob o impacto da experiência posterior, mas os pilares do edifício teórico – quais sejam, a importância capital do complexo de Édipo na formação do sintoma neurótico, ou a influência igualmente considerável dos modos de satisfação infantis e de seu destino sobre o desenvolvimento da personalidade resistiram perfeitamente à prova da experiência.

É, pois, a brevidade do tempo que me foi concedido e a suposição de que estão todos razoavelmente bem informados no tocante à sexualidade infantil, o simbolismo sexual, etc. o que me leva a falar-lhes hoje de certo desenvolvimento da psicologia, segundo Freud, que se poderia chamar assexual, social: uma nova maneira de abordar o desenvolvimento do caráter humano e suas consequências práticas.

---

1. Extraído de uma série de conferências realizadas em Madri, em 1930.

Eis como, num primeiro momento, imaginamos o ato de recalcamento: a coerção representada pela adaptação à ordem social recalca as tendências egoístas e libidinais no inconsciente. A moção recalcada parecia, portanto, representar sempre um comportamento repreensível, arbitrário. Mas qual não foi a nossa surpresa ao ver chegar para tratamento pessoas que se mostravam exteriormente duras e implacáveis, mas em quem a análise revelava ternura, tato, pudor, ou seja, uma série de qualidades latentes recalcadas. Conhecíamos de longa data, e outros exploradores da alma humana, como os romancistas, conheciam também o indivíduo cínico "cujo aspecto à primeira vista rude esconde um coração sensível", e aconteceu muitas vezes de um analista levar um desses cínicos a descobrir sua natureza afetuosa recalcada havia muito tempo. Mas foi somente Freud quem reconheceu a importância desse fenômeno quando descobriu, em numerosos analisandos, a existência de uma culpa inconsciente. Ainda mais notável é o caso daqueles criminosos cujo móbil só pôde ser encontrado por Freud num desejo de expiação inconsciente. Sabem que, em geral, isso ocorre em sentido inverso; um crime ou uma má ação acarretam remorso. Mas no caso que nos preocupa, o culpado é coagido, por uma culpa difusa cuja origem e até cuja existência ele ignora, a cometer um crime contra a comunidade e fazer-se punir. Algumas análises literárias de autores russos com uma sensibilidade inata particularmente desenvolvida – sobretudo Dostoievski – permitem pensar que eles já tinham pressentido algo do mecanismo psíquico do "crime engendrado pela culpa". Mas foi preciso esperar por Freud para se obter uma explicação científica desse fenômeno, e alguns de seus alunos (Reik, Alexander) dedicaram-lhes monografias. Tudo isso nos leva a formular a seguinte questão: o que é, pois, a consciência moral, essa força interior que nos proíbe desfrutar de prazeres obtidos de forma indevida, nos pune no mais profundo do nosso ser por nossas fraquezas e nossos erros, e nos obriga até a buscar o castigo por nós próprios, quando estaria ao nosso alcance escapar dele? Levar-nos-ia longe demais se eu os fizesse passar por todos os caminhos que Freud percorreu para resolver esse problema.

O percurso a seguir foi-nos indicado pela observação dos fenômenos da psicologia coletiva e pelos sintomas de obediência sob hipnose ou sugestão (a minha experiência e os meus trabalhos pessoais relativos à sugestão permitiram-me atribuir esses sintomas a uma fixação no estágio infantil de obediência aos pais), assim como o estudo rigoroso da resolução do conflito edipiano. Mas é preferível citar aqui um caso simples, relatado por Freud, que ajudará a apreender melhor o processo. Uma menininha sente uma profunda mágoa com a morte súbita de seu gato favorito. O luto dura dias e dias, a menina permanece inconsolável. Mas, de súbito, sem qualquer explicação, ela reencontra a alegria e o bom humor; não se chega a explicar essa mudança; enfim, a mãe observa que a filha passa os dias realizando movimentos felinos e miando à maneira dos gatos. O que foi que se passou? Para vencer a dor, a menina identificou-se de modo fantasístico com o seu objeto de amor perdido, ou – para recorrer a uma expressão que me é própria – projetou a pessoa do gato em seu próprio ego: ela o "introjetou". Não tinha mais necessidade de estar triste por ter perdido o seu gato, ela mesma convertera-se em gato e o "eu sou gato" substituiu o "eu tenho um gato". Retomando o procedimento de Freud, devemos imaginar que essa outra forma de tristeza muito mais intensa que acompanha a renúncia à onipotência infantil e a submissão à potência paterna, depois ao poder social, resolve-se da mesma maneira. No início, o menininho resiste, quer aniquilar a potência paterna, essencialmente para apropriar-se da ternura e da afeição maternas. Mas quando compreende que numa luta aberta não levará vantagem, projeta em si a figura poderosa do pai; trata-se com o mesmo rigor com que outrora o pai o tratara; já não é mais por que tema o pai, mas porque uma parte de sua personalidade beneficia-se exercendo os privilégios paternos sobre a outra parte. Ao período em que essa identificação se desenvolve dá-se o nome de período de latência; estende-se desde a regressão da revolta edipiana até a maturidade sexual e social completa, ou seja, dos 5 aos 13 anos. É o período em que se desenvolve, a partir da acumulação e da fusão das introjeções, aquilo a que Freud chama o *superego*. Na medida em que o superego zela, com circunspecto rigor, para que os afetos e ações do sujeito se mantenham em conformidade com os padrões de um honesto cidadão, é uma organização útil que cumpre respeitar. Mas o superego entrega-se, por vezes, a excessos patológicos, tal a consciência que impele para o crime. O tratamento analítico é tão indicado para as pessoas de caráter doente quanto para os histéricos e obsessivos. No início da minha carreira analítica, eu fazia o possível e o impossível para não agir sobre o caráter dos meus pacientes;

pelo contrário, empenhava-me em respeitá-los; conciliava assim a personalidade do doente, ou seja, o seu ego e o seu superego. Esse pacto de amizade tácita permitia em seguida ao analista e ao analisando[2] colaborar na revelação do inconsciente. Inúmeras vezes esse método se mostrou suficiente para eliminar os sintomas neuróticos, de modo que nem mesmo chegou a se apresentar o problema de uma análise mais profunda do caráter. Mas pareceu-me necessário, com frequência, abordar firmemente esse domínio, também mais delicado, pois o mecanismo dos sintomas estava misturado de maneira excessivamente íntima com os traços de caráter patológicos. Pois o paciente, no decorrer do tratamento, utiliza de forma inconsciente esses traços de caráter para a resistência; por conseguinte, faz-se necessário colocá-los em evidência e, no caso, ligá-los às correspondentes experiências infantis esquecidas, a fim de que a análise possa prosseguir. Lembro-me, por exemplo, do caso de um eminente cientista que, sem ele próprio ter consciência disso, manifestava de forma evidente – pelo menos para mim – não dar o menor crédito ao método psicanalítico. Quando prudentemente disse isso a esse homem, que se considerava uma pessoa muito modesta, ele reagiu patenteando durante semanas e meses a incredulidade mais extrema a meu respeito e a respeito da análise. Mas um número cada vez maior de indícios vinha confirmar as minhas afirmações: a resistência do meu aluno não tardou em desmoronar e a continua-

---

2. O termo alemão *analysand* é um gerúndio e, portanto, deveria ser traduzido por "a analisar". Em latim, o gerúndio *delenda Carthago* traduz-se por "Cartago é a destruir" (Catão, o Velho).

Ao traduzir *analysand* por "analisando", que é um particípio presente ativo, damos a este termo um sentido ativo para sublinhar a diferença com a palavra *analysiert*, "analisado", que é um particípio passado com uma conotação muito mais passiva e que poderia indicar ter terminado o processo de análise.

Quando Ferenczi utiliza o termo *analysand* (em húngaro é o mesmo gerúndio *analizàlandó*) ou *der Analysand* no singular ou no plural *die Analysanden*, fá-lo num contexto bem preciso:

– em 1928, no seguinte texto: "Esse pacto de amizade inexpressivo tornava possível, portanto, que os dois, analisando e analista, pudessem trabalhar juntos para revelar o recalcado inconsciente."

– em 1931, em "Análise de crianças com adultos": "É ainda melhor quando os meus incitamentos assumem a forma de questões muito simples em vez de afirmações, o que obriga o analisando a prosseguir no trabalho pelos seus próprios meios." (NTF)

ção do tratamento pôde esclarecer seus devaneios insatisfeitos de grandeza e de êxito, de que ele se protegia mediante essa carapaça de modéstia. A fisionomia séria, grave, professoral, era apenas a fixação da atitude que todos adotamos quando nos apropriamos do chapéu do nosso pai, de sua bengala e de seu ar de importância. Penso também num dos meus amigos, não analisado, que se queixava sem parar de ser perseguido pelo azar. Pude demonstrar-lhe, por alguns exemplos, que na realidade ele não era perseguido pelo azar, mas que, pelo contrário, era ele que o perseguia com o propósito de se assemelhar, pelo menos no infortúnio, a seu pai, que conhecera um fim trágico. Observei com frequência esse processo que Freud chamou *compulsão à repetição*: o paciente recorre a todos os meios em seu poder, busca as menores sutilezas, mesquinharias, para romper com o seu analista e repetir a todo custo a reação infantil de recuo obstinado que opunha antes a todo tratamento injusto. Tive que dizer bem claro a uma das minhas pacientes que, fosse qual fosse o seu comportamento, eu continuaria por minha parte assumindo de modo inabalável o meu papel de médico junto dela, com simpatia e compreensão. A compulsão à repetição acaba nesses casos por esgotar-se, sentimentos e tendências de um novo gênero aparecem, o que pode marcar o começo de uma mudança de caráter.

Não esclareci bem o meu pensamento ao mencionar a necessidade da análise de caráter unicamente em relação com casos patológicos. A análise permite, mesmo ao chamado homem normal, encontrar uma solução mais econômica para as suas reações, na medida em que ele está insatisfeito com certas atitudes excessivas ou hipersensíveis. Mas, como já desenvolvi na primeira parte da minha conferência, é indispensável que *o analista esteja, por um lado, isento de todo e qualquer sintoma, e, por outro, que tenha levado sua análise de caráter o mais longe possível*. Por mais de uma vez o analista foi comparado ao saco de pancadas das feiras de Budapeste ou de Viena: todo o mundo pode exercitar nele suas capacidades agressivas, o que, na análise, deve ser entendido, evidentemente, em sentido figurado. Mas até isso já exige um grande autodomínio e elevado controle de sua sensibilidade, ou seja, do que se designa por narcisismo, o que talvez só seja obtido através de uma análise profunda do caráter. Compete, pois, ao analista dar o bom exemplo, o que lhe permitirá depois dizer ao paciente, face a face, certo número de coisas

– segredos na maioria das vezes perfeitamente públicos – que todo mundo cala justamente diante daquele a quem isso interessa. Não penso apenas nas reações excessivas, nos hábitos considerados ridículos, mas também em certas particularidades da apresentação e da aparência. No âmbito da minha chamada técnica ativa, aconteceu-me ordenar expressamente ao meu paciente que dominasse os seus processos psíquicos e físicos habituais: isso permitiu-me com frequência pôr a descoberto camadas mais primitivas, remontando aos primeiros tempos da infância.

No plano teórico, a noção de caráter engloba a definição mais ampla da personalidade, ao passo que a noção de *superego*, constituído a partir da identificação psíquica (introjeção), compreende a definição mais limitada. Segundo a descrição de Freud, a personalidade completa contém três partes mais ou menos isoladas; o núcleo da personalidade compreende as organizações instintivas organicamente definidas: é o chamado id; as camadas periféricas do id transformam-se pelo contato com o mundo externo, ou seja, adquirem uma superestrutura psíquica que constitui o verdadeiro *ego*, ao qual se junta, em terceiro lugar, o *superego*, formado pela adaptação às pessoas importantes do meio inicial. O id e o ego são, portanto, determinados principalmente por elementos de base ligados ao organismo físico, logo, inatos, ao passo que o superego é determinado pelo processo da evolução posterior, de ordem psíquica. Entretanto, não se pode reduzir o id ou o ego a serem apenas consequências inevitáveis de qualidades inatas; eles são também muito sensíveis à influência do ambiente, quando uma verdadeira compreensão permite um tratamento bem adaptado ao indivíduo. A pedagogia analítica, já mais ou menos em ação em certos lugares, deixa-nos esperar resultados bem melhores do que nos atreveríamos a supor com base nas posições fatalistas da biologia.

Não se trata de subestimar a opinião dos teóricos que proclamam a importância do orgânico. Os psicanalistas têm em grande apreço as experiências ainda rudimentares praticadas nesse domínio por cientistas como Lavater, Franz-Joseph Gall, Morell ou Lombroso, e mais ainda o progresso extraordinário da anatomia e da patologia cerebrais que devemos a Hitzig, Fritsch, Flechsig, Hughlings Jackson, e ao eminente Ramon y Cajal, de reputação mundial. Consideramos igualmente com grande interesse os resultados obtidos pela endocrinologia, assim como o paralelo empírico entre aptidões psíquicas e físicas estabelecido por Kretschmer. Acrescentemos apenas que a maior parte do que chamamos caráter não é inato, mas constrói-se em reação ao mundo exterior, e isso, muito precocemente, no decorrer do período de latência ou ainda mais cedo e, por esse fato, é suscetível de ser melhorado por meio da técnica psicanalítica.

Isso não quer dizer, como é óbvio, que se possa modificar o caráter de um indivíduo por encomenda. Tudo o que podemos prometer a um paciente a esse respeito é que, após uma análise de caráter, ele terá um melhor conhecimento de si mesmo, o que lhe permitirá dominar suas reações caracteriais, as quais eram automaticamente deflagradas até então, e adaptar-se à realidade.

Em reuniões como esta, foi-me feita muitas vezes a observação de que os psicanalistas trabalham com uma psicologia essencialmente masculina, onde muitas coisas, senão todas, gravitam em torno do complexo de Édipo, ou seja, a repetição do conflito arcaico entre pai e filho. Em todo caso, no que me diz respeito, seria necessário isentar-me dessa recriminação, visto que em minha obra conhecida sob o título de *Thalassa* tentei, entre outras coisas, explicar as diferenças caracteriais psíquicas e físicas que existem entre os dois sexos. Essa explicação apoia-se em observações em parte biológicas, em parte psicológicas; sem dúvida, ela é extremamente audaciosa, fundamentada no essencial em analogias, um método científico que não goza de uma reputação que possamos qualificar de excelente. Entretanto, essa teoria não foi até agora desmentida... nem, aliás, muito notada, diga-se de passagem. Não obstante, gostaria de expor-lhes rapidamente o que nessa teoria se relaciona com a minha exposição de hoje.

Adotei por ponto de partida que a fecundação interna fez sua aparição na evolução dos seres humanos no momento da secagem dos mares, ao passo que a maioria dos peixes multiplicava-se pela fecundação externa das células germinais no meio marinho; os chamados caracteres sexuais secundários também se desenvolvem, sobretudo nos animais terrestres. Suspeito de que não estava decidido de antemão quem, do macho ou da fêmea, iria desempenhar o papel da mãe. Mas a solução do problema foi feita em benefício do macho, que pôde desembaraçar-se dessa pesada tarefa. *Os caracteres sexuais secundários físicos e psíquicos do homem ficaram, portanto, mais primitivos, diríamos, mais grosseiros;* mas, por um admirável processo de compensação e de inibição, o homem consegue controlar seu caráter primitivo com a ajuda de uma superestrutura lógica, ética e estética. O sexo feminino pode sentir-se mais evoluído do ponto de vista biológico, na medida em que teve de adaptar-se não só ao mundo exterior, mas também ao homem. Essa evolução biológica dispensa a mulher de adotar à risca a superestrutura intelectual e ética elaborada pelo homem. Em compensação, só ela detém a capacidade de sofrer e de ser mãe, pelo que, afinal de contas, cada sexo tem suas vantagens e suas fraquezas.

Muitos traços de caráter aparentemente viris das mulheres são sensíveis à influência da psicanálise. O mesmo ocorre no caso dos homens, em sentido inverso.

Estas poucas palavras sobre a análise de caráter, último em data dos campos de aplicação da teoria e da técnica psicanalíticas, representam apenas uma amostra de um conjunto já impressionante de conhecimentos, mas que bastará talvez para incitar alguns dos presentes a aprofundar o estudo desse problema.

Agradeço-lhes uma vez mais por me terem concedido a honra de me convidar, e termino a minha exposição exprimindo a esperança de que o belo país da Espanha se alinhe em breve com os países onde se dispensa um ensino válido da psicanálise para todos os que desejem estudá-la.

XX

A metapsicologia de Freud[1]

Proponho-me apresentar-lhes, ainda que sumariamente, o desenvolvimento e a posição atual da *metapsicologia segundo Freud*. Não é uma tarefa das mais fáceis; todos os senhores sabem qual é o método de trabalho de Freud: enquanto a coisa é possível, limita-se a examinar os dados parciais e suas correlações mais imediatas; quando não pode evitar a formulação de teses mais gerais, atém-se à comunicação em termos precisos dos principais resultados de suas investigações e de suas consequências lógicas. Mas jamais fornece um resumo sistemático que ele parece considerar uma verdadeira cama de Procusto para toda a investigação subsequente. Por isso, para fazer esta exposição que, para ter um valor didático, deve necessariamente ser sintética, tive que reunir os elementos nos mais diversos trabalhos de Freud.

O que é a *metapsicologia*? Um termo novo que certamente se formou adotando o modelo da *metafísica*. E o que é a metafísica? Segundo o *Dicionário de filosofia*, esse termo designa, na realidade, a "primeira filosofia" de Aristóteles, a qual, na classificação das obras do Estagirita por Andrônico de Rodes, situa-se *após* a física (μετα τα φυσιρα = aquilo que vem depois da física). Só mais tarde é que, em resultado de um erro de interpretação a respeito da palavra μετα, passou a ser a ciência daquilo que ultrapassa os sentidos, a experiên-

---

1. Conferência realizada em Viena (1922), organizada por psicanalistas ingleses e americanos.

cia, a ciência das coisas transcendentais; até os nossos dias, o termo "metafísica" conserva esse sentido. Portanto, se a metafísica, tomada nesta última acepção, é a ciência dos processos da natureza – na medida em que estes não nos são fornecidos pelos nossos órgãos dos sentidos, mas pela elaboração especulativa dos resultados obtidos pelas diferentes ciências –, a "metapsicologia" trata dos processos que não são imediatamente acessíveis, mas que cumpre *deduzir* a partir dos dados fornecidos pela experiência introspectiva[2]. Quanto a nós, consideramos que metafísica e metapsicologia são duas noções diametralmente opostas. Chamamos metafísica à tentativa de explicação de todo o fato de observação, mesmo dos fenômenos psíquicos mais complexos, por meio de leis que conhecemos (físicas, fisiológicas). A metapsicologia, em contrapartida, propôs-se a tarefa aparentemente desesperada de estabelecer as bases materiais dos processos psíquicos a partir da observação dos próprios processos psíquicos, ou seja, edificar de certa forma uma parte da biologia, da fisiologia e da física.

Nenhum cientista, antes de Freud, ousou dar esse passo; só se encontra alguns precursores dessa orientação na era pré-científica. Queremos falar do *animismo* antropocêntrico dos primitivos, que projetavam seus próprios processos e características psíquicas sobre os fenômenos universais. *Cum grano salis*, poderíamos dizer, portanto, que a metapsicologia analítica moderna é, com efeito, um retorno – sob uma forma cientificamente apurada – ao animismo.

Um passo tão ousado não se justificaria se a psicologia biológica tivesse realizado nem que fosse ao menos uma parcela das esperanças nela depositadas. Mas as pesquisas anátomo-histológicas sobre o cérebro estão totalmente atoladas, depois da descoberta das

---

2. A literatura já utilizava o termo "metapsicologia" em dois sentidos diferentes. Alguns filósofos designam assim os capítulos da própria metafísica que tratam dos princípios mais elevados da concepção do universo. Assim, no seu *Dictionnaire philosophique*, Eisler considera o monismo, o dualismo, o paralelismo e a ciência do idêntico como posturas "metapsicológicas"; mais recentemente, os ocultistas também recuperaram esse termo, servindo-se dele para situar suas observações e suas teorias no plano científico. Essas acepções, obviamente, nada têm em comum com a metapsicologia de Freud. Assinalemos, enfim, que Kraepelin, um adversário moderado da psicanálise, deu um dia à nossa ciência o apelido irônico de metapsiquiatria; esse termo ter-lhe-ia valido a nossa gratidão se Freud não tivesse já utilizado, antes dele, o de "metapsicologia".

localizações sensíveis e motoras do córtex cerebral; desde então, a psicologia não fez outra coisa senão elaborar uma espécie de mitologia biológica ou molecular; isso desculpa a audácia de Freud que empreendeu então essa tarefa pela outra extremidade.

A síntese metapsicológica nada mais é do que o desenvolvimento da psicanálise atual numa *psicologia explicativa* pronta e acabada; é, portanto, uma etapa muito importante dessa ciência e mesmo da história das ciências em geral. Até agora, a psicanálise representava sobretudo um método de exploração dos processos psíquicos patológicos; no começo, ela visava unicamente um fim prático e empírico: explorar, curar ou atenuar os estados psíquicos patológicos ou neuróticos. Só depois de muitas hesitações é que veio a ampliar o valor de suas constatações ao psiquismo *normal*, e ao coletivo também, e foi, de certa maneira, a acumulação espontânea dessas observações que levou Freud a adotar essa nova denominação.

Freud chama metapsicologia à disciplina que liga os processos psíquicos a sistemas psíquicos *topicamente* determinados, os quais possuem uma organização e um funcionamento específicos; são as diferentes interconexões possíveis desses sistemas que explicam os diferentes modos de descarga (normal e patológica) das excitações. Esses sistemas são acionados por forças psíquicas, derivadas de transformações de forças pulsionais que funcionam por outro lado no organismo; a distribuição dessas forças varia segundo os modos de descarga da excitação. Os mecanismos psíquicos estão, portanto, carregados com certa quantidade de energia, cujo modo de manifestação varia com o sistema que ela ocupa mas que, de modo geral, pode-se imaginar como uma quantidade constante, ou seja, obedecendo à lei da constância da energia enunciada pela física. Só depois de ter avaliado o estado de investimento dos diferentes sistemas *topicamente* localizados, a dinâmica das forças em conflito (dinâmica, direção e relações *quantitativas* dessas forças), é que podemos falar de uma explicação metapsicológica do processo no sentido de Freud.

Entretanto, nunca será demais adverti-los contra dois erros que as teses metapsicológicas poderiam levá-los a cometer. De momento, a metapsicologia de Freud não fornece nenhum esclarecimento a respeito da *anatomia*, da *fisiologia* e da *física* do órgão psíquico; apenas oferece suportes especulativos que surgem, deliberadamente ou não, quando se estuda os processos psíquicos, os quais parecem válidos no plano prático. Mas não há dúvida de que um dia, sob uma forma ou outra, serão igualmente confirmados pela biologia[3].

O outro erro consistiria em supor que o edifício metapsicológico é uma construção arbitrária, um sistema fechado desde o princípio. De fato, é justamente o contrário: cada passo, cada constatação, apoia-se numa multidão de observações de detalhe. Talvez nunca houve tanta prudência no estabelecimento de uma teoria científica. E foi somente *a posteriori* que o desenvolvimento da psicanálise foi descrito como um avanço progressivo e concêntrico na direção da metapsicologia.

Já no título, a comunicação preliminar de Breuer e Freud fala de "mecanismo" dos sintomas histéricos. A concepção econômica da dinâmica psíquica exprime-se sem equívoco na noção de *ab-reação* dos afetos bloqueados. A hipótese da clivagem da psique em duas, tal como foi formulada nos *Estudos sobre a histeria*, representa com muita nitidez uma precursora da tópica psíquica posterior. E comparam até o inconsciente ao subterrâneo obscuro da psique, ou às raízes de uma árvore; eles exploravam manifestamente a dimensão da profundidade. Em *Psiconeuroses de defesa*, Freud sublinha com particular nitidez o momento dinâmico nos eventos psíquicos, e as hipóteses formuladas por Breuer em 1895 mostram que ele pressentia todas as correlações metapsicológicas que a psicanálise permitiu depois elucidar, ao final de um grande desvio. Basta-me citar "a tendência para a constância da excitação endocerebral tônica", a relação entre a energia psíquica "tonicamente ligada" e a energia "livremente descarregada", "a excitação em sentido inverso" do sistema de percepção na alucinação, sua concepção de resistência onde, desde essa época, ele reconhece o obstáculo que pode impedir a descarga da excitação psíquica e que compara explicitamente com a introdução de um obstáculo reostático num circuito. É certo que o próprio Freud sublinha tratar-se apenas de metáforas físicas que se relacionam com um universo espacial fantasístico, sem valor

---

3. Podemos mencionar aqui uma analogia significativa. A psicanálise já foi levada a reconstruir, com base nos dados psicanalíticos, uma parte da vida pulsional do homem, a *sexualidade,* seu desenvolvimento e suas complicações, ou seja, realizar uma espécie de biologia metapsicológica; e a ciência "exata", a histologia dos órgãos sexuais internos, já confirmou duas de suas hipóteses fundamentais, a sexualidade infantil e o período de latência que separa esta do período de puberdade.

algum do ponto de vista do conhecimento, como comparações, analogias que pretendem exprimir de maneira mais inteligível noções relativas aos processos psíquicos, difíceis de comunicar. Entretanto, não se deve esquecer que um exame, propriamente psicanalítico, das comparações levou-me à convicção de que as comparações empregadas no discurso, na poesia, nas ciências, feitas muitas vezes sem refletir, provêm em geral de uma camada mais profunda e mais intuitiva da psique e, ao invés do que pensa Breuer, veiculam verdades importantes, ainda inacessíveis à consciência.

Freud emprega pela primeira vez o termo metapsicologia na *Psicopatologia da vida cotidiana*. Cito textualmente as frases correspondentes: ... "Penso com efeito que, em boa parte, a concepção mitológica do mundo que ainda anima até as religiões mais modernas, *não passa de uma psicologia projetada no mundo externo.* O obscuro conhecimento (que não deve ser confundido com o verdadeiro conhecimento) dos fatores e fatos psíquicos do inconsciente (em outras palavras: a percepção endopsíquica desses fatores e fatos) reflete-se (é difícil dizê-lo de outra forma e devemos recorrer para isso à analogia com a paranoia) na construção de uma *realidade suprassensível*, que a ciência transforma novamente numa *psicologia do inconsciente*. Desde este ponto de vista, poderíamos nos propor a analisar os mitos relativos ao paraíso e ao pecado original, a Deus, ao bem e ao mal, à imortalidade, etc., e traduzir a *metafísica* em *metapsicologia*." [Os tradutores franceses usaram aqui a tradução de S. Jankélévitch, Ed. Payot, 1948, p. 290.]

Esta citação mostra que, na época, Freud só queria utilizar o termo metapsicologia para designar a interpretação psicológica de certas produções da mitologia e da religião.

Foi em *A interpretação dos sonhos* que Freud deu o passo decisivo para a criação da metapsicologia. Depois de ter, em centenas de sonhos, seguido os fios associativos extraordinariamente emaranhados que partem dos diferentes elementos do conteúdo manifesto, conseguiu o quase milagre de introduzir ordem nesse grande caos. Verificou que o que tinha considerado primeiro como resultado de um processo mórbido, a clivagem da psique em consciente e inconsciente, caracterizava também a vida psíquica normal em estado vígil, sendo essa clivagem apenas exagerada nos casos patológicos. Depois teve que admitir a existência de *duas espécies de inconsciente*: o *inconsciente recalcado* propriamente dito e o *pré-consciente*, cujo conteúdo, mesmo que seja um pouco marginal em relação à consciência, é facilmente acessível a esta. Os fenômenos de deslocamento e de condensação do sonho permitiram a Freud descobrir *os processos segundo os quais se faz o trabalho do inconsciente*: os *"processos primários"*, enquanto a elaboração lógica dos pensamentos pré-conscientes do sonho revela que, nessa camada, a descarga da excitação já é governada pelas mesmas leis psíquicas do pensamento em estado vígil. As tentativas feitas para explicar as alucinações oníricas permitiram apreender melhor a importância da noção de *regressão*. Quando se analisa um sonho, as cadeias associativas culminam sempre em lembranças do passado – em parte inconscientes –, e o sonho manifesto, uma vez analisado, apresenta-se como a representação dessas lembranças sob a forma de realização alucinatória de desejos. Por outro lado, a análise de alucinações oníricas permitiu individualizar o sistema mnêmico.

Freud, ao efetuar um exame profundo e comparativo dos processos psicológicos do sonho, pôde compreender os processos *dinâmicos* que decidem sobre o modo de descarga da excitação psíquica. Nos casos normais, esse processo é anterógrado, ou seja, vai da sensibilidade para a motilidade (também poderia ir para a atividade psíquica consciente); a progressão do processo de um modo de funcionamento para o outro é freado por resistências intercaladas, por instâncias de censura, que podem desviá-lo para o caminho da *regressão*. Freud tampouco negligenciou inteiramente, nesse ponto, os princípios *econômicos*, se bem que no âmbito dessa investigação tenha tido poucas ocasiões para estudar mais de perto esse ponto de vista.

Por conseguinte, tendo terminado suas investigações sobre o sonho, Freud estava na posse do esboço tópico-dinâmico completo dos processos psíquicos, cuja elaboração tornou-se essencial no desenvolvimento da psicanálise para a metapsicologia. Esse esquema representa o aparelho psíquico como um instrumento complexo, intercalado entre a sensibilidade e a motricidade, no centro reflexo, por assim dizer. As estimulações que atingem a superfície sensível, vindas do exterior ou do interior do organismo, perturbam o equilíbrio, a igualdade, a constância do tônus psíquico e incitam à descarga. Mas os traços mnêmicos da vivência anterior, acumulados no inconsciente, impedem a descarga imediata, de caráter reflexo, da excitação, e desviam-na das vias a cujo respeito se sabe, por experiência, que culminam em sofrimento. Ocorre, portanto, no inconsciente um *processo de pensamento*, ainda que primitivo; no lugar do *automatismo* simples, é já uma reação de seleção que se instaura aqui. Nos seres mais primitivos, como as crianças, por exemplo, a excitação, após a elaboração inconsciente, pode progredir sem obstáculos para a consciência, ou seja, para a descarga motora; mas no adulto ela é submetida primeiro a uma nova elaboração, que se situa entre o inconsciente e o consciente. Damos a esse aparelho o nome de *pré-consciente*. Nos seres primitivos, podemos conceber, portanto, o aparelho psíquico como um mecanismo muito mais simples, que seria composto apenas de inconsciente e consciente; ao passo que o pré-consciente, encarregado do trabalho de organização lógica, é uma formação mais recente, do ponto de vista filogenético, cuja atividade começa também relativamente tarde em cada indivíduo.

Já em *A interpretação de sonhos*, Freud exprime com admirável lucidez a sua intuição de que essa nova camada "superposta" ao inconsciente forma-se, sem dúvida, ao passar pelos símbolos fonéticos da *linguagem*. Portanto, o *inconsciente* ainda contém os *restos mnêmicos de objeto*, ao passo que o pré-consciente só acumula os *símbolos mnêmicos verbais*. As vantagens dessa organização são evidentes. As lembranças de objeto ainda estão investidas de tal carga emocional que permanecem necessariamente na dependência do princípio de evitação, ou seja, do princípio de prazer; segue-se uma enorme facilidade de deslocamento das intensidades psíquicas, uma tendência para fugir da dor e do sofrimento, a incapacidade para o pensamento *lógico*, indo eventualmente contra o princípio de prazer. Para que essa última função possa se exercer, é preciso que as lembranças de objeto sejam amenizadas em restos mnêmicos verbais, que apenas veiculam pálidos reflexos do prazer ou do sofrimento de outrora, e que eventualmente permitem operar contra o princípio de prazer. As engenhosas investigações sobre a verbiagem dos esquizofrênicos confirmaram de forma brilhante a exatidão das descrições que apresentam o pré-consciente como o órgão mnêmico verbal. O fato de que, nessa doença, a excitação evita as representações de objeto para só atingir o pré-consciente, permitiu-nos reconhecer o pré-consciente como um órgão de pensamento que trabalha exclusivamente com símbolos verbais.

Quanto ao mais enigmático dos problemas, o da *consciência*, neste amplo esboço do aparelho psíquico, Freud só o aborda superficialmente; mas já suspeita de que a consciência não é somente um órgão sensorial que serve para registrar as qualidades psíquicas inconscientes, mas, além disso, é um *sistema à parte*, onde os processos de pensamento passam provavelmente por uma inibição e uma elaboração novas.

Tendo concluído o seu trabalho sobre o sonho, que ele, aliás, desenvolverá de maneira considerável em obras subsequentes, é evidente que Freud não quis demorar-se nessas especulações, pois considerou que mesmo a descrição esquemática esboçada mais acima devia ser tomada como provisória; preferiu por isso reatar o estudo detalhado da psicologia das neuroses e suas diversas variedades. Entretanto, essas investigações tinham sofrido a influência decisiva dos trabalhos sobre a psicologia dos sonhos que as tinham feito progredir de forma considerável. As perspectivas tópica e dinâmica, introduzidas por um postulado anterior, já são levadas em conta na descrição geral dos tipos neuróticos e na explicação mais matizada dos mecanismos histéricos de conversão e de angústia (que completei com alguns detalhes ínfimos no meu artigo "Fenômenos de materialização histérica"[4]), enfim, na primeira análise minuciosa de um caso de neurose obsessiva. Mas é a introdução da noção de *narcisismo*, e o exame das neuroses "narcísicas", que forneceu a Freud a oportunidade de examinar mais a fundo, a par da pulsão sexual, a atividade das *pulsões egoístas* antagonistas. Após ter assim levado a bom termo, em suas grandes linhas, o *estudo psicanalítico das pulsões*, decidiu-se finalmente a redigir seus *trabalhos metapsicológicos* onde logrou reduzir uma série de estados e de processos psíquicos normais e patológicos a fórmulas *tópicas dinâmicas--econômicas*, ou seja, *metapsicológicas*.

Esses trabalhos dão a impressão de ser os capítulos de uma *mecânica física do órgão psíquico*; as teses a que ele chegou diferem das teses da física – de um modo fundamental, é verdade – na medida em que as quantidades de que se trata agora – as energias carregadas de prazer e desprazer, oriundas das duas fontes pulsionais – *não são mensuráveis*: não se pode, de momento, traduzi-las por sinais aritméticos ou algébricos. No estado atual dos nossos conhecimentos, a mecânica psíquica corresponde, portanto, ao estágio da física em que a insuficiência dos instrumentos de medição impedia a ve-

---

4. Em *Psicanálise III*.

rificação matemática dos dados: estes apoiavam-se exclusivamente no testemunho dos sentidos. Isso não basta, porém, para que um homem lúcido se recuse a reconhecer o imenso progresso que representa o fato de se dispor de uma mecânica psíquica, mesmo rudimentar.

Muito rapidamente, a *teoria freudiana das pulsões* fez-nos penetrar e ir mais longe do que nunca no conhecimento das fontes de energia que alimentam o aparelho psíquico. Foi necessário intercalar as pulsões entre os processos psíquicos e biológicos, e reconhecer nelas produtos derivados das pulsões de vida e de morte que governam todos os seres vivos. No universo psíquico, elas manifestam-se sob a forma de pulsões do ego e de pulsões sexuais, indissoluvelmente misturadas na origem mas depois separadas.

Cada uma dessas pulsões desenvolve-se separadamente; entretanto, todos esses desenvolvimentos são, em certa medida, interdependentes e apoderam-se do aparelho psíquico alternada ou simultaneamente. É a esse assenhoreamento pelas forças pulsionais que Freud chama *investimento*.

As correlações mais delicadas entre as pulsões egoístas e sexuais, de uma parte, e os sistemas psíquicos, de outra, ainda são obscuras; entretanto, é lícito presumir que, num estágio mais avançado do desenvolvimento individual, a sexualidade mantenha relações sobretudo com o inconsciente, e o ego com o pré-consciente e o consciente. Mas a pulsão sexual também se manifesta, naturalmente, no plano consciente, e as pulsões do ego no plano inconsciente.

Freud enunciou uma lei, comparável, por sua importância, à lei fundamental de Weber-Fechner, relativa à existência de uma relação direta entre a intensidade de uma estimulação e seu efeito psíquico, lei que formulou da seguinte maneira: *os sistemas psíquicos desinvestidos pelas pulsões tornam-se inexcitáveis.* Isso esclarece toda uma série de processos incompreensíveis até agora e, em primeiro lugar, o problema do *sono.* Durante o sono, todo interesse sexual e egoísta evacua os sistemas inconsciente, pré-consciente e consciente, retirando-se para o ego narcísico (do qual, mesmo em estado vígil, esse interesse só emergia à maneira de pseudópodes); todos os sistemas mnêmicos (de objeto) inconscientes são assim desembaraçados da excitação; ocorre mesmo uma considerável redução da excitabilidade do consciente pelas estimulações internas ou externas. No estado que resulta disso, todo o sistema psíquico está, por assim dizer, inativado e reproduz uma fase de desenvolvimento do estágio embrionário em que a atividade psíquica ainda não se iniciara.

Essa lei de Freud sobre a relação entre a excitabilidade e o investimento pulsional servir-nos-á, no momento oportuno, para explicar melhor os processos da abertura psíquica e da inibição.

Se o sistema inconsciente é investido pela pulsão sexual e o sistema pré-consciente pelas pulsões do ego, o caminho está aberto, nas condições adequadas, para um conflito que se resolve, com frequência, por meio do *recalcamento*: uma parte do material pré--consciente é arrancada ao sistema psíquico correspondente e mais profundamente imersa no inconsciente, ou seja, recalcada. Quando esse material deslocado consegue, de um modo ou de outro (um pouco como os pensamentos latentes do sonho durante o sono), evitar a censura e exprimir-se, mesmo sob forma alterada, no pré--consciente e no consciente, ou na motricidade, há formação de um *sintoma neurótico*. Essa é apenas, naturalmente, uma das saídas possíveis. O sentido de tal sintoma não é apenas perturbar o funcionamento psíquico; traduz também uma tentativa de realização da primeira tarefa do psiquismo, a saber, preservar o indivíduo das excitações, mesmo em condições patológicas. Pois a neurose é uma *solução* do conflito, ainda que não seja a mais econômica; ela permite à psique obter uma relativa quietude, é verdade que após um duro combate, e ao preço de uma restrição considerável de suas potencialidades. As energias psíquicas que refluem após o recalcamento para o pré-consciente ou para a motilidade encontram constantemente nesse pré-consciente o obstáculo dos *contrainvestimentos* que tentam dar ao material inconsciente uma aparência inofensiva, deslocando-o para um desvão a fim de tentar reduzir, tanto quanto possível, seu peso emocional. Na histeria de angústia, por exemplo, o medo do pai é deslocado para o medo de um animal (sobretudo o cavalo). O caminho do medo originário é recoberto, de certa maneira, pelas manifestações tonitruantes das contraformações reforçadas por atos fóbicos de evitação e de defesa, e por moções pulsionais (no que se refere a estas últimas, sobretudo na neurose obsessiva). Quanto à histeria de conversão, a excitação psicossexual é inteiramente deslocada para fora do aparelho psíquico por meio de uma superestrutura fantasística: o simbolismo sexual e o "encontro somático", e descarregada sob a forma de influxo nervoso. Em todo caso, a histeria cuida de preservar a quietude da camada psíquica inconsciente e também, de um modo geral, de descarregar a tensão psíquica. Todas essas neuroses de "transferência" têm em comum a *retirada parcial do investimento pré-consciente*. Em virtude dessa retirada de investimento, certas representações não podem ser traduzidas a partir da linguagem inconsciente objetal sensível em linguagem verbal conceptual, condição prévia para o acesso ao consciente.

Nas *psiconeuroses narcísicas* (*demência precoce, paranoia*), dá-se um *fracasso* da retirada de investimentos, retirada que, como vimos, ocorre com tanto êxito no sono. Houve, de fato, uma tentativa de retirada parcial dos investimentos do inconsciente, do pré-consciente e do consciente, mas fracassou porque o interesse pelos restos mnêmicos verbais nem sempre desaparece por completo na demência; por vezes, esse interesse é restabelecido de maneira secundária e constitui uma forma de "tentativa de cura"; é assim que os objetos de amor retornam sob a forma de perseguidores na paranoia.

Na *amência* de Meynert (distúrbio mental alucinatório agudo), a retirada do investimento limita-se ao *sistema consciente*, de modo que todo o material pré-consciente continua sendo excitável; somente o traumatismo atual ou a perda atual são, talvez, anulados em consequência da exclusão do sistema sensorial.

Não posso assumir a tarefa – aliás impossível – de reunir num breve resumo tudo o que a metapsicologia de Freud já realizou até hoje. Se desejarem completar os seus conhecimentos nesse domínio, tomem nota das mais recentes publicações de Freud, em especial o volume IV dos *Kleine Schriften* e o capítulo XIX da *Introdução à psicanálise*. Contentem-se aqui, pois, com esta amostra. Saibam ainda que Freud aplicou a perspectiva e a explicação metapsicológicas às *fontes pulsionais* e que aprofundou de modo considerável os nossos conhecimentos no que diz respeito às variações normais e patológicas da distribuição de energia entre as pulsões do ego e as pulsões sexuais. Ao falar do estudo onto e filogenético do desenvolvimento das pulsões do ego e das pulsões sexuais, ele foi levado, em primeiro lugar, a elaborar uma *tópica dos representantes pulsionais*. Subdividiu o ego em "ego narcísico" e em "núcleo do ego"; vê aí dois sistemas permanentes, culminação do desenvolvimento do ego. Quanto aos representantes da pulsão sexual, distribuiu-os entre representações do amor por si mesmo e representações do amor de objeto, resultante do desenvolvimento da libido. Para explicar os estados amorosos, o luto, as síndromes da mania e da melancolia, Freud foi levado a conceber o jogo das energias pulsionais orgânicas como progredindo e regredindo nesses dois registros, separando-se e logo misturando-se de novo, mas sem deixar de ter presentes no espírito, de maneira constante, os pontos de vista tópico, dinâmico e econômico. Enfim, estendeu a perspectiva metapsicológica às produções psíquicas *sociais* mais complexas, como os problemas da *psicologia coletiva*, por exemplo. Apoiado no modelo de explicação que Kepler e Newton nos deram do sistema solar, Freud explicou-nos a horda humana, reagrupada em torno do chefe pelo reagrupamento das energias psíquicas "planetárias" ao redor do narcisismo solar; esses elementos estão ligados uns aos outros por um destino comum e pela identificação, esse precursor primitivo do amor objetal, com o chefe da horda. É impossível deixar de comparar esse reagrupamento das entidades libidinais em formações mais complexas com as *afinidades químicas* que ligam os elementos e radicais de um composto orgânico. Talvez um dia se constate que o termo "análise" emprestado da química é mais do que uma imagem ou uma comparação.

Mencionemos ainda, mesmo que de passagem, que o enfoque metapsicológico "para além do princípio de prazer", ou seja, para além do mundo psíquico puro, permitiu-nos pressentir essa linha imaginária, essa direção na qual podemos esperar ver um dia a metapsicologia proceder à sua junção com as disciplinas da biologia e da física.

Os senhores, ingleses e americanos, conhecidos pelo seu sólido senso prático, perguntar-me-ão se esses conhecimentos poderão – além de um horizonte mais vasto, o que já é um resultado apreciável – fornecer-nos igualmente novas perspectivas no plano prático, sobretudo se a psicoterapia poderá tirar proveito deles de imediato. Responderei resolutamente pela afirmativa. Como exprimir tudo o que a perspectiva metapsicológica nos fornece em segurança diante dos estados caprichosos e das metamorfoses caleidoscópicas do neurótico? Ela nos permite acompanhar com precisão as etapas da penetração em profundidades psíquicas inexploradas até aqui, ver como a transferência chega a fixar uma parte da tensão emocional patogênica, como o combate defensivo se exacerba quando o trabalho analítico se aproxima de um dos focos da doença. Em virtude de conhecermos a estrutura metapsicológica das neuroses, deixamos de estar inteiramente entregues ao acaso, como outrora, quando se trata de remontar à origem de um estado psíquico patológico. Sabemos em que direção procurar e chegamos mais depressa e com mais segurança à meta. Por outro lado, um melhor conhecimento do instrumento cujo funcionamento se trata de restabelecer, e das energias que o animam, estimula a nossa imaginação no domínio da técnica. Citemos, por exemplo, todas as medidas auxiliares da técnica analítica que jamais teriam sido inventadas na ausência dos conhecimentos tópicos, dinâmicos e econômicos fornecidos por Freud.

Mas, insisto mais uma vez, enquanto essas descobertas não tiverem recebido uma confirmação da biologia, elas só podem ser consideradas boas hipóteses de trabalho, e não pretendem, em absoluto, estabelecer fatos novos no tocante à anatomia e fisiologia do órgão psíquico. Nem sequer nos permitem dizer com certeza, por exemplo, se os traços mnêmicos, gravados nos sistemas inconsciente, pré-consciente e consciente, representam verdadeiramente traços distintos de uma mesma experiência, ou um desenrolar específico no seio de um mesmo traço mnêmico; em outras palavras, se podemos ou não supor a existência de uma tópica, também na acepção anatômica.

Enfim, volto a sublinhar a importância da metapsicologia de Freud na história da ciência. O animismo primitivo, que apresentamos como o precursor da metapsicologia, cometeu o erro de projetar simplesmente na natureza as experiências íntimas, psíquicas, do homem. As ciências naturais reagiram exaltando os méritos da exatidão, ou seja, da qualidade mensurável dos processos, e condenando a um verdadeiro opróbrio as experiências de pura origem psíquica. Atualmente, a metapsicologia esforça-se de novo por abordar os conhecimentos da natureza mediante a introspecção; com efeito, ela voltou a ser animista, mas sem negligenciar por isso as descobertas inapreciáveis que devemos às ciências naturais. Merece, portanto, o nome de método "utraquístico", já que não descarta nenhuma das duas grandes fontes de conhecimento, nem a interior, a psíquica, nem a exterior, a das ciências naturais. Esforça-se, ao dar seu justo valor aos dois tipos de experiência, por abordar a verdade que pressentimos a uma distância assintótica.

XXI

Notas e fragmentos

Os textos que se seguem são constituídos por uma série de notas tomadas no dia a dia; algumas são um pouco mais elaboradas: provavelmente esboços para um artigo projetado pelo autor. O destino não lhe concedeu tempo para redigi-los em sua forma definitiva. Há um assunto que sempre interessou vivamente Ferenczi e ao qual retorna em várias destas notas e fragmentos: é o problema do trauma. Cinco das notas que a ele se referem foram reagrupadas em 1934 pela *Internationale Zeitschrift für Psychoanalyse*, vol. XX, sob o título global de "Reflexões sobre o trauma". É sob essa forma que as apresentamos neste volume.

Entretanto, esses textos, em sua maior parte, são excessivamente fragmentários e sumariamente redigidos para poderem ser considerados artigos. Alguns contêm obscuridades que tentamos reproduzir na tradução, sem tentar esclarecer as ideias do autor mais do que ele próprio o fez, correndo o risco de deformá-las. Há textos interrompidos a meio de uma frase e que, sem dúvida, nunca foram concluídos. Por outro lado, algumas páginas foram provavelmente perdidas, porquanto se trata de papéis encontrados em desalinho. Ferenczi escrevia suas ideias como elas lhe vinham, no primeiro pedaço de papel que lhe caísse na mão, numa escrita às vezes difícil de decifrar. Escreveu essencialmente em alemão, mas encontram-se também citações em inglês, francês, latim e grego. Reproduzimos essas citações na língua original com a tradução em nota de página.

São essas mesmas dificuldades que os tradutores – e, por conseguinte, os leitores – reencontrarão num texto importante ainda por publicar mas que merece um lugar à parte: o Diário mantido por Ferenczi entre 7-1-1932 e 2-10-1932. As notas e fragmentos poderiam ser considerados a parte menos íntima desse Diário[1].

Os Tradutores Franceses

I

26.9.1920

POLUÇÃO, ONANISMO E COITO

1. A poluição é *sempre* onanismo inconsciente (frequentemente realizado por meio de fantasias inconscientes).
2. Sucede sempre ao onanismo, enquanto substituto, quando este acaba. Em certos casos, a masturbação durante o sono vem introduzir-se como estágio intermediário.
3. Série complementar. Onanismo = masturbação + Fantasia. Mais a masturbação é importante, mais o papel da fantasia é fraco, e inversamente. A fantasia é mais extenuante psiquicamente (e moralmente).
4. Tratamento: a poluição pode ser transformada em onanismo e somente o onanismo é que pode ser convertido em coito.
5. A *ejaculação precoce* reduz a fricção ao mínimo e exacerba o lado psíquico da emoção (e da fantasia). Corresponde a uma poluição diurna.
6. As atividades de prazer preliminares devem ser interditadas o máximo possível aos pacientes que sofrem de ejaculação precoce.
7. A *tendência para o onanismo* está provavelmente em relação com a intensificação do uretralismo. (A tendência para a ejaculação leva a melhor sobre a tendência para a retenção.) Esse uretralismo poderia caracterizar a *constituição neurastênica*, ao passo que a *cons-*

---

1. Publicado em 1985 pela Ed. Payot, de Paris, com o título de *Journal Clinique*, teve sua publicação no Brasil efetuada pela Martins Fontes em 1990, com o título de *Diário clínico*. (N. do T.)

tituição favorável à neurose de angústia faz-se acompanhar de uma *tendência para a retenção* (erótico-anal) (tendência para o *coitus reservatus, interruptus, incompletus*).
Portanto:
I) 1. Constituição erótica uretral – tendência para a enurese – tendência para o onanismo (– para as poluições –).
2. Descarga excessiva – os *sintomas neurastênicos tornam-se manifestos* – depauperamento do órgão (dos órgãos) em libido.
II) 1. Constituição erótica anal – tendência para a retenção.
2. Retenção – Neurose de angústia (manifesta).
O que seria a *constituição hipocondríaca*? Tendência para a estase da libido de órgão (erotismo de órgão). (Fixação nesse erotismo.) Talvez: já uma estase libidinal protonarcísica (genital/anal e uretral/) nos órgãos.

26.9.1920

RUFIÃO E "FEMME ENTRETENANTE"[2]

A posição do rufião não é simplesmente a de *moral insanity*[3], mas uma fixação (regressão) ao desejo de ser sustentado pela mãe. Os *souteneurs* [rufiões] inconscientes são numerosos entre os impotentes que não podem entregar-se à mulher se tiverem, para isso, que dar uma retribuição qualquer ou fazer um sacrifício. Um sacrifício desse gênero é, entre outros, a ejaculação.
Equivalência: (Mulher que sustenta – tipo maternal, nutriz, cozinheira.)

30.9.1920

ANGÚSTIA E LIBIDO LIVREMENTE FLUTUANTE

Uma confirmação impressionante da exatidão do ponto de vista freudiano, segundo o qual a angústia deve ser atribuída à libido

---

2. Em francês no texto alemão, mulher que sustenta.
3. Em inglês no texto alemão, insanidade moral.

que se tornou livre e permaneceu insatisfeita, é fornecida pela seguinte comunicação de um paciente: "Minha mulher tinha medo quando precisava ir buscar alguma coisa num quarto escuro; protegia-se levando com ela o bebê para entrar no quarto; apertava a criança contra o peito e isso fazia desaparecer todos os sinais de angústia."

A eficácia do remédio prova-nos *ex iuvantibus* que a angústia provinha de uma falta de satisfação libidinal. Isso contrapunha-se à declaração similar de uma criança, relatada por Freud, de que não sentia medo do escuro quando a mãe falava. Quando ouvia a voz dela, parecia-lhe que tudo ficava "mais claro".

30.9.1920

DA HISTERIA DE AFETO

Um *sentimento de repugnância* exagerado é dirigido contra tudo o que se relaciona com a genitalidade (mulheres *gordas*, seios *volumosos*, gravidez, nascimento, crianças recém-nascidas). *Idiossincrasias* em relação a certos alimentos e bebidas.

"Prodigalidade de afetos" no trabalho de introjeção.

A excitação genital é descarregada em outros afetos. A conversão é também (Breuer, Freud) uma *descarga de afetos*.

Conversão: Afeto adquirido ontogeneticamente.

Afeto: Conversão herdada filogeneticamente.

Os *estigmas* são sintomas de conversão banais (herdados).

Estigmas e extravasamento de afetos são uma pequena histeria.

II

Budapeste, 10.8.1930

O EROTISMO ORAL NA EDUCAÇÃO DAS CRIANÇAS

1) Não se exclui que o problema da quantidade de erotismo oral (mamar, chupar, beijar) a conceder ao bebê, assim como mais tarde, no momento do desmame, seja de grande importância para o desenvolvimento do caráter.

2) Uma educação desprovida de tato provoca explosões de ódio e habitua a criança à descarga das tensões pela agressividade e a destruição.

3) Simultaneamente com isso, tentativas de compensação: satisfação em partes do corpo não interditas. Uma lembrança encobridora: no primeiro apartamento de que existe lembrança, sentada no pinico, introduzir-se ritmicamente no nariz um pequeno brinquedo (um guizo). Entalado na narina, chama-se o médico, tentativa de fuga; essa lembrança encobridora surge por ocasião de sentimentos atuais de confusão e de angústia. A paciente é no fundo agressiva e negativa. A atitude relativamente amistosa do analista anula-lhe a possibilidade de luta; por trás das tendências agressivas, a angústia torna-se manifesta, a qual conduz à lembrança encobridora (acima mencionada). É evidente que a vida amorosa do recém-nascido começa no modo da passividade completa. A retirada do amor conduz inegavelmente a sentimentos de abandono. A consequência é a clivagem da própria personalidade em duas metades, uma das quais desempenha o papel maternal. (Chupar o polegar: o polegar igual ao seio materno.) Antes que essa clivagem se produza, existe provavelmente uma tendência traumática para a autodestruição, mas que pode ainda ser inibida pelo caminho, por assim dizer: a partir do caos é criada uma espécie de nova ordem, a qual se adapta às condições exteriores precárias.

10.8.1930

TODA ADAPTAÇÃO É PRECEDIDA DE UMA TENTATIVA INIBIDA DE DESINTEGRAÇÃO

1) Todo ser vivo reage provavelmente a uma excitação de desprazer com uma dissolução que começa por uma fragmentação (pulsão de morte?). Mas em vez de *"pulsão* de morte" seria preferível escolher uma palavra que exprima a completa passividade desse processo. É muitíssimo provável que mecanismos complicados (nos seres vivos) só possam ser mantidos, enquanto unidade, pela pressão do mundo circundante. Em consequência de uma mudança desfavorável do meio ambiente, o mecanismo desintegra-se, a ponto

(provavelmente ao longo de linhas de desenvolvimento históricas anteriores) em que a maior simplicidade e, por esse fato, a maior plasticidade dos elementos tornam possível a nova adaptação. Portanto, a autoplastia precede sempre a autonomia. A tendência para a autonomia é inicialmente completa; entretanto, uma corrente oposta (pulsão de autoconservação, pulsão de vida) inibe a desintegração e impele para uma nova consolidação, desde que a plasticidade resultante da fragmentação o permita. Quanto à natureza desse fator pulsional e sua função, é difícil fazer-se uma ideia a respeito. É como se ele dispusesse de fontes de conhecimentos e de possibilidades que ultrapassam infinitamente tudo o que conhecemos como faculdades de nossa inteligência consciente. Ele aprecia a gravidade do dano, as quantidades de energia do meio ambiente ou das pessoas próximas, parece ter conhecimento de eventos distantes no espaço e saber exatamente em que grau pode ser detida a autodestruição e iniciada a reconstrução. Em casos extremos, quando todas as forças de reserva foram mobilizadas mas provaram ser impotentes contra um ataque esmagador, dá-se uma fragmentação extrema que poderia ser chamada de desmaterialização. Observações de pacientes que fogem ao seu próprio sofrimento, que se tornaram hipersensíveis a toda espécie de sofrimentos estranhos, mesmo vindo de muito longe, deixam sempre em aberto a questão de saber se mesmo esses elementos extremos, por assim dizer pulverizados, convertidos em puras energias psíquicas, não serão habitados por tendências para a reconstrução do ego.

10.8.1930

ADAPTAÇÃO AUTOPLÁSTICA E ALOPLÁSTICA

Em oposição à forma de adaptação acima encontra-se a adaptação aloplástica, ou seja, a transformação do mundo exterior, de modo a tornar supérfluas essa destruição e reconstrução, e a permitir ao ego manter sem modificações o seu estado de equilíbrio preexistente e sua organização. Uma condição prévia para isso é um sentido de realidade altamente desenvolvido.

10.8.1930

O *autossimbolismo e a representação histórica* devem ser tomados em consideração do mesmo modo na interpretação de sonhos e na interpretação dos sintomas. Este, o autossimbolismo, muito negligenciado até aqui. Nos sintomas histéricos, é essencialmente um fator subjetivo do trauma o que é levado à repetição. Primeiro, as impressões sensíveis imediatas; em segundo lugar, as emoções e as sensações corporais associadas e, em terceiro, os estados psíquicos que as acompanham e são representados enquanto tais (por exemplo, representação da perda de consciência pelo sentimento de que a cabeça foi cortada ou se perdeu. Representação da confusão por uma sensação de vertigem, da surpresa penosa pelo sentimento de ser arrebatado por um tufão, representação da impotência em face da morte iminente projetada sobre uma coisa inanimada, um animal ou um ser humano. A clivagem da personalidade será representada por um rasgão, a fragmentação, na maioria das vezes uma explosão da cabeça). Os sintomas histéricos parecem ser apenas, quanto ao essencial, autossimbolismos, ou seja, simples reproduções do sistema mnêmico do ego, onde falta a relação recorrente com o fator causal. É a acentuação do que é puramente subjetivo às custas do saber referente à causa exterior o que parece ser um dos principais meios para tornar alguma coisa inconsciente.

10.8.1930

DA CONSTRUÇÃO ANALÍTICA DOS MECANISMOS PSÍQUICOS

A construção tópica-dinâmica-econômica do aparelho psíquico na sua maneira de funcionar repousa exclusivamente na elaboração de dados subjetivos. Relacionamos o desaparecimento súbito de um conteúdo da consciência acompanhado do surgimento simultâneo de uma outra ideia (aparentemente imotivada) com um deslocamento de energias psíquicas, de um lugar psíquico para outro. Um caso particular desse processo de deslocamento é o recalcamento.

Ora, algumas observações levam-nos a não descartar a possibilidade de outros processos dos mecanismos psíquicos. Assim como é lícito falar de um processo de recalcamento, também se pode dar crédito às declarações do paciente e admitir o próprio ponto de vista tópico no que se refere àqueles casos em que a personalidade é dilacerada em duas ou mais partes, quando os fragmentos produzidos pela desintegração assumem, por assim dizer, a forma e o modo de funcionamento de uma pessoa inteira. (Analogia com a observação zoológica: certos animais primitivos desfazem-se em mil pedaços e os fragmentos completam-se rapidamente em indivíduos inteiros.) Um outro processo que pode ser representado topicamente é o caracterizado pela expressão "estar fora de si". O ego abandona total ou parcialmente o corpo, a maior parte das vezes através da cabeça, e observa desde o exterior ou do alto o destino posterior do corpo, sobretudo os seus sofrimentos. (Tais imagens são, por exemplo: estourar pela cabeça e observar, desde o teto, o corpo morto, estendido lá embaixo, desmaiado; imagem mais rara: carregar sua própria cabeça debaixo do braço; um elo do tipo cordão umbilical entre as partes expulsas do ego e o corpo, ou seja, o conjunto.)

Exemplo típico:

1. O ego torna-se de súbito como que um olho presbita e pode deslocar-se facilmente nas extensões infinitas. (Desviar-se da dor e voltar-se para os eventos exteriores.)

2. Quando a tensão da dor continua aumentando: escalar a Torre Eiffel, subir correndo uma encosta íngreme a escarpada.

3. A força traumática alcança e faz, por assim dizer, o ego cair do alto da árvore ou da torre. Isso é descrito como um ciclone aterrador com dissolução total das ligações e uma terrível sensação de vertigem, até que, finalmente:

4. a capacidade ou mesmo a tentativa de resistir à força seja abandonada como inútil e a função de autoconservação fracasse. O resultado final disso será descrito ou representado como estar morto parcialmente.

Num caso, esse "estar morto" era representado, nos sonhos e nas associações, como uma pulverização máxima, até a desmaterialização completa.

A parte morta, desmaterializada, é propensa a querer atrair para si no não ser a parte ainda não morta, sobretudo nos sonhos (especialmente nos pesadelos).

Não é impossível, portanto, que, pela acumulação da nossa experiência, o ponto de vista tópico, a par do deslocamento e do recalcamento, permita igualmente descrever a fragmentação e a pulverização de formações psíquicas compostas.

17.8.1930

A PROPÓSITO DO TEMA DA NEOCATARSE

Parece que se deve diferençar com precisão a parte da catarse que brota espontaneamente à aproximação de conteúdos psíquicos patogênicos, e aquela que, uma vez superada uma forte resistência, deve ser obtida, por assim dizer, à força. A explosão catártica única não é essencialmente diferente das explosões histéricas espontâneas pelas quais o paciente se alivia de tempos em tempos. Na neocatarse, uma tal explosão indica somente o lugar onde deve prosseguir a exploração em profundidade. Portanto, não nos devemos considerar satisfeitos pelo que é dado espontaneamente, que não está mais inalterado porém em parte deslocado, e a maior parte do tempo atenuado, mas fazemos pressão (naturalmente o mais possível sem sugestões no nível do conteúdo) para ficar sabendo mais, pelo paciente, a respeito das experiências vividas, as circunstâncias que as acompanham, etc. Após "o despertar" desse estado de transe, os pacientes sentem-se por algum tempo como que fortalecidos, mas esse estado logo se dissipa e cede diante do sentimento de insegurança e de dúvida que, com frequência, degenera em desespero. "Sim, tudo isso soa muito bem", dizem eles quase sempre, "mas será verdade? Não, jamais terei a certeza da lembrança real." Na vez seguinte, o trabalho catártico desenvolve-se num lugar inteiramente diferente e leva, não sem uma forte pressão de nossa parte, à repetição de outras cenas traumáticas. Deve-se repetir esse duro trabalho inúmeras vezes, até que o paciente se sinta, por assim dizer, cercado por todos os lados e não possa impedir-se de repetir diante dos nossos olhos o trauma propriamente dito que, em última instância, tinha conduzido à desintegração psíquica. (É como se, por meio de um duro trabalho de prospecção, fosse aberta uma cavidade cheia de uma concentração de gás sob forte pressão. As pequenas explosões anteriores eram apenas como fendas pelas quais se escapava uma parte da matéria, mas que se fechavam rápida e automaticamente.) No caso de Tf. o trabalho catártico durou mais de um ano, precedido de uma análise que exigiu quatro anos mas com interrupções; entretanto, cumpre admitir que a minha ignorância das possibilidades neocatárticas também pode ter sido responsável pela grande duração da análise.

24.8.1930

REFLEXÕES SOBRE O "PRAZER DA PASSIVIDADE"

O problema da capacidade de suportar o desprazer, da afirmação do desprazer, inclusive da fruição a seu propósito, parece ser insolúvel sem uma especulação de grande envergadura. Sustentar e defender os seus interesses egoístas é, por certo, uma forma comprovada para assegurar-se uma tranquilidade tão pouco ameaçada quanto possível. No momento em que todas as forças de defesa estão esgotadas (ou também quando o caráter súbito da agressão surpreende os investimentos de defesa), a libido volta-se contra a própria pessoa com a mesma veemência utilizada até então para defender a pessoa. Poderíamos falar formalmente de uma identificação com o adversário mais forte, vitorioso (mas também poderia tratar-se de forças elementares impessoais). O fato é que uma autodestruição desse gênero pode estar ligada a sentimentos de prazer e que *o está*, incontestavelmente, nos casos de submissão masoquista. De onde vem esse prazer? Será apenas (como tentei interpretá-lo num outro trabalho) a identificação fantasística com a destruição, ou não se deveria antes admitir que a fruição egoísta do estado de repouso, uma vez que se reconheça ser insustentável, e admitida a necessidade de uma nova forma de repouso, converte-se bruscamente num prazer de autossacrifício, a que se poderia em toda a confiança chamar "prazer altruísta"? Poderíamos citar aqui o exemplo do pássaro fascinado pelo olhar da serpente ou pelas garras da águia, e que, após breve resistência, precipita-se para a sua perda. – No momento em que se deve cessar de empregar o mundo em redor apenas como material para sua própria defesa e seu próprio bem-estar (quando o mundo em redor não se adapta a esse papel de ser devorado) entregamo-nos, por assim dizer, com volúpia ao sacrifício, ou seja, como matéria para outras forças egoístas mais poderosas, mais decididas. O repouso egoísta e altruísta seriam apenas, portanto, duas formas exteriores de um princípio geral de repouso superior, englobando os dois. A pulsão de repouso seria, por conseguinte, o instinto principal, ao qual estão submetidas as pulsões de vida (egoísta) e de morte (altruísta).

A mudança de direção da libido nem sempre ocorre tão subitamente e nem sempre é completa. Poderíamos dizer que o prazer de autodestruição não vai, com frequência (senão sempre), muito longe se não for impulsionado por forças insuperáveis. A partir do momento em que a raiva dos elementos (ou do meio humano, na maioria das vezes os pais, os adultos) se exauriu, a parte não destruída do ego apressa-se em construir com os fragmentos preservados uma nova personalidade, mas que contém em si os vestígios da luta, cujo desfecho foi vitorioso embora com pesadas perdas. Diz-se então que essa nova personalidade está "adaptada às circunstâncias". Toda performance de adaptação seria, portanto, um processo de destruição interrompido em seu desdobramento. Em certos casos de fragmentação e de atomização, em consequência de um *choque*, o prazer em sua própria derrota é manifestado por:

1) Admiração pela grandeza e força do adversário ou da força elementar em ação; reconhecer e estimar o adversário de certa forma de modo objetivo, o que poderia chamar-se prazer estético.

2) Satisfação com sua própria sabedoria e superioridade intelectual, que será comparada vantajosamente com o adversário desprovido de talentos, brutal e carente de inteligência. A força bruta dá sempre uma impressão de absurdo, de loucura e, portanto, de cômico. (No momento da virada para a autodestruição, o humor concomitante manifesta-se então, ocasionalmente, por um *riso* irreprimível. Mas esse riso significa, ao mesmo tempo, o reconhecimento do caráter insensato da luta sustentada até então, luta essa a que poderíamos nos ter poupado.)

3) O reconhecimento e a apreciação da brutalidade primitiva de um outro ego (ou força) têm, sem dúvida, algo de extremamente maternal. Teríamos aqui um primitivo vislumbre do caráter superior da feminilidade e da maternidade em geral. A criança e o homem manifestam um egoísmo sem escrúpulos. Se a mulher não obedece ao homem, será destruída. Se não se amamenta o bebê, ele perece. A feminilidade e a maternidade são testemunho da compreensão intuitiva do verdadeiro estado de coisas e da verdadeira distribuição de forças; elas também aduzem as consequências corretas dessa avaliação.

Tenho o sentimento de que a motivação do prazer de autodestruição não se esgota por esses pontos, e gostaria ainda de observar que a destruição parcial (imediatamente após o traumatismo, o choque), representada em fantasias e imagens oníricas, mostra a personalidade que outrora era uma unidade em estado de clivagem narcísica-secundária; a parte que ficou intata vela sobre a parte "morta" da pessoa e protege-a como uma criança. Num caso, sobreveio posteriormente, no decorrer da vida, um novo traumatismo que destruiu também uma grande parte do invólucro exterior protetor (atomização). A partir dessa massa, por assim dizer pulverizada, formou-se então a personalidade superficial, visível, em parte até consciente, mas por trás da qual a análise evidenciou não só a existência de todas as camadas anteriores, porém foi também capaz de fazer reviver essas camadas. Desse modo foi possível dissolver os traços de caráter, produtos de adaptação, formas de reação na aparência totalmente ossificadas, e despertar estágios anteriores que se acreditava ultrapassados havia muito tempo.

Escondido por trás do "prazer da adaptação", "prazer altruísta", sempre foi possível pôr em evidência o prazer egoísta vencido. Este, é claro, teve que ser reforçado pela força do encorajamento analítico. Com a nossa ajuda, o analisado é capaz de compreender, de suportar, até de reagir a situações que não estava à altura de enfrentar em seu isolamento e em seu estado despreparado de outrora, e às quais devia até submeter-se sem condições, quando não com prazer. Por vezes, pode-se atribuir uma sujeição homossexual relativamente desenvolvida à sua fonte traumática e retransformar uma reação de adaptação em reação reativa.

Expresso em termos da biologia, isso significaria: fazer reviver o conflito traumático e pôr-lhe fim de um modo aloplástico em vez do modo autoplástico anterior.

31.8.1930

EFEITO TRAUMÁTICO FUNDAMENTAL DO ÓDIO MATERNO OU DA FALTA DE AMOR

T. Z. fala sem cessar de ondas de ódio que sempre sentiu provenientes de sua mãe, a seu ver desde o seio materno. Mais tarde, sentiu-se mal-amada porque nasceu menina e não rapaz. Circunstâncias muito parecidas em Dm. e em B.

Dm. tinha, e ainda tem, a compulsão de seduzir homens e ser por eles mergulhada no infortúnio. De fato, ela só age assim para escapar à solidão que a frieza de sua mãe a fez sentir. Pois até mesmo nas provas de amor excessivamente arrebatadas de sua mãe ela adivinhava o ódio contra a criança considerada um elemento perturbador. (Parto difícil, sem contração da bacia.)

S. teve que ser criado pelo pai, por causa da agressividade da mãe. Quando o pai morreu, estando a criança então com 18 meses de idade, foi entregue à crueldade da mãe e do avô. Os sonhos indicam a perturbação de todas as relações de objeto. Narcisismo secundário.

De momento, a relação entre o forte traumatismo heterossexual (pai) e a mãe deficiente continua sendo problemática. Necessidade de uma compreensão mais profunda.

7.9.1930

IDEIAS A PROPÓSITO DE UM MODELO BIOLÓGICO DA FORMAÇÃO DO SUPEREGO

Declaração espontânea de H. sobre a sua obesidade: "Toda esta gordura é minha mãe." Quando se sentia interiormente mais livre do desastrado modelo maternal (introjetado), ela notava então uma redução das adiposidades, ao mesmo tempo que do peso do corpo na balança.

Durante uma semana em que pela primeira vez ele enfrentou defensivamente sua mãe cruel, S. sentiu uma redução do peso do corpo. Mas, ao mesmo tempo, ocorre-lhe a ideia de que essa gordura é também a de seu avô, igualmente cruel.

Estas observações levam a pensar que a formação do superego, último produto de um combate, na realidade perdido, contra uma potência esmagadora (pessoal ou material?), processa-se mais ou menos da seguinte maneira:

Uma condição prévia é a existência de uma "inteligência" ou de "uma tendência para uma liquidação econômica", que está perfeitamente a par de todos os investimentos energéticos qualitativos e quantitativos, ou seja, das possibilidades do corpo, das capacidades de performance e de tolerâncias psíquicas, mas que também pode, ao mesmo tempo, avaliar com uma precisão matemática as relações de força do mundo circundante. A primeira reação normal do ser vivo ao desprazer exterior é a defesa automática, ou seja, a tendência para a autoconservação. Se esta é repelida por uma força superior, a energia (ou talvez, de fato, a força externa do trauma) volta-se contra a própria pessoa. Nesses momentos, a "inteligência", que se ocupa, antes de tudo, da preservação da unidade da personalidade, parece recorrer ao expediente de contornar a ideia de ser devorado da seguinte maneira: com um esforço colossal, ela engole toda a força ou pessoa inimiga e imagina ser ela mesma aquele que devora alguém, além de, desta vez, justamente a sua própria pessoa. O ser humano pode assim ter prazer até na sua própria fragmentação. Assim, a sua personalidade consiste agora num agressor supergrande (corpulento, gordo) engolido e numa pessoa menor, mais fraca, esmagada e torturada pelo agressor, ou seja, a personalidade pré-traumática que, entre outras coisas, não lhe permite curar-se. Muitos neuróticos simbolizam sua doença nos sonhos ou nos sintomas como uma mochila que carregam às costas; em outros, essa mochila une-se ao corpo e transforma-se em corcova ou tumor; a comparação com uma (muito) grande pessoa envolvente, que cerca de maneira quase maternal a personalidade anterior, também é das mais prediletas.

Entretanto, o "devoramento" psicológico parece ser acompanhado de um aumento de voracidade e de fome de assimilação: engordar como sintoma histérico. Se a pessoa se encontra liberta da potência superior pela revisão analítica da luta traumática, então o fenômeno fisiológico paralelo, a obesidade[4], talvez desapareça também.

Ponto de vista fisioquímico: o tecido muscular e nervoso consiste essencialmente em protoplasma, isto é, sobretudo em substâncias proteicas. As proteínas são específicas para cada espécie, talvez para cada pessoa. Uma proteína estranha à espécie equivale a um veneno; será por essa razão decomposta, e a proteína específica será reconstruída a partir dos elementos inofensivos. O mesmo não acontece com a gordura não específica. A gordura de porco, por

---

4. *Fettsucht:* necessidade de estar envolto em gordura.

exemplo, é armazenada tal qual nas células e pode muito bem ter valor de símbolo orgânico ou de manifestação de tendência orgânica, o que é paralelo ao devoramento de forças exteriores.

Uma ideia inteiramente obscura surge aqui: essa formação de superego e devoramento da força superior no momento da derrota não tornarão possível uma explicação para os processos: 1º) de "devoramento dos ancestrais", 2º) de adaptação em geral?

1º) A formação e o crescimento das plantas resultam do devoramento de minerais. Desse modo, uma possibilidade de existência no interior do organismo é oferecida aos minerais (substâncias inorgânicas), o que, no entanto, significa ao mesmo tempo ser devorado pelo organismo. Apresenta-se aqui a questão de saber em que medida o inorgânico é, como tal, dissolvido ou destruído. A análise elementar quantitativa permite reencontrar as matérias inorgânicas.

Quando um animal herbívoro devora a planta, o organismo vegetal é destruído, ou seja, reduzido a elementos orgânicos mais simples, em parte inorgânicos. Pode-se perguntar se uma parte da substância química vegetal não subsiste apesar de tudo como tal e não conserva a sua particularidade também no corpo do animal herbívoro. O corpo animal seria assim uma superestrutura de elementos orgânicos e inorgânicos. Expresso em termos psicanalíticos, se bem que isso pareça, à primeira vista, repleto de contradições, teríamos: o organismo animal engoliu uma parte do mundo circundante (perigoso-ameaçador?), cuidando assim de sua própria existência posterior.

O mesmo acontece quando do devoramento de organismos animais. É provável que alberguemos em nosso organismo tendências inorgânicas, vegetativas, herbívoras e carnívoras: potencialidades químicas. O aforismo, que parece igualmente cheio de contradições, seria assim expresso: "Ser devorado também é, em última análise, uma forma da existência."

Acode-nos depois a ideia de que, nesse processo, convém tomar em consideração a possibilidade de devoramento mútuo, isto é, de uma formação de superego mútua.

2º) A adaptação, em geral, seria assim devorar e fazer-se devorar mutuamente, enquanto cada parte acredita ter sido vitoriosa.

21.9.1930

TRAUMATISMO E ASPIRAÇÃO À CURA

O efeito imediato de um traumatismo que não possa ser superado de imediato é a fragmentação. Pergunta: essa fragmentação é somente a consequência mecânica do choque? Ou já será também, enquanto tal, uma forma da defesa, ou seja, da adaptação? Analogia com o fracionamento dos animais inferiores sob o efeito de uma estimulação excessiva, e continuação da existência nos fragmentos (a verificar nos manuais de biologia). A fragmentação pode ser vantajosa: *a)* pela criação de superfícies maiores contra o mundo circundante, pela possibilidade de uma descarga afetiva aumentada; *b)* sob o ângulo psicológico: o abandono da concentração, da percepção unificada, faz desaparecer, pelo menos, o sofrimento simultâneo de um desprazer com múltiplas faces. Cada fragmento sofre por si mesmo; a unificação insuportável de todas as qualidades e quantidades de sofrimento é eliminada; c) a ausência de uma integração superior; a cessação da inter-relação dos fragmentos de dor permite a cada um dos fragmentos uma adaptabilidade maior. Exemplo: quando da perda de conhecimento, uma modificação da forma parece possível (extensão, distorção, inflexão, compressão até o limite da elasticidade física), ao passo que a reação de defesa simultânea aumenta o perigo de fraturas ou de dilacerações irreparáveis. Ver exemplos de ferimentos terríveis na infância, por exemplo, violação, com choque subsequente e um rápido restabelecimento.

Pelo choque, energias até então em repouso ou utilizadas para a relação de objeto veem-se despertadas de súbito sob a forma de solicitude, de precauções e de preocupações narcísicas. Uma força interna, de natureza ainda desconhecida, por certo inteiramente inconsciente, que avalia com uma precisão matemática tanto a gravidade do traumatismo quanto a capacidade de defesa disponível, produz à maneira de uma máquina de calcular complicada, com uma segurança automática, o único comportamento psíquico e físico prático e correto na situação dada. A ausência de emoções e de especulações que perturbem os sentidos e desfigurem a realidade torna possível o funcionamento exato da máquina de calcular, um pouco como no sonambulismo.

A partir do momento em que, sob a influência desses processos, sobrevém uma espécie de liquidação do choque, a psique apressa-se em reunir numa unidade os diversos fragmentos que é preciso controlar de novo. A consciência retorna mas não tem o menor conhecimento dos eventos que sobrevieram após o traumatismo.

O sintoma da amnésia retroativa é mais difícil de explicar. Trata-se provavelmente de uma medida de proteção contra a lembrança do próprio traumatismo.

Outros exemplos da tendência para a regeneração devem ser elaborados sucessivamente.

III
(1931)

9.3.1931

TENTATIVA DE RESUMO

1) *Técnica*. Prosseguimento do desenvolvimento da neocatarse: em vez da concepção admitida até aqui, segundo a qual o material patogênico só deve ser explorado pela via associativa a fim de que, proporcionalmente à sua forte tensão, se descarregue de modo espontâneo com grande veemência e se esvazie emocionalmente (assim se manifesta e persiste ao mesmo tempo o sentimento de ter vivido o traumatismo), produz-se de maneira surpreendente, após cada descarga desse gênero, rapidamente, às vezes de imediato, um restabelecimento da dúvida quanto à realidade do que foi vivido durante o estado de transe. Em alguns casos, o bem-estar dura o dia inteiro, mas o sono e o sonho da noite, e em especial o despertar, trazem o restabelecimento completo dos sintomas, a perda total da confiança da véspera, o sentimento de completo desespero. Podem seguir-se então dias e até semanas de resistência total, até que um novo mergulho nas camadas mais profundas das esferas do vivenciado atinja uma vez mais o ponto de experiência em questão, complete-o com novos detalhes convincentes e acarrete um novo reforço do sentimento de realidade com um efeito algo mais durável. O *mergulho* na verdadeira esfera do vivenciado exige inevitavelmente o desligamento mais completo possível da realidade atual. Em princípio, a chamada associação livre já constitui um desvio da atenção

de toda atualidade, mas esse desvio é bastante superficial e será mantido, aliás, num nível bastante consciente, no máximo pré-consciente, pela própria atividade intelectual do paciente, assim como pela intervenção, mais cedo ou mais tarde, das nossas tentativas de explicação e de interpretação. É preciso uma confiança imensa por parte do analisado para permitir-se um tal mergulho na presença de uma outra pessoa. Em primeiro lugar, devem ter o sentimento de que podem, na nossa presença: *a)* permitir-se tudo, impunemente, em palavras, em movimentos expressivos, em explosões emocionais, sem que por isso sejam, de alguma forma, punidos por nós, e mesmo[5] a nossa simpatia total e uma compreensão completa para tudo o que poderia vir, cuja condição prévia é o sentimento de que o consideramos com benevolência, de que queremos e podemos ajudá-los. *b)* Não é menos importante que o paciente tenha a certeza de que sou suficientemente poderoso e forte para poder protegê-lo de seus excessos demasiado prejudiciais contra mim, as pessoas e as coisas, e sobretudo de que posso e quero sempre retirá-lo dessa "irrealidade louca". Alguns asseguram-se da nossa benevolência de um modo verdadeiramente infantil, agarrando-nos a mão ou mantendo-a até na deles durante todo o tempo do mergulho. O que se chama transe é, pois, algo como um estado de sono, com manutenção da capacidade de comunicação com uma pessoa digna de confiança. Leves mudanças da pressão da mão tornam-se um meio de expressão da emoção. O fato de devolver ou não devolver essa pressão da mão pode, nesse caso, servir para avaliar a medida e a direção da reação do analista. (Se houver necessidade, por exemplo, no caso de uma grande angústia, um vigoroso aperto de mão pode impedir um despertar angustiado; a moleza da nossa mão será eventualmente, e com razão, sentida e apreciada como uma contradição muda ou uma satisfação incompleta quanto ao que foi dito.)

EVITAÇÃO PELO PACIENTE DO CONTATO COM O ANALISTA

Depois que a comunicação com o paciente prolongou-se por mais ou menos tempo dessa maneira, por assim dizer numa con-

---

5. [imaginar] acrescentado pelo tradutor francês.

versação semissonolenta, a qual deve ser conduzida com um tato extraordinário e o máximo possível de economia e de adaptação, o paciente pode ser derrubado por uma dor histérica extremamente forte ou por uma crise espasmódica; não é raro tratar-se de um verdadeiro pesadelo alucinatório, onde ele converte em atos, palavras e gestos, uma experiência interior ou exterior. Também existe a tendência para acordar logo em seguida, olhar à sua volta durante alguns segundos sem entender nada, não tardando em rejeitar tudo o que se passou como uma fantasia estúpida e desprovida de sentido. Mas, com certa habilidade, podemos ter êxito em restabelecer o contato com a pessoa em crise. Isso deve ser feito com grande energia. Sem dar ao paciente indicações diretas acerca do conteúdo da experiência, pode-se forçá-lo a responder-nos sobre a causa da dor, sobre o sentido da luta muscular defensiva evidente, e talvez possamos então obter do paciente não só comunicações sobre os processos emocionais e sensoriais, mas também algumas informações a respeito da causa exógena dessa comoção psíquica, sensação ou defesa. As respostas dadas são, no começo, frequentemente imprecisas e enevoadas. Mas, sob a nossa pressão, os contornos de uma nuvem envolvente, de um peso opressivo sobre o peito, podem desenhar-se pouco a pouco, os traços fisionômicos contorcidos de um homem podem somar-se-lhes e exprimir, segundo o sentimento do paciente, ódio ou agressão; as sensações indistintas de dor e de efervescência na cabeça revelam-se como sendo as consequências longínquas de um traumatismo sexual sofrido (genital), e se então colocarmos diante dos olhos do paciente todos esses fragmentos de imagens, e o coagirmos a combiná-los numa unidade, podemos eventualmente testemunhar o ressurgimento de uma cena traumática com todas as indicações nítidas de tempo e de lugar. Não é raro conseguirmos então proceder à triagem entre a representação autossimbólica dos próprios processos traumáticos-psíquicos (por exemplo, fragmentação como o fato de cair em pedaços, atomização como explosão) e os verdadeiros acontecimentos traumáticos externos, obtendo assim o quadro de conjunto do desenrolar dos eventos subjetivo-objetivo. Pode seguir-se um estado de aprazível relaxamento, com uma sensação de alívio. É como se o paciente tivesse conseguido, com a nossa ajuda, escalar um muro até então intransponível, o que desperta nele o sentimento de uma força interior aumentada, com a ajuda da qual ele logrou dominar certas potências obscuras de que fora até agora a vítima. Entretanto, como foi dito, não devemos depositar demasiadas esperanças na permanência desse sucesso; no dia seguinte reencontramos o paciente em plena revolta e desolação, e só depois de um esforço de vários dias é que talvez consigamos tocar de novo o ponto sensível ou extrair das profundezas novos pontos sensíveis que estão, por assim dizer, entrelaçados com os primeiros numa tessitura traumática.

Budapeste, 13.3.1931

DA INICIATIVA DOS PACIENTES

Aditamento ao artigo precedente sobre a humildade do analista: extensão desta, também, à maneira de dar prosseguimento ao trabalho. Em geral, é vantajoso: considerar primeiramente *toda* comunicação, mesmo a mais inverossímil, como possível num sentido, seguir até aquelas ideias que pareçam manifestamente delirantes. Duas razões para isso: 1) Ao descartar assim a questão da "realidade", entra-se de um modo muito mais completo com uma sensibilidade intuitiva na vida psíquica do paciente. (Neste ponto, haveria algo a dizer sobre a oportunidade de opor "realidade" à "irrealidade", devendo esta última ser considerada com a mesma seriedade enquanto realidade *psíquica*; por conseguinte, antes de tudo, aprofundar plenamente o que é sentido e dito pelo paciente. A ligar a possibilidades metafísicas.) O médico, enquanto profissional, sente-se naturalmente atingido de maneira desagradável quando o paciente não só exprime uma opinião pessoal acerca de uma explicação que contradiz de forma radical a convicção (analítica) em vigor até então, mas critica até o método e a técnica utilizados, recrimina-o por sua ineficácia e propõe suas próprias ideias técnicas. Dois motivos podem levar qualquer um a mudar algo na técnica usual e no sentido das propostas do paciente: 1) Quando, mesmo com semanas, meses ou anos de trabalho não se progride e o analista vê-se diante da possibilidade de abandonar o caso como incurável. Nesses casos, é apesar de tudo mais lógico, antes de renunciar por completo, tentar alguma coisa do que o paciente propõe. É claro que sempre foi assim no plano terapêutico, só que o médico deve saber que o que está fazendo agora não é mais análise, mas alguma outra coisa. Gostaria, porém, de acrescentar aqui que seguir ocasionalmente essa "alguma outra coisa" também pode enriquecer a própria análise. A técnica analítica jamais foi, e tampouco o é agora, algo de definitivamente estabelecido: durante cerca de um decênio ela esteve misturada com a hipnose e a sugestão[6].

NTF: Os artigos "Relaxamento e educação" e "Da revisão da interpretação dos sonhos", que, na edição alemã, figuram nas "Notas e fragmentos", datados respectivamente de 22.3.1931 e 26.3.1931, foram reagrupados sob o título de "Reflexões sobre o trauma", na p. 125 desta edição.

2.4.1931

OBSERVAÇÕES AFORÍSTICAS SOBRE O TEMA: ESTAR MORTO – SER MULHER

Dando prosseguimento à sequência de ideias sobre a adaptação (toda adaptação é uma morte parcial, renúncia a uma parte da individualidade; condição prévia: substância de dissolução traumática da qual uma potência externa pode retirar fragmentos ou na qual ela pode inserir elementos estranhos), deve ser colocada a pergunta: o problema da teoria da genitalidade, referente à gênese da diferença dos sexos, não deve ser explicado como um fenômeno de adaptação, ou seja, um fenômeno de morte parcial? Admitindo isso, talvez não seja impossível que as atividades intelectuais superiores que suponho na mulher provenham do fato de ter sofrido um traumatismo. No fundo, é apenas uma paráfrase da antiga sabedoria: é o (a) mais razoável quem cede. Ou melhor, aquele que cede torna-se mais razoável. Ou melhor ainda: a pessoa atingida pelo traumatismo encontra-se em contato com a morte, portanto, num estado em que as tendências com um fim pessoal e as medidas de proteção encontram-se desligadas, bem como toda a resistência por atrito que, na vida centrada no eu, realiza o isolamento das coisas e da própria pessoa, no tempo e no espaço. Uma espécie de saber universal sobre o mundo, com uma avaliação justa das relações de força próprias e estranhas, e uma exclusão de toda falsificação pela emotividade (logo,

---

6. Texto inacabado. Cf. edição inglesa. (NTF)

objetividade pura, inteligência pura) no momento do traumatismo, torna a pessoa em questão – mesmo após a consolidação que se segue – mais ou menos clarividente. Seria essa a origem da intuição feminina. Naturalmente, supõe-se uma outra condição prévia, a saber, que o momento de morrer, no caso em que a inevitabilidade da morte, talvez após um duro combate, é reconhecida e aceita, faz-se acompanhar dessa onisciência fora do tempo e do espaço.

Mas eis de novo o maldito problema do masoquismo! De onde vem a faculdade não só de tornar-se objetivo tão longe quanto necessário, de renunciar ou mesmo de morrer, mas ainda de obter prazer a partir dessa destruição. (Ou seja, não só afirmação do desprazer, mas busca do desprazer.)

1. Antecipar-se ao desprazer ou acelerá-lo tem vantagens subjetivas em relação à expectativa, talvez de longo alcance, do desprazer e da morte. Antes de tudo, sou eu mesmo quem prescreve para mim mesmo o ritmo da vida e da morte: o fator de angústia diante de algo desconhecido é assim descartado. Comparado à expectativa de morte vinda do exterior, o suicídio é um prazer relativo.

2. Em si, a aceleração voluntária das coisas (o voo do pequeno pássaro ao encontro das garras da ave de rapina para morrer mais depressa) deve significar uma espécie de experiência de satisfação.

3. Muitas coisas falam em favor do fato de que tal espécie de abandono de si está sempre acompanhada de alucinação compensatória (delírios de felicidade, deslocamento do desprazer para outros, a maioria das vezes para o próprio agressor, uma identificação fantástica com o agressor, admiração objetiva pelo poder das forças que agridem a pessoa; finalmente, invenção de meios e de caminhos de acesso a uma esperança real numa possibilidade de vingança e de superioridade de outra espécie, mesmo após a derrota).

9.4.1931

O NASCIMENTO DO INTELECTO

Expresso sob a forma aforística: o intelecto só nasce a partir do sofrimento. (Lugar-comum[7]: as experiências ruins dão sabedoria;

---

7. Não esquecer *pathein-mathein*! (NTF)

referência ao desenvolvimento da memória a partir do tecido cicatricial psíquico produzido pelas experiências ruins. Freud.)

Apresentação paradoxal: o intelecto não nasce simplesmente de sofrimentos comuns, mas só do sofrimento traumático. Constitui-se como fenômeno secundário ou tentativa de compensação para uma paralisia psíquica completa (parada completa de toda a inervação motora consciente, suspensão de todo processo de pensamento, até mesmo a interrupção dos processos de percepção com acumulação das excitações sensoriais sem possibilidade de descarga). Assim se vê criado o que merece o nome de percepção inconsciente. A interrupção ou a destruição dos processos de percepção, de defesa e de proteção conscientes, psíquicas e corporais, ou seja, uma morte parcial, parece ser o momento em que emergem, a partir de uma fonte aparentemente desconhecida, sem nenhuma colaboração da consciência, as performances intelectuais que se poderia considerar quase perfeitas, como a avaliação mais precisa de todos os fatores dados, internos e externos, permitindo apreender a única possibilidade correta, ou a única que resta; um balanço mais exato das possibilidades psicológicas próprias e estranhas, sob o aspecto tanto quantitativo quanto qualitativo. Breves exemplos: 1. Agressão sexual de intensidade insuportável contra crianças: inconsciência; despertar do choque traumático sem rememoração mas com modificação do caráter: no menino, torna-se efeminado, na menina o mesmo, ou então justo o inverso, "protesto viril". Deve-se considerar inteligente o fato de que o indivíduo, ademais inconsciente ou comatoso, adota com uma apreciação correta da relação de forças o único caminho que leva à salvação, ou seja, o completo abandono de si, é verdade que com uma transformação permanente, mais ou menos automatizada, e perda parcial da elasticidade psíquica. 2. Certos desempenhos acrobáticos, quase impossíveis de outro modo, são coroados de êxito, como saltar do quarto andar e, durante a queda, mudar de direção e aterrissar na varanda do terceiro andar[8]. 3. Despertar súbito de um sono traumático-tóxico-hipnótico, durando há mais de dez anos, compreensão imediata do passado quase ou to-

---

8. Para compreender no que consiste esse desempenho, é preciso saber como se apresenta um imóvel húngaro comum: um pátio central rodeado, ao nível de cada andar, por uma varanda circular aberta sobre o pátio e para a qual dão as portas de entrada dos diferentes apartamentos. (NTF)

talmente inconsciente até então, avaliação imediata da agressão mortal que era de se esperar com toda a certeza, resolução de suicídio, e tudo isso num só e mesmo instante.

Trata-se aqui de superdesempenhos intelectuais, inatingíveis do ponto de vista psicológico, que requerem uma explicação metafísica. No momento da passagem do estado de vida para o estado de morte, passagem que termina com uma submissão, uma resignação, ou seja, uma rendição de si parcial ou total, chega-se a medir as forças vitais e as potências hostis presentes. Poderia ser esse o momento em que se está "semimorto", isto é, que se possui com uma parte de si uma energia insensível porque desprovida de todo egoísmo, ou seja, uma inteligência não perturbada, que não opõe ao mundo exterior nenhuma resistência temporal ou espacial, ao passo que com uma outra parte de si procura-se, apesar de tudo, preservar e proteger a fronteira do ego. É o que em outras ocasiões se denomina autoclivagem narcísica. Na ausência de qualquer ajuda externa, um fragmento de energia morta clivada, que dispõe de todas as vantagens da insensibilidade do que é inanimado, é posto ao serviço da preservação da vida. (Analogia com a formação de novos seres vivos em resultado de uma perturbação ou destruição mecânica que se inverte em produtividade, como os experimentos de fecundação de Loeb; ver o lugar correspondente da "Teoria da genitalidade"[9]. O único "real" é a emoção = agir (ou reagir) sem nenhuma consideração, ou seja, o que por outro lado se chama doença mental.)

A *inteligência pura* seria, portanto, um produto do processo de iminência da morte ou, pelo menos, da instalação da insensibilidade psíquica, mas também é *fundamentalmente uma doença mental cujos sintomas podem tornar-se utilizáveis no plano prático.*

30.7.1931

FLUTUAÇÃO DA RESISTÊNCIA
(Paciente B)

Interrupção súbita de um período bastante extenso de fecundidade produtiva e reprodutiva (cenas corporais-psíquicas de sedu-

---

[9]. Ver *Thalassa: ensaio sobre a teoria da genitalidade*, Martins Fontes, 1990.

ção e estupro pelo pai por volta dos 4(?) anos, revividas quase fisicamente), aparecimento súbito de uma resistência quase insuperável. É verdade que as sessões precedentes e também o período intermediário estavam repletos de sentimentos e de sensações quase insuportáveis: as costas estavam como que quebradas em duas; um peso enorme impede a respiração, ao passo que os movimentos respiratórios, após uma congestão da cabeça evocando a sufocação e uma afonia transitórias, transformam-se de súbito em parada respiratória, palidez mortal do rosto, fraqueza geral assemelhando-se à paralisia, perda da consciência. O ápice desses sintomas de repetição era representado por: 1. Um sonho de uma realidade alucinatória em que um longo e fino tubo de borracha penetra na vagina e sobe até a boca, depois retira-se para provocar, a cada nova penetração, sentimentos rítmicos de sufocação. 2. Inchação visível do ventre: gravidez imaginária que se torna cada vez maior, dolorosa e ameaçadora. Certa manhã, a paciente apareceu de súbito, sem sentir dor alguma, improdutiva sob todos os pontos de vista, sem sintomas; quando lhe perguntei, em tom de gracejo, se a sua gravidez não teria sido interrompida por um aborto, seguiu-se um sentimento de ofensa, no qual se obstinou durante semanas. Tudo o que fora conseguido até então perde seu valor. A paciente está cheia de dúvidas, desesperada, impaciente; por conseguinte, indico-lhe suas tendências para a fuga. Nada feito, com um forte espírito de lógica ela reagrupa seus motivos para estar, com razão, desesperada no tocante à análise e a todo o seu futuro; faz com frequência uma crítica penetrante ao comportamento dos analistas e dos analisados que conhece e que, em parte, dependem de mim. Mas como não admite nenhuma outra possibilidade além da solução psicanalítica, todos os seus esforços e todos os seus pensamentos desembocam num pessimismo geral, com alusões ao suicídio.

    Hoje, depois que lhe mostrei que as suspeitas e o desespero a levaram à ideia de interromper a análise, ela discutiu, entre outras coisas, sua incapacidade para desligar-se do pensamento e para descobrir seu inconsciente com a ajuda de uma associação verdadeiramente livre. Forcei-a, com alguma energia, a produzir imagens livres, e a paciente voltou logo a cair na sensação insuportável da dor nas costas (estar quebrada). Em consequência de uma nova pressão, ela recolocou essa sensação em seu lugar de origem; depois, continuou associando: estar estendida na grama; depois o sentimento: aconteceu-lhe algo de terrível (por quem?), "não sei, talvez o meu pai".

Em todo caso, forçando com energia a associação livre, e fazendo-a sentir ao mesmo tempo uma compaixão intensa de minha parte, foi possível quebrar a resistência.

Flutuações semelhantes com a mesma subitaneidade já tinham se produzido antes. O que significavam? 1. Serão simplesmente tentativas de fuga de uma dor que se tornou grande demais? 2. A paciente quererá indicar assim a subitaneidade da mudança de sua vida pelo choque? (Tornou-se efetivamente uma criança teimosa, difícil de ser influenciada.) Ou 3. Isso terá sido verdadeiramente provocado por uma ferida inesperada que lhe causei (com o concurso da história anterior)?

Conclusão geral: Mesmo o ritmo, a lentidão ou a subitaneidade na mudança da resistência e da transferência podem representar de um modo autossimbólico alguma coisa da história precoce.

Nova confirmação da importância da associação livre na acepção literal do termo.

Necessidade ocasional de sair da passividade e, sem ameaçar, impelir energicamente para uma profundidade maior.

4.8.1931

SOBRE O ORGASMO MASOQUISTA

Sonho de B.: Ela caminha de joelhos; sob os seus joelhos, as patas direitas e esquerdas esquartejadas de um animal cuja cabeça, colocada entre as pernas da sonhante, olha para trás. A cabeça é triangular, como a cabeça de uma raposa. Ela passa por um açougue e vê como um homem gigantesco fende em dois, com um hábil golpe, um pequeno animal exatamente igual. Nesse momento, sente a dor em seu órgão genital, olha para baixo entre as pernas, vê o animal que aí está sendo arrastado, igualmente cortado em dois, e observa de súbito que tem entre as pernas, no local dolorido, uma longa fenda.

Toda a cena é uma tentativa de deslocar a violação que acaba de ocorrer, ou que justamente se seguirá, para um outro ser masculino, isto é, para o seu pênis. Um homem gigantesco não fende a ela, mas a um animal, no açougue, depois um animal entre as pernas da sonhante, e somente a dor ao despertar é que assinala que a operação foi executada contra ela própria. O momento do orgasmo é indicado primeiramente pelo fato de que, após essa cena, tem lugar uma "ejaculação masculina" com forte escoamento; em segundo lugar, por um outro fragmento do sonho, no qual três amigas manipulam uma coisa com inépcia. Aí se encontra expressa a admiração pelo homem cruel mas seguro de seu propósito, em contraste com as mulheres, por mais masculinas que sejam.

O orgasmo normal parece ser o encontro de duas tendências para a ação. A relação amorosa não nasce, aparentemente, nem no indivíduo A, nem no indivíduo B, mas entre os dois. Portanto, o amor não é egoísmo nem altruísmo, mas mutualismo, troca de sentimentos. O sádico é um egoísta completo. No momento da ejaculação num órgão genital, totalmente vazio do ponto de vista psíquico e incapaz de responder, quando da violação por um sádico, a relação é, primeiro, de choque, isto é, uma angústia de morte e de desintegração; em segundo lugar, uma identificação (*Einfühlung* = literalmente, con-sentimento) plástica com a emoção do sádico, identificação alucinatória, masculina. O tratamento consiste em desvendar a fraqueza por trás da masculinidade e a capacidade de suportar a angústia de morte, e mesmo a admiração. Mas principalmente o desejo por um amor recíproco em contrapeso.

31.12.1931

TRAUMATISMO E ANGÚSTIA[10]

A *angústia* é a consequência imediata de todo traumatismo. Consiste num sentimento de incapacidade para adaptar-se à situação de desprazer mediante 1. retirada da pessoa em face da excitação (fuga), 2. manutenção à distância da excitação (aniquilamento da força externa). Falta de salvamento. A esperança de resgate parece excluída. O desprazer aumenta e pede um *outlet*[11]. A *autodestruição* como *libertação da angústia* é preferível a sofrer em silêncio. O que em nós é mais fácil destruir é o consciente – a coesão das for-

---

10. Publicado em parte nas "Reflexões sobre o trauma", 1.ª parte, em *Int. Zeitschr. f. Psa.*, vol. XX, p. 6, 1934. Aqui reproduzido em sua forma original.
11. Em inglês no texto: saída, escoadouro. (N. do T.)

mações psíquicas numa unidade (a unidade corporal não obedece tão prontamente ao impulso de autodestruição): desorientação.

Ajuda 1. diretamente, como processo de autodestruição (*outlet*);
2. a percepção do mal (em particular de ordem "moral" superior) cessa. *Eu* não sofro mais, no máximo uma parte do meu corpo.
3. *Nova formação no sentido de uma realização de desejo* no nível do princípio de prazer a partir dos *fragmentos*.
Exemplo:
– Dm.: Não é ela quem está *outraged*[12], ela é o pai.
– U.: Ele é forte, realiza proezas fantásticas nos negócios (esta fantasia é temida/como estando louco/).

A angústia é um *medo* da loucura transformado. Nos que são vítimas da loucura de perseguição, a tendência para *se proteger* (rechaçar os perigos) predomina sobre a angústia totalmente impotente:

Na maioria dos casos
1. O delírio de perseguição ⎫
2. O delírio de grandeza ⎬ *é inconsciente.*
3. A onipotência de destruição ⎭
A análise deve atravessar essas camadas.

Dm. deve reconhecer que quer matar por *caminhos desviados* e que só pode viver com essa fantasia. No decorrer da análise, ela vê que o analista a *compreende* – que ela não é ruim, que *deve* matar – e

sabe que ela ⎧ é ⎫ indizivelmente boa e queria ainda continuar a sê-lo.
⎩ era ⎭

Nessas condições, ela admite sua ⎧ fraqueza ⎫ e confessa querer roubar
⎩ maldade ⎭

minhas ideias, etc.

Deixei partir I. e S. tomadas de cólera, em vez de protestar contra o fato de que elas queriam despedaçar-me.

---

12. Em inglês no texto: ultrajado, ofendido. (N. do T.)

10.6.1932

FAQUIRISMO

Produção de órgãos ocasionais com vistas ao *outlet*. Desse modo, o organismo liberta-se de uma tensão deletéria (sensibilidade). As *reações* são deslocadas para outro lugar... no futuro, nas possibilidades futuras, que são mais satisfatórias. Desfruta-se melhor o futuro para esquecer o presente ruim.

É o recalcamento.

Contrainvestimento do desprazer por representações de prazer. Pergunta: Um órgão ocasional desse gênero pode criar um órgão real?

Pode impressionar uma chapa fotográfica? Pretende-se que sim.

Trata-se também de matéria, só que de uma natureza muito mais móvel (de uma estrutura mais fina).

Não se deve ser tão egoísta se se quiser atingir e utilizar a esfera exterior. Do lado de fora não existe (ou há muito menos) *fricção* – mas cada um cede. É isso o princípio da *bondade*, da *consideração* mútua?

Que as coisas sejam influenciáveis (que elas tolerem o desprazer) é em si uma prova da existência do 2º princípio (de bondade)[13].

Pulsão de morte? Somente morte (*damage*)[14] do indivíduo.

É possível chegar a *familiarizar-se* com o inconsciente (expressão livre, fluida, extraorgânica)?

A coragem de estar louco.

Sem angústia.

Ainda se tem vontade então de reencontrar o caminho para o cotidiano? E: ainda se é capaz de paixões?

Biarritz, 14.9.1932

OS TRÊS PRINCÍPIOS CAPITAIS

O resumo do que se sabe a respeito do universo assemelha-se ao estabelecimento do centro de gravidade de uma multidão de

---

13. Ver mais adiante: "Os três princípios capitais".
14. Em inglês no texto: dano, prejuízo. (N. do T.)

elementos ligados entre si. Até aqui pensei apenas em dois princípios que o saber do homem pode apreender: o princípio do *egoísmo* ou da *autarcia*, segundo o qual uma parte isolada do universo total (organismo) possui e busca assegurar em si mesmo, tanto quanto possível independentemente do mundo em redor, as condições da existência ou do desenvolvimento. A atitude científica correspondente é um materialismo e um mecanicismo extremos (Freud), e a negação da existência real de "grupos" (família, nação, horda, humanidade, etc.) (Roheim). O mínimo (?) ou a ausência total (!) de "considerações", de tendências altruístas, que ultrapassam os limites das necessidades egoístas ou das ações em retribuição favoráveis no sentido do bem-estar individual, é a consequência lógica dessa direção de pensamento.

Um outro princípio é o da *universalidade*; somente existem grupos, um mundo total, comunidade; os *indivíduos* são "irreais", na medida em que se imaginam existências fora das comunidades, negligenciam as *relações* entre os indivíduos (ódio, amor), e levam uma espécie de vida de sonho narcísico. O egoísmo é "irreal" e o *altruísmo* é a consideração recíproca, a identificação justificada, paz, harmonia, renúncia pessoal, desejáveis porque justificadas pela realidade.

Um terceiro ponto de vista tentaria fazer jus aos dois primeiros opostos e procuraria descobrir, por assim dizer, um ponto de vista (centro de gravidade, ângulo de visão) que englobe os dois extremos. Consideraria o universalismo uma tentativa da natureza de restabelecer, sem levar em conta as tendências autárcicas já existentes, a identificação mútua e, com ela, a paz e a harmonia (pulsão de morte). O egoísmo como uma outra tentativa já muito mais amplamente vitoriosa da natureza de criar organizações num modo descentralizado a fim de assegurar a paz. (Proteção contra as excitações): (Pulsão de vida): O homem é uma unificação microcósmica muito bem-sucedida; pode-se mesmo pensar na possibilidade de que o homem possa reunir à sua volta todo o mundo exterior.

A unificação mais detalhada possível reconheceria as duas tendências como existentes e compreenderia, eventualmente, o *sentimento de culpa* como um sinal automático indicativo de que os limites consentâneos com a realidade foram transgredidos no modo egoísta ou altruísta. Haveria, portanto, duas espécies de sentimentos de culpa: se se gasta mais para o mundo exterior (grupos, etc.) do que é suportável para o ego, a pessoa torna-se então culpada em face do ego; consequência: endividamento em face do ego, culpa por ter ofendido ou negligenciado o *ego*. E o *mundo circundante* (*Dívida para com o grupo*): negligência ou descumprimento das obrigações altruístas, ou seja, do que se chama comumente falta social. (Até aqui, só se conhecia essa forma e esse móbil da culpa.)

Mas tudo isso é especulação, enquanto casos não vierem provar-me que o princípio A.B.C., a culpa A. e B., existem verdadeiramente. Já faz muito tempo que considero *a neurastenia* como uma dívida em relação ao próprio ego (masturbação, cedência forçada de libido às custas do ego; *melancolia subjetiva* – egoística –)... *Anxiety Neurosis*[15]. Retenção da libido além da medida exigida pelo narcisismo. – Culpa em relação aos outros, em relação ao mundo circundante. *Acumulação de libido* (entesouramento). Recalcamento da tendência para *dar* aos outros (o supérfluo).

Em caso de reação de identificação da criança que sofreu prematuramente uma agressão, poderia sobrevir a neurastenia e uma melancolia subjetiva-egoísta (recalcamento do sentimento de fraqueza – inferioridade – e ênfase de virtudes, mas que desmoronam facilmente). (Consequências libidinais, forçosamente.) Com *frustração libidinal*: angústia.

A cólera por causa do amor $\begin{cases} \text{imposto} \\ \text{recusado} \end{cases}$ não será, nos dois casos, o primeiro movimento? A cólera será idêntica nos dois casos?

Biarritz, 19.9.1932

A PROPÓSITO DA COMOÇÃO PSÍQUICA

NTF: Este artigo figura com o título "Reflexões sobre o trauma" na p. 125 desta edição.

---

15. Em inglês no texto: Neurose de Ansiedade. (N. do T.)

Biarritz, 19.9.1932

SUGESTÃO = AÇÃO SEM SUA PRÓPRIA VONTADE

(Com a vontade de uma outra pessoa.) Caso: incapacidade de andar – fadiga com dores, esgotamento. Alguém nos apanha pelo braço (sem ajudar fisicamente) – apoiamo-nos nessa pessoa que dirige os nossos passos (confiamos nela). Pensamos numa porção de coisas e só prestamos atenção à direção indicada pela pessoa que seguimos. *De repente*, a marcha torna-se laboriosa. Cada ação parece exigir um duplo dispêndio de força, a *decisão* e a *execução*. A incapacidade de decidir (fraqueza) pode tornar o mais leve movimento difícil e muito fatigante. Se entregamos a decisão a outrem, o *mesmo* movimento torna-se fácil.

A ação muscular pura não é aqui perturbada nem impedida. Só a vontade de agir está paralisada. Ela deve ser fornecida por outrem. Na paralisia histérica, falta essa vontade, que deve ser transmitida por alguma outra pessoa, por "sugestão". Por que meios e quais os caminhos? 1. Voz. 2. Movimentos de percussão (música, tambor). 3. Transmissão da ideia "Você pode!", "Eu vou ajudá-lo!"

A histeria é uma regressão à *ausência de vontade* e à aceitação de uma vontade estranha como na infância (a criança nos braços da mãe): 1. A mãe encarrega-se de toda a locomoção. 2. *A criança pode caminhar quando é amparada e dirigida* (não sem essa ajuda). O sentimento seguro de que a força que nos sustenta *não* nos deixa cair.

Pergunta: A sugestão (*healing*)[16] será necessária após (ou durante) a análise? Quando o relaxamento é muito profundo, pode ser alcançada uma profundidade em que o ato voluntário $\begin{cases} \text{ausente} \\ \text{omisso} \end{cases}$ só pode ser substituído por ajuda $\begin{cases} \text{bem-intencionada} \\ \text{favorável.} \end{cases}$

Talvez em reparação de uma sugestão anterior que *só exigia obediência*, desta vez é uma sugestão que desperte (que confira) forças pessoais que deve ser oferecida. Portanto, 1. Regressão à fra-

---
16. Em inglês no texto: curativo, benéfico, salutar. (N. do T.)

queza; 2. Sugestão de uma força, aumento da autoestima no lugar da sugestão de obediência de outrora. (Recaída na ausência de vontade e contrassugestão oposta de obediência angustiante de outrora).

Luchon, 25.9.1932

RECALCAMENTO. As funções da consciência (do ego) são situadas (deslocadas) do sistema cérebro-espinhal para o sistema endócrino. O corpo começa a pensar, a falar, a querer, a "agir", em vez de efetuar simplesmente as funções do ego (cerebroespinhal).

Essa atitude parece estar prefigurada no embrião. Mas o que é possível para o embrião é pernicioso para o adulto. É pernicioso quando a cabeça, em vez de pensar, age como órgão genital (ejaculação = hemorragia cerebral); também é pernicioso quando o órgão genital começa a pensar em vez de efetuar a sua função (genitalização da cabeça e cerebralização do órgão genital).

TRIPARTITUM
1. (*O sistema*)[17] *cerebroespinhal* corresponde à superestrutura consciente. Órgão do sentido de realidade. Com possibilidades de deslocamento intrapsíquico (Superestrutura);
2. (*O sistema*)[17] *simpático:* neuroses de órgãos;
3. (*O sistema*)[17] *endócrino:* doenças de órgãos.

Doença orgânica: quando a química do corpo exprime pensamentos e emoções inconscientes, em vez de ocupar-se de sua própria integridade. Talvez emoções, impulsos ainda mais importantes, destrutivos (intenções homicidas), que se transformam em autodestruição. Paralisia no lugar da agressão (Vingança). Explosão. Desarticulação. O que é que causa a mudança de direção? (1. Agressão quantitativamente insuportável [canhões], 2. Prefigurado como trauma.)

---

17. As palavras entre parênteses foram adicionadas pelo editor suíço Hans Huber. (NTF)

26.9.1932

ESQUEMA DE ORGANIZAÇÃO

1. A organização puramente *física* é universal.
2. A organização *química* é individualizante.
Cada ligação individual tende a manter sua existência particular contra a influência – influência divisiva ou aglutinante – do mundo ambiente.
3. A organização *fisiológica* (plexo simpático), a proteção do indivíduo por meio de um sistema reflexo nervoso.
4. A organização *psicofisiológica*: cerebroespinhal. Os desenvolvimentos das organizações são processos de abstração progressivos.

Símbolo (algébr.) superestrutura (matemática, totalizante) simbolização de vibrações puramente físicas, mais simples (atomísticas?). A totalização é, psicologicamente, uma espécie de *associação*. A ideia já está "associada" em alto grau, a associação de *ideias* num grau ainda superior. A ideia do *"mundo"* totaliza tudo (do mesmo modo que, na gravitação, não só *eu* sou atraído pela Terra, mas também atraio, eu, a Terra/e todo o universo/) A tendência para totalizar o mundo é uma *força ideal*, mesmo que o seu resultado não seja imediatamente perceptível. Quando essa força aumenta (em certas condições), então a ideia age *magicamente* (telepaticamente, telecineticamente).

Toda a ação à distância é telecinética = psíquica (tendência para coordenar [subordinar] alguma coisa do fora do ego com [à] vontade do ego).

Coordenação (subordinação) *mútua*: dois elementos díspares do mundo querem a *mesma coisa*, a saber:

1. Um quer dominar, o outro ser dominado.
2. Um quer dominar *mais* do que ser dominado, o outro inversamente (bissexualidade e preponderância de um dos sexos).
3. (Após o orgasmo) os dois querem *repousar* e não ter medo nenhum (*selfconsciousness*) um do outro, abandonar-se ao relaxamento. Nenhum quer dominar. Relação mútua mãe-filho (nenhuma tendência do ego, ou tendências do ego inteiramente satisfeitas dos dois lados).

2.10.1932
ACCUMULATIO LIBIDINIS

Uma vida na qual se *troca* permanentemente menos libido do que se desejaria pode tornar-se insuportável.

Mas o que é esse processo particular de troca de libido? Seria deixar dominar o "segundo princípio" (compromisso, harmonia), logo, igualmente um processo físico entre duas pessoas (coisas) com tensões diferentes?

É dar e tomar simultaneamente? Parece que só é "satisfatório" no último caso.

outubro de 1932
TEORIAS DOS QUANTA E INDIVIDUALISMO

As transformações do *mundo exterior* assim como da *própria personalidade* não se produzem num contínuo, mas em vários movimentos bruscos e imprevistos. A manutenção da forma e do modo de ação até certo grau da influência exterior mostra uma *tentativa* de resistência *individual* à transformação. Quando um limite é transposto, o *indivíduo transforma-se*, submete-se à força exterior superior, *identifica-se* forçosamente com a vontade do mundo circundante. "A inércia" é uma resistência contra as influências externas.

outubro de 1932
A TÉCNICA DO SILÊNCIO

Desvantagem do "falar contínuo". Obstáculo ao "relaxamento".

A comunicação torna "claramente consciente" e especulativo – as associações permanecem na superfície (ou andam em círculos, ou "marcam passo"). A relação com o analista permanece consciente.

"Atitude de silêncio" mais prolongada: relaxamento mais profundo, sonhos, imagens, um pouco mais "à maneira do sonho" – muito longe do material do pensamento consciente.

Mas quando é preciso, em seguida, falar *apesar de tudo*?
O analista deve interromper (surpreender) o silêncio? (Isso não está mal.)
Quando devem começar as "sessões de silêncio"?
(B. as pediu ela própria!)
Novos problemas técnicos.
A minha autoanálise: silêncio, até a produção de imagens ou de cenas à maneira do sonho "hipnagógico". Elas substituem os sonhos noturnos, inteiramente ausentes.

24.10.1932

AINDA SOBRE A TÉCNICA DO SILÊNCIO

A "associação livre" também é um "relaxamento" passageiro, de fato um silêncio (e desligamento do pensamento consciente) até a irrupção da próxima associação (a primeira a vir); então o silêncio (e a vontade de não pensar) é interrompido de modo espontâneo ou a partir da pergunta do analista ("O que é que lhe acode ao espírito?"). Na realidade, porém, o paciente cala-se geralmente por um pouco mais de tempo, tem várias associações – profundas e superficiais – esquece com frequência, nesse meio-tempo, a presença de uma "terceira" pessoa e comunica-nos uma *série* de associações que levam, por vezes, para bem longe da primeira ideia ainda consciente e amiúde numa direção inesperada, e que podem ter conduzido para mais perto do material do inconsciente (recalcado). Portanto, não existe nenhuma diferença de princípio entre uma técnica de silêncio (ocasionalmente utilizada) e a associação livre. É apenas uma diferença de grau. *A priori*, é provável que um silêncio um pouco mais prolongado (pensamento não consciente) leve um pouco mais longe, também mais profundo, talvez.

Exemplos particulares: 1. O paciente sentiu-se perturbado e irritado pelos "sinais de compreensão" (Hum... sim... é claro... naturalmente... etc.) por parte do analista; ele tinha a sensação de que isso vinha interromper alguma coisa. Interpretações dadas prematuramente agiram de um modo deveras perturbador; talvez ele tivesse chegado à mesma interpretação (explicação) ou uma que se lhe assemelhava, se ela não lhe tivesse sido "comunicada". *Agora,* ele não sabia que parte dessa interpretação era espontânea, ou seja, digna de crédito, e que parte era fruto da "sugestão". Ser o mais econômico possível em interpretações é uma regra importante.

2. Análise de B.: ela deu-me literalmente uma descompostura: "não fale tanto, não me interrompa a torto e a direito; você agora estragou tudo de novo". Uma associação livre interrompida amiúde fica mais à superfície.

A comunicação, a fala, traz o paciente de volta à situação presente (a análise) e pode impedir o mergulho em profundidade.

O outro extremo é o mergulho ("transe") com perda total ou parcial da realidade do tempo e do lugar, e a reprodução muito nítida, por vezes alucinatória, de uma cena $\begin{cases} \text{vivida} \\ \text{representada.} \end{cases}$

Ao "despertar", o sentimento de convicção relacionado com os acontecimentos (também vividos provavelmente na realidade) *desaparece* na maioria das vezes. Isto fala *contra* a natureza sugestiva, persuasiva, da alucinação. Reproduções repetidas mais tarde conduzem (*a*) exatamente à mesma cena ou (*b*) a uma *modificação* desta.

Aí está o problema: que parte da reprodução é devida à fantasia, que parte à realidade, que parte é um deslocamento *a posteriori para pessoas e situações que se tornaram significativas mais tarde*. Que parte se deve à "vestimenta histórica" de uma situação inteiramente atual da vida – (entre outras, da situação analítica).

Aqui, *quotation of Freud*[18].

Sinais de resistência contra a realidade falam *mais a favor* (nem sempre) do que *contra* a realidade.

24.10.1932

O ARGUMENTO TERAPÊUTICO

Após a reprodução múltipla com uma dor que não quer cessar e sem rememoração consciente, interrupção acidental. Feito isto, melhoria espetacular e um sentimento de autonomia, tendência *escondida* para desligar-se da análise e arriscar-se na *vida*.

---

18. Em inglês no texto: citação de Freud. (N. do T.)

Sinal:
1. da correção da interpretação?
2. do final do período de reprodução?
3. do início do período de *esquecimento* (pelo menos, da atualidade emocional).
4. Período do *healing*[19] das feridas analíticas e indicação das possibilidades que restam (Jung).

Ad. 2.: No período que então se segue talvez não seja supérfluo (*Tf. necessário*) estimular, apaziguar. Revisão do ponto de vista segundo o qual o reforço produz-se de modo inteiramente espontâneo, sem ajuda especial, e não deve ser influenciado por via sugestiva. Afinal de contas, cada instrução é uma sugestão (ver o sentido inglês do termo), em particular para a criança, e, quando o incitamento premente é *realmente fundamentado*, quando, por conseguinte, se *sugere a verdade*, o que se faz é acelerar um processo que pela experiência pessoal se adquire muito mais lentamente. (Semelhante ao ensino de coisas que já foram descobertas por outros; não é necessário que cada criança descubra tudo por si mesma.) (/História: impossível/). Em todo caso, a sugestão à maneira de Sócrates apresenta vantagens.

26.10.1932

INFANTILISMO PSÍQUICO = HISTERIA

1. O homem adulto tem duas espécies de sistemas de lembranças:

{ Subjetivas = emoções = sensações corporais
  Objetivas = sensações projetadas (sensações em relação ao mundo circundante, "eventos exteriores").

2. O bebê só tem sensações subjetivas no início e reações corporais (movimentos de expressão).

3. As crianças nos (3-4?) primeiros anos de vida tampouco têm muitas lembranças *conscientes* do desenvolvimento das coisas, mas apenas *sensações* (com tonalidades de prazer e desprazer) e reações corporais às mesmas. *A "lembrança" permanece imobilizada no corpo e somente aí* pode ser despertada.

---

19. Em inglês no texto: cura. (N. do T.)

4. Em certos momentos do traumatismo, o mundo dos objetos desaparece total ou parcialmente: tudo se torna *sensação sem objeto*. Na verdade, a conversão é apenas uma recaída no modo de reação puramente corporal, subjetivo (a teoria de *James-Lange* é válida, portanto, para as crianças mas não para os adultos).

5. Não se justifica exigir da análise a *rememoração consciente* de algo que nunca foi consciente. Só é possível *reviver* alguma coisa, com uma objetivação *a posteriori*, pela primeira vez, *na análise*. Reviver o trauma e *interpretá-lo* (compreendê-lo) – em vez do "recalcamento" puramente subjetivo – é, portanto, a dupla tarefa da análise. A crise histérica pode não ser mais do que uma revivência *parcial*, a crise analítica deve levar essa revivência a um desenvolvimento mais completo.

6. Reviver as coisas de maneira muitas vezes repetida com uma interpretação que se torna cada vez mais segura deve bastar ao paciente. Em vez de buscar à força, como antes, a lembrança consciente (tarefa impossível que extenua o paciente sem que possa livrar-se dela), cumpre assinalar e favorecer no paciente as *tendências para*

a separação $\begin{cases} \text{da análise} \\ \text{do analista.} \end{cases}$

Eis chegado o tempo do "incitamento premente para as tarefas da vida" – felicidade do futuro em vez de ruminar e escavar o passado.

29.10.1932

A POSIÇÃO DO ANALISTA EM FACE DO PACIENTE

Acused by G. and Tf. a) for lack of energy (therefore no support) lack of sympathy[20].

(G) "Confissão e absolvição não é uma solução mas, antes, um motivo de novo recalcamento." (Nenhuma possibilidade é oferecida para desembaraçar-se do *ódio*, de lhe dar livre curso.)

Dilema: A severidade provoca o recalcamento e o medo,
        A bondade provoca o recalcamento e a consideração.

---

20. Em inglês no texto: acusado por G. e Tf. a) por falta de energia (portanto, nenhum apoio) ausência de simpatia. (N. do T.)

G.: A objetividade $\begin{cases} \text{nem severa} \\ \text{nem gentil} \end{cases}$ é a melhor posição.

Por conseguinte: atitude de objetividade simpática, amistosa.
Não é essa a técnica freudiana? Em certos aspectos, sim; mas *impor à força a sua própria teoria* não é objetivo – é uma espécie de tirania. Por isso toda esta posição é um pouco *inamistosa*.

Tf.: Eu (o analista) sou responsável por que a transferência tenha se tornado tão apaixonada – em virtude da minha *frieza de sentimentos*. Uma repetição literal demais da dependência pai-filha: prometer (sensações de prazer preliminar despertando expectativa), depois não dar nada. Resultado: fuga para fora da sua própria pessoa (corpo) (clivagem da personalidade).

30.10.1932

A VULNERABILIDADE DAS CAPACIDADES TRAUMATICAMENTE PROGRESSIVAS
(e também as das crianças prodígios)

A *capacidade* de realizar não é uma prova de verdadeira *vontade* de realizar e de verdadeiro *prazer* em realizar. A faculdade de superdesempenho adquirida por via traumática é (em consequência da corrente regressiva inconsciente, sempre forte) na maioria das vezes passageira (no que se refere às coisas do espírito, aforística), não tem o caráter de *persistência* e a capacidade de resistência em face dos obstáculos que emergem. Também é *vulnerável*: um novo traumatismo (ataque) gera facilmente um "colapso" (regressão a uma total incapacidade de viver, paralisia psíquica), ou seja, uma recaída

no $\begin{cases} \text{pueril} \\ \text{infantil} \end{cases}$ com um desejo nostálgico de proteção, de amparo, o

sonho e o mundo fantasístico são lúdicos, pueris (em especial: desejo de ser irresponsável). A análise revela *sobrecargas* de responsabilidades prematuras indesejáveis, de saber, de seriedade da vida, de segredos (compulsão para guardar segredos). Sexualmente: masturbação (fantasia), *nada* de coito, *nada* de casamento. ("*I am a bad liar*"²¹. Toda obrigação de guardar um segredo = um peso.) Regras, deveres, prescrições são intoleráveis. Desejo de *encontrar-se a si mesmo*, oposto da sugestão e da proteção. Paixões *orais* (comer) absorvem uma grande parte do interesse (O.: chocolate). Aspiração a uma vida *idílica*, vida no campo (democracia).

Esforço colossal para aprender, ao mesmo tempo ambição de ser o primeiro (tipos segundo Adler). *"Cramming"*²², esquecimento das datas (*inteligência* como a das crianças, só percebendo $\begin{cases} \text{o atual} \\ \text{o presente,} \end{cases}$ mas *nesse* nível, com frequência, de uma profundidade surpreendente.

A infância não foi *verdadeiramente vivida até o fim*.

Normalmente, a criança deve estar *saciada* pelo jogo e um *excedente* de interesse volta-se para a realidade.

U.: Nível infantil-primitivo até os 13 anos.

D.: O vínculo com a mãe desfeito à força, *demasiado cedo*. Coerção e um *excedente*.

(Inconscientemente: pulsão de retorno à mãe.)

Manifestação da homossexualidade (feminina).

Manifestação de pueril (masculino).

Superego não assimilado.

Mesmo o desenvolvimento normal é mais ou menos outorgado. Entretanto: no bom momento (disponibilidade já presente) e *progressivamente*, por assim dizer mediante *pequenos traumas* fáceis de superar.

(Dm. G.): compulsão para querer resolver os problemas *mais difíceis*.

(Caso) – na realidade: desejo sem ter o menor encargo.

A capacidade para encontrar soluções está presente, mas "por lampejos".

---

21. Em inglês no texto: "Sou um mau mentiroso." (N. do T.)
22. Em inglês no texto: estudar com afinco a matéria para um exame. (N. do T.)

30.10.1932
OS DOIS EXTREMOS:
FELIZ CREDULIDADE E CETICISMO

"Psicognóstico", *Gnose* = a esperança em que é possível, por meio de um relaxamento em profundidade adequada, atingir a vivência direta de uma experiência do passado, que pode então, sem outra interpretação, ser aceita como verdadeira.

Ceticismo: a ideia de que todos os pensamentos e representações [*Vorstellung*] devem ser submetidos primeiro a um exame crítico e conduzem à apresentação [*Darstellung*]: 1) absolutamente nada ou 2) algo de muito deformado a partir do evento real (*"Telescoping"*, Frink).

De fato, *existe* finalmente algo que já não tem que ser interpretado (remodelado pela interpretação) nem deve sê-lo – senão a análise converte-se numa substituição sem fim de sentimentos e de representações, a maioria das vezes por seus contrários.

Por outro lado: os eventos "psíquicos" do passado (infância) podem ter deixado para trás seus traços mnêmicos somente na linguagem gestual (corporal) incompreensível para o nosso consciente, sob a forma de "mnemos" orgânicos-psíquicos; na época, talvez não existisse sequer o pré-consciente, apenas reações emocionais (prazer-desprazer) no corpo (traços mnêmicos *subjetivos*) – de modo que só são reproduzidos *fragmentos* de acontecimentos exteriores (traumáticos). Talvez apenas os primeiros momentos do traumatismo que ainda não puderam ser "recalcados" (deslocados para o corporal), em consequência do elemento surpresa (ausência ou atraso do contrainvestimento). Sendo assim, então certas lembranças da infância não podem ser obtidas conscientemente e, nos sintomas corporais, ilusões estão sempre misturadas a deformações de defesa e de inversão (realizando um desejo) à maneira do sonho. Por exemplo, sob a forma de regressões (alucinações dos momentos que precedem o traumatismo).

Mas poder-se-ia (pode-se) inserir no corpo a *qualidade atual de pré-consciência* (qualidade que pode ser afirmativa de desprazer)?

2.11.1932

INFANTILISMO EM DECORRÊNCIA DE ANGÚSTIA DIANTE DE TAREFAS REAIS

Jung está certo quando constata e descreve essa angústia; e também quando diz que, como médico, temos o dever de superar essa angústia. É somente no que se refere à *espécie* de terapia por ele prescrita que Jung erra. Só o *encorajamento*, ou prodigalizado após uma olhada muito sumária sobre a causa da angústia, não pode ter um efeito *duradouro* (do mesmo modo que as sugestões pré-analíticas, com raras exceções) – é preciso, em primeiro lugar, obter uma visão completa da maneira como esse infantilismo se constituiu – e isso só pode ser verdadeiramente obtido (*a*) por um retorno completo ao passado onde reside a causa, mediante a reprodução { lembrar-se / agir } ou (*b*) por experiências e interpretações das tendências na análise.

[Dm.: desfaz-se em lágrimas durante os preparativos de um jantar para U. Ela jamais abandonou o *lúdico*. Queria somente brincar de cozinheira mas foi forçada a suportar um fardo real excessivamente pesado para ela. – (Sexo!) – *Esforço de identificação*.]

– *Sugestão sem análise = Forçar* o *superego do hipnotizador* (exigência de esforços excessivos) – Tratamento correto: (*a*) retorno à infância, soltar-se, (*b*) aguardar a tendência espontânea para "crescer" – aqui, o *encorajamento* tem certamente lugar – é preciso exortar à coragem.

Uma *tendência* espontânea para *crescer* instaura-se quando o lúdico já não basta ao *quantum* de energia presente. (Órgãos físicos e psíquicos desenvolvem-se e reclamam atividade.)

Embriologia: Esboços orgânicos estão presentes no indivíduo mais cedo do que as funções; uma vez desenvolvidos em *órgãos*, requerem atividade (função). O embrião *joga* com as possibilidades filogenéticas (estágio de peixe, de rã, etc.) e o mesmo faz a criança, desde que esteja dotada de tudo o que é necessário na realidade. A "realidade" começa quando os desejos já não são completamente realizados – as necessidades não asseguradas e a atividade pessoal inevitável. Começa-se a ter que trabalhar, na verdade, até a lutar pelo alimento e o amor, ou seja, a *suportar* também o *desprazer* nesse meio-tempo. Isso se dá provavelmente com a ajuda da clivagem – *objetivação* – de uma parte, a parte sofredora da personalidade – e de sua *reunificação* com o ego: subjetivação, uma vez que o objetivo é alcançado, que a dor ou o sofrimento passou. O *recalcamento* é uma "alienação" bem-sucedida, *duradoura*. Está aí a diferença entre *supressão* e *repressão*. Quando há supressão, não se sente a dor, somente o *esforço* que é necessário para "superalienar". Quando existe repressão, nem mesmo *isso* se sente; na verdade, a situação de defesa pode parecer *carregada de prazer* (o prazer arrasta-se à deriva).

2.11.1932

A LINGUAGEM DO INCONSCIENTE

Quando ocorre a eliminação completa das tendências para a comunicação consciente, intelectual, e se dá livre curso ao órgão da fala (como o médium deixa sua mão correr para a escrita e o desenho automáticos), surgem – após as vogais e as consoantes desprovidas de sentido (como os jogos com os lábios e a língua da *criança* que ainda não fala) – *imitações* de coisas, de animais e de pessoas.

Está aí a *magia da imitação*:

1) A única maneira de *ab-reagir* emocionalmente a uma impressão do mundo exterior por uma ou várias repetições.

2) *Participar* a uma outra pessoa o que aconteceu, à maneira de uma queixa ou para encontrar ajuda ou compaixão (=compartilhar! dor compartilhada, emoção compartilhada) = *diluição*, mediante a *repartição por comunicação*.

3) Essa "repartição" tem duas partes: 1. uma parte *imitadora do estranho* (forma primitiva de objetivação dos processos do mundo exterior); 2. uma repetição *autoimitadora* da reação emocional que se experimentou no decorrer do evento (prazer, desprazer, dor, angústia).

(Num certo sentido, o "ego" também é aqui objetivado.)

Um pouco mais objetivos (mas nunca tanto quanto o pré-consciente) são os meios de representação do *sonho*. Também no sonho há elementos em que *o ego imita o mundo circundante* (Cão = *eu ladro*, ele morde = *isso dói*). Prudência na apreciação dos elementos subjetivos, em que medida eles representam algo de objetivo, e dos elementos objetivos, naquela medida em que representam algo de subjetivo. É verdade que o objetivo também pode representar o objetivo, e o subjetivo o subjetivo. Adivinhar a partir do sentido do conjunto.

Portanto, o sonho pode ser interpretado (historicamente) (em parte deformado no sentido de uma *realização de desejo*).

Na fantasia de masturbação: com frequência, são "vividas" três pessoas – todas subjetivamente. (Cena primitiva: o homem, a mulher e a própria criança.)

No orgasmo masturbatório, as imagens objetivas desaparecem – tudo se reúne para culminar numa sensação puramente subjetiva. As "dores *a posteriori*" – (ressaibo amargo) não significam somente remorsos, mas (após a descarga da excitação) 1. aperceber-se da ausência da realidade; 2. a consequência do esforço (fadiga) que foi necessária para apresentar o irreal como real (muito *trabalho*). O masturbador sente: *a)* alternadamente os sentimentos de duas pessoas, *b)* finalmente as duas ao mesmo tempo. Coito: a realidade está presente *sem pena* e assim permanece também *após* o fim (estar ternamente juntos) (tranquilidade, apaziguamento). Quando existe insatisfação mesmo após o coito: de fato, *masturbatio in vaginam*.

Caminhos conduzem desses processos para a compreensão da *imitação permanente* (identificação, formação do superego, uma espécie de "arremedo"[23]), que também pode, portanto, motivar semelhanças orgânicas.

2.11.1932

RECALCAMENTO DA IDEIA DE "GROTESCO"

Um motivo de "identificação" que escapou à atenção é a imitação como careta depreciativa.

1. Reprodução que se repete amiúde, com uma perseverança autopunitiva, de uma anciã (mãe, esposa) barriguda, bolsas de gordura, figura grotesca como nas xilogravuras.

---

23. Em alemão *Mimikri*.

2. O mesmo gênero de imagem de um homem com um nariz grosso (coroado por uma verruga), barrigudo (personagem *falstaffiana*), soltando ventosidades. Gestos cômicos durante as rezas. Formação reativa: mostrar atenção, acentuar a atitude de que não se preocupa com a "opinião pública" (aparecer com ele na rua principal) (Opinião pública = projeção do fato de que nos aborrece).

3. Aparentemente independente disso (Tf. tão grotesco!): descrever a força de sedução da filha caçula (figura de irmã); como se eu quisesse dizer: "Ela é tão mais bonita"; essa ideia será então rejeitada e a mãe tratada doravante com ambivalência { conscientemente devoção / inconscientemente troça.

Caretas "fica-assim" (designação da sanção punitiva). Careta semelhante: *aceita-se o grotesco em si mesmo*, em vez de vê-lo em pessoas respeitadas (compulsão para desenhar cabeças grotescas, para descobri-las nos ornamentos, nas manchas dispersas e informes, padrões de papel mural, sombras, imitação da escrita do pai).

Até aqui, foi sempre interpretado apenas como *identificação-desejo*[24] – imitação depreciativa com formação reativa.

Situação edipiana: pênis "apêndice cômico", coito – ridículo, na *infância* ainda nenhum verdadeiro sentimento pelo que há de atraente em tudo isso.

4.11.1932

A REPETIÇÃO EM ANÁLISE PIOR DO QUE O TRAUMATISMO ORIGINAL[25]

Isso deve ser posto no mundo conscientemente.

As formas habituais de reações devem ser abandonadas (resistência).

É preciso muito *encorajamento*.

O saber é um meio de dúvida (resistência).

O trauma foi *contado* e não descoberto.

---

24. Expressão obscura, traduzida na edição inglesa por identificação-realização de desejo. (NTF)

25. Esta nota foi integralmente escrita em inglês. (NTF)

A traumatogênese é *conhecida;* a dúvida, a saber, se se trata de realidade ou de fantasia, permanece ou pode voltar (mesmo que tudo designe a realidade). Teoria da fantasia = uma escapatória para a *realização* (a mesma coisa para os analistas que resistem). Eles preferem aceitar que o seu espírito (memória) (e o dos seres humanos) não é tão digno de confiança do que crer que *tais* coisas com *essa espécie* de pessoas podem ter *realmente* acontecido. (Autossacrifício da *integridade* de seu próprio espírito para salvar os pais!)

Cura de saber-incredulidade. "Você não dever *crer*, diga somente as coisas como elas lhe ocorrem. Não force nenhum sentimento e muito menos o sentimento de convicção. Você terá tempo, mais tarde, para julgar as coisas do ponto de vista da realidade." (De fato, a série de *imagens* puras transforma-se, mais cedo ou mais tarde, em representações fortemente emocionais.) "Você deve admitir que (excepcionalmente) puderam mesmo acontecer coisas a respeito das quais alguém disse alguma coisa."

5.11.1932

ATRAÇÃO DO PASSADO (PULSÃO PARA O CORPO DA MÃE, PULSÃO DE MORTE) E FUGA PARA LONGE DO PRESENTE

Esta última excessivamente negligenciada. Uma explosão de bomba, se for bastante intensa, faz todo ser humano ficar "louco"
{ inconsciente
 sem conhecimento. } Febre: quando é muito elevada, torna todo ser humano delirante. É exagerado falar aqui também de disposição infantil como causa essencial (se bem que *contribua para determinar* o conteúdo e a forma da psicose). *A potiori fit denominatio.* Na patogênese pode-se e deve-se – a fim de compreender plenamente o sintoma e talvez para curá-lo também – esclarecer as pulsões primárias despertadas pelo traumatismo. Mas não existe evolução sem traumatismos infantis, aos quais – se não criaram uma fixação demasiado forte e demasiado duradoura – jamais se regrediria sem um poderoso golpe exterior desferido no presente. Deve-se avaliar sempre individualmente a *tendência para fugir* do presente e a *força*

de atração do passado. A psicanálise subestimou um pouco a primeira dessas causas deflagradoras. Somente no final de uma análise que considerou *as duas coisas* (disposição e traumatismo), sem tomar posição, é que se pode avaliar exatamente a contribuição de uma e de outra? Entretanto: em geral...

Falta a continuação. O Editor.

10.11.932

SUGESTÃO NA (APÓS A) ANÁLISE

1. Não se tem o direito de sugerir nada além da verdade (crianças e doentes).

2. Mas a verdade não pode ser revelada de modo inteiramente espontâneo, ela *deve* ser "insinuada", "sugerida". As crianças não são capazes, sem essa ajuda, de adquirir convicções. Também não é o *job* delas? As crianças querem "receber" as verdades sem trabalho, tal como recebem o alimento sem trabalho pessoal. Os neuróticos, *porém, são* crianças, pelo menos uma grande parte deles *o é*. *Não existem* seres humanos completamente adultos; cada um sente-se feliz por poder dedicar-se a jogos, a atividades lúdicas, uma vez terminado o trabalho. De fato, gostaríamos todos de adquirir os conhecimentos *brincando*. Ser um bom professor quer dizer: poupar sofrimento ao aluno; dar exemplos, fazer comparações, construir parábolas – "faça viver" tudo, por assim dizer – como um conto, é somente assim que o sentido do conjunto, do todo, aparecerá (a experiência do "ah!")[26].

3. Afirmações aparentemente supérfluas por parte de uma terceira pessoa, afirmações que, aliás, tinham sido passadas conscientemente em revista pela própria pessoa, agem de um modo inteiramente diverso e provocam movimentos de emoção. (Exemplo: expressão de gratidão da parte de dois pacientes; o analista também tem necessidade de reconhecimento, e este deve ser formulado com todas as letras.)

---

26. Cf. *Haha ou l'éclair de la compréhension mathématique*, de M. Gardner, Ed. Pour la Science.

4. *Healing*[27] é o efeito apaziguador da exortação e da ternura (eventualmente também de carícias ternas na parte dolorosa do corpo). (Verruga, fissura anal.)

5. A análise é uma preparação para a sugestão. O equilíbrio intrapsíquico entre o investimento de id – ego – superego não é suficiente? "Síntese"? A exortação amistosa (talvez também um pouco de "eletromagia") de uma outra pessoa possibilita a eliminação da autoclivagem e "o abandono" enquanto pessoa reintegrada. Um "adulto" jamais é um "não clivado" – só uma criança o é ou aquele que voltou a ser criança. Um adulto deve "cuidar de si mesmo". A uma criança, cuida-se dela. A *confiança* deve ser adquirida analiticamente, submetendo-se com pleno êxito a toda espécie de provas oriundas do paciente. É preciso ter aguentado o golpe. Depois a confiança chega por si mesma. Os neuróticos sofreram grave decepção em sua confiança. Grande decepção do neurótico quanto à ciência médica em geral. Ninguém quer *crer*:

1. que se *pode* verdadeiramente ajudar,
2. que se *quer* verdadeiramente ajudar (bondade).

(Não poder nem querer ser reparado admitindo isso.)

11.11.1932

INTEGRATION AND SPLITTING[28]

Cada "adulto" que "cuida de si mesmo" está clivado (não é unidade completa). Contradição aparente: o sentido de realidade só é possível com base numa "fantasia" (= irrealidade), na qual uma parte da pessoa *é sequestrada* e considerada "objetivamente" (exteriorizada, projetada); isso só é possível com a ajuda de uma repressão parcial de emoções (recalcamento?) – Análises que são conduzidas do começo ao fim no nível da realidade jamais alcançam a profundidade dos próprios processos de clivagem. Entretanto, toda evolução posterior depende do modo (veemência), do fator tempo e das circunstâncias em que ocorreu a clivagem originária (recalcamento primário). Somente no começo da infância ou antes da clivagem é

---

27. Em inglês no texto: cura. (N. do T.)
28. Em inglês no texto: integração e clivagem. (N. do T.)

que se era "uno consigo mesmo". A *análise em profundidade* deve retroceder sob o nível de realidade, até as épocas pré-traumáticas e os momentos traumáticos, mas não se pode esperar nenhuma solução, se a solução não for desta vez diferente do que se passou primitivamente. Uma intervenção é aqui necessária (regressão e nova partida). Ver, a este respeito, a compreensão amistosa, o "dar livre curso" e tranquilizar mediante o encorajamento e o apaziguamento ("sugestão").

20.11.1932

INDISCRETION OF THE ANALYST IN ANALYSIS – HELPFUL[29]

Mesmo um confessor é às vezes obrigado, por amor a uma verdade "superior", a afastar-se da observância estrita do dever de silêncio (uma vida a salvar, etc.). "Não se deve especular com o destino" tem seus limites. Em conjunto e *grosso modo*, isso é correto, mas as exceções são inevitáveis. Em relação aos psicóticos (sentido de realidade ausente ou defeituoso).

24 de nov.

EXAGERATED SEX IMPULSE[30] E SUAS CONSEQUÊNCIAS

Como consequência de se "coagir a criança a um superdesempenho", modelo da "sabedoria do bebê" *em geral*. *Wise baby*[31] é uma anomalia, atrás da qual se esconde a passividade infantil recalcada – assim como o furor provocado pela interrupção forçada daquela: o *perigo vital* força um amadurecimento precoce. As *crianças prodígios* tiveram que evoluir todas dessa maneira – e sucumbir (*break down*). Exemplo: relação sexual consumando-se sem orgasmo: ofensiva para si mesmo e para o(a) parceiro(a). Tarefas excessivas com

---

29. Em inglês no texto: A indiscrição do analista na análise-útil. (N. do T.)
30. Em inglês no texto: Impulso sexual exagerado e suas consequências. (N. do T.)
31. Em inglês no texto: o bebê sábio. (N. do T.)

break down [colapso] ou êxito *rápido demais*, desprovido de método (*aphoristic writings*)[32] – ficar nesse nível: sempre um progresso no nível fantasístico.

Tratamento: admitir, reparar o infantil (não fazer nada) – nova formação normal da personalidade. *Break down* = sentimento de inferioridade, bem como de fuga diante das tarefas e da responsabilidade. Regressão a partir da relação sexual para a masturbação (passiva). Pelo menos essa deve ser "permitida": (1) consentida e aprovada pelo parceiro. (2) suportada sem culpa interior.

Efeito retroativo sobre a análise: ódio ao trabalho, seja ele qual for – impor-se tarefas excessivas – desabamento (com desprazer escondido).

– Doença. *Vantagens* para o analisando
– *Desvantagem* mais profunda: ser odiado.

Ou seja: é bom para o *aprofundamento* – dificuldade em *influenciar* por causa da contratransferência negativa.

Proteção (prevenção): ser bem-sucedido na autoanálise.

Terapia: conclusão da autoanálise com a ajuda do paciente.

(Exemplo: Bater com o nariz contra os dentes do parceiro no momento do orgasmo – O orgasmo *de uma outra pessoa*: uma tarefa grande demais. Ainda incapaz de amar – deseja somente ser amado. *Casamento precoce*.)

O *jogo* torna-se uma *realidade* difícil de suportar.

Semblante de potência, até de superpotência. *Ejaculação até o teto*. As fantasias de grandeza *tornam possíveis* os superdesempenhos, mas essa capacidade não pode ser mantida. *Impotência* por trás do superdesempenho.

26.11.1932

THEORETICAL DOUBT IN PLACE OF PERSONAL ONE[33]

(U.) A véspera: perguntas: 1) Será que *posso* ajudar (financeiramente)? Resposta: *não*. 2) Será que eu queria ajudar, eu tinha essa possibilidade? Resposta: *sim*. Reação (imediata): "Não posso ima-

---

32. Em inglês no texto: escritos aforísticos. (N. do T.)
33. Em inglês no texto: Dúvidas teóricas no lugar das pessoais. (N. do T.)

ginar que você não tenha esse dinheiro." Reação no dia seguinte: discussão e ataque da validade das teses psicanalíticas que eu elaborei nos "estágios de desenvolvimento". Não se tem a nostalgia do seio materno. Eu – em vez de lhe perguntar o que a dúvida queria dizer *por outro lado* (incredulidade quanto às minhas respostas) e admitir que, mesmo se eu tivesse dinheiro, é preferível do ponto de vista psicanalítico não lhe dar e que se torne financeiramente independente tanto de mim quanto de sua amiga, e admitir também o desprazer de arriscar dinheiro – disse simplesmente *sim e não*; portanto, calei-lhe alguma coisa, em vez de admitir também a possibilidade de *não ter vontade* de lhe dar dinheiro – levar a tal ponto o papel de pai e, com certo esforço, estar em condições de conseguir os 5.000 $ e, mesmo assim, *não lhos dar*. O *amor* do médico *não vai assim tão longe*. Provavelmente, eu teria que reparar isso e reconhecer a verdade.

(Ele também duvida da existência do inconsciente.)

A partir desse incidente, deveria ser possível encontrar ligações que levem à incredulidade quanto à realidade e aos limites de

{ o amor
  a ajuda } dos pais (egoísmo dos pais). Ele deve "virar-se" sozinho.

No mesmo dia fiquei sabendo por uma outra analisanda que U. e uma outra paciente divertiram-se por eu deixar a minha correspondência espalhada sobre a escrivaninha, de modo que ambos, em certos momentos, puderam dar-lhe uma olhada. (Ceticismo e investigação quanto aos *verdadeiros* sentimentos pessoais e minha personalidade em geral. U. acha, por exemplo, que trato certo paciente de forma *excessivamente dura* numa carta – que eu sou, portanto, mais duro do que me mostro.) Isso também tem que ser esclarecido:

1. Admitir o fato e a *"hipocrisia profissional"* de minha parte; 2. Ligá-lo a acontecimentos semelhantes no passado do paciente (os pais também não são tão bons quanto querem parecer? Não se pode contar com eles de um modo tão completo).

Ver a este respeito: a *indiscrição em análise é necessária*, sobretudo quando o paciente sabe que recebo pela análise de uma segunda pessoa notícias (mensagens) indiretas dele. Portanto, é preciso trazer para a discussão as coisas que o paciente conta a um outro analisando e não fazer como se não se soubesse nada. A análise de duas pessoas que estão, de algum modo, estreitamente ligadas entre si (irmãs, amantes, esposos), também pode ser realizada sem que se prejudiquem mutuamente. Condição: nada contar daquilo a cujo respeito o paciente 1 ou 2 nada sabe.

30.11.1932

QUIROMANCIA

As linhas da palma da mão fornecem informações sobre as inervações musculares habituais – (ações e impulsos, movimento do humor; movimentos de expressão das mãos).

A *grafologia* não nos dá, de momento, nenhuma informação sobre o caráter consciente ou inconsciente das intenções e experiências. A *quiromancia* deveria sobretudo possibilitar estas distinções: a palma *direita* indica talvez as ações e movimentos de humor conscientes – a *esquerda* os traços de caráter *inconscientes* (e desconhecidos).

30.11.1932

LAMAÍSMO INCONSCIENTE E IOGA

De um modo inteiramente inconsciente cheguei 1. à descoberta de que se pode reter a respiração por muito mais tempo quando se *bebe água fria*: isso leva à explicação do fato por que os afogados têm o estômago cheio de água. (Antes de afogar-se, inspirar água – eles bebem copiosamente[34].) Medida de proteção. Um desses saberes inconscientes (progressão) descobertos na necessidade extrema. (Posso ter experimentado isso em meus *sonhos*.) As sensações e ilusões de *intoxicação* talvez não sejam mais do que símbolos do recalcamento da realidade durante o desempenho de adaptação, no traumatismo.

2. Outra descoberta lamaística: suporta-se por mais tempo a sufocação quando, ao mesmo tempo, se *pensa, canta, faz contas* (murmúrio búdico de certas frases na prática da ioga).

---

34. Em alemão, afogar-se diz-se *ertrinken*: beber até que a morte sobrevenha. (NTF)

3. A ideia do *"wise baby"*[35] só pode ter sido encontrada por um *wise baby*.

4. *Quiromancia:* a mão direita mostra uma "linha da vida" ininterrupta, vigorosa; a esquerda, fraca e muitas vezes interrompida: *Retardamento consciente da morte* (pela inteligência, desvio das sensações penosas pelo meio *consciente* de pensar, cantar, contar, querer, fumar, tiques, ilusões maníacas, negação do desprazer).

30.11.1932

ABSTRAÇÃO E MEMÓRIA DOS DETALHES

De um modo geral, essas duas capacidades excluem-se mutuamente. *A abstração seria primordial? A mais primária?* (O fato de que a memória de detalhes é a que *mais cedo* se destrói na degenerescência fala nesse sentido.) Pode-se considerar a sensação de prazer e de desprazer (sem mais precisão nem localização) como o conteúdo do consciente *mais geral e mais primitivo*, no qual se enraízam *todas as representações particulares*? Cada percepção é, em primeiro lugar, a sensação de uma *mudança*. "Alguma coisa ficou diferente" { 1. melhor / 2. menos bem (a indiferença não é sentida, apenas a constatação de um *erro*: o *novo* não é melhor nem pior). Talvez, na origem, todo novo seja uma *perturbação* (defesa contra a mudança em geral). Ou quando a situação emocional *presente* é penosa, *espera-se* uma transformação para melhor. (Em tal caso, a mudança insuficiente é uma *decepção*.) Quando uma pessoa se sente relativamente bem, toda mudança é, em primeiro lugar, uma perturbação.

1º.12.1932

ABSTRAÇÃO E PERCEPÇÃO DOS DETALHES

Os idiotas e os imbecis deveriam ser os melhores "abstracionistas", porquanto não têm nenhum órgão para as representações

---

35. Em inglês no texto: bebê sábio (N. do T.)

de detalhes (combinação da fraqueza de espírito com o dom matemático.) Animais com muito poucas representações isoladas *contam instintivamente* (cálculo de distâncias quando armam um salto) ou depois de um reduzido número de experiências. Sua percepção do prazer e do desprazer (medo de tudo o que é novo) é *mais segura* do que o risco inteligente em face de um perigo.

22.12.1932

A DISCIPLINA DA IOGA

1. Em primeiro lugar, tratar o corpo.

$$\begin{cases} \text{corpo} - \text{espírito} - \text{universo} \\ \text{espírito} - \text{corpo} - \text{círculo} \begin{cases} \text{benigno} \\ \text{vicioso} \end{cases} \end{cases}$$

2. Em seguida, depois simultaneamente, o espírito.

3. $\left.\begin{array}{l}\text{Desabituar-se}\\ \text{Habituar-se}\end{array}\right\} \begin{Bmatrix}\text{maus}\\ \text{bons}\end{Bmatrix} \text{hábitos} \begin{cases}\text{espírito}\\ \text{corpo}\end{cases}$

4. $\left.\begin{array}{l}\text{Desprazer do corpo}\\ \text{Prazer do corpo}\end{array}\right\} \begin{Bmatrix}\text{suportado}\\ \text{aprofundado}\end{Bmatrix} \begin{Bmatrix}\text{expiração}\\ \text{inspiração}\end{Bmatrix} \text{posição}$

5. Reforço uretral e esfincteriano.
Desabituar-se das ações musculares debilitantes que negligenciam a autorregulação (contração esfincteriana da uretralidade, relaxamento esfincteriano da analidade. Movimentos intestinais).

6. Como consequência: capacidade aumentada para ações contra o princípio de prazer (suportar a sede, a fome, a dor; suportar os pensamentos, os desejos, as emoções, as ações, recalcados em virtude do desprazer). Anulação do recalcamento.

$\left.\begin{array}{l}\text{Agravamento}\\ \text{Redução}\\ \text{Extroversão}\end{array}\right\} \begin{array}{l}\text{das reações } \textit{narcísicas.}\\ \textit{Profundidade da análise}\end{array}$

26.12.1932

O TRAUMA PSÍQUICO

NTF: Esta nota, assim como quatro notas precedentes dedicadas ao trauma, está contida num artigo publicado sob o título de "Reflexões sobre o trauma", publicado neste volume, p. 125, na forma em que figurou no *Int. Zeitschrift f. Psychoanalyse*, vol. XX, p. 6, 1934.

CURE FINISHING[36]

a) *Reconhecer* todas as fantasias e esperanças recalcadas, jogos infantis e desejos.

b) *Acomodar-se* em função do que pode ser obtido e renunciar ao impossível ou ao muito improvável.

Encontrar-se com precisão quanto $\begin{cases} \text{à idade} \\ \text{ao espaço} \\ \text{ao tempo} \end{cases}$ Capacidade de *performance*.

(Avaliação correta das condições.)

Outra formulação: 1. Clara distinção entre fantasia (= jogo infantil) e intenção e ações reais.

Isso quer ser mas isso não deve ser: *superacomodar-se* – quer dizer, renunciar também ao possível. Tampouco renunciar a fantasiar, ou seja, a especular com as possibilidades. Mas antes de *agir*, de *formar uma opinião* definitiva, empreender a distinção evocada mais acima.

SERPENT HISS[37]

Asma = raiva. Raiva = contração dos músculos dos brônquios (bronquíolos) com pressão proveniente do ventre (músculos abdominais) (cólica brônquica).

Por que a raiva reprimida provoca justamente esses movimentos de expressão? Símbolo corporal do estado do processo mental (psí-

---

36. Em inglês no texto: fim do tratamento. (N. do T.)
37. Em inglês no texto: silvo da serpente. (N. do T.)

quico). Talvez todos os movimentos de expressão sejam símbolos corporais = tiques = $\begin{cases} \text{representações} \\ \text{resoluções} \end{cases}$ histéricas de processos psíquicos.

ANÁLISE DE TRAUMATISMO E SIMPATIA

1. Uma análise em profundidade (traumatogenética) é impossível se não se pode oferecer condições mais favoráveis (em contraste com a situação que existia quando do traumatismo primitivo)
   a) pela vida e pelo mundo circundante,
   b) – principalmente – pelo analista.
   (a) está em parte contido nas contraindicações da análise segundo Freud (infortúnio, idade, desespero).
   (b) pode (parcialmente?) substituir (a), mas existe o perigo de uma fixação no analista durante a vida toda (adoção – porém, como "desadotar"?).

Amnésia ← Traumatismo / Infância / Sonhos de infância

Não pode ser *rememorado* porque *jamais* foi consciente, *somente revivido* e *reconhecido* como do passado.

Uma criança não pode ser analisada, a análise desenrola-se na criança num nível ainda inconsciente – não são *experiências pessoais*, mas, sobretudo, *sugestões* o que constitui a vida psíquica. A *criança* vive no presente. "Criança infeliz do instante."

As lembranças desagradáveis continuam vibrando *algures no corpo* (emoções).

A *análise de criança*, a educação é *intropressão* de superego (da parte dos adultos).

Bibliografia

Esta bibliografia foi estabelecida a partir das dos *Bausteine zur Psychoanalyse*. Dá continuação à que foi publicada nos primeiros três volumes desta edição e cobre o período de 1928 a 1933. Nela figuram igualmente os artigos póstumos, com exceção de dois artigos datados de 1921 e que reintegramos em seu lugar cronológico, no volume III desta edição.

Lista de abreviaturas

B.I a IV : *Bausteine zur Psychoanalyse* (Internationaler Psychoanalytischer Verlag, Viena – reeditado em 1964 por Verlag Hans Huber A. G., Berna).
B.J. : *British Journal of Medical Psychology* (Cambridge University Press, Londres).
C. : *Contributions to Psycho-Analysis* (Hogarth Press, Londres), reeditado com o título de: *Sex and Psycho-Analysis* (R. G. Badger, Boston), e com o título de *First Contributions to Psycho-Analysis* (Brunner/Mazel, Nova York, 1980).
F.C. : *Further Contributions to the Theory and Technique of Psycho-Analysis* (The Hogarth Press and the Institute of Psycho-Analysis, Londres). Reeditado em 1980 por Brunner/Mazel, Nova York.
Fin. : *Final Contributions to the Problems and Methods of Psycho-Analysis* (Hogarth Press, Londres). Reeditado em 1980 por Brunner/Mazel, Nova York.
Gy. : *Gyógyàszat* (Budapeste).
Im. : *Imago* (Internationaler Psychoanalytischer Verlag, Viena).
J. : *The International Journal of Psycho-Analysis* (Baillière, Tindall and Cox, Londres).

Jb.	: *Jahrbuch für psychoanalytische und psychopathologische Forschungen* (Publicação interrompida, esgotado).
O.C.I.	: *Oeuvres Complètes de S. Ferenczi*, tomo I: *Psychanalyse I* (Editions Payot, Paris).
O.C.II.	: *Oeuvres Complètes de S. Ferenczi*, tomo II: *Psychanalyse II* (Editions Payot, Paris).
O.C.III.	: *Oeuvres Complètes de S. Ferenczi*, tomo III: *Psychana/yse III* (Editions Payot, Paris).
O.H.	: *Orvosi Hetilap* (Budapeste).
P.	: *Zeitschrift für psychoanalytische Pädagogik* (Internationaler psychoanalytischer Verlag, Viena).
P.V.	: *Populäre Vorträge über Psychoanalyse* (Internationaler psychoanalytischer Verlag, Viena; esgotado).
Q.	: *The Psychoanalytic Quarterly* (The Psychoanalytic Quarterly Press, Nova York).
R.	: *The Psychoanalytic Review* (The Nervous and Mental Disease Publ. Co., Nova York e Washington).
R.F.	: *Revue Française de Psychanalyse* (Denoël et Steele, Paris).
Z.	: *Internationale Zeitschrift für Psychoanalyse* (Internationaler Psychoanalytischer Verlag, Viena).
Zb.	: *Zentralblatt für Psychoanalyse* (Publicação interrompida; esgotado).

Há também algumas edições alemãs recentes de artigos selecionados (Fischer Verlag e Kindler) e dois volumes de artigos selecionados traduzidos em espanhol e publicados por Ediciones Hormé, Buenos Aires, Argentina.

Todos os artigos que figuram neste vol. IV foram traduzidos do alemão, com exceção dos 11 capítulos da obra intitulada *Apresentação resumida da psicanálise*, traduzidos do húngaro, a única língua na qual essa obra tinha sido publicada até hoje.

1928

281 L'adaptation de la famille à l'enfant.
– O.C. IV.
– Die Anpassung der Familie an das Kind. P. 1928 (II, 239-251) (B. III, 347).
– The Adaptation of the Family to the Child. B.J. 1928 (VIII, 1-13) et Fin. 61.

282 Le problème de la fin de l'analyse.
– O.C. IV.
Das Problem der Beendigung der Analysen. Z. 1928 (XIV, 1-10) (B. III. 367).

- The Problem of Termination of the Analysis, Fin. 77.
283 Elasticité de la technique psychanalytique.
- O.C. IV e R.F. 1928 (II, 224).
- Die Elastizität der psychoanalytischen Technik. Z. 1928 (XIV, 197--209). B. III, 380.
- The elasticity of psycho-analytical technique, Fin. 87.

1929

284 Psychanalyse et constitution.
- Pszichoanalizis és Konstitució; észrevételek az 1929. 3. szàmban megjelent vezércikkre. Gy. 1929, N.° 4.
285 Psychanalyse et constitution.
- Pszichoanalizis és Konstitució. Gy. 1929, N.° 5.
286 Masculin et féminin.
- O.C. IV, in "Thalassa, psychanalyse des origines de la vie sexuelle", Petite Bibliothèque Payot.
- Männlich und Weiblich. Psa. Bewegung 1929 (I, 41-50); B. III, 453.
- Male and Female. Q 1936 (V, 249-260).
- Masculine and Feminine. R. 1930 (XVII, 105-113).
287 L'enfant mal accueilli et sa pulsion de mort.
- O.C. IV.
- Das unwillkommene Kind und sein Todestrieb. Z. 1929 (XV, 149--153). B. III, 446.
- The unwelcome Child and his Death-Instinct. J. 1929 (X, 125-129). Fin. 102.
288 Introduction et conclusions pour "De l'enfance d'une jeune fille prolétarienne. Notes d'une suicidée de 19 ans sur ses premiers dix ans de vie."
- Vorbericht und Schlussbemerkungen zu "Aus der Kindheit eines Proletariermädchens. Aufzeichnungen einer 19 jährigen Selbstmörderin über ihre ersten zehn Lebensjahre." P. 1929 (III, 141-171).

1930

289 Utilisation non autorisée de la dénomination de "psychanalyse".
- A "pszichoanalizis" név illetéktelen hasznàlata. Gy. 1930, N.° 1.
290 "Réplique" à la réponse du Dr. Feldman.
- "Viszonvàlasz" Dr. Feldman vàlaszàra. Gy. 1930, N.° 2.
291 Principe de relaxation et néo-catharsis.
- O.C. IV.
- Nouvelle Revue de Psychanalyse, N.° 10, Automne 1974.
- Relaxationspriozip und Neokatharsis. Z. 1930 (XVI, 149-164). B. III. 468.

- The Principie of Relaxation and Neocatharsis, J. 1930 (XI, 428-443). Fin. 102.
- A relaxatio elve és a neokatharsis. Gy. 1931, N.° 18.

1931

292 Analyses d'enfants avec des adultes.
- O.C. IV.
- Le Coq-Héron, N.° 75.
- Kinderanalysen mit Erwachsenen. Z. 1931 (XVII, 161-175). Almanach d. Psa. 1932 (95). B. III, 490.
- Child Analysis in the Analysis of Adults. J. 1931 (XII, 468-482). Fin. 126.
- Felnöttek "gyermekanalizise". Gy. 1932, N.° 42.

1933

293 Influence de Freud sur la Médecine.
- O.C. IV.
- Freuds Einfluss auf die Medizin. Psa Bewegung 1933 (V. 217-229). B. III, 526.
- Freud's influence on medicine. In "Psycho-Analysis To-day", éd. par S. Lóránd. Covici-Friede Publ. New York 1933. Fin. 143.

294 Confusion de langue entre les adultes et l'enfant.
- O.C. IV.
- "La Psychanalyse", N.° 6.
- Sprachverwirrung zwischen den Erwachsenen und dem Kind. Z. 1933 (XIX, 5-15). B. III, 511.
- Confusion of tongues between adults and the child. J. 1949 (XXX, 225). Fin. 156.

295 Etudes psychanalytiques.
- Lélekelemzési tanulmànyok. Préface de S. Freud. Béla Somló, Budapest 1933.

Escritos póstumos

296 Réflexions sur le traumatisme.
- O.C. IV. Article regroupant 5 "notes et fragments".
- Gedanken über das Trauma. Z. 1934 (XX, 5-12). Sous la forme originale d'esquisses fragmentaires, dans B. IV, 239, 242, 256, 261, 291.
- Notes and fragments. Fin. 236, 238, 249, 253, 276.

297 Présentation abrégée de la psychanalyse.
- O.C. IV.

- A Pszichoanalizis rövid ismertetése. Pantheon Kiadàs, Budapest 1936; contient em outre: 244, 306 et 307 de cette liste.
298 Nouvelles remarques sur l'homosexualité (vers 1909).
- O.C. IV.
- Weiteres zur Homosexualität. B. IV, 177.
- More about homosexuality. Fin. 168.
299 De l'interprétation des mélodies qui vous viennent à l'esprit (vers 1909).
- O.C. IV.
- Zur Deutung einfallender Melodien. B. III, 23.
- On the interpretation of tunes which come into one's head. Fin. 175.
300 Le rire (vers 1913).
- O.C. IV.
- Lachen. B. IV, 185.
- Laughter. Fin. 177.
301 Mathématique (vers 1920).
- O.C. IV.
- Mathematik. B. IV, 192.
- Mathematics. Fin. 183.
302 A propos de la crise épileptique (environ 1921).
- O.C. III, p. 143.
- Le Coq-Héron, N.° 30.
- Uber den Anfall der Epileptiker. B. III, 170.
- Epileptic Fits – observations and reflections. Fin. 197.
303 Pour comprendre les psychonévroses du retour d'âge (vers 1921).
- O.C. III, p. 150.
- Beitrag zum Verständnis der Psychoneurosen des Rückbildungsalters. B. III, 180.
- Contribution to the understanding of the psycho-neuroses of the age of involution. Fin. 205.
304 Paranoïa (vers 1922).
- O.C. IV.
- Paranoia. B. IV, 209.
- Paranoia. Fin. 213.
305 Psychanalyse et criminologie (vers 1928).
- O.C. IV.
- Psychoanalyse und Kriminologie. B. III, 399.
- A pszichoanalizis és a kriminalitàs. Szàzadunk, 1928 (III, 272-281).
306 Le processus de la formation psychanalytique.
- O.C. IV.
- Über den Lehrgang des Psychoanalytikers. B. III, 422.

- A pszichoanalitikus kiképzés menete. In "A pszichoanalizis rövid ismertetése", Pantheon Kiadàs, Budapest.
307 Le traitement psychanalytique du caractere.
– O.C. IV.
– Die psychoanalytische Therapie des Charakters. B. III, 432.
– A jellem pszichoanalitikus gyógymódja. In "A pszichoanalizis rövid ismertetése". Pantheon Kiadàs, Budapest.
307 bis La métapsychologie de Freud. (Conférence tenue à Vienne en 1922).
– O.C. IV.
– Freud metapszichológiàja. In "A pszichoanalizis rövid ismertetése". Pantheon Kiadàs, Budapest.
308 Notes of fragments.
– O.C. IV.
– Fragmentarische Aufzeichnungen aus den Jahren 1920 et 1930--1933. B. IV. 214.
– Notes and Fragments (1920 et 1930-1932). Fin. 216; J. 1949 (XXX, 231). Partiellement publiés dans *Indian J. Psychol.*, 1934 (IX, 29).